3판

글로벌경영

| 이인세, 이응권 |

Global Management

비앤엠북스

PREFACE
3판 머리말

글로벌 금융위기 이후 세계경제는 불안정한 상태가 지속되고 있으며, 미국경제는 막대한 양적완화 정책으로 다소 회복되는 모습을 보이면서 금리를 0.25%인상하였지만 여전히 저금리 상태에서 벗어나지 못하고 있다. 유럽연합(EU)경제는 미이너스 금리까지 시행하면서 회복세를 보이는 듯하지만 Brexit 영향까지 겹치면서 불안정하기는 마찬가지다.

일본경제도 아베정부의 대폭적인 양적완화 정책에도 안정세를 보이지 못한 상황에서 엔고의 역풍을 맞고 있다. 자원보유국이며 개발도상국들도 깊은 경기 침체 상태이며, 외환보유고가 높은 중국 경제 역시 큰 폭의 금융·제조업 분야의 구조조정이 필요할 정도로 불안정한 상태이고 경착륙의 우려가 커지고 있다.

이런 글로벌 경기침체 하에 선진국들은 신중하면서도 조용하게 자국통화 가치를 평가절하 (환율인상)하면서 수출증대를 도모하는 보이지 않는 통화(화폐)전쟁이 벌어지고 있으며, 최근 경기가 살아나면서 경제가 상대적으로 양호하게 움직이는 미국의 차기 정권의 유력후보들까지 이미 시행중인 한·미 자유무역 협정(FTA)과 힘들게 합의된 환태평양 경제 동반자 협정(TPP)까지도 제조정하겠다고 공언하고 있다.

세계경제는 이런 일련의 움직임과 "중국경제 성장세 둔화, 미국 발 금리인상, 세계 교역량 감소, 유가 안정 등을 통해서 점차 보호주의적 색채가 점점 강화되고 있다는 조짐이 경제구역별로 일어나고 있는 상황이다. 국제경제가 불안정한 가운데 한국경제가 나아가야할 방향은 무엇인가?"를 시사하고 있다.

특히, 대외의존도가 높은 한국경제로서는 이런 보호무역주의 대세에 적극적으로 대응하는 전략을 구사해야 할 것이다. 이러한 보호주의를 극복하는 핵심전략은 한국기업 구성원의 글로벌 경영 전략 구사 능력과 지속적으로 글로벌 경제 상황의 연구와 예측할 수 있는

PREFACE

글로벌 역량 개발에 달려 있다.

이 책은 이토록 치열한 경쟁 환경 하에서 미래의 글로벌 경영현장에서 일하게 될 학생들과 이미 해외산업현장에서 일하고 있는 관리자들에게 글로벌 경영에 대한 이해를 높이는 데 그 목적이 있다고 할 수 있다. 이 책은 기본적으로 강단에서 강의하던 내용을 중심으로 정리하였다. 세계시장을 국가시장이나 지역시장이 네트워크를 통해 상호 연결된 시장으로 보는 관점에서 글로벌 경영의 본질과 원리에 역점을 두어 내용을 기술하였지만 학문의 성격상 실무적인 지식도 무시해서는 안 된다고 생각하여 경영실무적인 측면도 강조하였다.

강단에서 글로벌경영을 효과적으로 강의하는데 도움이 될 수 있도록 이 책은 전체를 14장으로 구성하였다. 그 이유는 우리나라에서는 한 학기가 보편적으로 15주 또는 16주로 구성되기 때문이다. 14장을 전체적인 틀로 하여 글로벌 경영을 4부로 나누어 설명하였다. 제1부에서는 글로벌경영의 이해를 촉진하기 위한 부문으로서 글로벌경영 및 글로벌 기업과 관련 여러 가지 개념이나 명칭을 명확히 정리하고자 하였으며, 제2부에서는 한국기업에게 기회와 위협을 주고 있는 글로벌경영환경에 대한 이해를 촉진시키기 위하여 통상환경, 금융환경, 정치-문화 환경 등을 중점적으로 설명하고자 하였다. 제3부에서는 글로벌경영환경에 대한 이해를 바탕으로 글로벌경영전략 수립에 대한 이해를 촉진하고자 하였다. 이 단계에서는 전반적인 글로벌 경영전략의 수립과 함께, 기업의 주요 글로벌경영활동인 수출, 제휴, 해외직접투자와 같은 다양한 해외사업 방식을 고려하였다. 제4부에서는 글로벌 전략을 수행하기 위해 전 세계에 배치된 자회사와 본사 간의 경영기능을 효과적으로 관리하는 방법을 설명하고자 하였다. 즉 인적자원, 재무, 생산, 마케팅, 조직과 통제 기능을 전 세계적으로 효율적으로 조정하고 통합하는 방법을 설명하고자 하였다.

이 책에서는 학습한 이론들이 실제 경영현장에서 어떻게 적용되는가를 이해시키기 위해 각장에서 사례들을 소개하고 교재 곳곳에 실무적인 설명이나 예증을 추가하였다. 그러나 이 책에 소개된 사례나 예증은 경영현장을 충분히 설명하기에는 부족하므로 필요에 따라 보다 적절한 사례들을 활용하면 글로벌 경영 활동을 이해하는데 보다 도움이 될 것이다.

이 책이 출간되는 데 많은 도움과 수고를 준 손길이 있었다. 이 책의 출판을 승낙해 주신 비앤엠북스 정광식 사장님, 성심성의껏 편집을 해 주신 정경식 부장님과 직원 여러분께 깊은 감사를 드린다. 이 책을 출간하면서 여전히 아쉽고 부족한 점을 많이 느낀다. 이 책에 포함되어 있는 내용상의 오류나 정보의 착오는 저자의 책임으로 잘못이 지적되는 대로 적극적으로 수정하는 과정을 밟아 바로 잡을 것이다. 마지막으로 이 책이 독자들에게 글로벌 경영을 이해하고 실천하는데 조금이라도 도움이 되기를 바란다.

2016년 8월
저 자 씀

PREFACE
2판 머리말

세계경제가 개방화되고 전례에 없는 무한 경쟁의 시대를 맞이함에 따라 한국기업은 크게 보아 두 가지 어려움에 직면하게 되었다. 하나는 국내외시장에서 세계기업과의 치열한 경쟁이다. 한국기업들은 생존과 성장을 위해 해외시장에 진출해서 성과를 거두어야 하는 한편 한국경제의 성장과 더불어 커진 국내시장에 진출하는 외국기업들에 맞서 시장을 방어해야 하기 때문이다. 다른 하나는 넛크래커(nut-cracker) 현상이다. 한국기업은 첨단기술 이전을 꺼리는 선진국 기업의 견제와 가격경쟁을 무기로 한 개도국 기업의 추격 속에서 국제경쟁력이 잠식당할 어려움에 직면해 있기 때문이다.

두 가지 어려움을 극복하는 열쇠는 한국기업의 글로벌경영 능력에 달려 있다. 국내외시장에서 외국기업과의 경쟁에서 이길 수 있는 경쟁우위의 확보는 선진국 기업과의 제휴, 해외인수합병 등을 통한 핵심역량의 확충과 더불어 기업활동을 가치사슬에 따라 장소우위를 보유한 세계지역에 적절히 배치함으로써 가격경쟁력을 확보할 수 있기 때문이다.

이 책은 이러한 치열한 경쟁환경하에서 미래의 글로벌 경영현장에서 일하게 될 학생들과 이미 해외산업현장에서 일하고 있는 관리자들에게 글로벌경영에 대한 이해를 높이는 데 그 목적이 있다고 할 수 있다. 이 책은 기본적으로는 강단에서 강의하던 내용을 중심으로 정리하였다. 세계시장을 국가시장이나 지역시장이 네트워크를 통해 상호 연결된 시장으로 보는 관점에서 글로벌경영의 본질과 원리에 역점을 두어 내용을 기술하였지만 학문의 성격상 실무적인 지식도 무시해서는 안 된다고 생각하여 경영실무적인 측면도 강조하였다.

강단에서 글로벌경영을 효과적으로 강의하는 데 도움이 될 수 있도록 이 책은 전체를 14장으로 하여 다음과 같이 구성하였다. 14장으로 한 이유는 우리나라에서는 한 학기가 보편적으로 15주 또는 16주로 구성되기 때문이다. 14장을 전체적인 틀로 하여 글로벌경영을 4

PREFACE
머리말

부로 나누어 설명하였다. 제1부에서는 글로벌경영의 이해를 촉진하기 위한 부문으로서 글로벌경영 및 글로벌기업과 관련한 여러 가지 개념이나 명칭을 명확히 정리하고자 하였으며, 또한 글로벌경영활동의 핵심인 무역과 해외직접투자에 대한 이론을 간략하게 정리하고자 하였다. 제2부에서는 한국기업에게 기회와 위협을 주고 있는 글로벌경영환경에 대한 이해를 촉진시키기 위하여 통상환경, 금융환경, 정치-문화 환경 등을 중점적으로 설명하고자 하였다. 제3부에서는 글로벌경영환경에 대한 이해를 바탕으로 글로벌경영전략 수립에 대한 이해를 촉진하고자 하였다. 이 단계에서는 전반적인 글로벌경영전략의 수립과 함께, 기업의 주요 글로벌경영활동인 수출, 제휴, 해외직접투자와 같은 다양한 해외사업방식을 고려하였다. 제4부에서는 글로벌전략을 수행하기 위해 전 세계에 배치된 자회사와 본사 간의 경영기능을 효과적으로 관리하는 방법을 설명하고자 하였다. 즉 인적자원, 재무, 생산, 마케팅, 조직과 통제 기능을 전 세계적으로 효과적으로 조정하고 통합하는 방법을 설명하고자 하였다.

이 책에서는 학습한 이론들이 실제 경영현장에서 어떻게 적용되는가를 이해시키기 위해 각장에 사례들을 소개하고 교재 곳곳에 실무적인 설명이나 예증을 추가하였다. 그러나 이 책에 소개된 사례나 예증은 경영현장을 충분히 설명하기에는 부족하므로 필요에 따라 보다 적절한 사례들을 활용하면 글로벌경영활동을 이해하는 데 보다 도움이 될 것이다.

그리고 이 책을 집필하는 과정에서 느낀 점이 있다면, 그동안 글로벌경영의 학문적 토대를 구축하고 넓히는 데 전념하신 많은 학자들의 노고와 업적을 다시 한번 발견할 수 있었다는 점이다. 이 책을 출간하기에 앞서 그분들의 업적에 대하여 경의와 감사를 드리며, 이 책도 그분들의 연구업적에서 많은 도움을 받았음을 말씀드린다.

PREFACE

이 책이 출간되는 데 많은 도움과 수고를 준 손길이 있었다. 이 책의 출판을 승낙해 주신 비앤엠북스 정광식 사장님, 성심성의껏 편집을 해 주신 정경식 부장님과 직원 여러분께 깊은 감사를 드린다. 이 책을 출간하면서 여전히 아쉽고 부족한 점을 많이 느낀다. 이 책에 포함되어 있는 내용상의 오류나 정보의 착오는 저자의 책임으로 잘못이 지적되는 대로 적극적으로 수정하는 과정을 밟아 바로잡을 것이다. 마지막으로 이 책이 독자들에게 글로벌경영을 이해하고 실천하는 데 조금이라도 도움이 되기를 바란다.

2012년 2월

저 자 씀

CONTENTS
차례

CONTENTS

CONTENTS
차례

CONTENTS

제3부 글로벌 경영전략

CONTENTS
차례

CONTENTS

CONTENTS
차례

CONTENTS

CONTENTS
차례

제1부

글로벌경영의 이해

GLOBAL
MANAGEMENT

Chapter

01

글로벌경영과 다국적기업

1-1 글로벌경영의 의의

1-2 기업의 글로벌화와 다국적기업의 유형

1-3 글로벌경영의 이해

GLOBAL MANAGEMENT

1-1 글로벌경영의 의의

시장과 경쟁이 점차 글로벌화되어 감에 따라 기업의 활동도 추구하는 시장이나 사업 범위 그리고 경영기능 등의 측면에서 점차 글로벌화되어 가고 있다.

1-1-1 시장과 경쟁의 글로벌화

오늘날 우리는 글로벌시대에 살고 있다. 무역자유화의 영향으로 각종의 상품이 국경을 넘어 자유로이 왕래할 뿐만 아니라 사람, 자본, 정보의 이동은 국경의 장벽을 무색케 하고 있다. 이는 인간의 활동이 궁극적으로 지구촌이라는 하나의 시장을 향해 나아가고 있음을 뜻한다.

글로벌화 또는 우리말로 세계화에 대한 정의는 여러 가지 의견이 있을 수 있으나 본서에서는 글로벌화란 "국가 간에 상품과 생산요소가 자유롭게 이동할 수 있어 기업이 경쟁력을 강화하기 위해 비교적 용이하게 세계적으로 네트워크를 구성할 수 있는 상황"을 의미한다. 바꾸어 말한다면, 기업이 세계적인 네트워크를 구성하고 생산비가 가장 저렴하거나 관련 핵심역량이 가장 뛰어난 곳을 활용하여 제품을 생산함으로써 경쟁력을 높일 수 있는 상황을 의미한다. 예컨대 반도체 칩을 만들 경우에, 설계 디자인은 미국, 제조 기계는 일본, 제품 생산은 한국에서 하고, 광고는 뉴욕에서 제작하여 이들을 연계하는 것이 유리하다. 이와 같이 기업이 경영활동을 글로벌화하는 것을 글로벌경영이라 한다. 기업은 자본과 기술을 토대로 환경 변화에 민감해야 하는 속성을 가지고 있기 때문에 오늘날과 같은 지구촌 환경에서 글로벌화는 기업들이 따라야 하는 보편적 가치와 생존전략이 되고 있다.

글로벌화는 오늘날 새롭게 떠오르는 문제가 아니라 오랜 역사를 가진 동태적 개념이다. 19세기 후반만 하더라도 제1차세계대전이 일어나기 전 약 40년간은 상품과 노동 및 자본의 이동이 유럽과 미국을 중심으로 활발하게 이루어졌다. 물론 이동하는 자원의 속성 자체는 많이 달랐지만 지금보다 역동적으로 글로벌화가 진행되었음을 알 수 있다. 노동의 이동도 지금보다 활발하여 구대륙에서 신대륙으로 이민이 봇물 터지듯 밀려들었다. 미국의 경우 이 당시 노동력 증가의 20% 정도가 이민자로 채워졌다. 이 당시는 금본위제도하에 있어 자본의 이동도 활발하였다. 예를 들면, 영국의 자본유출이 GNP에서 차지하는 비중이 요즈음보다도 더 높았다.

제1차세계대전과 제2차세계대전 기간에는 글로벌화가 후퇴한 기간으로 볼 수 있다. 그러나 GATT와 IMF의 출현으로 자유무역과 환율 안정이 제도적으로 자리 잡게 되는 1950년 이후 세계무역은 다시 크게 신장하였다. 1970년대에는 오일쇼크와 닉슨독트린(달러의 금태환 정지)으로 보호주의가 다시 고개를 들었으나, 1990대에 들어 WTO가 출현한 이후 세계화의 물결이 다시 높아지고 있다. 이렇듯 글로벌화는 반복되면서 진화하는 것으로 볼 수 있다.

1-1-2 글로벌화를 촉진시키는 요인

아래에서는 입(Yip)이 지적한 글로벌화 촉진요인에 기초하여 기업의 글로벌화 요인을 설명한다.

(1) 무역장벽의 감소와 시장경제의 활성화

WTO 출범 이후 정부의 간섭이나 규제가 완화되면서 전 세계적으로 자유무역과 시장경제 체제가 활성화되었다. 즉 전 세계적으로 무역장벽이 낮아져 상품이나 생산요소의 이동이 자유로워지고 현지국에 진출한 외국기업들에 대한 현지정부의 규제가 완화되어, 기업이 해외시장에서 생산과 마케팅 활동을 하는 데 따르는 리스크가 크게 줄어들었다. 이는 기업의 해외시장 진출과 글로벌경영을 촉진시키는 계기로 작용하였다.

또한 WTO의 출범으로 각국에서 지적재산권에 대한 보호가 강화됨에 따라 국가 간의 기술이전도 훨씬 활발해지고 자유로워졌다. 이에 따라 기술의 호환성이 높아지고 해외시장에서 제품 적응이나 제품의 표준화 등이 용이해졌다. 자본시장도 점차 개방되어 국가 간의 자본 이동이 활발하게 일어나고 있어 해외투자와 이익금의 송금이 용이해지고 범세계적으

그림 1-1 글로벌경영의 요인

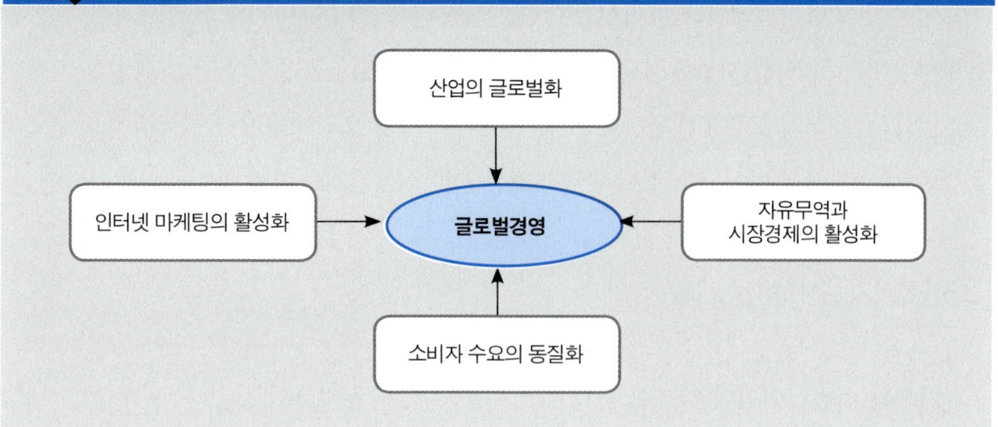

로 자금을 효율적으로 조달하고 운용하는 것이 보다 원활해졌다.

이에 따라 기업은 전 세계 여러 지역의 경영자원과 고객욕구를 자사의 역량에 결합시켜 새로운 경쟁력을 창출하고 글로벌경영을 도모하게 되었다. 즉 다양한 지역에 있는 비교우위와 경영우위를 네트워킹하여 창출된 경쟁력을 가지고, 고객들의 이질적인 욕구와 범세계적 공통성을 조화시키면서 세계시장에서 경영활동을 수행하는 것이 용이해졌다.

(2) 산업의 글로벌화

WTO 출범 이후 각국의 국가시장이 급속도로 개방되고 세계시장에 통합됨에 따라 많은 산업이 글로벌화되고 있다. 자동차, 가전, 제약, 반도체 등이 글로벌산업에 속하는데, 이러한 산업에서는 경쟁자는 국내기업뿐 아니라 세계적인 기업들로 구성되어 있다. 글로벌산업에서 나타나는 가장 두드러진 특징은 자본집약적 생산방식과 빠른 기술진보이다. 이는 ① 자본비용의 증대와 ② 연구개발비의 증대를 초래하였다.

자본비용의 증가는 규모의 경제(economy of scale)를 발생시키므로 자본집약적 산업의 경우 대규모 생산체제를 갖추기 마련이다. 따라서 국내시장의 수요만으로는 자본재에 대한 막대한 투자를 감당하기 어려워져 세계시장 진출을 전제할 수밖에 없다.

또한 연구개발에 투자를 많이 해야 하는 사업도 국내시장의 수요만으로는 그 비용을 충당하기 힘들다. 세계시장을 염두에 두고 신제품을 개발함으로써 지속적인 투자가 가능하다.

그 결과 글로벌산업에서는 국내시장과 해외시장의 구분이 없어지고 단일화되어 가는 글로벌시장에서 국경 없는 무한경쟁을 치르도록 강요당하고 있다. 이와 같이 산업과 경쟁이 글로벌화하는 데 적응하고 대응하는 가장 효과적인 경영 오리엔테이션은 국내시장에 초점을 맞추었던 것에서 벗어나 글로벌시장에 초점을 맞추는 글로벌경영 오리엔테이션이다.

(3) 소비자 수요의 동질화

과거에는 이질적이었던 각국의 소비자의 기호가 점차 동질화되고 있다. 특히 젊은 세대가 그러한데, 소비자 수요의 동질화를 초래한 원인들은 다음과 같다.

첫째, 정보통신기술의 발달이다. 오늘날의 젊은이들은 인터넷과 같은 범세계적인 커뮤니케이션 매체를 통해 동일한 것을 보고 느끼고 경험함으로써 점차 동질화된 취향을 갖게 된다.

둘째, 전 세계적인 소득수준 향상과 교육수준의 향상이다. 급속한 공업화를 바탕으로 두드러지게 발전한 신흥공업국의 소비자들은 소득수준과 교육수준이 향상됨에 따라 선진국형 라이프스타일을 추구하고 선진국에서 소비되는 제품을 선호하는 경향을 보인다.

셋째, 교통수단의 발달이다. 교통수단의 발달로 해외여행이 보편화되었고, 이로 인해 고립된 지역의 주민이나 가난한 사람들까지도 해외시장의 상품을 보고 경험할 수 있는 기회가 증가하였다. 이는 소비자들로 하여금 이질적인 것에 대한 거부감을 줄이고 세계화에 대한 욕구를 갖도록 하여 국가와 지역 사이의 선호도의 차이를 완화시키는 요소로 작용하였다.

이러한 수요의 동질성은 과거에는 상상조차 못했던 규모로 표준화된 제품들에 대한 글로벌시장의 출현을 촉진하고 있다.

(4) 인터넷 비즈니스의 활성화

인터넷의 보급은 범세계적으로 인간과 기업의 활동에 혁명적이라 할 만큼 크나큰 파급효과를 거두었다. 기업은 장소에 구애되지 않고 구매자들이나 판매자들과 가상공간(virtual space)에서 실시간으로 만날 수 있으며, 이에 따라 산업과 경쟁의 글로벌화는 더욱더 가속화되고 있다.

글로벌 e-Business의 확대는 기업 간에도 인터넷을 이용하는 거래를 크게 증가시키고, 기존기업과 신생기업에게 새로운 사업을 수행할 수 있는 기회를 제공한다. 특히 지리적, 시간적, 문화적 장벽이 더 이상 큰 의미를 갖지 않으므로 시간과 비용 면에서 대폭적인 절약을 통해 글로벌경영의 능률을 향상시킨다.

또한 Web을 기반으로 하는 인터넷마케팅은 그 자체로 글로벌한 속성을 가지고 있으므로, 기업들은 인터넷을 통해 전 세계에 있는 소비자들에게 손쉽게 다가갈 수 있고 그 결과 글로벌경영에 동참하게 된다.

1-1-3 글로벌경영의 콘셉트

글로벌경영이란 "기업이 지구촌에 존재하는 여러 가지 자원을 효율적이고 효과적으로 이용하여 해외고객이 필요로 하는 재화와 서비스를 생산하고 판매하는 연속적 과정"이라 할 수 있다. 이러한 정의가 함축하고 있는 글로벌경영의 콘셉트는 다음과 같다.

첫째, 글로벌경영의 주체는 기업이다. 글로벌경영에 관여하는 기업에는 국제기업, 다국적기업, 글로벌기업 등이 있다. 이는 글로벌기업이나 다국적기업에 대한 연구의 중요성을 시사한다.

둘째, 글로벌경영의 주요 활동 장소는 해외이다. 해외의 기업환경은 기업이 그동안 익숙해 있던 국내환경과는 매우 다르다. 환경이 다르다는 것은 위험을 수반하지만 동시에 새로운 환경이 주는 기회도 있다는 것을 의미한다. 따라서 글로벌경영의 주요 과제는 경영환경이 주는 위험을 축소하면서 기회를 최대화하여 글로벌경영의 성공 가능성을 높이는 것이다. 이는 글로벌경영에서 환경관리의 중요성을 시사한다.

셋째, 지구촌 자원의 효율적·효과적인 이용이 강조된다. 이를 위해서는 본사의 일방적인 지시나 통제보다는 자회사 간의 네트워크가 강조된다. 즉 조직 간에 자발적인 협력과 연계를 통해 경쟁우위를 만들어 가는 것이 필요하다. 이는 글로벌경영에서 기업이 네트워크를 효율적으로 구성하고 관리하는 문제의 중요성을 시사한다.

넷째, 지구촌 고객의 필요를 파악하는 일이다. 이는 고객중심의 사고방식을 나타내는 것으로 글로벌경영의 주요 과제는 해외고객의 욕구를 파악하는 일이라는 것을 시사한다.

다섯째, 해외고객을 위한 재화와 서비스를 생산하고 판매하는 일이다. 이는 글로벌경영이 재화와 서비스의 해외이전을 전제로 한다는 것을 의미한다. 해외이전 방식에는 크게 세 가지가 있다. ① 상품을 수출입방식으로 이전할 수도 있으며 ② 기술만을 라이센싱방식으로 이전할 수도 있고 ③ 생산요소를 해외직접투자방식으로 이전할 수도 있다. 이는 글로벌 사업에 대한 이해가 필요하다는 것을 시사한다.

여섯째, 글로벌경영은 기업목표를 달성하기 위한 연속성과 순환성을 갖는 과정이다. 기업은 글로벌 상황에 맞춰 고도로 경쟁적이고, 다문화적이고, 상호의존적인 시장에서 목표와 전략을 수립하고 효과적으로 관리해 나가야 한다. 이는 글로벌 차원의 경영전략과 경영관리를 이해하는 것이 중요하다는 것을 시사한다. 여기에는 계획, 조직, 지휘, 통제와 같은 일련의 활동과 운영이 포함된다.

일곱째, 지구촌이라는 개념은 각국의 시장이 고립되어 있지 않고 상호연계되어 있음을 의미한다. 이는 지구촌을 하나의 통합된 시장으로 보는 시각에서 벗어나 글로벌 세분시장, 지역시장, 국가시장 등을 모두 포함하되 이들 사이의 상호의존성이 높은 시장으로 이해해야 함을 시사한다.

1-1-4 글로벌경영의 중요성

오늘날에는 국내에서 모든 원자재, 부품 그리고 노동과 기술을 조달하고, 국내 고객만을 대상으로 경영활동을 수행하는 기업은 많지 않다. 점차 각국의 시장이 개방되고 연결되면서 대부분의 기업은 활동영역을 해외로 확장해 나가고 있다. 경쟁력만 확보할 수 있다면 글로벌경영이 주는 이점이 크기 때문이다.

(1) 기업의 경쟁력을 향상시킨다

글로벌 네트워크를 통한 생산요소의 효율적인 활용은 보다 우수한 제품을 보다 저렴하

사례 1-1

새해 경제·경영 키워드는 '리스크와의 싸움'

새해 초부터 세계 경제는 악전고투 중이다. 미국, 중국, 인도 등의 주요 국가들 제조업 지표는 기대 이하였다. 경기 침체에 대한 불안감은 금융 시장을 뒤덮었다. 중국 증시는 올 들어 두 번이나 폭락장을 연출했다. 북한은 재차 핵실험을 실시했다. 새해를 기다렸다는 듯이 모든 리스크(위험)가 한꺼번에 분출되는 듯하다. 올해 글로벌 경제는 어디로 가는 것일까.

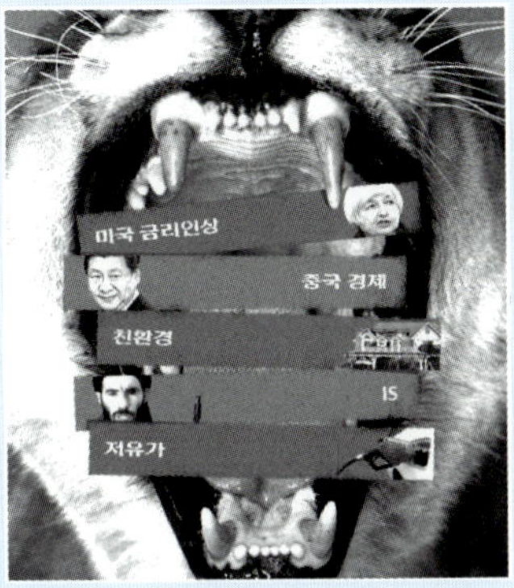

Getty Images / 멀티비츠

위클리비즈는 작년 말부터 올 초에 걸쳐 위클리비즈가 인터뷰해온 세계적인 경제·경영 전문가 10명에게 "2016년 세계 경제와 경영의 핵심 키워드는 무엇인가"라고 질문했다.

이들이 제시한 키워드들은 제각각이었지만 그 내용이 의미하는 것은 단순했다. 작년 한 해 동안 세계 경제가 미국 금리 인상 등 '불확실성'과 싸웠다면 2016년 한 해는 그보다 한발 더 나아가 '리스크'와 싸우게 되리라는 것이었다.

5가지 핵심 키워드 중 4가지가 '리스크' 관련

전문가 중 절반이 각각 '중국 경제성장 둔화'와 '미국 금리 인상'을 키워드로 꼽았다. 로버트 엥글 뉴욕대 스턴경영대학원 교수는 "중국의 경제성장 여부와 함께 중국 은행의 자본 부족, 부채 증가를 경계해야 한다"고 말했다.

모건스탠리 아시아 지역 회장을 거친 스티븐 로치 예일대 교수는 "2008년에도 미국의 점진적인 금리 인상이 전 세계적인 금융위기와 끔찍한 경기 후퇴를 촉발했다"며 "경제가 정상 궤도로 복귀하는 데 오랜 시간이 걸릴 수 있다"고 지적했다.

'저유가'와 중동의 테러 조직 '이슬람국가(IS)' 등도 글로벌 경제에 큰 영향을 줄 수 있는 키워드로 꼽혔다. 마지막 '친환경 에너지'를 제외한 4개의 키워드가 세계 경제를 위협하는 '리스크'로 채워진 셈이다.

지난 한 해 동안 글로벌 경제가 싸워야 했던 것은 '미국 금리 인상'이라는 불확실성이었다. 미국 연방준비제도이사회(FRB)가 언제 금리를 올릴지를 놓고 전 세계 경제인이 수읽기를 하는 상황이 1년 내내 지속됐고, 그 예측만으로 세계 금융시장이 요동쳤다.

그러나 작년 12월 미국의 금리 인상이 현실화되고 나서는 '리스크의 현실화'로 세계 경제의 무대가 움직이고 있다. 미국 금리 인상 등으로 일어날 수 있는 충격을 얼마나 버텨낼 수 있을지가 중요해진 것이다. 실제로 연초부터 중국 증시와 위안화 가치가 급락하며 세계 금융시장이 흔들리고, 각국 경제가 시험대에 오르는 상황이 벌어지고 있다. 금융위기 전문가인 마커스 브루너마이어 프린스턴대 교수는 "미국 금리 인상으로 채권 펀드에서 자금이 대거 빠져나가는 '런 리스크(run risk)'가 나타나는 등

금융시장의 불안정성이 커지고 있다"며 "각국 간 환율 급변동으로 인한 충격도 크다"고 말했다.

기업 혁신 뒤덮은 세계 경제 구조변화

거시경제를 다루는 경제 분야 학자들이 아닌 경영 전문가들조차 상당수는 기업의 혁신이나 산업의 흐름보다는 경제 상황에 초점을 맞춰 새해 키워드를 제시했다. 개별 기업의 실력보다 전체 경기가 좀 더 중요한 상황이라는 것이다.

전문가들이 꼽은 경영 관련 키워드로는 '기술 변화'와 '리더십', '클라우드 서비스', '모바일' 등이 있었다. 세계적인 베스트셀러 '실패에서 배우는 성공의 법칙'의 저자인 시드니 핑켈스타인 다트머스대 경영대학원 교수는 "빠른 기술 변화가 일어나고 있기 때문에 이에 잘 대응하려면 조직 전체를 지휘하는 훌륭한 리더십의 중요성이 더 커질 것"이라고 말했다. 최근 떠오르는 기술을 파악하고 그것을 자신의 회사에 어떻게 적용할 것인지, 그를 위해 어떤 개혁이 필요할지를 판단하는 것이 중요한 한 해가 된다는 것이다.

경쟁이 성장의 원천이라는 '붉은 여왕 가설'로 유명한 윌리엄 바넷 스탠퍼드대 경영대학원 교수는 새해 키워드로 '혁신, 끈기, 환경'을 꼽았다. 바넷 교수는 "위기가 기회이고, 현재 어려운 상황을 잘 활용해야 한다"며 "힘든 시기일수록 조직 혁신이 일어난다"고 강조했다. 경제 생활의 패턴이나 산업 트렌드에 주목한 키워드도 몇 개가 나왔다. 강소기업을 뜻하는 '히든 챔피언'에 대한 연구로 유명한 헤르만 지몬-쿠퍼&파트너스 회장은 클라우드 서비스(가상 저장공간)와 e커머스(전자 상거래)를 산업 판도를 바꿀 주요 키워드로 제시했다. 핑켈스타인 교수는 "젊은 소비자들이 스마트폰, 태블릿과 일상적으로 생활하고 있다"며 "모바일 앱을 통해 고객이 원하는 것을 만드는 능력이 지금처럼 중요했던 적은 없었다"고 했다. 그는 "모바일 분야의 성장과 이익 잠재력이 그 어느 때보다 크다"고 덧붙였다.

미국 경제 회복, 안심은 금물

올해 글로벌 경제의 향방을 결정지을 가장 큰 변수는 미국 경제 회복 정도다. 미국 금리 인상도, 중국발 위기도 결국 미국 경제의 체력이 뒷받침돼야 대비할 수 있기 때문이다.

올해 미국 경제에 대해서는 여러 유명 전문가들이 공개적으로 의견을 밝히고 있는데, 역시 의견이 갈린다.

벤 버냉키 전 FRB 의장은 낙관론을 폈다. 그는 외신과 가진 인터뷰에서 "자동차 판매, 주택 판매 등 가계 지출이 충분하다면 미국 경제가 글로벌 경제의 맞바람을 극복할 수 있을 것"이라며 "이에 대해 낙관적으로 보는 편이지만, 앞으로 무슨 일이 벌어지는지 주목해야 한다"고 말했다. 반면 폴 크루그먼 프린스턴대 교수는 최근 뉴욕타임스 칼럼을 통해 "미국 정부가 쓴 경제 정책은 나쁘지 않았고, 경제 상황이 나쁘기만 한 것은 아니다"며 "다만 그렇다고 현재 경제 상황이 좋다는 뜻은 아니다"라고 말했다. 그는 "미국 내 실업률이 낮아진 것은 일자리를 찾는 인구가 줄었기 때문"이라며 "노동자들의 임금이 낮아진 것까지 생각하면, 미국 경제는 여전히 더 나빠질 여지가 있다"고 말했다. 월가의 비관론자로 '닥터 둠'이라고 불리는 마크 파버 마크파버리미티드 회장은 2016년 전망 보고서에서 "글로벌 경제는 이미 침체기에 들어섰다"며 "미국은 3월이나 6월이면 경기 침체가 뚜렷이 나타날 것"이라고 예상했다.

설문에 응답해준 경제·경영 전문가들 (가나다순)

- 로버트 엥글 뉴욕대 스턴경영대학원 교수: 2003년 노벨 경제학상 수상자. 변동성 연구의 대가(大家)인 그는 2009년 통화 옵션 상품인 키코(KIKO)를 둘러싼 재판에 파생 금융 상품 전문가로 출석하기 위해 방한한 일이 있다.
- 마커스 브루너마이어 프린스턴대 교수: 국제금융 전문가로 2014년부터 프린스턴대 산하 벤다임금융센터를 이끌고 있다. 벤 버냉키 전(前) FRB 의장이 이 기관을 만들면서 브루너마이어 교수를 직접 영입했다.
- 스티븐 로치 예일대 교수: 모건스탠리 아시아 지역 회장을 역임한 후 예일대에서 교편을 잡게 됐다. 투자은행가 시절에는 비관론을 많이 폈으나 최근에는 중국 경제에 대해 낙관론을 펴는 것으로 유명하다.
- 시드니 핑켈스타인 다트머스대 경영대학원 교수: '실패에서 배우는 성공의 법칙'의 저자로 전략과 리더십 분야의 전문가다. 보스턴 컨설팅 그룹(BCG)의 부사장을 역임했다.
- 윌리엄 바넷 스탠퍼드대 경영대학원 교수: 경쟁이 진화를 촉진시킨다는 '붉은 여왕 가설'을 경영 이론으로 발전시켰다. 붉은 여왕 가설은 뒤처지지 않으려면 끊임없이 경쟁해야 한다는 이론이다.
- 찰스 굿하트 런던정경대(LSE) 교수: 통화 및 재정정책 분야의 세계적 석학이다. 통화량 등 특정 경제 지표를 관찰하고 정책 목표로 삼는 순간 지표가 본래의 움직임을 상실한다는 내용의 '굿하트의 법칙'으로도 잘 알려졌다.
- 팀 하포드 FT 칼럼니스트: 2006년 출판한 '경제학 콘서트'는 30종류의 언어로 번역됐고, 전 세계적으로 100만부 넘게 팔렸다. 이 중 50만부 이상이 한국에서 팔렸다.
- 피터 다이아몬드 MIT 경제학과 교수: 2010년 노벨 경제학상 수상자. 노동시장에서 발생하는 '마찰적 실업' 이론을 확립했다. 벤 버냉키 전 FRB 의장의 스승이기도 하다.
- 헤르만 지몬-쿠퍼&파트너스 회장: 강소기업에 대한 연구로 유명한 경제 전문가다. 2008년에 발간한 저서 '히든 챔피언'은 25개 언어로 번역될 만큼 세계적으로 인기를 끌었다.
- 헬렌 레이 런던비즈니스스쿨 교수: 국제금융 전문가로, 2013년 유럽경제학회가 45세 미만의 유럽 경제학자들에게 수여하는 위뢰 얀손상(Yrjö Jahnsson Prize)을 받은 첫 여성 학자다. 영국 경제 주간지 이코노미스트는 2016년 주목할 경제학자로 레이 교수를 선정했다.

자료: Chosun.com, 2016. 01. 09 요약발췌

게 생산할 수 있게 하여 글로벌경영에 종사한 기업의 경쟁력을 향상시킨다. 또한 글로벌시장을 활용할 수 있게 되어 생산과 유통에 있어 규모의 경제와 범위의 경제 그리 경험효과를 달성할 수 있다.

여기서 규모의 경제란 생산량의 증대에 따라 발생하는 모든 형태의 비용절감 효과를 말

하며, 범위의 경제란 여러 가지 제품을 각각 별도로 생산하기보다 한 기업이 그것들을 결합하여 생산할 때 원료, 부품, 기술, 유통 경로 등을 공동 이용함에 따라 나타나게 되는 비용절감 효과를 의미한다. 그리고 경험효과란 개인이나 조직의 직무 경험이 증가함에 따라 체화된 기술이나 노하우가 증가함으로 발생하게 되는 원가절감 효과를 의미한다.

(2) 기업에게 새로운 시장을 제공해준다

기업이 자국의 시장만을 대상으로 상품을 생산하고 판매한다면 머지않아 도태되고 말 것이다. 왜냐하면 시장의 규모는 시장을 구성하는 소비자의 수와 구매력에 의해 크게 영향을 받는데, 소비자의 수는 국내시장보다 세계시장이 훨씬 크기 때문이다.

세계에서 제일 큰 국내시장을 가진 미국도 그 규모가 해외시장보다 훨씬 작다. 미국기업의 잠재시장 중 60% 이상이 해외시장에 있는 것으로 추산된다. 일본의 경우에도 잠재시장의 80% 정도가 해외에 있다. 우리나라의 경우도 사정은 유사하여 많은 기업의 해외시장 판매량이 국내시장 판매량을 능가하고 있다. 따라서 국내에서만 경영을 하는 기업보다는 국내경영과 해외경영을 동시에 수행하는 기업이 성장과 수익 면에서 더 많은 기회를 갖게 된다.

(3) 소비자에게 더 좋은 선택을 제공한다

글로벌경영은 국가 간 상품과 생산요소의 자유로운 이동이 가능한 상황을 이용하여 지구촌 소비자들에게 더 저렴한 가격으로 더 좋은 상품을 구입할 수 있도록 한다. 글로벌경영에 종사하는 기업은 범세계적인 연결망을 이용하여 언제 어디서든지 필요한 생산요소를 쉽게 끌어다 쓸 수 있기 때문이다. 그 결과 소비자들은 글로벌화로 인해 보다 풍요로워질 수 있으며, 보다 많은 선택 기회를 가질 수 있다.

(4) 시장 다양화를 통한 위험의 분산을 가능하게 한다

글로벌화를 통해 기업은 해외 여러 나라에 투자와 판매를 분산시킴으로써 한 국가 내에서 만날 수 있는 정치적 위험이나 경제적 위험을 피할 수 있다. 예를 들면, 글로벌경영에 종사하는 기업은 제품수명주기가 국가에 따라 상이하다는 점을 이용할 수 있다. 즉 쇠퇴기에 접어든 국가에서 판매가 감소한다면 성장기의 국가에 판매를 집중함으로써 기업의 매출과 이익이 크게 흔들리는 것을 피할 수 있다. 또한, 기업은 제품이나 부품의 납품처를 여러 국가로 분산시킴으로써 특정 국가의 가격 급변이나 공급 부족 사태에서 오는 급격한 영향을 피할 수 있다.

1-2 기업의 글로벌화와 다국적기업의 유형

1-2-1 기업의 글로벌화 동기

기업의 글로벌화 동기는 처음에는 국내시장의 협소, 생산효율성의 추구, 위험의 분산 등이었다가 점진적으로 해외 조달, 국제 사업망의 구축 등으로 변화해 간다.

(1) 시장의 확보

기업특유의 우위를 보유하였더라도 국내시장에서 치열한 경쟁에 직면하거나 국내시장이 포화 상태에 이른 경우 기업은 해외시장으로 진출을 시도한다. 여기에는 크게 두 가지 유형이 있는데 ① 해외에 지역공동시장의 출현으로 역외시장을 차별 대우하는 경우나 수입국에서 수입 규제를 실시하는 경우 수출에 종사하던 기업은, 공동시장의 역외 차별 대우를 회피하거나 개별 수입국의 수입 규제를 회피하기 위한 방어적 목적에서 해외시장에 진출한다. ② 보다 적극적으로는 시장 확보 목적에서 해외에 진출한다. 이럴 경우 기업은 현지시장의 수요를 창출하거나 환기하기 위해 현지국에 맞는 해외마케팅 전략을 구사한다.

(2) 생산효율성 추구

자동차, 반도체, 조선, 디지털 전자제품, 철강, 대형 발전설비, 석유화학 등 산업의 집중도가 높은 분야는 규모의 경제와 경험효과에 따른 생산의 효율성을 위해 글로벌화를 추진한다. 즉 ① 규모의 경제란 산출량이 증가할수록 단위당 투입 비용이 감소하는 것을 의미하는데, 이를 실현하고자 하는 경우에 국내시장의 규모가 경제적인 생산 규모에 비해 작다면 유휴시설 문제가 발생하기 때문에 이를 해결하기 위하여 새로운 해외시장을 추구하게 된다. ② 경험효과란 누적 생산량이 증가함에 따라 학습효과가 나타나 생산비용이 감소하는 것을 말하는데, 이를 실현하고자 하는 경우에 국내시장 규모가 누적 생산량을 증가시키는 데 장애가 된다면 이를 해결하기 위하여 해외시장을 추구하게 된다.

(3) 고객을 따라 동반 진출

광고, 정보 서비스, 엔지니어링, 금융보험 등과 관련된 서비스업체 또는 제조기업의 협력업체들은 그들의 주요 고객인 제조업체가 해외시장으로 진출함에 따라 이들에 대해 서비스나 부품을 지속적으로 제공하고자 동반 진출을 도모한다.

(4) 위험분산

기업이 다수의 국가에서 사업을 하는 경우 위험을 분산시킬 수 있다. 국가에 따라 경제발전 단계가 다르고 경기상황이 다를 수 있기 때문이다. 또한 시장을 다변화할 경우에는 경쟁상황이나 수요 패턴의 급격한 변화에서 오는 위험을 분산시킬 수 있다.

(5) 경쟁 기업에 대한 견제

과점적인 경쟁을 유지하고 있는 기업은 경쟁업체의 전략에 민감한 반응을 나타내기 때문에, 경쟁업체를 견제하기 위해 글로벌화를 진행하기도 한다. 이는 두 가지 모습으로 나타나는데 ① 국내시장에서 과점적 경쟁 상황에 있는 경우에, 국내 경쟁 업체가 해외시장 진출을 실시함에 따라 이에 자극받아 해외시장으로의 진출을 도모하거나 ② 글로벌시장에서 과점적 경쟁 상황에 있는 경우에, 국내시장으로 침투해 들어오는 외국 경쟁업체들에 대한 대응 전략의 일환으로 해외시장으로 진출을 시도한다.

(6) 유리한 산업입지 확보의 목적

기업은 지구촌에서 ① 저임금 노동력의 활용이 가능한 지역 ② 저렴한 가격으로 공업용 부지의 확보가 가능한 지역 ③ 필요한 원자재를 비교적 저렴한 가격에 안정적으로 확보할 수 있는 지역 ④ 쇠퇴기에 있는 제품의 수명주기를 연장할 수 있는 지역 ⑤ 국내의 까다로운 환경규제를 피하기가 비교적 용이한 지역에 진출하여 생산과 마케팅 활동을 함으로써 경쟁력을 강화시키고자 한다.

(7) 글로벌네트워크 구축

여러 지역시장에 직접투자를 통해 생산과 마케팅 활동에 관한 글로벌네트워크를 구축하여 각 자회사가 보유한 비교우위를 활용한 경영활동을 전개함으로써 글로벌시장운영을 효율화하겠다는 동기로 글로벌화하는 기업도 많다.

1-2-2 기업의 글로벌화 단계

기업의 글로벌화란 이윤·성장 등과 같은 목표 달성을 위하여 국내시장에서 활동을 시작한 기업이 점진적인 의사결정 과정을 거쳐 세계시장으로 성장·발전해 나가는 것을 말한다. 즉 기업의 글로벌화는 변화하는 기업여건과 환경에 적응하여 기업이 학습과정(learning process)을 통해 점진적으로 국제경영활동을 확대해 나가는 단계적 과정을 말한다. 여기서 변화하는 기업여건이란 지식과 경험의 획득 등과 같은 기업내부 역량의 확대를, 변화하는 환경이란 생소한 외국환경 내지 급격한 해외시장 환경의 변화로 인한 불확실성의 증가를 의미한다.

(1) 국내시장지향 단계

이 단계는 아직 이렇다 할 국제화가 진전되기 이전의 상태로서 대부분의 생산과 마케팅 활동이 국내에서 국내시장을 목표로 이루어진다. 국내시장이 해당 기업이나 업계 전체의 생산능력에 비해 충분히 클 경우, 또는 해외시장 개척에 대한 관심이나 인적·물적 능력이 부족한 경우에 해당된다.

(2) 수출시장지향 단계

① 수출기업 단계

상품 이동의 자유는 이루어졌으나 생산요소 이동의 자유가 이루어지지 않은 환경에서, 해외시장의 상대적 중요성이 증가하고 그에 대한 관심도 증가함에 따라 기업이 보유한 자금력과 기술력을 바탕으로 국내에서 생산한 제품을 해외시장으로 수출하는 단계를 말한다. 이러한 기업을 수출기업(exporting corporation)이라 부른다. 수출기업 단계는 국내에서 생산한 제품을 수출하는 단계이나, 제조업체가 직접 수출 활동을 하기보다 주로 전문수출상이나 해외바이어에 의존하는 수출 단계에 머물러 있다. 즉 해외시장의 마케팅 활동에는 개입하지 못하고 있다. 그 이유는 ① 해외시장에 대한 경험이 적기 때문이다. 해외사업 경험이 적은 기업은 해외시장으로 진출할 때 위험부담이 비교적 적은 진출방식을 선택하고자 한다. ② 국제적인 인지도를 가진 자사상표를 보유하지 못하기 때문이다. 이럴 경우 수출기업은 기업특유의 우위가 부족하여 자사의 고유상표 대신 OEM상표(Original Equipment Manufactuer's brand)에 주로 의존한다.

② 해외마케팅자회사 운영 단계

이 단계도 넓은 의미로 보면 수출기업 단계에 해당된다. 기업이 국내에서 생산한 제품을 해외시장에 수출할 때 현지시장의 마케팅 활동에 적극 개입하기 위하여 현지에 판매지사나 자회사의 설립을 시도하는 단계이다. 이처럼 수출기업이 해외마케팅 활동에 적극 개입하게 되는 배경은 ① 그동안 어느 정도의 해외시장 경험이 축적되어 다소의 위험을 감당할 능력이 배양되었으며 ② 수출기업이 고유상표를 개발하여 기업특유의 우위를 보유하게 되었기 때문이다. 즉 해외시장에서 마케팅 활동을 강화한다는 것은 자사상표를 전제로 해외 마케팅법인을 설립하여 브랜드 관리, 유통, 촉진 등의 제반 마케팅 활동을 독자적으로 수행한다는 것을 의미한다.

(3) 현지시장지향 단계

기업이 그동안 축적된 해외사업 경험과 기업특유의 우위를 토대로 현지국에 자회사를 설립하여 직접 생산·판매하는 단계이다. 그리고 이 단계에서 기업은 국가 단위로 각기 다른 전략을 수행하게 되는데, 이러한 형태의 기업을 다국적기업(multinational corporation)이라 한다. 이 단계에서는 각 지역의 제도, 문화, 관습 그리고 현지 소비자에 대한 전문적인 지식과 이해를 바탕으로 하는 경영능력이 필요하다.

기업의 다국적화는 ① 기업이 기술·상표 등에서 기업특유의 우위를 보유한 상태에서 ② 현지시장에서 자사 제품에 대한 수요가 크거나 ③ 수입에 대한 규제가 많아 이를 우회하고자 하는 경우에 이루어진다. 다국적기업의 환경은 현지국 정부의 권한이 강조되기 때문에, 기업은 경쟁력을 강화하기 위하여 국제 네트워크를 활용하기보다 현지자회사 자체의 능력에 의존하고자 한다. 그러나 최근에 들어서는 현지화를 바탕으로 글로벌화를 추구하는 방향으로 나아가고 있다.

다국적기업 단계에서는 현지에서 제품이 생산되므로 현지 소비자의 욕구를 보다 원활하게 제품에 반영할 수 있는 장점도 있다. 그러나 현지에 대한 자원의 투입이 증가하기 때문에 그만큼 위험이 커진다.

(4) 세계시장지향 단계

제품과 생산요소가 자유롭게 이동하는 환경, 즉 개별 국가가 그 권한을 자제하는 환경에서, 기업이 국가 단위로 각기 다른 전략을 취하는 것에서 벗어나 세계시장을 하나의 시장으로 보고 동일한 전략을 수행하는 단계이다. 이러한 형태의 기업을 글로벌기업(global corporation)이라 부른다. 이 단계에서는 세계시장 전체를 하나의 자재 조달원, 생산 기지, 판매

그림 1-2 기업의 글로벌화 단계

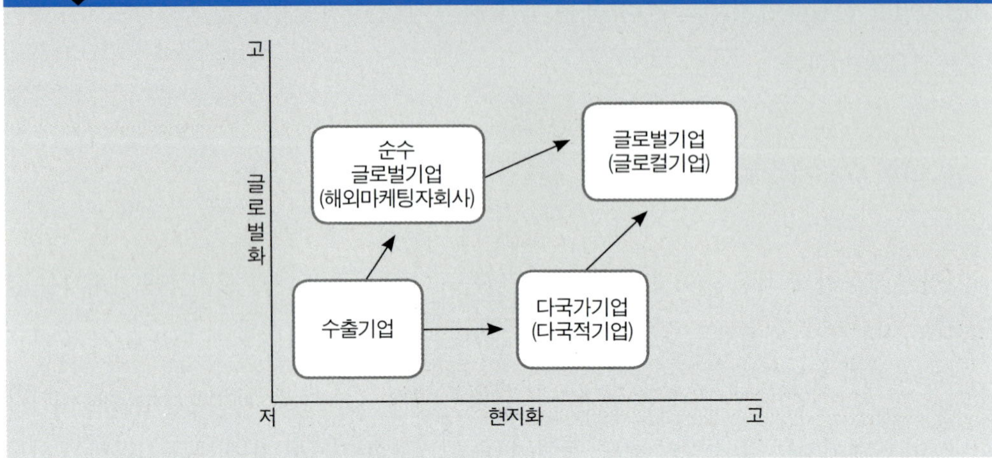

시장으로 보고, 경영의 모든 활동을 지구상의 최적지에서 운영하는 것이 바람직하다. 이를 위해 글로벌기업은 해외자회사·해외기업·해외시장 등을 유기적으로 연결하는 해외 네트워크를 구성하여, 효율적인 관리와 새로운 사업기회를 창출하는 동적인 정보관리능력과 전략능력을 구비하여야 한다.

글로벌시장이 발달하더라도 현지시장의 욕구를 소홀히 할 수는 없다. 따라서 글로벌기업은 글로벌화를 유지하는 가운데 현지화를 강화시키는 방향, 즉 글로컬리제이션(glocalization)으로 나아가고 있다. 이러한 의미에서 글로벌기업은 글로컬기업(glocal corporation)이라고도 할 수 있다.

1-2-3 다국적기업의 개념

다국적기업이란 용어가 일반적으로 쓰이게 된 것은 1970년대부터이다. 이와 유사한 용어로 국제기업, 글로벌기업, 초국적기업, 세계기업 등이 있다. 다국적기업에 관해서는 여러 가지 명칭과 평가 기준이 있으며 아직까지도 이에 대한 통일된 정의가 존재하지 않고 있다.

다국적기업의 정의가 쉽지 않은 것은 다국적기업의 특성을 여러 측면에서 평가할 수 있기 때문이다.

다국적기업을 정의하기 위해 자주 사용되는 기준을 요약하면 다음과 같다.

(1) 구조기준

다국적기업을 기업의 구조적 특성에 따라 정의하는 학자들이 상당수 있다. 기업구조 측면에서 다국적기업을 정의할 경우 다음과 같은 여러 기준 중에서 한 가지 이상을 충족하는 경우를 다국적기업으로 보고 있다.

① 기업이 경영활동을 2개국 이상에서 전개하는 경우
② 기업의 소유권이 2개국 이상에 걸쳐 분산되어 있는 경우
③ 최고경영층이 2개국 이상의 국적으로 구성되어 있는 경우
④ 기업이 여러 나라에서 제조업 활동을 하고 있는 경우

(2) 성과기준

다국적기업을 기업 경영활동의 성과에 따라 정의하는 학자도 상당수 있다. 성과 측면에서 다국적기업을 정의할 경우 다음과 같은 여러 기준 중에서 한 가지 이상을 충족하면 다국적기업으로 보고 있다.

① 총매출액 중에서 해외 매출액이 상당한 비중을 차지하는 기업
② 총자산 중에서 해외 자산이 상당한 비중을 차지하는 기업
③ 총생산 중에서 해외 생산이 상당한 비중을 차지하는 기업
④ 총종업원 중에서 해외 종업원이 상당한 비중을 차지하는 기업
⑤ 총수익 중에서 해외 수익이 상당한 비중을 차지하는 기업

(3) 행태기준

다국적기업을 기업의 행태적 기준에 따라 정의하는 학자들 역시 상당수 있다. 강조되는 행태측면은 최고경영자들이 안목과 사고방식이 세계적이냐 아니냐의 여부이다.

① 본사가 특정국에 있더라도 조직, 운영 내용, 운영 범위 등이 범세계적인 경우

② 본사의 최고경영층이 국제적 안목을 가지고 폭넓게 생각하고 행동하는 경우

이상에서와 같이 다국적기업은 여러 기준에 의해 다양하게 정의할 수 있다. 그러나 각각의 기준은 다국적기업의 여러 특성을 강조한 것일 뿐이지 서로 연관성을 가지는 통일적인 개념은 아니다. [표 1-1]은 다국적기업에 관한 여러 학자들의 견해를 요약한 것이다.

표 1-1 다국적기업에 관한 다양한 기준과 명칭

관 점	기준	명칭	학자
구조	경영활동이 일어나는 국가의 수 : 2개국 이상	multinational firm	D. E. Lilienthal J. Fayerweather
	기업 소유주의 국적 : 2개국 이상	multinational firm	J. Behrman
	최고경영층의 국적 : 2개국 이상	transnational enterprise	D. Kircher
	6개국 이상에 제조업 투자	multinational enterprise	R. Vernon
	초국적 주체에 의해 관리되는 기업	cosmo corporation	G. Bell
성과	해외부문의 매출액, 투자, 생산, 고용 등 : 25% 이상	international corporation	S. Rolfe
	해외부문의 매출액, 이익, 자산, 고용 등 : 일정 비율 이상	multinational corporation	J. Bruck & F. Lee
행태	경영관리의 관점이 국제적	world enterprise	G. Clee & A. Discipio
	세계적인 관점에서 자원배분	supernational enterprise	R. Robinson
	최고경영층의 태도와 가치관 - 본국지향형 - 현지지향형 - 지역지향형 - 세계지향형	 ethnocentric firm polycentric firm regiocentric firm geocentric firm	H. Perlmutter
	세계시장을 하나의 시스템으로 보고 각국에서의 경영전략을 유기적으로 조정	global corporation	M. Poter
	추구하는 전략적 목표와 지향성 - 본사전략의 해외자회사 이전 - 국가별 전략 추구 - 글로벌 효율성 추구 - 글로벌 효율성과 현지 적응력 동시 추구	 international corporation multinational corporation global corporation transnational corporation	C. A. Bartlett & S. Ghoshal

이 책에서는 다국적기업과 관련된 개념을 다음과 같이 정리한다.

국제기업 : 국제화를 추진하는 기업을 국제기업으로 정의하고, 국제화 수준에 따라 ① 수출기업 ② 다국적기업 ③ 글로벌기업으로 분류한다.

다국적기업 : ① 해외에 생산자회사를 보유하여 ② 현지시장 중심의 경영활동을 전개한다. 따라서 ③ 해외 자회사간의 상호 연관성은 낮거나 없는 상태이다.

글로벌기업 : ① 해외에 생산자회사를 보유하나 ② 현지시장 중심의 경영활동에서 벗어나 ③ 해외자회사 간 상호 연관성을 높이는 네트워크조직을 지향한다.

1-2-4 다국적기업의 유형

펄뮤터(Perlmutter)는 경영층의 경영철학과 태도에 기초해 다국적기업의 유형을 본국지향형, 현지지향형, 지역지향형 그리고 세계지향형 등 네 가지로 분류한다. 펄뮤터가 분류한 네 가지 유형은 각 유형의 머리글자를 따서 EPRG 모형이라고 한다.

(1) 본국지향(ethnocentric)기업

경영활동의 기준을 본사국 중심으로 한다. 다국적기업의 본사가 주요 의사결정권을 장악하고, 경영철학과 경영시스템을 해외자회사에게 강요하는 체제이다. 즉 현지시장의 특성이나 이질성은 그다지 고려되지 않고 본국의 경영기법이나 성과평가 기준이 해외에서도 적합하다고 생각하여 본사에서 결정한 제반 경영전략이 별다른 수정 없이 그대로 해외자회사에 적용되고, 해외자회사에 대한 경영통제권도 본사에 귀속된다. 해외자회사의 자율성은 거의 없으며 주요 직책은 본사에서 파견된 본국인이 맡는다. 본사와 자회사 간의 커뮤니케이션은 상의하달(top-down) 방식으로 운용된다.

(2) 현지지향(polycentric)기업

경영활동의 기준을 현지국 중심으로 생각한다. 세계 각국의 문화와 환경이 서로 상이하

사례 1-2

가장 큰 리스크는 '저성장' 미국이 순조롭게 회복해야 글로벌 경제 최악 피한다

마이너스 금리·국제 유가·美 경제… 전문가들은 어떻게 보나

불과 석 달 전까지만 해도 전 세계 투자자들의 최대 관심사는 미국의 금리 인상이었다. 그러나 올 들어 상황은 순식간에 바뀌었다. 위안화 약세와 중국 경제에 대한 우려는 중국 증시의 급락으로 이어졌다. 일본은행의 마이너스 금리 도입은 선진국 사이의 통화정책 '디커플링(decoupling·탈동조화 현상)'에 대한 우려로 이어졌고, 세계 외환시장을 요동치게 만들었다. 안전 자산으로 취급되는 금의 가격은 연초 이후 20% 가까이 급등했다.

마이너스 금리가 경기를 되살려줄까. 미국을 중심으로 한 세계경제의 회복은 이뤄질 수 있을까. 중국의 불안은 지속될까. 복잡한 세계경제 현황을 다시 진단해봤다.

앤 크루거(Krueger) 미 존스홉킨스대 국제관계대학원 교수와 훙 트란(Tran) 국제금융협회(IIF) 수석전무가 인터뷰에 응했다. 리처드 쿠퍼(Cooper) 미 하버드대 교수, 배리 아이켄그린(Eichengreen) 미 UC 버클리대 교수, 리처드 그로스먼(Grossman) 미 웨슬리언대 교수는 이메일로 하마다 고이치(浜田宏一) 미 예일대 교수는 전화로 인터뷰했다.

세계경제에 가장 큰 위험 요인이 '저성장'이고 낮은 국제 유가가 주요국의 경기 회복에 도움이 될 것이란 데는 전문가들 사이에 이견이 없었지만, 일본과 유럽의 양적 완화 정책과 마이너스 금리 정책에 대한 평가는 극단적으로 엇갈렸다. 또 미국 경제가 순조롭게 회복할지에 대해서도 전망이 다소 엇갈렸다."

美 경기 후퇴할 가능성… 금리 디커플링 영향은 미미

배리 아이켄그린
(美 UC버클리대 교수)
IMF 수석자문위원, 전미경제연구소 연구위원 등을 지낸 국제금융·통화 전문가다. 국제통화 시스템의 역사와 현황을 분석한 '달러 제국의 몰락' '글로벌 불균형' '글로벌라이징 캐피털' 등을 저술했다.

"미국 경제가 다시 침체되는 게 세계경제에는 최악의 경우인데, 올해 미국 경기가 한 차례 후퇴할 가능성이 있다고 봅니다. 다만 아직은 선진국들 사이의 금리 격차가 크지 않은 편이고, 금리 디커플링이 세계경제 전체에 큰 영향을 미칠 것이라고도 생각하지 않습니다. 유럽중앙은행(ECB)이든 일본은행이든 경기를 자극하기 위해서는 동원할 수 있는 모든 수단을 시행하는 게 맞다고 봅니다. 물가상승률이 목표치인 2%에 못 미치면, 중앙은행이 돈을 충분히 풀지 않았다고 볼 수 있어요.

하지만 마이너스 금리 정책은 중앙은행의 자산 건전성을 나쁘게 만들 수 있어, 실효성에 의문이 듭니다. 마이너스 금리정책보다는 채권을 매입하는 방식이 더 낫다고 생각합니다.

저성장 타개가 전 세계적으로 중요한 과제인데, 경제성장률을 높일 조건은 두 가지입니다. 우선 최근 몇 년 동안 평균치를 밑돈 생산성이 큰 폭으로 높아져야 합니다. 그리고 정부가 투자를 활성화할 만한 정책을 내놓으면 됩니다. 금리가 사상 최저 수준으로 떨어진 만큼, 정부가 낮은 금리로 자금을 조달해 생산성을 높이는 데 도움이 될 사회기반시설(인프라스트럭처)에 투자하기 좋은 상황입니다.

중국 경제에서 가장 우려되는 부분은 제조업 부문의 성장이 거의 멈췄다는 겁니다. 다행인 점은 서비스업 부문이 성장세를 보이는 데다, 서비스업이 중국 경제에서 차지하는 비중도 점차 커지고 있다는 점입니다. 최근 중국의 소비지출 지표를 보면 서비스업에 대한 소비자들의 수요가 강하다는 점도 확인할 수 있습니다.

장기적으로 우려할 만한 문제는 중국 국내총생산(GDP)의 150%에 육박하는 기업 부채입니다. 기업들이 자체적으로 감당할 수 있을지, 중국 정부가 나서서 부채를 줄이는 정책을 펼지 알 수 없습니다."

정치적인 문제 남았지만 미국이 세계 성장 이끌 것

앤 크루거
(美 존스홉킨스대 교수)
IMF 수석부총재, 세계은행(WB) 연구담당 부총재, 미국 경제학회장 등을 지낸 국제경제 전문가다. 정부 부채를 감축하는 등 경제구조를 개혁하고 자유무역을 확대하는 전통적인 경제 성장 방식을 지지한다.

"올해 세계경제의 성장은 미국이 어느 정도 이끌 것이라고 예상합니다. 미국 경기가 완전히 반등했다고 판단하기는 이르지만, 유럽이나 일본 등 다른 선진국에 비해선 개선세인 편입니다.

1월 기준 실업률은 4.9%로 금융 위기 이후 최저 수준이고, 소비자물가 상승률은 1.7%(미 연준의 관리 목표치는 연 2%)를 기록했어요. 물가가 급등할 것이란 우려도 적은 편입니다.

미국 중앙은행인 연방준비제도이사회(FRB·연준)는 당초 올해 기준 금리를 0.25%포인트씩 네 번 올리겠다고 예고했습니다만, 인상 횟수나 인상 폭은 미국의 경제 상황에 따라 달라질 수 있다고 봅니다. 일본은행과 ECB 등이 양적 완화 정책을 시행한 지 시일이 꽤 지났습니다. 유로화나 엔화 약세에 따른 수출 충격은 이미 대부분 반영됐다고 봅니다. 수출이 미국 경제에서 차지하는 비중도 우려할 만한 수준이 아니고요.

미국 경제에 악영향을 미칠 요인은 경제적인 것 외에도 정치적인 문제가 있습니다. 다음 행정부가 어떤 경제 정책을 펼지가 중요하다는 겁니다. 대통령 선거 후보 경선이 진행되고 있는데, 재정 상황을 고려하지 않은 포퓰리즘(정책의 현실성을 고려하지 않은 선심성 정치) 정책이 난무하고 있어서 우려스럽군요.

저유가 상황은 세계경제 전체로 보면 실보다 득이 많다고 봅니다. 미국의 경우엔 유류비를 절감한 돈이 저축으로 이어져 가계 부문의 재무 건전성이 개선되고 있습니다. 가계 저축은 장기적으로 소비와 투자로 이어질 수 있어요. 에너지 순수입국인 유럽과 일본 등은 에너지 수입 가격에 대한 부담을 덜고, 양적 완화 정책을 유지할 수 있습니다."

중동 지정학적 위험·中 불안… 저성장 요인 산재

"주요국의 금리 디커플링 문제에 대해서는 크게 우려하지 않습니다. 미 연준이 금리를 인상했다고

리처드 그로스먼
(美 웨슬리언대 교수)
미 국무부 경제·기업국 연구원으로 일했고, '나쁜 행동 : 실패한 아홉 가지 경제 정책의 재앙과 교훈(국내 미출간)' 등을 쓴 경제정책 전문가다.

해도 미국의 절대적인 금리 수준은 여전히 낮습니다. 다른 선진국과의 금리 격차도 우려할 만큼 크지 않아요. 1996~2006년 미국과 일본 간 단기 금리 차는 5%포인트 안팎, 1980년대 후반~1990년대 초 미국과 영국 간 금리 격차는 거의 7%포인트에 달했지만, 세계경제에 큰 충격을 주지 않았습니다.

일본은행이 최근 마이너스 금리를 도입했는데, 경기를 부양하려는 일본 정부의 강한 의지를 보여주는 움직임이라고 봅니다. 하지만 그 효과는 미지수입니다. 일본은 1990년대 이후 제로 금리 정책을 취했고 2000년대 들어 양적 완화를 두 번이나 시행했는데, 경제에 특별히 도움이 되지 않았다고 봅니다. 물론 저금리 정책 자체는 대체로 경기 회복에 도움이 되는 편입니다. 컨설팅 회사인 맥킨지의 분석 결과에 따르면 지난 2007~2012년 미국, 영국, 유로존 정부는 저금리 덕택에 이자 비용을 약 1조 6,000억 달러(약 1,945조원) 절약했고, 비금융권 기업들도 대출 이자를 7,100억달러 아꼈습니다. 지금 같은 저성장이 얼마나 이어질지 예측하기 어려운 만큼, 정부가 저금리 상황을 최대한 이용할 필요는 있습니다. 물론 구조 개혁을 병행해야 합니다.

현재 세계경제의 가장 큰 불안 요인은 저성장이라고 봅니다. 유럽은 경기 부양에 집중해야 할 상황에, 중동과 아프리카 난민에 대한 대책까지 고심하고 있습니다. 중동 지역의 지정학적인 위험이나 중국의 금융시장 불안 등 세계경제의 성장률을 떨어뜨릴 요인이 산재해 있어요.

중국은 여전히 성장 잠재력이 큰 나라라고 봅니다. 경제 개방이 시작된 이후 지난 35년 동안 중국의 실질 GDP는 연평균 10% 증가했습니다. 현재 세계 최대 제조업 국가이고, 아직까지 외환보유액도 넉넉합니다. 금융시장에 대한 지나친 개입이나 통계의 신뢰성 문제 등은 중국 정부가 해결해야할 구조적인 문제입니다."

日 양적 완화 정책 제대로 굴러가고 있어

"일본의 양적 완화 정책이 실제로 효과를 냈다고 생각합니다. 아베 신조(安倍晋三) 총리가 취임한 2012년 이후 일자리가 150만개 늘었고, 실업률은 4.6%에서 3.3%로 하락했습니다. 일본의 양적 완화 정책은 유럽과 마찬가지로 제대로 굴러가고 있다고 봅니다. 양적 완화 조치가 없었다면 상황이 지금보다 더 안 좋았을 수도 있습니다.

최근 일본은행이 마이너스 금리를 도입했는데, 마이너스 금리는 물가상승률이 낮을 때 사용할 수 있는 양적 완화 수단 중 하나입니다. 이론상으로 금리가 마이너스로 떨어지면 시중은행이 기업에 대한 대출을 늘리고, 기업은 투자와 고용을 확대하게 됩니다. 주식시장을 부양하고, 가계 소비를 촉진하는 효과도 기대합니다.

달러당 120엔 선이던 미 달러화 대비 엔화 환율이 마이너스 금리 정책을 발표한 이후 110엔 선으로 하락했는데(엔화 가치 상승), 이런 상황은 정책 의도와 정반대되는 겁니다. 이런 환율 급등락은 세계경제에 대한 투자자들의 불안감이 반영된 일시적인 현상이라고 봅니다.

일본의 통화정책이 실물 경제에 효과를 발휘하기까지 기다려야 합니다. 이런 양적 완화 정책이 국제 금융시장을 교란시킨다는 지적이 있는데, 중앙은행은 자국 경기를 부양하는 정책을 쓸 수밖에 없습니다. 일본이나 유럽의 경제 상황은 미국보다 부진합니다. 주식에 대한 투자를 활성화하고, 일본의 통화 가치를 떨어뜨려 수출을 촉진하는 게 (아베노믹스의) 목표지요. 한동안 통화 가치를 낮게 유지할 수밖에 없어요. 세계경제의 기초체력에 비해 투자자들의 불안감이 더 큰 것 같은데, 이런 비관적인 시각이 오히려 금융시장의 더 큰 불안 요인이라고 봅니다.

중국 경제의 성장 둔화에 대한 우려가 많은데, 중국이 전 세계 제조업 분야에서 큰 비중을 차지하는 만큼 향후 몇 년 동안 세계경제에 영향을 미칠 문제라고 봅니다. 하지만 일본은 GDP에서 대(對)중 수출이 차지하는 비중이 3%에 불과해 크게 충격을 받지 않을 전망입니다."

하마다 고이치
(美 예일대 교수)
아베 신조 일본 총리의 경제자문이다. 현 일본 정부의 경제사회종합연구소장을 맡아, 중앙은행의 양적 완화 정책으로 수출과 기업 투자를 촉진하고 장기적으로 고용과 소비를 활성화하는 것을 골자로 한 경제 정책인 '아베노믹스'를 설계했다.

日 마이너스 금리, 효과 없이 은행 수익만 줄일 뿐

"ECB에 이어 일본은행까지 마이너스 금리를 도입했는데, 경기를 부양하는 효과는 그리 크지 않을 것이라고 봅니다. 중앙은행에 예치한 자금에는 수수료를 내고 예금자에게는 비용을 물리지 못해 일본 은행권의 수익만 줄어들 가능성이 큽니다.

이런 정책이 어느 정도 효과를 발휘하는 부분은 외환시장으로, 자국 통화의 가치를 떨어뜨려 수출 경쟁력을 높일 수 있을 겁니다. 하지만 유로화나 엔화에 비해 미 달러화 가치가 미국 기업의 수출에 악영향을 미칠 정도로 상승한다면, 미 연준이 금리를 인상하는 속도를 늦출 가능성도 충분합니다.

현재 세계경제의 최대 불안 요인은 저성장입니다. 이 상태가 얼마나 이어질지 예단하기 어렵습니다. 특히 2013년부터 본격적인 침체기에 들어선 유럽 경제가 조만간 반등할지, 아니면 일본처럼 장기 침체에 빠질지를 지켜봐야 합니다.

중국 경제성장률은 계속해서 낮아질 겁니다. 하지만 중국 정부가 적절한 부양책 등으로 성장률 하락폭을 통제할 수 있다면, 여전히 다른 나라에 비해서는 빠른 성장 속도를 유지할 겁니다.

산유국 경제가 낮은 유가 때문에 어려움을 겪고 있는데, 원유 생산량이 현재 수준으로 유지된다면 유가도 반등하기 어렵습니다. 하지만 석유수출국기구(OPEC)와 러시아 등 산유국들이 감산 문제를 논의 중이기 때문에 이런 상황도 영원히 이어지지 않을 겁니다. 국제 유가는 앞으로 2~3년

리처드 쿠퍼
(美 하버드대 교수)
미국 보스턴연방준비은행 총재, 미 국가정보위원회 위원장, 미 국무부 경제담당 부차관 등을 지내고 미 대통령 경제자문위원회(CEA)에서 일한 경제학자다.

안에 배럴당 50달러 수준으로 상승할 것이라고 예상합니다."

선진국 간 통화정책 엇갈리면서 신흥국 타격

흥 트란
(국제금융협회 수석전무)
신흥국의 금융시장과 정책 전문가로, IMF와 독일 도이체방크, 미국 메릴린치 등에서 근무했다. 현재 그가 몸담은 국제금융협회(IIF)는 전 세계 금융사 약 400곳이 회원인 금융연구단체다.

"중국 런민(人民)은행의 움직임에 주목하고 있습니다. 중앙은행이 '환율 안정과 통화정책의 독립성, 자유로운 자본 이동 보장'이라는 세 가지 목표를 동시에 달성할 수 없는 만큼(불가능한 삼위일체론), 중국 정부가 어디에 우선순위를 두느냐에 따라 국제 금융시장도 영향을 받을 겁니다. 환율을 안정시키기 위해 공개시장조작(시중 통화량을 조절하기 위해 중앙은행이 보유한 유가증권을 사거나 파는 것)이나 시보(SIBOR·중국 은행 간 금리) 조정 등을 택한다면, 런민은행의 재무 건전성이 악화될 수 있습니다.

국제 금융시장은 올해 내내 불안정할 가능성이 큽니다. 올해 미 연준은 미국 경제 상황에 따라 기준 금리를 한두 차례 인상하는 데 그칠 것이라고 보지만, 미국과 다른 선진국 간 통화정책이 엇갈리면서 신흥국 시장이 가장 큰 타격을 입을 겁니다. 자금이 급속하게 이탈할 수 있고, 주식이나 외환 등 금융시장이 불안정해질 수 있습니다.

현대 경제는 부채 없이 성장하기 어려운 구조입니다. 물론 가계 부문의 부채가 지나치면 소비가 위축되고 금융권 대출이 부실해집니다. 공공 부채가 많으면 정부의 재정적인 여력이 줄어들기 때문에 균형을 맞출 필요는 있습니다. 하지만 지금처럼 수요 자체가 위축된 상황에서는 단기적으로 정부가 빚을 내 경기를 부양할 수밖에 없습니다.

세계경제의 가장 큰 위험은 소비 수요 위축, 부채 과잉, 낮은 생산성과 그로 인한 글로벌 저성장입니다. 올해 세계 경제성장률은 2.5~2.6%로 예상되는데, 청년층이 좋은 직업을 갖고 신흥국의 생활수준이 개선되기 위해서는 이보다 더 높아야 합니다.

한국은 개방 경제이고 수출에 대한 의존도가 높습니다. 외환시장 상황은 불안정하지만, 물가는 안정적인 편이고요. 국내외 모두 경제적인 수요가 부족한 만큼, 정부 차원에서 수요를 만들어낼 필요가 있습니다. 상황에 따라 기준 금리를 추가로 인하하는 등 적극적인 경기부양책을 고려해야 한다고 봅니다."

자료: Chosun.com, 2016. 03. 05. 요약발췌

므로 해외자회사의 활동과 관련된 의사결정은 현지국의 독특한 특성이나 환경이 적절히 반영되도록 해야 한다는 것이다. 즉 현지국의 경영환경이 본사국과는 차이가 난다는 것을 인정하여 현지기업의 독자적인 경영활동이 허용된다. 의사결정 권한은 현지기업에 대폭 이

양되며 본사와 자회사 간의 커뮤니케이션은 하의상달(bottom-up) 방식으로 운용되고, 현지 자회사의 경영자로는 현지인이 임명된다. 성과에 대한 평가나 통제도 현지 기준에 의해 이루어지며 자회사 간의 커뮤니케이션이나 거래는 거의 이루어지지 않는다. 본사는 금융상의 통제 역할이나 자회사 간의 조정 역할을 담당한다.

(3) 지역지향(regiocentric)기업

경영활동의 기준을 지역중심으로 생각한다. 이는 세계경제가 EU·NAFTA 등과 같이 점차 지역화 되고 있는 추세를 감안한 것으로, 기업은 지역시장별로 지역본사제를 도입하여 각 지역시장별 특성에 맞는 독자적인 경영활동을 전개한다. 경영 의사결정은 지역본부에서 이루어지며 지역 내의 현지자회사는 지역본사의 통제를 받는다. 경영자도 지역 내의 사람 중에서 선발되고 성과에 대한 평가나 통제도 지역 기준에 의해 이루어진다. 본사와의 커뮤니케이션이 이루어지지만 대부분의 의사결정은 지역본사나 지역 내 각국 자회사 간의 협의에 의해 결정된다.

(4) 세계지향(geocentric)기업

경영활동의 기준을 세계중심으로 생각한다. 기업의 활동과 자원 배분이 세계시장을 중심으로 이루어지기 때문에 세계지향기업은 세계적 관점에서 경영활동을 조정하고 통제한다. 이를 뒷받침하기 위해 세계지향기업은 네트워크를 형성하여 본사와 자회사 간 긴밀한 협력관계를 가지고 글로벌 효율성과 현지적응을 동시에 추구한다. 따라서 R&D, 생산, 마케팅, 물류 등 기업의 활동이 네트워크를 통하여 전 세계적으로 연계된다. 경영진의 구성에는 국적이 중요하지 않고 세계 각국에서 적임자를 선발하고 성과에 대한 평가기준도 세계적 기준에 의해 이루어진다. 의사결정은 본사와 자회사 간 그리고 자회사 간에 이루어지는 쌍방향 커뮤니케이션을 통한 협력적 유형을 따른다.

표 1-2 펄뮤터(Perlmutter)에 따른 다국적기업의 유형

	본국지향형	현지지향형	지역지향형	세계지향형
조직구조	본사는 복잡하게 분화되어 있으나 자회사는 단순함	자회사에 따라 다양하고 서로 독립적임	지역시장 내에서는 상호의존적 형태	본사-자회사 또는 자회사 간 상호의존성이 높은 구조
의사결정권한	본사에 집중	현지자회사에 대부분 이양	지역본부에 이양, 지역본부는 자회사와 긴밀한 협조관계	본사와 자회사 간의 긴밀한 협조관계
성과의 평가와 통제	본사의 평가기준을 적용함	현지의 평가기준을 적용함	지역의 평가기준을 적용함	세계적이면서 현지적인 기준 적용
인센티브제도	본사에 집중됨	현지자회사에 따라 다양함	지역시장에 따라 다양함	전체의 성과와 자회사의 목표에 기여하는 성과에 대하여 적용함
커뮤니케이션	본사에서 자회사로 일방적인 명령과 지시	본사와 자회사 간 또는 자회사 간 정보교환 거의 없음	지역 내 정보교환 많음	본사와 자회사 간 또는 자회사 간의 정보교환 많음
인사정책	본국출신의 인재를 중시함	현지국 출신의 인재를 중시함	지역시장 출신의 인재를 중시함	국적을 초월하여 최적의 인재를 중시함

1-3 글로벌경영의 이해

글로벌경영은 기업이 글로벌경영 환경에서 국제사업을 수행하기 위하여 글로벌경영전략을 수립하고 관리하는 과정이다. 따라서 글로벌경영을 이해하기 위해서는 글로벌사업, 글로벌 경영환경, 글로벌 경영전략 및 관리에 대한 이해가 필요하다.

1-3-1 글로벌사업의 유형

글로벌경영은 재화와 서비스의 해외이전을 전제로 한다. 재화와 서비스의 해외이전 방법에는 크게 세 가지가 있는데 ① 제품을 수출방식으로 이전할 수 있으며 ② 기술이나 지식을 계약방식으로 이전할 수도 있고 ③ 자본, 기술, 경영 등을 해외직접투자방식으로 이전할 수 있다. 이러한 세 가지 방식은 상호보완적 관계를 가지고 있어 글로벌기업은 이들 방식을 복합적으로 활용할 수 있다. 세 가지 기본 방식에는 구체적으로 매우 다양한 형태가 존재한다.

(1) 수출방식

기업이 자국에서 생산한 제품을 해외시장에 판매하는 방식이다. 이에는 간접수출과 직접수출이 있다. 간접수출은 기업이 제품을 국내에 있는 중간 수출상을 통해 해외에 수출하는 것이며, 직접수출은 중간 수출상을 거치지 않고 기업이 직접 해외에 수출하는 것이다. 자세한 것은 제7장에서 다룬다.

(2) 계약방식

기업이 자사가 보유하고 있는 무형의 자산인 기술이나 지식을 일정한 대가를 받고 해외기업에 이전하기로 계약을 체결하는 방식이다. 계약방식에는 여러 유형이 있는데, 주요한 유형을 보면 다음과 같다.

① 라이센싱(licensing)은 기술제공자(licensor)가 기술도입자(licensee)에게 특허권, 상표, 저작권, 노하우 등과 같은 자산을 일정한 대가(royalty)를 받고 제공하기로 하는 계약을 체결하여 해외사업에 개입하는 방식이다.

② 프랜차이징(franchising)은 프랜차이즈공여자(franchisor)가 프랜차이즈도입자(franchisee)에게 상표나 원료 등에 대한 사용권을 허가해 주고 기업의 운영 방식도 계속 지원해 주는 계약을 체결하여 해외사업에 개입하는 방식이다.

③ 관리계약(management contract)은 기업이 해외기업에게 일반적이거나 특수한 경영 기능을 수행하기 위한 인력이나 서비스를 제공하는 계약을 체결하여 수행하는 경영 서비스를 말한다.

④ 계약생산(contract manufacturing)은 기업이 특정 제조업체로 하여금 일정한 계약 조건에 따라 제품을 생산하도록 하고, 이를 현지시장이나 제3국의 시장에 판매하는 방식이다. 계약 방식에 관한 자세한 내용은 제8장에서 다룬다.

(3) 해외직접투자 방식

해외직접투자(foreign direct investment)란 투자기업이 경영지배 또는 경영참여를 목적으로 유형의 경영자원인 자본뿐만 아니라 무형의 경영자원인 기술, 특허, 상표권, 경영 노하우 등 기업의 여러 자원을 패키지 형태로 해외에 이전시키는 방식이다. 따라서 해외직접투자는 자원 투입이 큰 만큼 리스크도 큰 국제사업 방식이다.

기업은 이상에서 살펴본 해외사업 방식 가운데 한 가지 또는 여러 가지의 방식을 선택해 기업목표를 달성하기 위하여 해외시장 환경에 적합한 글로벌 경영활동을 수행한다. 자세한 내용은 제3부에서 다룬다.

1-3-2 글로벌 경영환경의 이해

글로벌경영은 불확실한 외국환경에서의 경영활동을 다룬다. 국내환경과는 상이한 외국환경은 기업에게 기회와 위험을 동시에 제공한다. 따라서 효율적인 경영을 위해서는 이러한 환경에 대한 분석과 이해가 필요하다. 기업의 입장에서 중요하게 여겨야 할 글로벌 경영환경은 다음과 같다.

① 글로벌 통상환경으로서 WTO 등과 같은 국제무역기구와 협정, 지역경제통합에 대한 이해 그리고 현지국의 경제환경에 대한 이해가 중요하다.

② 글로벌 금융환경으로서 국제금융시장과 환위험관리에 대한 이해가 중요하다.

③ 글로벌 사회·문화 환경으로서 문화의 개념과 문화 분석모형, 그리고 타문화를 관리하는 방법에 관하여 이해하는 것이 중요하다.

④ 글로벌 정치·법 환경으로서 글로벌경영자는 진입하고자 하는 국가 시장의 정치 및 법

환경을 이해하여 현지시장에서의 경영전략에 반영시켜야 한다. 글로벌 경영환경에 관해서는 제2부에서 자세히 다룬다.

1-3-3 글로벌 경영전략과 관리의 이해

글로벌기업이 불확실한 해외 환경에서 다양한 해외사업을 효과적으로 수행하기 위해서는 글로벌 경영전략과 관리에 대한 이해가 필요하다. 이를 위한 주요 과제는 다음과 같다.

① 글로벌경영은 여러 국가를 대상으로 경영활동을 동시에 수행하는 것이기 때문에 기업의 자원과 활동을 어떻게 배치하고 조정할 것인가의 문제가 중요하다.

② 지속적인 경쟁력을 유지하고 강화하기 위해 표준화를 통해 얻는 이점과 개별 국가 내지 지역의 시장상황에 적응하기 위해 겪는 상충된 이해관계를 어떻게 조화롭게 대응해 나가느냐의 문제가 중요하다.

③ 글로벌 전략을 모색함에 있어 기업의 핵심역량, 경쟁우위 원천, 경영자원 등의 내적 요인들을 관리하고 조화시켜 나가는 문제가 중요하다. 글로벌 경영전략에 관해서는 제6장에서, 글로벌 경영관리에 관해서는 제4부에서 자세히 다룬다.

토의문제

1. 기업의 글로벌화를 촉진하는 환경 요인을 설명하시오.
2. 글로벌경영의 콘셉트와 시사점을 설명하시오.
3. 기업의 글로벌화 동기를 설명하시오.
4. 기업의 글로벌화 단계를 설명하시오.
5. 국제기업, 다국적기업, 글로벌기업의 개념을 설명하시오.
6. 펄뮤터의 다국적기업의 유형을 설명하시오.
7. 글로벌사업의 유형을 설명하시오.

참고문헌

장세진(2015), 『글로벌경영』, 박영사.

조선비즈 http://biz.chosun.com/site/data/html_dir/2016/01/08/2016010801746.html

조선비즈 http://biz.chosun.com/site/data/html_dir/2016/03/04/2016030401866.html

한국경제신문 http://www.hankyung.com/news/app/newsview.php?aid=2016052482541&intype=1 일부 발췌, 재구성

Ball, D. A., et al(2002), *International Business,* McGraw-Hill.

Griffin, R. W., and M. W. Pustay(2001), *International Busines*, Prentice Hall.

Heenan, D. A., and H. V. Perlmutter(1979), *Multinational Organization Development*, Addison-Wesley.

Keegan, W.(2002), *Global Marketing Management*, Prentice Hall.

Perlmutter, H. V.(1973), "The Tortuous Evolution of Multinational Corporation," in Kapoor, A., and P. D. Grub, (eds), *The Multinational Enterprise in Transition*, Darwin Press.

Vernon, R., and I. T. Wells(1981), *Manager in the International Economy*, 4th ed., Prentice-Hall.

Yip, G. S.(1992), *Total Global Strategy*, Prentice Hall.

Chapter 02

글로벌경영 이론

2-1 국제무역이론

2-2 해외직접투자이론

G L O B A L
MANAGEMENT

이 장에서는 글로벌기업의 주요 사업인 국제무역, 라이센싱, 해외투자가 왜 발생하는가를 설명해 주는 이론을 소개한다. 1절에서는 국제무역의 발생 원인을 설명해 주는 무역이론을 소개하고, 2절에서는 라이센싱과 해외투자의 발생 원인을 설명해 주는 해외직접투자 이론을 소개한다.

2-1 국제무역이론

무역은 국가 간 재화의 이동 현상으로, 한 국가의 경제와 국민생활에 미치는 영향 때문에 오래전부터 많은 학자들의 관심 사항이 되어 왔다.

2-1-1 초기의 무역이론

초기 무역이론의 관심 대상은 주로 국가 간 무역이다. 즉 ① 국가 간 무역의 발생 원인, ② 무역이 가져오는 이익 ③ 무역이 발생하는 산업 등이다. 아래에서는 대표적인 초기 무역이론을 소개한다.

(1) 절대우위론

절대우위론(absolute advantage theory)이란 아담 스미스(Adam Smith)가 처음 주장한 것으로, 무역 상대국에 비해 절대우위에 있는 상품에 특화하여 그 일부를 수출하고 절대열위에 있는 상품을 수입한다면 교역 당사국 모두는 무역의 이익을 얻게 되고, 생산자나 소비자 그리고 세계경제 전체에 부의 증대가 이루어진다는 이론이다. 여기서 절대우위란 노동을 유일한 생산요소로 보고 노동투입량에 따라 상품의 가격이 결정된다는 노동가치설에 기초하고 있다. 즉 A국이 B국에 비해 어떤 상품을 생산하는 데 소요되는 노동투입량이 더 적다면 A국이 절대우위를 가진다는 개념이다.

[표 2-1]에서 영국은 직물을 생산하는 데 노동 11시간을 필요로 하고 포도주를 생산하는 데 노동 15시간이 필요하며, 프랑스는 직물을 생산하는 데 노동 18시간이 필요하고 포도주를 생산하는 데 12시간이 소요된다. 즉 직물 한 단위를 생산하는 데 영국의 노동생산성이 프랑스보다 높고, 포도주 한 단위를 생산하는 데 프랑스의 노동생산성이 영국보다 높음을 나타낸다. 따라서 영국은 생산비가 낮은 직물에 절대우위를 갖고 프랑스는 생산비가 낮은 포도주에 절대우위를 갖는다.

스미스는 두 국가 간에 존재하는 이러한 생산비의 절대적인 차이가 무역의 발생 원인이라고 본다. 즉 영국은 절대우위를 갖는 직물에 특화하고 프랑스는 절대우위를 갖는 포도주에 특화해서 서로 무역함으로써 상호 이익을 증대시킬 수 있다는 것이다.

지금 양국의 무역이 성립되어 직물과 포도주가 1대 1로 교환된다고 하자. 무역을 하기 전에는 영국이 포도주를 얻기 위해서 노동 15시간을 소요하였지만, 이제는 무역의 결과로 노동 11시간을 들이면 포도주 1단위를 얻을 수 있다. 왜냐하면 영국은 노동 11시간을 들여서 직물을 생산하여 이것을 프랑스에 수출하여 포도주 1단위와 교환하면 되기 때문이다. 반면에 프랑스는 무역이 있기 전에는 직물을 얻기 위해 노동 18시간이 소요되었으나 무역이 이루어진 후에는 위에서와 똑같은 이유로 노동 12시간만 들이면 충분하다. 이렇게 무역은 더 적은 시간으로도 똑같은 양의 상품을 얻을 수 있게 한다.

그러나 절대우위의 개념만으로 두 국가 사이의 무역을 완전히 설명할 수는 없다. 왜냐하면 영국이 프랑스에 비해 직물과 포도주 두 상품 모두에 절대우위를 가질 때에는 영국이 두 상품을 모두 생산하고 프랑스는 두 상품을 하나도 생산하지 못하기 때문이다.

표 2-1 상품 1단위를 생산하는 데 필요한 노동량

	영국	프랑스
직물	11	18
포도주	15	12

(2) 비교우위론

비교우위론(comparative advantage theory)이란 아담 스미스의 절대우위론을 보완하여 무역의 발생 원인을 설명한 것으로, 무역은 절대생산비의 차이보다 비교생산비의 차이에 의해서 발생한다고 주장하는 이론이다. 리카도(David Ricardo)가 주장한 것으로, 그의 비교우위론에 의하면 한 국가가 두 상품 모두에서 절대우위를 갖고 다른 국가가 두 상품 모두에서 절대열위를 갖는 경우에도 각국이 비교우위를 갖는 상품에 특화하여 생산하고 이를 서로 교환한다면 두 나라 모두에게 이익이 된다. 여기서 비교우위란 두 상품의 우위의 차이를 비교하여 그 우위가 보다 크거나, 두 재화의 열위의 차이를 비교하여 그 열위가 보다 작은 것을 말한다.

[표 2-2]에서 한국은 컴퓨터 1대를 생산하는 데 노동 80시간, TV 1대를 생산하는 데 노동 90시간이 소요되며, 중국은 두 상품을 생산하는 데 각각 노동이 120시간과 100시간이 필요하다. 이와 같이 한국은 중국보다 두 상품 모두에서 절대우위에 있고, 중국은 절대열위에 있다. 그런데 한국은 두 상품 중 중국과 비교할 때 컴퓨터 생산에서 우위의 정도가 더 높다. 왜냐하면 생산비 면에서 제품 1단위당 투입되는 노동량 비율이 컴퓨터는 80/120으로 중국의 66.7%에 달하는 데 비해, TV는 90/100으로 중국의 90%에 달하기 때문이다. 한편 중국은 한국에 비해 두 상품 모두에서 생산비가 높아 절대열위에 있으나, TV는 100/90으로 111%이고 컴퓨터는 120/80으로 150%이므로 TV 생산이 상대적으로 유리하다. 따라서 중국은 TV 생산에 비교우위를 갖게 된다.

비교우위론에 의하면, 한국은 비교우위가 있는 컴퓨터 생산에 특화하여 그 일부를 중국에 수출하고, 중국은 비교우위가 있는 TV 생산에 특화하여 그 일부를 한국에 수출하면 한국과 중국은 모두 이득을 얻게 된다. 무역의 결과 양국에 돌아가는 이익을 보면, 먼저 한국의

표 2-2 상품 1단위를 생산하는 데 필요한 노동량

	한국	중국
컴퓨터	80	120
TV	90	100

경우 TV 1대를 생산하기 위해 노동 90시간이 필요했다. 무역의 결과로 이제는 노동 80시간을 들여서 컴퓨터를 생산하여 TV와 교환하면 무역 전에 비해 노동 10시간만큼 절감된다. 한편 중국의 경우를 보면, TV 1대를 노동 100시간을 들여서 생산하여 컴퓨터와 교환하면, 무역이 없을 때에 비해 노동 20시간이 절감된다. 양국은 이렇게 절감된 시간으로 다른 상품을 생산하거나 여가를 즐길 수 있다.

이상의 결과를 요약하면 ① 각각 비교우위를 가진 상품을 수출하고 비교열위에 있는 상품을 수입한다면 무역에 참여한 나라는 이득을 볼 수 있고 ② 모든 상품생산에서 절대우위를 가진 나라도 모든 상품을 생산하기보다 비교우위를 가진 상품에 특화하는 것이 이득을 크게 할 수 있으며 ③ 모든 상품의 생산에 절대열위를 갖는 나라 역시 비교열위가 작은 상품에 특화하여 수출하면 무역으로부터 이득을 얻을 수 있다.

비교우위론은 자유무역의 이점을 명료하게 제시하지만 다음과 같은 한계점도 가지고 있다.

첫째, 상품의 가격을 노동투입량과 동일시하고 있는 점이다. 그러나 상품의 생산비를 산정할 때에는 노동뿐만 아니라 자본과 기술, 천연자원 등 다양한 생산요소의 가격이 고려되어야 한다.

둘째, 노동의 질, 즉 노동생산성이 국가마다 동일하다고 가정한 점이다. 그러나 현실적으로는 국가마다 노동생산성이 다르다. 예컨대 자동차 산업에서 한국 근로자 한 사람의 노동생산성은 인도 근로자 한 사람의 노동생산성보다 크다.

셋째, 생산의 규모에 관계없이 생산성이 동일하다고 가정한 점이다. 현실적으로는 생산의 규모가 커지면 규모의 경제효과로 생산효율성이 높아진다.

2-1-2 요소부존이론

리카도의 비교우위론이 생산비의 상대적인 차이에 기인하여 국제무역이 발생한다는 점을 밝힌 이론이라면, 헥셔-오린(Heckscher-Ohlin)의 요소부존이론은 그러한 비교생산비 차가 발생하는 이유를 규명한다. 이들은 국가 간 생산비 차이가 발생하는 원천은 국가 간 요소부존도의 차이에 있다는 것을 규명함으로써 무역이론의 발전에 많은 기여를 하였다. (핵서-오린의 이론은 크게 두 가지로 구분할 수 있다. 첫째는 요소부존이론으로, 국가 간에 생산요소의 부존 상태가 각기 다르고 또 각 상품에 투입되는 생산요소의 비율이 다르기 때문에 비교생산비의 차이가 발생한다는 것을 설명한다. 둘째는 요소가격균등화이론으로, 국가 간의 생산비 차이에 의해 무역이 발생하면 생산요소의 이동이 이루어지지 않더라도 국가 간에 생산요소의 상대가격이 균등화되는 경향이 있다는 것을 설명한다.)

사례 2-1

美와 디커플링 한국, 이제 中과 함께 굴러간다… 더 강력하게

스티븐 로치 예일대 교수가 전망하는 세계 경제

세계 경기는 최근 종잡을 수 없다. 각국이 경기 부양을 위해 돈을 푸는 와중에도 미국 경기가 호전되면서 다른 나라와 디커플링(decoupling·탈동조화)을 일으키나 했는데, 하반기 들어서는 경기 지표가 오락가락하면서 금리 인상이 자꾸 늦춰지고 있다.

한국 경제는 미국 경기가 다소 호전되는 상황에서도 중국의 성장 속도가 늦어지자 심각한 정체 현상을 보이고 있다. 많은 전문가는 한국 경제가 이제는 미국 대신 중국 경제와 커플링(coupling·동조화)한다고 지적하고 있다.

스티븐 로치

전반적인 세계경제 상황과 향후 전망을 듣기 위해 모건스탠리 아시아 지역 회장 출신인 스티븐 로치(Roach·70·사진) 미국 예일대 교수를 만났다. 구조조정 등을 중시하는 월스트리트 출신답게 그는 그동안 각국이 돈을 풀어 기업을 살리고 경기를 부양하는 데 비판적이었다. 그는 "가격 안정을 목표로 하는 통화 정책이 금융 불안정을 키우는 주범이 되고 있다"고 주장했다.

그는 중국의 고성장 시기가 끝나고 성장 속도가 느려지면 그동안 중국 수요에 힘입어 성장해온 한국 경제가 타격을 받지 않겠느냐는 우려에 대해 "오히려 중국 경제의 구조 전환이 한국에 가장 큰 기회가 될 것"이라고 전망했다.

그는 "중국이 제조업 중심의 수출 위주 성장에서 소비가 경기를 이끄는 내수 위주 성장으로 성공적으로 탈바꿈할 경우 브라질과 캐나다 등 원자재 생산국은 타격을 입고 한국 같은 완제품 수출국에 기회가 생길 것"이라고 말했다. "한국 기업들이 잘해야 하겠지만"이라는 단서는 달았다.

중국, 돈 쓸 수 있는 분위기 만들어지면 전 세계 수요 중심 될 것

로치 교수는 현재 세계적 경제 위기의 가장 큰 문제는 총수요(aggregate demand) 부족이라고 지적했다. 한때 전 세계 소비의 중심은 미국이었지만, 이제는 중국이 그 역할을 해야 한다고 그는 주장했다. 올해 중국의 경제성장률은 예년과 비슷한 6~7% 선으로 전망했다.

Q 세계적으로 부족한 수요를 어떻게 해결해야 하나요?

"중국이 답이라고 생각합니다. 중국은 한때 세계 최대의 제품 생산국이었지만, 현재 내부 소비 비중을 늘려가고 있습니다. 중국 경제에서 내부 소비가 차지하는 비중은 30%를 조금 웃도는데, 미국(70%)의 절반도 안 되는 수준이지요. 중국 당국은 앞으로 자국민의 소비를 촉진하기 위해 새로운 일자리를 늘리고, 실질 임금을 올려야 합니다. 미국은 한때 전 세계에서 가장 큰 소비 규모를 자랑했지만, 위기를 겪으면서 소비 심리가 위축된 상황인 반면, 중국인은 대부분이 아직 제대로 된 소비 문화를 경험해본 적이 없습니다. 이 때문에 국민이 돈을 쓸 수 있는 분위기를 만들어 주는 정책을 펼쳐야 하는 상황입니다. 중국이 구조적 경제 변화에 성공한다면, 앞으로 전 세계 수요의 중심은 미국에서 중국으로 넘어가게 됩니다. 지금 문제로 대두되는 세계적 수요 부족을 중국이 메우는 것이지요. 다만 오랜 시간이 걸릴 것입니다. 중국만큼 큰 경제 구조를 바꾸는 데에는 수십 년에서 수백 년이 걸릴 수 있고, 현재처럼 많은 진통을 겪을 것입니다."

Q 중국 경제성장은 어떻게 전망하시나요?

"긍정적으로 봅니다. 경제성장률 6~7%를 유지하는 연착륙(soft landing)을 예상합니다. 많은 사람이 중국 경제성장 속도가 떨어진 점을 두고 과도한 우려를 합니다. 30년 동안 연 10%대로 성장하다가 7%로 떨어졌고, 앞으로 수치가 더 내려갈 것이라고 보고 있지요. 하지만 경제성장은 단지 GDP(국내총생산) 숫자만 놓고 좋다거나 나쁘다고 말할 수 없어요. 현재 중국의 7%대 성장이 부진한 것처럼 보이지만, 자세히 들여다보면 엄청난 질적 성장을 하고 있습니다. 제조업과 수출보다 서비스 업종과 수입이 차지하는 비중이 커지고 있습니다. 또 많은 중국인이 지방에서 도시로 이주하고 있고, 도시 인구가 늘면서 소비도 확연히 늘고 있습니다. 굉장히 놀라운 변화지요. 중국 주식시장이 폭락한 것을 두고 거품론이 일기도 했지만, 지나치게 올랐기 때문에 조정기에 들어간 것이라고 봅니다. 주식시장이 지나치게 올랐다는 것은 그만큼 중국 경제를 낙관하는 사람이 많았다는 뜻도 됩니다. 초기 단계의 진통이 크지만, 중국 당국이 내년부터 시작하는 5개년 경제 발전 계획도 앞으로 서비스와 소비가 중심이 되는 경제로 탈바꿈하는 데 많은 도움이 될 것으로 봅니다."

수요 살아나지 않는 美, 더 심각한 문제는 저축 부족… 제로 금리 빨리 벗어나야

로치 교수는 미국의 수요가 살아나지 않는 점이 큰 문제이긴 하지만, 많은 사람이 가계 저축이 부족한 문제를 간과하고 있다고 지적했다. 미국 경제가 지속 가능하게 성장하기 위해서는 지금 단기적으로 부족한 수요를 촉진하는 데 그치지 말고 장기적으로 가계의 저축을 늘리는 데도 신경을 써야 한다는 얘기다.

Q 미국의 소비자 수요는 살아나고 있나요?

"수요와 관련해 미국은 중국과 다른 상황이기 때문에 처방전도 달라야 합니다. 학자금 대출과 같은 개인 빚을 탕감해주는 등 좀 더 적극적인 소비 촉진 재정 정책이 필요하다고 봅니다. 양적 완화는 순간적 위기를 해결할 뿐 부족한 수요를 늘리는 데 별 도움이 안 돼요. 미국 경제에서 내부 소비가 차지하는 비중은 70%나 됩니다. 소비자 수요는 지난 7년 동안 평균 1.4%씩 성장했는데, 이 수치는 사상 최저 수준입니다. 작년에 조금 나아졌다고 하지만, '경기가 좋아졌으니 기업들이 투자를 늘려서 더 많은 재화와 서비스를 공급할 시점이 됐다' 고 말하기는 어려운 수준입니다. 사실 제가 미국 경제에서 수요보다 가장 우려하는 부분은 장기 저축이 부족한 점입니다. 정치가들이 소비자의 수요를 촉진하는 정책을 내놓으며, '수요 부족'이 가장 중요한 과제인 양 의제를 설정하지만, 사실 경제의 지속적인 성장을 위해서는 저축을 늘려야 하는 게 맞습니다. 조만간 미국의 대선이 있는 중요한 정치 계절에 돌입하는데, 지금 당장 소비 증진이 시급한 과제인 건 맞지만, 국가적인 의제가 '장기 저축 늘리기'에 초점이 맞춰졌으면 합니다."

Q 미국의 금리 인상 시기는 언제가 될까요?

"미국 중앙은행인 연방준비제도이사회는 현재 이런저런 핑계를 대면서 기준 금리 인상 시기를 늦추고 있지요. 금리 인상이 내년으로 넘어갈 가능성도 크다고 보는데, 금리 정상화가 이렇게 더뎌지는 상황이 안타깝습니다. 미국은 지금 양적 완화 정책의 함정에 빠져 있습니다. 중앙은행이 인플레이션을 잡고 물가를 안정시키는 것을 존재 의의로 삼고 있기 때문입니다. 하지만 인플레이션이 존재하지 않는데, 인플레이션을 잡는 게 목표라니요? 어처구니없는 일이지요. 마치 실체가 없는 전쟁에서 싸우고 있는 격입니다. 통화 정책의 목표와 접근 방법 자체가 앞으로 달라져야 합니다. 인플레이션을 잡는 게 최우선 과제이기 때문에 연준은 쉽사리 기준 금리를 올릴 수 없고, 금융 불안정만 커지고 있습니다. 이런 식이라면 기준 금리는 앞으로도 올릴 수 없습니다. 경제적으로 위기인 상황에서 통화 정책이 쓸데없는 데 집착하고 있다는 우려가 듭니다. 저축을 늘리기 위해서는 기준 금리가 제로인 상황을 하루빨리 벗어나야 합니다. (금리가 올라야 가계가 저축을 하고) 저축이 늘어야 미국 경제가 지속 가능한 발전을 할 수 있습니다. 저는 양적 완화에 몹시 회의적인 사람 중 하나입니다. 모두가 양적 완화가 답이라는 생각에 사로잡힌 것을 안타깝게 생각합니다. 인위적 통화 자극으로 경제 회복을 촉진할 수 없다고 생각합니다. 지난 6년간 미국이 경제 회복을 위해 양적 완화로 푼 돈은 약 3조 6,000억달러입니다. 하지만 회복 수준은 미미했어요. 빚에 허덕이고 유동성 위기를 맞은 상황에서 양적 완화는 순간적으로 빛을 발하지만, 그 자체로 경제성장을 촉진할 순 없습니다."

중국이 세계 최대 소비국 된다는 건 한국에 가장 큰 고객 생기는 것

로치 교수는 한국은 중국 경제와 동조화하는 중이고, 강도는 더 세질 것이라고 말했다. 수출 중심인 한국 경제가 세계 경제와 커플링하는 것은 당연한데, 세계 경제의 중심은 중국이 되고 있기 때문이라고 설명한다.

Q 한국 경제는 어떻게 전망하시나요?

"저는 한국 기업과 경제에 매우 긍정적입니다. 중국이 세계적인 생산자에서 수요자로 탈바꿈하는 데 성공한다면, 한국 경제에는 더할 나위 없이 좋은 기회가 될 것입니다. 기술력을 기반으로 완제품을 생산해 수출하는 한국에 가장 큰 고객이 생기는 것이지요. 많은 사람이 중국 경제가 좋아지면 브라질과 멕시코, 캐나다 등 원자재를 생산하는 나라들의 경제가 좋아질 것이라고 생각합니다.

중국의 경제성장이 느려지면서 원자재 구매가 줄었지만, 다시 성장 속도가 빨라지면 원자재를 많이 사들일 것이라고 보기 때문이지요. 하지만 중국 경제의 구조는 제조업 중심에서 서비스와 소비 중심으로 바뀌고 있습니다.

중국이 더 성장한다 한들 원자재 수출국은 혜택을 받기 힘든 상황이 된다는 얘기지요. 하지만 한국은 달라요. 한국 기업이 어떻게 하느냐에 많이 달렸지만, 중국을 상대로 꾸준히 수출에 성공할 수 있다면, 한국 경제는 앞으로도 크게 성장할 수 있을 것입니다.

아시아 어느 국가보다 한국은 금융 위기를 잘 견뎌냈고, 많은 한국 기업의 브랜드 위상도 높은 편입니다. 경쟁력이 뛰어나기 때문에 앞으로 중국의 성장과 경제 구조 변화가 한국에 많은 혜택을 줄 것으로 봅니다."

☞ **커플링(coupling·동조화)**

한 나라의 경제가 특정 국가에 의존해 성장하는 현상을 말한다. 예전에는 미국의 경기가 좋아지면 다른 나라도 함께 성장했기 때문에, 세계경제가 미국 경제와 커플링한다고 했지만, 최근 미국이 회복해도 나머지 경제권이 여전히 부진한 모습을 보이면서 디커플링(decoupling·탈동조화)이라는 개념이 나왔다. 전문가들은 이제 한국 등 대부분의 국가가 중국에 더 큰 영향을 받는다며, 중국 경제와 커플링한다고 지적한다. 이 외에도 주가나 금리가 특정 국가와 같은 방향으로 움직이는 것을 의미하기도 한다.

자료: Chosun.com, 2015. 11. 06 요약발췌

(1) 요소부존이론

이 이론은 한 나라가 다른 나라에 비해 상대적으로 풍부하게 부존된 생산요소를 집약적으로 사용하여 생산한 상품에 비교우위를 갖는다고 주장한다. 다시 말하면, 노동이 풍부하게 부존된 국가는 노동을 집약적으로 사용하는 상품생산에 비교우위가 있어 노동집약적 상품을 수출하게 되고, 자본이 풍부하게 부존된 나라는 자본을 집약적으로 사용하는 상품생산에 비교우위가 있어 자본집약적 상품을 수출하게 된다.

예를 들어 보자. 미국과 중국에서 자본과 노동이라는 두 생산요소를 투입하여 반도체와 운동화라는 두 가지 상품을 생산한다. 미국은 상대적으로 자본이 풍부한 나라이고 중국은 상대적으로 노동이 풍부한 나라이기 때문에, 미국에서는 상대적으로 자본가격이 저렴하고 노동가격이 비쌀 것이며 반대로 중국에서는 자본가격이 비싸고 노동가격이 저렴할 것이

다. 한편 두 상품을 만드는 기술계수가 서로 달라, 반도체 생산에는 자본을 많이 사용하고 운동화 생산에는 노동을 많이 사용하는 경향이 있다. 이 경우에 자본이 풍부한 미국은 자본집약 상품인 반도체에 비교우위를 갖게 되고 노동이 풍부한 중국은 노동집약 상품인 운동화에 비교우위를 갖게 되어, 미국은 반도체 생산에 그리고 중국은 운동화 생산에 특화할 것이다. 따라서 미국은 반도체를 수출하고 운동화를 수입하며, 반대로 중국은 운동화를 수출하고 반도체를 수입하게 된다.

이처럼 각국의 생산요소의 부존 상태에 따라 산업 패턴이나 무역패턴이 달라진다는 것이 요소부존이론이다. 요소부존이론은 많은 한계점을 가지고 있으나, 요소부존도 차이에 따른 무역패턴의 예측은 오늘날에도 국제무역을 비교적 잘 설명해 주고 있다.

(2) 요소부존이론의 한계

요소부존이론은 전제하고 있는 많은 가정으로 인한 자체의 한계 때문에 현실적으로 타당한지의 여부에 대한 검증의 시도가 있었다. 레온티에프의 역설(Leontief paradox)이 대표적이다.

요소부존이론의 가정에 관한 주요 문제점은 다음과 같다.

첫째, 요소부존이론은 산업이 같으면 생산함수가 동일하다고 보았으나, 현실적으로는 국가마다 생산함수가 같을 수 없다.

둘째, 요소부존이론은 완전고용과 완전경쟁을 전제로 하고 있으나, 대부분의 국가가 실업과 독점이 존재하는 불완전경쟁 상황이다.

셋째, 요소부존이론은 각국의 수요조건이 동일하다고 전제하였으나, 실제로는 각국의 선호도나 소비성향에 따라 수요조건은 변화할 수 있다.

넷째, 요소부존이론은 각국의 생산요소의 질이 같다고 전제하였으나, 실제로는 각국의 생산요소 중 노동의 질은 동일하지 않다.

다섯째, 요소부존이론은 요소집약도의 역전은 없다고 하였으나, 요소가격이 변함에 따라 요소집약도가 역전될 수 있다. 예컨대, 노동가격이 급격히 상승하면 자동화를 통해 노동집약 상품이 노동 대신 자본을 많이 사용하는 자본집약 상품으로 변환될 수 있다.

여섯째, 요소부존이론은 규모의 경제를 인정하지 않으나, 실제로는 산업의 유형에 따라 규모의 경제가 크게 작용할 수 있다.

사례 2-2

차이나머니의 유혹?... EU, 中에 시장경제지위 주나

中 "자동 보장" 지속 요구에 철강 과잉생산 대폭 감축 연계

연말 '조건부 인정'으로 가닥

고율 특별관세 예외조항도 달아 일부 회원국 반대 여전하고 남중국해 갈등 美도 부정적

통상마찰 당분간 지속될수도

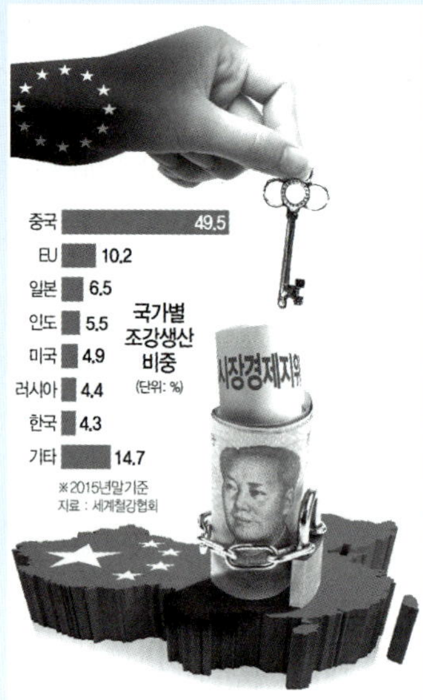

중국이 올해 최대 통상과제 중 하나로 여기며 공을 기울이고 있는 시장경제지위(MES) 부여 문제에 대해 유럽연합(EU)이 '조건부 인정'으로 가닥을 잡아가고 있다. 중국이 주요 무역시장 가운데 하나인 EU로부터 시장경제지위를 확보하면 저가 철강제품 수출 등 중국에 큰 압박 요소로 작용하고 있는 과잉공급 이슈에서 다소 숨통이 트일 것으로 예상된다. 다만 여전히 시장경제지위 부여에 대해 일부 EU 회원국의 반대가 강한데다 세계 최대 시장인 미국도 부정적 입장을 보여 미국·EU와 중국 간 통상 갈등은 당분간 지속될 것으로 전망된다.

파이낸셜타임스(FT)는 20일 EU가 중국에 시장경제지위를 부여하는 문제와 관련해 절충안을 마련하고 있다고 보도했다. EU는 중국의 요구대로 일단 올해 말 시장경제지위를 부여하되 반덤핑관세를 강화하고 중국의 철강 과잉생산 대폭 감축을 연계하는 방안을 논의하고 있는 것으로 알려졌다. FT는 EU의 이 같은 움직임을 지난해부터 시장경제지위 자동부여를 주장해온 중국 측의 집요한 요구와 중국산 저가 철강제품 수입에 반발하는 EU 역내 철강업계의 불만 사이에서 타협안을 찾기 위한 노력으로 해석했다.

중국은 지난 2001년 세계무역기구(WTO)에 가입할 때 올해 12월11일까지 15년간 시장경제지위를 인정받지 못한다는 가입의정서 15조의 제한을 받았다. 중국은 이 같은 단서조항이 올해 말 만료됨에 따라 자동으로 시장경제지위가 보장된다고 주장하며 아직 중국의 시장경제지위를 인정하지 않는 미국·EU 등에 이를 인정해줄 것을 요구해왔다.

시장경제지위는 정부 지원 없이 시장원칙에 따라 해당 국가의 제품 가격이 결정된다는 것을 전제로 부여하는 자격이다. 중국은 이에 따라 반덤핑조사 때 자국 내 철강 가격이 아닌 선진국 등 제3국 가격이 적용돼왔다. 이 같은 족쇄에서 벗어나기 위해 중국은 그동안 각국에 집요하게 공세를 벌여왔고 70여개 국가로부터 시장경제지위를 인정받았지만 아직 최대 무역국인 미국과 EU는 이를 거부하고 있다.

시장경제지위 이슈에 대해 미국보다 유연한 입장이었던 EU는 철강생산 감축 조건을 달기는 했지만 중국에 시장경제지위 부여라는 선물을 주겠다는 쪽으로 가닥을 잡는 움직임을 보이고 있다. 무엇보다 브렉시트(영국의 EU 탈퇴, Brexit)로 경제 불확실성 요인이 커진 만큼 EU 각국이 경제회생의 불씨가 될 수 있는 차이나머니의 유혹을 떨치기 힘든 것으로 시장 전문가들은 보고 있다.

다만 영국 등 일부 국가를 제외한 상당수 EU 회원국과 역내 기업들에서 중국의 시장경제지위 부여를 반대하는 목소리가 큰 만큼 이들을 달랠 수 있는 대안 마련이 관건이다. EU는 중국산 저가제품 수입이 급증할 경우 여기에 따로 고율의 특별관세를 부과하는 예외조항을 두는 방안을 고려하고 있는 것으로 알려졌다. 예를 들어 문제가 되고 있는 중국산 철강제품 수입이 크게 늘어 EU 역내 철강기업에 타격을 줄 경우 미국처럼 관세무역일반협정(GATT)의 수입규제 조치를 적용해 고율의 특별관세를 부과하겠다는 것이다.

저가 수입제품에 대해 역내 기업과 수입가격의 덤핑가격 내에서 부과했던 관세최소부과 원칙을 중단하는 방안도 거론되고 있다. 관세최소부과 원칙이 사라지면 사실상 관세의 상한선이 없어지는 셈이다.

이 같은 제한 단서는 중국의 저가 덤핑 제품 수입을 힘들게 한다는 점에서 중국의 시장경제지위 부여에 반발한 역내 기업들의 저항을 줄일 수 있을 것으로 예상된다. 다만 중국이 이 같은 추가 족쇄를 받아들일지는 미지수다. EU 내에서도 이탈리아와 스페인이 이 같은 절충안에 반대하고 독일도 아직은 신중한 입장인 것으로 알려졌다.

특히 미국의 경우 최근 남중국해 영유권 판결에 중국이 불복하며 시장경제지위 부여에 대한 부정적 시각이 더 커진 상황이다. 미국의 통상담당 외교관인 크리스 윌슨은 최근 WTO 회의에서 "중국은 WTO 가입 이후 시장 개혁 노력이 기대에 미치지 못했다"며 사실상 시장경제지위 부여에 대해 반대 의견을 밝혔다. FT는 "EU가 시장경제지위와 중국의 과잉생산 억제를 묶어 해결하려 하지만 중국 측에 과잉생산을 줄일 의지가 있는지는 의문"이라고 지적했다.

자료: Sedaily.com, 2016. 7. 22 요약발췌

2-1-3 현대무역이론

앞에서 살펴보았듯이 전통적인 무역이론은 현실의 특수한 무역패턴을 규명하기 어렵다는 한계를 가지고 있다. 즉 전통적인 무역이론은 다국적기업, 급속한 기술 변화, 규모의 경제, 불완전 경쟁 등과 같은 현실이 반영되지 않았다. 현대무역이론은 이러한 한계를 넘어서

려는 무역이론이라 할 수 있다. 여기에서는 현대무역이론 중에 중요하다고 생각되는 이론들에 관해 살펴본다.

(1) 대표수요론

린다(S. B. Linder)가 제시한 무역이론으로, 제조업에서 특정 상품이 수출 가능한 상품이 되기 위해서는 우선 국내에서 상당한 정도의 수요, 즉 대표수요가 있어야 한다는 것이다. 이 이론에 의하면, 국내수요가 큰 상품일수록 국내의 생산규모가 커져 규모의 경제 효과나 기술습득효과가 발생하여 생산비를 절감할 수 있기 때문에 비교우위를 가질 수 있다. 다시 말해, 상품이 국제시장에서 경쟁제품을 물리칠 수 있는 비교우위의 원천은 제품의 국내수요의 크기에 있으며, 국내수요의 규모가 클수록 국제경쟁력도 커진다는 이론이다.

또한 대표수요론(representative demand theory)은 일반적으로 수요패턴은 소득수준에 따라 결정되므로 대표수요의 유형은 국내 소비자의 소득수준에 따라 좌우된다고 본다. 소득수준이 높을수록 내구소비재에 대한 수요가 증가하여 수요패턴은 자본집약재로 편중되며, 나아가 소득수준이 비슷한 국가 간에는 수요패턴도 유사해져 무역잠재력이 증가한다는 것이다. 따라서 유사한 소비선호를 가지고 있는 국가 간의 무역이 가능해진다.

기존의 무역이론이 무역의 발생원인을 공급 측면에서 설명하는 데 반하여, 이 이론은 수요 측면에서 설명한다는 데 특징이 있다. 그러나 이 이론은 내수시장보다 해외수요를 겨냥하여 개발된 수출제품들을 설명하는 데는 한계가 있다.

(2) 기술격차론

포스너(M. V. Posner)의 기술격차론(technology gap theory)은 국가 간에 존재하는 기술격차가 무역이 발생하는 원인이라고 본다. 즉 국가 간에는 기술수준의 차이가 존재하며, 이러한 차이에 의해 기술 선진국은 기술 후진국이 모방할 수 있는 시점(기술모방시차 : imitation gap)까지 비교우위를 가지므로 무역이 발생한다는 것이다. 그러나 해외에서 신제품에 대한 수요는 일정 기간이 지나야 발생하므로(수요시차 : demand gap), 실제 수출이 발생할 수 있는 기간은 수요시차가 지난 시점부터 기술모방시차까지의 기간으로 본다.

(3) 제품수명주기론

제품수명주기론(product life cycle theory)은 버논(R. Vernon)이 기술격차론 등을 보완하여 주장한 것으로, 제품의 수명주기에 기초하여 국제무역패턴과 해외직접투자의 원인을 설명하려는 이론이다. 즉 이 이론은 선진국 기업이 개발한 신제품의 제품수명주기에 따라 경쟁우위의 원천이 어떻게 변화하며 무역과 해외직접투자에 어떤 영향을 미치는지 설명한다. 여기서는 제품수명주기를 도입기, 성장기, 성숙기, 쇠퇴기의 네 단계로 구분하여 살펴본다.

① 도입기

신제품이 개발되려면 높은 기술수준을 갖춰야 한다. 또한 출시 때에는 생산량도 많지 않고 연구개발비나 시설비 등에 대한 부담도 크므로 가격 수준이 비교적 높다. 따라서 신제품이 개발되어 성공적으로 시장에 정착할 가능성이 높은 국가는 기술수준과 소득수준이 높은 선진국이다. 신제품에 대한 정보가 널리 확산되지 않은 까닭에 수요는 국내에서 주로 발생하고, 시간이 지남에 따라 제품의 유용성에 관한 정보가 해외로 전파되어 해외에서도 신제품에 대한 수요가 발생하기 시작한다. 즉 도입기에는 신제품이 주로 선진국에서 먼저 생산되어 판매되며 기술력이 경쟁우위의 원천이다.

② 성장기

신제품의 유용성에 대한 정보가 확산되면서 국내외에서 제품에 대한 수요가 크게 증가하기 시작한다. 기업은 국내외의 수요를 충족시키기 위해 생산시설을 확장하고 수출을 늘려나간다. 그러나 수요가 증가함에 따라 점차 신제품 생산기술을 모방하는 경쟁기업이 출현한다. 따라서 이 시기에는 기술우위와 함께 생산비우위가 경쟁우위의 중요한 요인으로 작용한다.

또한 해외시장에서도 모방기업이 출현하여 현지에서 생산하기 시작하고, 해외 현지국은 모방기업을 유치산업으로 간주하고 보호하기 위해 수입제품에 관세장벽을 비롯한 수입규제를 실시하기 시작한다. 신제품을 처음으로 개발하여 수출하던 선진기업은 해외 현지국의 보호무역정책과 현지기업의 경쟁력 증가 등으로 점차 수출기회를 잃어 간다. 따라서 선진기업은 해외시장을 보다 효율적으로 공략하기 위해 해외시장에서 직접 생산하여 판매하는 전략을 세우게 된다. 해외 현지시장에서 제품을 생산하게 되면 ⓐ현지 소비자의 욕구를 보다 잘 충족시킬 수 있고 ⓑ수입관세를 회피할 수 있어 보다 효율적으로 해외시장을 공략할 수 있다.

이 단계에서 선진기업의 첫 번째 해외직접투자가 발생한다. 해외직접투자처로는 유사한 수요를 보여 무역 잠재력이 높은 국가가 가장 적합한데, 소득수준이 유사한 여타 선진국이 여기에 해당된다.

요약하면, 선진기업은 성장기 전기에는 해외시장으로 수출을 도모하다가 모방기업이 생산을 시작하는 성장기 후기에는 해외시장을 보다 효율적으로 공략하기 위해 해외직접투자를 실시하여 해외 현지시장에서 직접 생산하게 된다.

③ 성숙기

표준화제품 단계로, 제품이 성숙기에 이르면 생산기술이 표준화되어 선진기업과 모방기업 간에 기술적 차이가 없어진다. 이 시기에는 제품 간 경쟁의 초점이 기술경쟁이나 품질경

표 2-3 제품수명주기론의 단계별 특성

	도입기	성장기	성숙기	쇠퇴기
기술 특성	신기술, 제품 혁신	모방 중심의 R&D	기술의 표준화	대체품 등장
생산 입지	신제품 개발국	신제품 개발국 여타 선진국	개발도상국으로 생산 이전 가속화	개발도상국
가격 수준	고가격	가격 점진적 인하	가격 급속히 인하	원가 수준
소비자	신제품 개발국	신제품 개발국 여타 선진국	개발도상국 성장 선진국 감소	개발도상국 일부 선진국
경쟁우위	기술경쟁력	기술경쟁력 가격경쟁력	가격경쟁력 마케팅경쟁력	가격경쟁력
무역 방향	무역 발생 적음	신제품 개발국 → 여타 선진국	선진국 → 개발도상국 (주요 원료 · 부품), 개발도상국 → 선진국 (제품)	개발도상국 → 선진국 (역수출)

쟁보다 가격경쟁에 놓이므로, 경쟁우위의 원천은 생산비가 된다.

따라서 기업은 보다 싼 생산기지를 찾아 임금이 저렴한 개발도상국으로 공장을 이전하기

그림 2-1 제품의 수명주기에 따른 무역 패턴

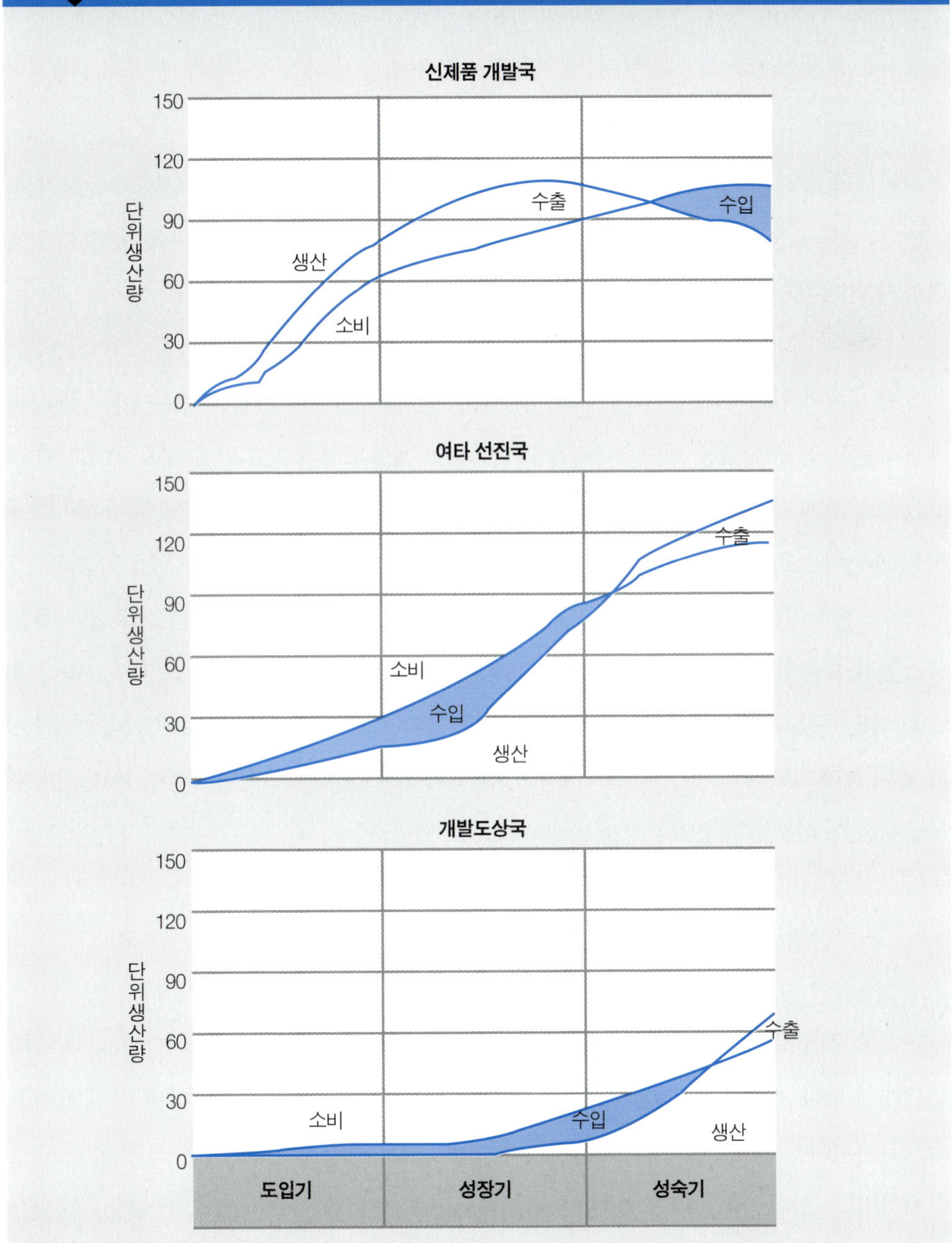

자료: Griffin, R. W. & M. W. Pustay(2003), *International Business*, Prentice Hall, p. 133.

시작한다. 선진기업 입장에서 보면 성장기에 이어 두 번째 해외직접투자가 발생하는 것이다. 공장의 규모도 대형화되어 규모의 경제를 추구하므로 생산 단가가 크게 떨어져 많은 개발도상국 소비자들도 제품 구매가 가능해진다. 이 시기에는 무역패턴에도 변화가 일어나 선진국은 개발도상국에 핵심 원료나 반제품을 수출하고 개발도상국은 선진국에 완제품을 수출하는 형태를 보이기 시작한다.

④ 쇠퇴기

대체품의 출현으로 기존 제품의 수요가 급격히 감소되는 시기로, 무역활동의 규모가 축소된다. 개발도상국은 생산과 동시에 수요를 담당하게 되고, 선진국은 남아 있는 수요를 충당하기 위해 개발도상국으로부터 수입하는 순수입국이 된다.

각 단계에서 일어나는 무역패턴을 국가별로 보면 [그림 2-1]과 같다. 제품수명주기에 따라 생산시설은 점차 신제품 개발국 → 여타선진국 → 개발도상국으로 이전되고, 국제무역 패턴은 도입기에서 성장기를 거치는 동안 신제품 개발국의 해외 수출량이 증가하나 성숙기에서는 역전되는 것을 볼 수 있다.

제품수명주기론은 1960년대와 1970년대에 미국이 전 세계의 신제품 개발을 주도할 때 미국기업의 수출입 형태와 해외직접투자를 잘 설명했던 이론으로 평가받고 있다. 그러나 ⓐ 많은 기술혁신 기업이 등장하여 기술경쟁이 치열해지면서 전 세계적으로 제품의 수명주기가 짧아지고 ⓑ다국적기업의 첨단 제품이 전 세계에서 동시다발적으로 생산·판매되는 오늘날에는 이 이론의 적용가능성은 많이 제약되고 있다.

(4) 국가경쟁력이론

마이클 포터(Michael E. Porter)는 1990년에 각국의 주요 산업의 경쟁우위가 어디에서 비롯되는지 보다 체계적으로 분석하는 틀을 제시한다. [그림 2-2]에서 보는 바와 같이 포터의 국가경쟁력이론(the competitive advantage of nations)은 경쟁우위의 근본을 크게 네 가지 요인에서 찾고 있다. 즉, 요소조건(factor endowment), 수요조건(demend condition), 관련산업 및 보조산업(related and supportive industry), 기업의 전략과 구조 그리고 경쟁관계(firm

그림 2-2 포터의 국가경쟁력이론 모형

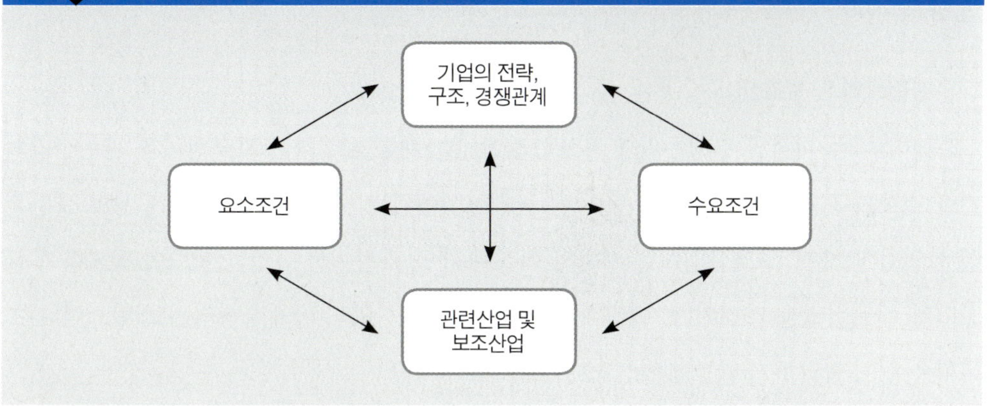

strategy, structure, and rivalry)에 의해 결정된다고 보았다. 이들 네 가지 요인은 서로 영향을 주는 요인으로 파악되고 있다. 그가 이 네 가지 요인을 네 개의 다이아몬드라 칭하였기 때문에 이 이론을 일명 다이아몬드 모형이라고 부르기도 한다. 또한 그는 네 가지 요인 이외에도 상황적 요인인 기회요인과 정부정책요인을 경쟁우위에 간접적으로 영향을 미치는 외생변수로 본다.

① 요소조건

요소조건이란 각국의 산업이 경쟁력 있는 사업을 영위하기 위해 필요로 하는 자원과 기반이다. 요소조건은 크게 두 가지로 분류된다. 먼저 기본요소로서 자연자원, 기후, 위치 등이 해당된다. 고급요소는 통신, 인프라, 기술 인력, 연구시설, 기술 노하우 등으로, 후천적으로 조성된 요소이다. 포터는 고급요소가 경쟁우위를 창출하는 데 더욱 중요한 역할을 한다고 본다.

② 수요조건

수요조건이란 제품을 개선하고 발전시키는 데 자극을 주는 국내수요가 존재하는가의 여부이다. 포터는 ⓐ국내수요의 규모가 크고 ⓑ세련되고 까다로운 소비자가 존재하는 나라의 산업이 경쟁우위를 갖는다고 주장하였다. 포터는 일본의 카메라 산업을 예로 들어 일본의 세련되고 지식이 풍부한 카메라 소비자들이 제품의 품질을 향상시키고 혁신적 모델을 도입하도록 자극을 주었다고 지적하였다. 우리나라도 세련되고 까다로운 국내의 휴대폰

소비자가 삼성이나 LG의 휴대폰이 오늘날 세계적인 경쟁력을 갖도록 하는 데 기여하였다고 할 수 있다.

③ 관련산업 및 보조산업

한 산업이 국제적인 경쟁우위를 확보하려면 중간재를 공급하는 보조산업과 관련산업의 기술 진보가 선행되어야 한다는 것이다. 관련산업이란 기술이나 원료 등에서 상호 보완적인 산업을 말하며, 보조산업이란 제품의 혁신과 개발 과정에서 긴밀한 협력이 필요한 부품산업과 원료산업을 가리킨다. 예컨대, 스위스의 제약 산업의 국제경쟁력은 스위스의 기초화학 산업이 발달했기 때문에 가능하다.

④ 기업의 전략과 구조, 경쟁관계

이는 국내 특정 산업을 구성하는 기업들의 조직·경영 방침·경쟁양상을 말한다. 포터에 의하면, 기업이 자신의 전략과 구조를 통해 다른 세 가지 요인에 적절히 반응하는 것이 해당 산업의 경쟁우위 창출에 중요하다. 또한 국내의 치열한 경쟁여건 역시 기업으로 하여금 혁신과 품질향상, 비용절감 등을 유도하여 해당산업의 경쟁우위 창출에 기여한다.

포터는 이상의 네 가지 요인이 상호 영향을 준다고 지적하고, 네 가지 요소가 우호적으로 조성된 산업에서 기업이 성공할 가능성이 높다고 주장하였다. 또한 포터는 이 네 가지 요인 이외에 정부정책요인과 기회요인(상황적 요인)도 경쟁우위 창출에 간접적으로 영향을 미치는 외생요인으로 꼽는다.

포터의 국가경쟁력 이론은 기존의 이론을 배경으로 장기적인 관점에서 한 국가의 특정 산업의 경쟁우위를 결정짓는 근본요인을 도출하였다는 점에서 높이 평가받고 있다. 그러나 엄밀히 말하면, 이 이론은 무역이론이라기보다 국가나 산업의 경쟁력을 설명하는 이론이라고 볼 수 있다. 그리고 기존 산업의 경쟁우위 요인은 설명하고 있으나 현실적으로 이들 요인을 활용하여 어떻게 경쟁력을 창출할 수 있는가에 대한 구체적인 해답은 주지 못하고 있다.

2-2 해외직접투자이론

기업의 해외사업은 국가 간 재화의 이전뿐만 아니라 기술과 생산요소의 이전 등이 포함된다. 무역이론은 국가 간 재화의 이전은 설명하나 국가 간 기술의 이전이나 국가 간 생산요소의 이전은 설명하지 못한다. 이를 설명하기 위해서는 해외직접투자이론이 요구된다. 해외직접투자이론에는 여러 유형이 있으나 여기에서는 제조기업의 해외생산 투자와 관련된 해외직접투자이론에 초점을 두어 설명한다.

2-2-1 독점적 우위론

하이머(S. H. Hymer) 등이 주장한 독점적 우위론(monopolistic advantage theory)은 해외시장에서 활동하는 데는 외국기업이 현지기업에 비해 불리한 점이 있음에도 불구하고 왜 현지시장에 해외직접투자를 하는지 규명하는 것에서부터 시작된다.

기업이 해외에 진출하면 생소한 환경에 직면하게 된다. 즉 현지시장의 경제, 법률, 언어, 사회적 관습, 소비자 기호, 관련기업이나 공공기관과의 관계 등이 모두 생소하다. 이러한 생소함을 극복하기 위해 현지기업은 지출하지 않아도 되는 비용을 외국기업은 지출하게 된다. 이러한 비용을 외국비용(foreign cost)이라 한다.

한편 해외에 진출하는 기업은 기술이나 상표 등에서 현지기업이 갖지 못하는 독점적 우위를 가져야 한다. 이러한 독점적 우위는 제품의 차별화를 가져오고, 차별화된 제품은 현지기업이 만든 제품에 비해 더 높은 가격을 받을 수 있다. 현지기업이 만든 제품보다 더 높게 받게 되는 초과가격을 가격 프리미엄(premium)이라 한다. 만약 가격 프리미엄이 외국비용보다 크다면 독점적 우위를 보유한 기업은 해외에 진출하여 이익을 볼 수 있기 때문에 해외직접투자를 하게 된다는 것이 독점적 우위론의 핵심이다.

따라서 기업이 성공적으로 해외에 진출할 수 있으려면 기업특유의 독점적 우위를 보유하고 있어야 한다. 독점적 우위 요소란 장기간의 투자를 통해서 기업내부에 축적되어 있는 우수한 지식을 말하는데, 여기에는 기술, 마케팅 노하우, 경영관리 능력 등이 있다. 기술이란 장기간의 연구개발 투자를 통해서 형성된 지식이며, 마케팅 노하우는 광고나 유통경로 등에 대한 장기간의 투자를 통해 이루어진 상표나 지식이고, 경영관리 능력은 인력과 경영시스템 개발을 위한 장기간의 투자를 통해 형성된 지식이다. 대체로 이러한 지식기반자산이 경쟁력을 결정짓는 산업에서 해외투자가 활발하다. 예컨대 기술집약적 산업, 광고집약적 산업, 경영시스템이 중요시되는 산업 등이다.

이 이론의 장점은 기업이 해외로 진출할 수 있는 근본적인 조건을 명확하게 밝히고 있다는 점이다. 그러나 독점적 우위론은 해외로 진출할 수 있는 주요 방안인 수출, 라이센싱(계약), 해외직접투자 중에서 어떤 경우에 해외직접투자가 유리한가에 대한 구체적인 해답을 제시하지 못한다.

2-2-2 내부화이론

내부화(internalization)란 시장실패로 인해 시장기능이 효율적으로 이루어질 수 없을 경우에 시장을 통해 이루어지던 거래를 기업내부로 대체하는 것을 말한다. 바꾸어 말하면, 외부시장이 비용이 많이 들고 비효율적인 불완전성을 갖고 있는 경우에는 기업내부에서 낮은 비용으로 거래를 할 수만 있다면 기업은 외부시장 기능을 대신하여 그 거래를 내부화하게 된다는 것이다. 이러한 시장대체론을 해외직접투자에 응용한 것이 내부화이론(internalization theory)이다. 내부화이론은 코오스(R. Coase)의 연구로 시작되어 버클리(P. J. Buckley)와 카슨(M. C. Casson)이 해외직접투자에 처음 적용하였고, 러그만(A. Rugman)이 더욱 발전시켜 해외직접투자 현상을 설명하는 일반이론이라고 주장하였다.

내부화이론에 따르면, 시장의 불완전성에서 오는 비효율적인 거래비용을 최소화하고 이익을 극대화하기 위해 기업은 보유한 독점적 우위를 외부시장을 통하여 거래하기보다 이들을 위한 내부시장(100% 지분 투자한 자회사)을 창조하여 이를 통하여 거래하고자 하는데, 이러한 내부시장의 창조가 국경을 넘어 이루어지면 해외직접투자가 발생한다는 것이다.

기업이 국경을 넘는 거래를 내부화하는 경우는 크게 두 가지로 나누어 볼 수 있다. 첫째는 인위적 시장 불완전성인 정부의 규제로 자유로운 국제무역이 불가능한 경우이다. 즉 국내

산업을 보호하기 위해 관세·비관세장벽을 설치하거나 정치적·사회적 이유로 인한 무역규제가 실시되는 경우이다.

둘째는 지식기반자산의 거래 시에 시장이 그 기능을 효율적으로 발휘하지 못하여 자연적으로 시장 불완전성이 생성되는 경우이다. 이러한 경우에는 가격 설정에 거래비용이 과다하게 지출된다. 시장의 불완전성으로 인해 지식기반자산을 판매하려는 기업과 구매하려는 기업 간에 정보의 비대칭성이 존재하여 기술, 경험, 노하우, 브랜드와 같은 지식기반자산의 적정 가치에 대한 문제가 발생하기 때문이다. 기술을 보유한 기업은 기술의 가치를 높게 평가할 것이고, 구매하려는 기업은 이를 낮게 평가하려 할 것이다. 그렇다고 하여 기업이 그 가치를 인정받기 위해 잠재 구매자에게 그 기술의 내용을 상세히 설명한다면, 그 내용이 공개되는 순간 그 기술의 가치는 떨어지게 된다. 뿐만 아니라 노출된 지식은 제3자가 이용하더라도 막을 수 없게 된다. 따라서 지식기반자산의 거래에는 시장의 불확실성에서 비롯된 계약체결의 어려움 때문에 과다한 비용이 발생할 수밖에 없고, 이런 비용을 회피하기 위한 좋은 대안으로 시장의 내부화를 선호하게 된다. 이러한 이유로 지식기반자산의 거래는 외부시장을 통한 라이센싱보다 기업조직을 이용한 해외직접투자가 선호되는 것이다.

버클리와 카슨은 내부화의 동기가 되는 시장 불완전성의 발생 요인을 [표 2-4]와 같이 지적하였다. 또한 이들은 [표 2-5]와 같이 시장을 내부화하였을 경우의 이익과 비용을 구체화

표 2-4 시장 불완전성의 발생 요인

시장 불완전성 요인	구체적인 예
1. 국가특유의 요인	1. 정치적 · 경제적 요인
2. 기업특유의 요인	2. 기술, 연구개발, 마케팅, 경영 능력
3. 산업특유의 요인	3. 산업 특성, 규모의 경제, 외부시장의 구조
4. 지역특유의 요인	4. 지리적 거리, 문화적 차이

표 2-5 내부화의 이익과 비용

내부화의 이익	내부화의 비용
1. 가격 차별화 시스템 구축	1. 내부시장 분할에 따른 비용의 증가
2. 거래 쌍방의 협상 회피	2. 내부시장 간의 의사소통 및 조정 비용 증가
3. 구매자 불확실성의 회피	3. 현지국 정부로부터의 정치적 위험 증가
4. 정부 영향의 최소화	4. 경영자의 전문성을 제고하기 위한 비용 증가

하여 제시하였다.

내부화이론은 기업이 해외직접투자를 하게 되는 이유를 잘 설명하는 것으로 평가된다. 그러나 기업의 해외직접투자 동기를 시장불완전성만으로 설명하는 것은 무리가 있다. 특히 이 이론은 기업의 해외직접투자 대상국을 충분히 설명하지 못하는 단점이 있다.

2-2-3 절충이론

기존의 해외직접투자이론은 ① 해외진출기업이 외국비용을 극복할 수 있는 원천과 ② 외부시장(라이센싱 등) 대신에 내부시장(해외직접투자)을 활용하게 되는 원인은 설명하지만, ③ 국제생산이 어디에서 이루어지는 것이 합리적인가에 대한 답을 제시하지는 못한다. 이러한 한계점 극복하기 위하여 더닝(J. H. Dunning)은 앞에서 살펴본 독점적 우위론과 내부화이론의 토대 위에 생산입지이론을 추가하여 보다 포괄적인 해외직접투자이론인 절충이론(eclectic theory)을 주장하였다. 이 이론에 의하면, 기업의 해외직접투자 결정은 기업특유의 우위, 장소특유의 우위, 내부화 우위라는 세 가지 요인을 종합적으로 고려해서 이루어져야 한다.

기업특유의 우위(ownership-specific advantage)란 기업이 장기간의 투자를 통해 축적한 지식기반자산으로, 일정 기간 동안 독점적으로 활용할 수 있는 기술이나 마케팅 노하우 또는 경영기법 등을 의미한다. 기업이 해외에 진출하여 외국비용을 극복하고 성공적으로 해외 사업 활동을 수행하기 위해서는 현지기업이 가지지 못한 어떤 독점적 우위요소를 소유해야 한다.

장소특유의 우위(location-specific advantage)란 특정 입지가 다른 입지에 비해 지니고 있는 이점으로서 기업이 왜 특정 입지를 선택하는지 설명해 준다. 이러한 입지요소의 예로서는 노동·에너지·원재료 등 투입요소의 가격 저렴성과 품질의 우수성, 사회간접자본의 발전 정도, 시장의 크기와 성장 잠재력, 정부의 지원 등이있다.

내부화의 우위(internalization advantage)란 기업이 자사가 소유하고 있는 독점적 우위를 외부시장을 통해서 거래하기보다 자체적으로 활용하는 것이 더 유리한 것을 말한다. 즉, 독점적 우위를 외국기업에게 임대하거나 판매하는 것보다 이를 직접 이용함으로써 얻는 이익

사례 2-3

한국 수출 순위로만 보면 위안화 이어 SDR 편입 1순위, [한국과 SDR]

금융거래량 등 다른 조건 통과가 난제

"IMF(국제통화기금)는 한국의 요청으로 차관 155억 SDR(약 210억달러)을 제공하기로 했습니다."

1997년 12월 4일 IMF가 우리나라에 구제금융을 제공하기로 하면서 발표한 보도자료는 이렇게 시작합니다. IMF는 외환위기를 맞은 우리나라에 부족한 외화를 메우라며 SDR을 빌려주기로 했습니다. 155억 SDR은 그때까지 IMF가 제공했던 구제금융 중 가장 큰 규모였습니다.

SDR은 가상의 화폐로 계산 단위로만 사용하기 때문에 우리나라가 실제로 IMF에서 받은 것은 달러였습니다. IMF가 미국 뉴욕연방준비은행에 개설된 한국은행 계좌에 SDR에 상당하는 달러를 입금해 주면 그걸 외환보유액으로 삼았습니다.

사실 우리나라가 IMF에서 SDR로 돈을 빌린 것은 1997년이 처음은 아니었습니다. 일반 국민에게 잘 알려지지 않았지만, 우리나라는1960년대부터 외환이 부족할 때마다 16차례 IMF와 협약을 체결하고 26억 SDR을 인출하고 상환하기를 반복했습니다.

우리나라가 처음 SDR을 갖게 된 것은 1970~1972년이었습니다. IMF가 1969년 SDR을 만든 후 각국에 1차 배분을 했을 때입니다. 우리나라는 2,220만 SDR을 받아 외환보유액에 포함시켰습니다. 한국은행에 따르면 11월 말 현재 우리나라는 34억달러어치의 SDR을 보유하고 있습니다. 이는 전체 외환보유액(3,685억달러)의 0.9%에 해당됩니다.

중국의 위안화가 SDR 구성 통화가 됐다는 소식을 들으면 먼 나라의 꿈 같은 얘기라고 생각하기 쉽습니다. 하지만 해외에선 한국 원화도 그럴 가능성이 있다고 봅니다. 블룸버그 통신은 지난 1일 수출 순위로만 본다면 IMF가 중국 위안화에 이어 다음번에 SDR 구성 통화로 고려할 대상이 원화라고 보도했습니다. 한국이 2010~2014년 세계 수출에서 차지하는 비중이 3.2%로 세계 6위이기 때문입니다. 유로를 사용하는 독일, 프랑스 등 유로존 17개국을 하나로 묶어서 비교할 때의 순위입니다. 다만, 금융 거래량 등 다른 조건까지 따진다면 당장 원화가 SDR 구성 통화 기준을 통과하기는 어려울 것 같다는 게 블룸버그의 평가입니다.

자료: Chosun.com, 2015. 12. 07 요약발췌

이 더 큰 것을 의미한다.

절충이론은 기업특유의 우위와 장소특유의 우위, 그리고 내부화의 우위를 활용하여 해외직접투자를 설명하고자 한다. 어느 기업이 현지기업과 경쟁하여 이길 수 있는 기업특유의 우위는 있으나 현지에 장소특유의 우위가 없다면 본국에서 생산하여 수출하는 것이 더 유리하기 때문에 기업은 해외진출방식으로 수출을 택하게 된다. 그리고 기업특유의 우위는

표 2-6 절충이론과 세 가지 범주의 우위 요소

1. 기업특유의 우위 ① 기업의 다국적성에 기인하지 않는 우위 - 기업 규모, 다양성, 독점적 지위에서 오는 우위 - 특허, 상표권 등 독점적 무형 자산 및 관련 능력 - 차별화된 생산, 조직, 마케팅 시스템, 인적 자본, 경험, 연구개발 능력 - 각종 자원 및 시장에 대한 배타적 · 차별적 접근 능력 - 정부의 보호에서 오는 우위 ② 기업의 다국적성에 기인하는 우위 - 우월한 위험분산 능력 - 우월한 정보 수집, 시장 접근 능력 - 우월한 대정부 협상 능력
2. 장소특유의 우위 - 저렴한 생산요소 비용 - 저렴한 운반비, 통신비 등 인프라 비용 - 관련 인프라 및 관련 기업 능력의 우수성 - 정부의 간섭과 규제: 투자 유인과 투자 환경 활용, 수입 규제 회피 - 정치적 안정성 - 경제 하부구조(유통 기구, 저장 시설 등)의 우수성 - 문화적 유대감
3. 내부화의 우위 - 거래 당사자를 탐색하고 협상하고 조정하는 비용 절감 - 독점적 자산을 보호하는 비용 절감 - 구매자 불확실성 제거 - 제품 품질 유지 - 부품 공급의 안정성 유지 - 관세 · 비관세장벽 등 정부 간섭 및 규제 회피 - 본 · 자회사 간 전략적 상호 보조 등을 통한 경쟁전략상의 우위

자료 : J. H. Dunning(1981). *Explaining Outward Direct Investment of Developong Countries.*

있으나 내부화를 할 특별한 이유가 없다면 기업은 해외 진출방식으로 라이센싱을 선호하게 된다. 반면에 기업특유의 우위, 장소특유의 우위, 내부화의 우위가 모두 있으면, 기업은 해외직접투자를 통하여 해외 현지에서 직접 생산하게 된다. 더닝은 해외시장 진출방식과 결정요인 간의 관계를 [표 2-7]과 같이 제시하고 있다.

절충이론은 다음과 같은 장점이 있다. 첫째, 절충이론은 해외직접투자와 관련이 있는 주요한 변수들과 경영 의사결정 모형을 체계적으로 제시함으로써 다국적기업 이론을 발전시키는 데 기여하였다. 둘째, 해외직접투자이론의 이론적인 체계를 갖춤으로써 실증연구를 위한 분석모형과 주요 변수들을 제시하였다.

표 2-7 기업의 해외 진출방식과 결정 요인

	우위 요소		
	기업특유의 우위	내부화의 우위	장소특유의 우위
해외직접투자	○	○	○
수출	○	○	×
계약에 의한 자원 이동	○	×	×

그러나 이와 같은 장점에도 불구하고 절충이론은 다음과 같은 한계점을 지니고 있다. 첫째, 100% 지분 방식이 아닌 해외직접투자 방식(예: 합작투자)을 제대로 설명하지 못한다. 둘째, 전략적 제휴(예: 교차 라이센싱, OEM생산 등)에 의한 해외 진출방식을 설명하기가 어렵다.

이상에서 살펴본 바와 같이 해외직접투자이론은 크게 보아 독점적 우위론, 내부화이론, 절충이론의 큰 줄기로 발전하여 왔다. 나머지 이론들은 복잡한 성격을 가지고 있는 해외직접투자의 여러 단면을 각기 설명하는 부분적인 이론으로 볼 수 있다.

토의문제

1. 절대우위론과 비교우위론의 차이는 무엇이며, 이 이론들이 주장하는 국가 간 무역 발생의 원인은 무엇인지 설명하시오.
2. 요소부존이론의 특징과 한계를 설명하시오.
3. 제품수명주기이론에 따른 수명주기 단계별 경쟁우위와 무역패턴을 설명하시오.
4. 국가경쟁력이론에서 주장하는 경쟁우위의 네 가지 주요 요인을 설명하시오.
5. 독점적 우위론의 주요 내용과 한계를 설명하시오.
6. 기업이 국경을 넘어 내부화를 실행하는 경우를 설명하시오.
7. 절충이론의 특징과 한계를 설명하시오.

참고문헌

국제경영연구회(1998), 『글로벌시대의 국제경영』, 문영사.

이철(2015), 『글로벌경영』, 학현사.

장세진(2015), 『글로벌경영』, 박영사.

조선비즈 http://biz.chosun.com/site/data/html_dir/2015/11/06/2015110601972.html

서울경제 http://www.sedaily.com/NewsView/1KYXVF5JDI

조선비즈 http://biz.chosun.com/site/data/html_dir/2015/12/06/2015120602310.html

Buckley, P. J., and M. Casson(1976), *The Future of Multinational Enterprise*, MacMillan.

Dunning, J. H.(1980), "Toward an Eclectic Theory of International Production," *Journal of International Business Studies*, (Spring/Summer).

Dunning, J. H.(1988), *Explaining International Production*, Urwin Hyman.

Dunning, J. H.(1981), "Explaining Outward Direct Investment of Developing Countries," in K. Kumer and M. G. McLeod(eds.), *Multinationals from Developing Countries*, Lexington Books.

Hymer, S. H.(1976), *The International Operations of National Firms: A Study of Direct Foreign Investment*, MIT Press.

Kindleberg, C. P.(1969), *American Business Abroad*, Yale Univ. Press.

Porter, M. E.(1990), "The Comprtitive Advantage of Nations," *Harvard Business Review*, (March/April).

Posner, M. V.(1961), "International Trade and Technical Change," *Oxford Economic Papers*.

Rugman, A. M.(1980), "A New Theory of International Business: Internalization vs Internationalization," *Columbia Journal of World Business*, (Spring).

Vernon, R.(1966), "International Investment and International Trade in the Product Cycle," *Quarterly Journal of Economics*, (Vol. 80).

제2부

글로벌 경영환경

GLOBAL
MANAGEMENT

Chapter

03

글로벌 통상환경

GLOBAL
MANAGEMENT

이 장에서는 기업의 글로벌 경영활동에 영향을 주는 통상환경에 관하여 설명한다. 통상환경은 크게 두 가지로 나눌 수 있다. 첫째는 글로벌 차원에서 다수 국가에 영향을 주는 국제통상환경이고, 둘째는 개별 국가의 경제환경이다. 국제통상환경은 국제기구나 국가 간 협약을 말하는 것으로 여기서는 WTO와 지역시장 블록을 다룰 것이며, 개별 국가의 경제환경은 국가특유의 경제환경을 말하는 것으로 여기서는 개별시장 환경을 조사할 때 핵심이 되는 주요 항목만을 다룬다.

3-1 세계무역기구(WTO)

세계무역기구(World Trade Organization, WTO)는 무역장벽을 낮추고 공정무역 관행을 촉진함으로써 세계경제 발전에 기여하고자 했던 GATT(General Agreement on Tariff and Trade: 관세 및 무역에 관한 일반협정) 체제가 무력화되자 이를 대체하기 위하여 결성된 기구이다.

3-1-1 WTO의 주요 내용

WTO는 세계적 차원에서 무역규범을 다루는 유일한 국제기구로, 그 주요 내용은 다음과 같다.

(1) 시장개방 확대

WTO의 가장 중요한 목표는 부작용이 없는 범위 내에서 가능한 한 무역을 자유화 하는 것이다. 이는 무역장벽을 제거하여 시장개방을 확대하는 것을 의미하는데, WTO의 주요 조치는 다음과 같다.

① 공산품의 관세 인하

관세는 국내 산업을 보호하기 위해 정부가 동원할 수 있는 전통적인 무역정책 수단이다. 일반적으로 관세가 부과되면 수입품의 가격이 높아지기 때문에 상대적으로 국산품의 경쟁력이 커지며, 이에 따라 국내산업을 보호하는 기능을 한다. WTO의 전신인 GATT가 8차에 걸쳐서 세계적 차원에서 관세를 크게 인하하였고, WTO도 출범 후 짧은 시일 내에 몇 단계에 걸쳐서 공산품의 관세를 일률적으로 추가 인하하였다. 이에 따라 일부 품목의 경우는 무세화에 이르렀고, 국가별로 관세율의 차이가 심한 품목들은 그 차이가 축소되도록 차별적으로 관세를 인하하는 관세조화 조치를 취하였다.

② 섬유류의 쿼터제 폐지

섬유류는 공산품인데도 불구하고 GATT 규정의 적용을 받지 않고 수입국이 수입 수량을 할당하는 쿼터제에 의하여 무역이 이루어져 왔다. 이는 선진국이 자신의 전통산업인 섬유류 산업을 보호하기 위해서였다. 그러나 WTO 체제에서는 이러한 쿼터제를 점진적으로 철폐하여 일정 기간(WTO 설립 후 11년)이 지난 후에는 섬유류 수입을 자유화하기로 하였다. 이는 섬유류의 주요시장인 선진국 섬유류시장이 개방된 것을 의미한다.

③ 농산물 수입자유화

WTO는 세계 농산물 교역을 확대하고 국제 농산물시장에서 공정경쟁이 이루어지도록 하는 데 그 목적이 있다. 이를 위해 농업분야에서 광범위하게 시행되어 온 무역왜곡적인 지원을 줄여 나가기로 하였고, 그 시행방법으로 시장개방, 국내보조, 수출보조 세 분야로 나누어 아래와 같은 논의가 이루어졌다.

첫째, 시장개방과 관련한 주요한 합의로는 모든 비관세장벽(예: 수입수량규제, 수입인증제, 수출자율규제 등)을 철폐하기로 하였다. 대신 수입농산물에 대하여 국내·외 가격차이만큼의 관세를 부과하는 관세화를 통하여 국내농업시장을 보호하기로 하였다. 즉 국산농산물 보호는 비관세장벽 대신 관세장벽을 활용하기로 한 것이다. 그러나 농산물 관세도 점진적으로 인하해 궁극적으로는 농산물시장을 개방하는 것을 목표로 한다.

둘째, WTO는 국제시장에서 농산물의 공정경쟁을 유지하기 위해 각국 정부가 자국 농민에게 지급하는 농업보조금을 감축시키기로 합의하였다.

셋째, 농산물의 수출을 촉진하기 위하여 지급하는 수출보조금은 시장왜곡효과가 크고 직접적이기 때문에 대폭 감축하기로 합의하였다.

(2) WTO의 기능강화

WTO는 국제무역 질서를 유지하고 다자간 협정의 예측가능성을 높이기 위한 공식기구로, 그 기능을 강화하기 위하여 다음의 두 가지 제도를 채택하였다.

① 분쟁해결 절차

WTO는 분쟁의 치료차원에서 객관적이고 투명한 절차를 마련하고 이를 집행할 분쟁해결기구를 설치함으로써 안정적이고 예측가능한 교역체제를 제공하고 있다. 이에 따라 회원국들은 쌍무적인 분쟁해결보다는 WTO의 분쟁해결 제도를 적극적으로 활용하는 추세를 보이고 있다.

② 무역정책검토 제도

WTO는 무역분쟁의 예방차원에서 산하에 무역정책검토기구를 설치하여 각 회원국의 무역정책과 관련제도를 주기적으로 보고하도록 하고 이를 평가하고 있다. 이로써 회원국 무역제도의 예측가능성을 제고하고 나아가 회원국의 협정이행 여부를 감독한다.

(3) 지적재산권 및 서비스무역

① 지적재산권

지적재산권 자체의 교역비중이 증가하고 국제무역에서 지적재산권이 상품의 경쟁력을 결정하는 중요한 요소로 등장함에 따라, WTO는 무역관련 지적재산권 보호의 중요기준을 확립하여 회원국이 국내법으로 보호해야 하는 보호와 권리의 수준을 구체적으로 명시하였다. 또한 권리가 침해받았을 경우에 대비하여 지적재산권 회복 절차에 관한 규정과 분쟁 절차를 명시하였다.

회원국이 지적재산권 협정을 위반하는 경우에는 무역을 통한 교차보복을 허용하였는데, 예를 들면 관세양허를 중지하거나 WTO가 주는 혜택을 중단시키는 것 등이다.

WTO에서 관심을 보이는 지적재산권은 판권, 특허, 상표, 산업디자인, 상업비밀, 직접회로, 컴퓨터·정보통신의 소프트웨어 프로그램, 음반과 음악용 CD, 영상(비디오, 영화) 등이다.

② 서비스무역

서비스무역장벽의 일반적인 형태는 내국민대우 제한 및 규제 조치로, 예를 들면 국내 사업체 설립 시 지분 제한, 외국 서비스공급자에 대한 시장접근 불허, 자격요건 제한, 인허가 제한 등이다.

서비스무역 자유화를 위해서 WTO는 서비스무역에도 최혜국대우(most favored nation treatment)를 적용할 것을 권장하고 있으나 회원국들의 이해관계 대립으로 예외조항이 많으며 구체적인 적용은 무역파트너와 협상하도록 하고 있다.

3-1-2 WTO의 주요 원칙

WTO는 자유무역과 공정무역의 확대를 위하여 다음과 같은 몇 가지 중요한 원칙을 지니고 있다.

그림 3-1 WTO의 주요 원칙

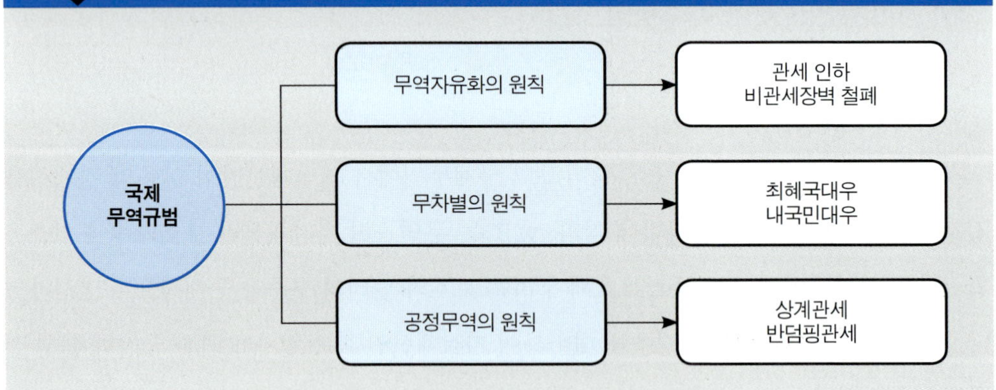

(1) 무역자유화의 원칙

자유무역체제를 확립하여 세계경제 발전을 도모하기 위해서는 국가 간의 대외 거래에서 협상을 통해 모든 제한규정이나 장벽을 점진적으로 제거해야 한다는 원칙이다. WTO는 이를 실행하기 위한 수단으로 관세인하와 비관세장벽 철폐를 추진하였다.

① 관세인하

관세는 수입을 억제하고 국내산업을 보호하는 가장 중요한 수단으로 활용된다. 이를 위해 각국은 종가세, 종량세, 선택세, 복합세, 관세할당, 계절관세 등과 같은 다양한 형태의 관세제도를 운영하고 있다. WTO는 점진적인 관세인하를 위해 회원국과 협상을 통해 수차례에 걸쳐 관세를 인하하고 변칙적인 관세부과를 억제하였다.

② 비관세장벽 철폐

비관세장벽은 수입수량 제한, 수입허가, 수입금지, 자율수출규제 등 관세 이외의 수단으로 수출입에 영향을 미치는 조치들을 총칭한다. 이러한 조치들은 주로 국가안보, 공공안전, 보건위생 및 환경보호 등을 표방하여 빈번하게 이루어져 보호무역의 도구로 활용되었다. 그러나 WTO는 긴급한 경우를 제외하고는 이러한 조치들의 사용을 금지하도록 하였다. 긴급한 사태로 비관세장벽을 이용할 경우에도 일정기간이 지나면 이러한 조치를 철폐하도록 규정하고 있다.

(2) 무차별의 원칙

다자간 무역체제에 있어서 교역 상대국 간에 차별대우를 해서는 안 된다는 원칙이다. WTO는 이러한 원칙을 실행하기 위한 수단으로 최혜국대우와 내국민대우를 운영하고 있다.

① 최혜국대우

최혜국대우란 일국이 특정 국가에 대하여 특혜(예: 특정 국가의 상품에 대해 낮은 관세를 부과하는 것)를 부여한다면, 다른 모든 WTO 회원국에게도 그와 동등하게 대우해야 한다는 것이다. 그러나 최혜국대우에는 몇 가지 예외가 허용되고 있다. 예를 들어, 몇몇 국가가 지역무역협정을 체결하였을 경우 지역무역협정 회원국에 적용되는 저율의 수입관세는 역외국가에게는 적용되지 않을 수 있다. 그러나 WTO는 그와 같은 예외를 엄격한 조건에서만 허용하고 있다. 일반적으로 최혜국대우는 한 국가가 무역장벽을 낮추거나 시장을 개방할 때에는 차별없이 모든 무역 상대국으로부터 수입되는 동일한 상품이나 서비스에 대해 같은 대우를 한다는 것을 의미한다.

② **내국민대우**

외국상품이 정당한 절차를 거쳐 국내에 수입된 이상 국내시장에서 수입품과 국산품은 동등하게 취급되어야 한다는 규정이다. 즉, 내국민대우는 국내시장에 진입한 외국상품이 유통이나 조세 등의 측면에서 국산품과 차별되어서는 안 된다는 것이다.

내국민대우와 최혜국대우를 비교해보면, 최혜국대우는 수입시점에서 관세를 부과할 때 모든 회원국을 동등하게 대우해야 한다는 진입장벽과 관련된 원칙이고, 내국민대우는 회원국의 상품이 일단 수입된 이상 국내시장에서 외국산 제품과 국산 제품을 차별하지 말아야 한다는 국내시장 유통과 관련된 원칙이다.

(3) 공정무역의 원칙

이는 시장의 개방을 촉진하기 위해서는 공정한 무역관행을 정착시켜야 한다는 원칙이다. 바꾸어 말하면, WTO는 시장점유율을 높이기 위해 사용되는 불공정한 무역관행을 억제하겠다는 의미이다. WTO는 이를 실행하기 위한 수단으로 상계관세(countervailing duties)와 반덤핑관세(antidumping duties)를 운영하고 있다.

① **상계관세**

수출보조금은 아직도 많은 국가에서 사용되고 있는데, 이는 수입국의 효율적인 자원분배를 저해하고 시장질서를 문란시킴으로 불공정무역으로 간주된다.

수입국 정부는 수출국이 생산자에게 보조금을 지급했다는 증거를 확보하고 국내의 동종산업이 그것으로 인해 실질적으로 피해를 입었거나 그럴 가능성이 있다고 판단되는 경우에는 국내산업을 보호하기 위하여 보조금에 상당하는 관세를 부과할 수 있는데, 이를 상계관세라 한다.

② **반덤핑관세**

덤핑은 수출업자가 국내에서 통상적으로 거래되는 정상가격보다 낮은 가격으로 수출하는 것을 의미한다. 덤핑은 수입국의 효율적인 자원분배를 저해하고 시장질서를 문란하게 함으로 불공정무역으로 간주된다.

수입국 정부는 수출업자가 덤핑을 했다는 증거를 확보하고 국내의 동종 산업이 덤핑수입으로 인해 실질적인 피해를 입었거나 그럴 가능성이 있다고 판단되는 경우에는 국내산업을 보호하기 위해 덤핑금액에 상당하는 관세를 부과할 수 있는데, 이를 반덤핑관세라고 한다.

3-1-3 WTO가 주는 시사점

WTO의 출범은 새로운 기회와 위험을 동시에 제공하기 때문에 이에 적절히 대처하기 위해서는 WTO가 주는 함축적 의미를 잘 파악할 필요가 있다.

(1) 새로운 경쟁질서의 형성

WTO는 무역장벽을 완화시켜 전 세계적인 경쟁 시대를 초래하였다.

① 시장의 확대

국제적인 단일 무역규범의 출현으로 상품은 물론이고 자본과 서비스 그리고 노동력까지 국경을 넘어 자유롭게 이동할 수 있게 되자 세계는 하나의 지구촌으로 통합되어 가는 길로 들어서게 되었다. 이러한 현상은 시장경제를 주축으로 하는 세계시장의 등장과 기업 경영 활동의 범세계화를 초래하였다. 즉 WTO의 출범으로 이전에는 국경으로 구분되었던 개별 시장이 이제는 통합된 세계시장으로 변모하고 있고, 이에 따라 시장 규모가 크게 확대되고 기업에게 보다 많은 기회를 제공하게 되었다.

② 경쟁의 격화

지구촌 경제의 시장경제화는 전세계적인 차원에서 경쟁을 격화시켰다. 무역장벽이 높았던 시절에는 기업들은 개별 국가 내에서 경쟁을 하면 되었으나 무역장벽이 낮아진 지금은 전세계의 기업들을 상대로 경쟁을 해야 한다. 이는 그만큼 경쟁이 격화된 것을 의미하며 만약 기업이 경쟁력을 갖추지 못한다면 전 세계적으로 시장은 넓어졌지만 해당 기업의 몫은 더욱 축소되는 결과를 가져온다. 이는 경쟁력이 약한 국가나 기업에게 생존과 관련된 커다란 과제를 안겨준다.

사례 3-1

"중국경제 올해도 고전… 신흥국 어려움 커져"

[차이나 쇼크] 위안화 절하·성장엔진 약화… 일부 '중국發 위기' 조심스러운 예측도
"현재 2008년 세계 금융위기 연상" 언급에 "중국 우려 과도" 주장

"중국 경제구조가 변하고 있다. 투자 중심에서 소비자(내수) 중심으로 움직이고 있다. 이 과정에서 자연스럽게 중국 경제 성장률은 더 낮아질 것이다."(마커스 브루너마이어 프린스턴대 교수)"

지난 10년 동안 중국 경제가 강력하게 성장하는 것을 목격했다. 그 기간 미국 경제는 허약한 모습을 보였다. 이제 상황은 완전히 뒤바뀔 것이다."(팀 하포드 FT 칼럼니스트)

"중국 경제는 지난해에 이어서 올해도 고전할 것이다. 중국을 포함한 신흥국 경제의 어려움이 더욱 커질 것이다."(헤르만 지몬 지몬-쿠퍼&파트너스 회장)

연초부터 글로벌 경제는 '중국'이라는 복병을 만났다. 중국 상하이 증시는 지난 4일과 7일 서킷브레이커(circuit breakers·지수 등락 폭이 일정 수준에 이르면 일시적으로 또는 마감 때까지 증시 거래를 정지하는 제도) 발동에도 폭락세를 지속했고, 결국 장이 조기 종료됐다.

중국 당국이 위안화 가치를 최근 나흘간 1% 가까이 떨어뜨리면서 중국 경기 둔화 우려가 부각됐고, 이는 투자자들의 투매로 이어졌다. 중국 증시 폭락으로 미국, 유럽, 일본, 한국 등 세계 각국 증시도 하락세를 면하지 못하고 있다.

현재 중국 위안화 가치는 2011년 3월 이후 최저 수준으로 떨어졌다. 위안화 절하가 예상보다 빠르게, 또 큰 폭으로 이뤄지면서, 중국으로부터 자본 유출 속도가 빨라질 것이라는 우려가 커지고 있다. 블룸버그에 따르면 지난해 11월까지 3개월 동안 중국의 자본 유출 규모는 3,670억달러(약 440조 4,734억원)로 집계됐다. 지난해 12월 말 기준 중국의 외환 보유액은 3조 3,300억달러로, 한 달간 1,000억달러 넘게 감소했다. 2014년 12월 말(3조 9,430억달러)과 비교하면 5,000억달러 넘게 준 것이다.

글로벌 경제성장의 한 축을 담당하던 중국 경제의 성장 엔진이 약화될 것이라는 우려도 투자자들의 심리 악화로 이어졌다. 세계은행이 발표한 '2016년 세계경제 전망' 자료에 따르면, 세계은행은 올해 세계 경제성장률 전망치를 낮추면서 중국의 올해 성장률 전망치도 6.7%로 떨어뜨렸다. 지난해 6월에 발표한 7%보다 0.3%포인트 낮았다. 중국 국책연구소인 중국과학원도 올해 중국의 성장률을 6.7%로 전망했다. 중국이 올해 6.7%의 성장률을 기록한다면 1991년 이후 25년 만에 최저 수준이 된다.

전문가들은 조심스럽게 중국발 위기 가능성을 경고하고 있다. 2008년 전 세계적 금융 위기의 진원지가 미국이었다면, 이번 위기는 중국에서 시작될 수 있다는 것이다. 특히 중국이 위기에 이르기 전에 중국 경제에 대한 의존도가 높은 원자재 수출국과 주변 아시아 신흥국이 중국발 위기에 더욱 취약할 가능성이 크다고 전문가들은 말한다.미국의 억만장자 투자가 조지 소로스는 "위안화 평가 절하로 중국뿐만 아니라 다른 나라까지 문제가 전이될 수 있다"며 "미국의 금리 정상화도 신흥국에 대형 악재"라고 말했다. 그는 "현재의 환경은 2008년 세계 금융 위기를 연상시킨다"고 덧붙였다.

월가의 비관론자로 잘 알려진 마크 파버 마크파버리미티드 회장은 지난 6일(현지 시각) 블룸버그TV와 인터뷰에서 "중국 경제가 경착륙(hard-landing)을 향해 갈 수 있다"고 경고했다. 파버는 중국의 신용거품 문제가 심각하다고 지적했다. 그는 "중국의 경착륙이 어떻게 전개될지는 알 수 없지만 투자, 개발 축소 등이 예상된다"고 말했다.

반면 스티븐 로치 예일대 교수는 "중국의 경착륙에 대한 우려는 과도하다"고 말했다. 그는 중국 도시 지역의 고용이 개선되고 있다며, 긍정적 부분에 주목했다. 로치 교수는 "중국의 성장률만 보고 중국 경제의 경착륙, 연착륙 여부를 결론지어선 안 된다"고 강조했다.

중국 정부는 결국 위안화가 자유롭게 거래되는 '변동환율제'를 도입해야 한다고 전문가들은 주장한다. 브루너마이어 교수는 "중국은 외환시장을 개방하기에 앞서 충격을 흡수할 수 있는 금융 시스템을 갖춰야 한다"며 "안정적인 금융 시스템을 만드는 것이 중국 정부의 과제"라고 강조했다.

자료: Chosun.com, 2016. 01. 08 요약발췌

(2) 경제주체의 변화

WTO의 무역자유화는 규제완화를 의미하는데, 이는 경제주체의 변화를 초래하였다.

① 시장경제 주체의 변화: 정부 주도→기업 주도

WTO의 무역규범은 관세장벽이나 비관세장벽과 같은 정부의 규제를 완화하는 데 초점을 두고 있기 때문에 정부의 역할은 축소되고 시장경제가 강화되는 작용을 한다. 규제가 완화된 시장경제체제는 자유기업체제라고 할 수 있으므로 기업이 경제의 주체로 부각된다.

② 경제활동 배경의 변화: 규제와 지시→규제 철폐

정부가 주체일 때의 경제활동의 배경은 규제와 지시이나, 기업이 경제의 주체일 때의 경제활동의 배경은 규제와 지시를 철폐하여 기업의 창의력과 경영능력을 제고시키는 것이다.

(3) 기업의 과제

지구촌시대와 시장경제시대에 경제의 주체가 된 기업은 관료를 대신해서 국가의 경제를

책임져야 하는 사명을 가진다. 이를 위해 우선 기업은 이익을 창출하여 존속을 유지하여야 하는데(going concern), "이익=매출−비용"이라는 시각에서 본 기업의 주요 사명을 다음과 같이 요약할 수 있다.

① 경영의 합리화

이는 기업의 비용을 절감할 수 있는 경영방식을 모색하는 것을 말한다. 예를 들면 리엔지니어링, 벤치마킹, 아웃소싱, 다운사이징 등과 같은 경영 방식을 기업사정에 맞게 적용하도록 노력하는 것이다.

② 고객만족경영

이는 고객의 욕구를 충족시킴으로 기업의 매출을 증가시키는 방법을 모색하는 것을 말한다. 예를 들면 시장조사, 품질향상, 신제품 개발, R&D 활동, 관계마케팅 등과 같은 경영활동을 적절히 구사하는 것이다.

③ 글로벌경영

이는 무역장벽 완화로 넓어진 세계시장을 충분히 이용하는 것을 말한다. 예를 들면 핵심역량 강화, 해외시장 개척, 정보능력 강화, 사업의 글로벌화 등과 같은 경영활동을 적절히 구사하는 것이다.

④ 경영윤리의 강화

규제와 지시가 철폐되고 기업의 자율성이 강화된 시장 환경에서는 기업의 경영윤리가 강조되어야 한다. 정부의 규제와 감독이 철폐되거나 완화된 경우에는 기업은 이윤의 극대화를 추구하기 위하여 도덕적 해이에 빠져 기회주의적 행동을 도모하기 쉽다. 만약 기업이 경영윤리를 소홀히 하고 기회주의적 행동을 취한다면 범세계적인 네트워크로 연결된 시장경제체제에 커다란 혼란과 피해를 초래하게 되고 이는 결과적으로 부메랑작용을 일으켜 세계시장을 추구하는 기업에게 손실로 되돌아오게 된다. 따라서 WTO 체제하에서 기업이 그 역할을 잘 감당하기 위해서는 창의력은 키우되 기회주의적 행동을 억제할 수 있는 윤리경영이 요구된다.

3-2 지역경제통합

지역경제통합이란 여러 국가가 협정을 체결하여 회원국 간에는 관세 및 비관세장벽을 완화하거나 철폐하여 재화와 서비스, 나아가 생산요소가 자유롭게 이동할 수 있도록 보장하는 것을 말한다. 현재 상당수의 지역경제통합이 이루어지고 있는데, 이는 140개가 넘는 WTO 가입국이 동시에 무역자유화를 추진하기에는 각국의 이해관계가 얽혀 상당한 시간과 노력이 필요하기 때문에, 일단 합의하기가 쉬운 국가들끼리 우선 지역 통합을 이루어 WTO에만 의존할 때보다 훨씬 빠른 속도로 무역자유화를 이루기 위함이다. EU나 ASEAN과 같은 지역경제통합은 기업의 글로벌 비즈니스전략에 큰 영향을 미치고 있다.

3-2-1 지역경제통합의 유형

지역경제통합에는 여러 가지 유형이 있다. [그림 3-2]는 지역경제통합의 유형이 발전해 가는 순으로, 그 적용 범위가 넓어지는 것을 보여 준다.

그림 3-2 지역경제통합의 유형

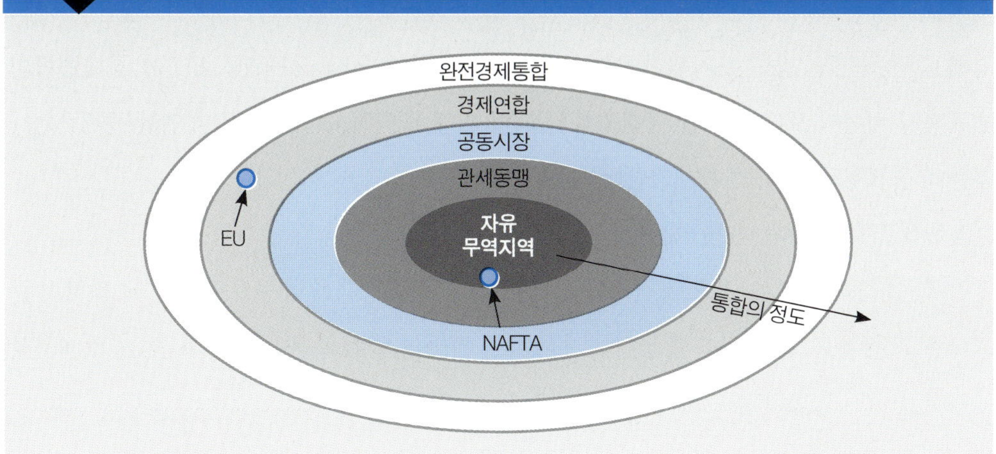

① 자유무역지역(free trade area)

지역 내에 있는 회원국 간에는 각종 무역장벽을 철폐하여 무역자유화를 추진하는 반면, 비회원국에 대해서는 회원국들이 독자적으로 무역규제를 하는 것을 의미한다. 따라서 자유무역협정에 참여하지 않은 역외국가에 대한 관세는 회원국마다 차이가 있을 수 있다.

② 관세동맹(customs union)

자유무역지역에서 한 걸음 진전하여 회원국 간에 무역장벽을 제거하는 것과 동시에 비회원국에 대해서도 공통의 관세 정책을 취하는 것을 말한다. "관세동맹=자유무역지역+공통의 관세정책"이라는 관계가 성립한다.

③ 공동시장(common market)

관세동맹보다 한 걸음 발전한 것으로 재화뿐만 아니라 생산요소까지 자유로운 이동이 보장된다. 따라서 노동과 자본의 자유로운 이동으로 회원국 간에는 무역의 자유화와 더불어 취업과 해외투자의 자유화가 이루어질 수 있다. 즉 원칙적으로는 회원국 A의 노동자는 회원국 B에 가서 자유롭게 취업할 수 있으며 회원국 B의 기업가는 회원국 A에 가서 자유롭게 기업 활동을 할 수 있다. "공동시장=관세동맹+생산요소 이전의 자유화"라는 관계가 성립한다.

④ 경제연합(economic union)

공동시장보다 더 발전된 형태로서 회원국 간에 공동 통화의 통용, 공동의 조세제도, 공동의 재정금융정책 등을 실시하는 단계를 의미한다. 이를 위해서는 경제연합 회원국들을 전체적으로 통괄할 수 있는 부서나 기구(예: 유럽 중앙은행)가 필요하며, 회원국들은 자국의 경제 주권을 어느 정도 포기해야 한다. 현재 유럽연합(European Union, EU)이 경제연합의 대표적인 예이며 보다 완벽한 경제연합이 되기 위해 노력하고 있다. "경제연합=공동시장+공동의 경제정책"이라는 관계가 성립한다.

⑤ 완전경제통합(complete economic integration)

역내 국가들을 동일시장으로 간주하는 형태이다. 경제정책을 공동보조하는 데 그치지 않고 일관된 경제·사회 정책을 추구하는 초국가적 기구의 설립을 목표로 한다. 이는 경제뿐만 아니라 정치적 통합까지도 추구하는 형태라 할 수 있다.

표 3-1 경제통합의 유형별 특징

	역내 관세 폐지	역외 공통 관세	생산요소 이동	경제정책 조정	초국가 기구 설립
자유무역지역	○	×	×	×	×
관세동맹	○	○	×	×	×
공동시장	○	○	○	×	×
경제연합	○	○	○	○	×
완전경제통합	○	○	○	○	○

지역경제통합은 회원국 간에 각종 무역장벽을 제거함으로써 자유무역의 효과를 빠르게 실현하는 장점을 가지고 있으나, 지역 통합에는 그 나름의 비용이 따른다. 즉 ① 지역경제통합을 하게 되면 빠른 속도로 자유무역이 실현되기 때문에 회원국의 산업 중 국제경쟁력이 약한 산업은 도산하거나 어려움에 처하게 된다. 그 결과 일부 기업에서의 실직과 도산 사태가 발생해 지역경제통합의 장애 요인으로 작용한다. ② 지역경제통합의 촉진은 회원국의 주권 행사에 제약을 초래한다. 지역통합이 진행됨에 따라 회원국은 과거 자신의 국가 내에서 실시하였던 산업보조금정책, 조세정책, 통화정책 등을 포기하고 지역통합체의 산업정책과 재정금융정책을 따라야 하기 때문이다.

3-2-2 지역경제통합의 목적

지역경제통합의 목적은 지역경제블록의 통합 정도에 따라 다소 다를 수 있으나 대체적으로 다음과 같다.

① 대외협상력의 강화

지역경제통합의 주요 목적 중의 하나는 회원국들이 집단의 힘을 배경으로 해서 역외지역 국가들에 대해 협상력을 강화하는 것이다. 이는 지역경제통합으로 시장규모가 커져 역내 시장의 시장지위와 상쇄력(countervailing power)이 강화되기 때문이다.

예를 들면 유럽연합(EU)은 미국·캐나다·멕시코로 구성된 북미자유무역협정(North American Free Trade Agreement, NAFTA)에 대해, 그리고 ASEAN은 EU·NAFTA·일본 등에 대해

협상력을 강화하는 것을 주요 목적으로 하고 있다.

② 자유무역의 편익 실현

역내시장에서 무역자유화가 실현되면 역내국가들은 무역창출효과(trade creation effects), 무역전환효과(trade diversion effects), 규모의 경제(economy of scale) 등과 같은 편익을 누릴 수 있다.

무역창출효과란 경제통합 이전보다 낮아진 무역장벽으로 역내국가 간의 무역이 증가하는 것을 말한다. 그리고 무역전환효과란 회원국 사이에는 자유무역이 이루어지고 역외의 비회원국에 대해서는 수입관세가 부과되기 때문에, 역외국가로부터의 수입이 회원국으로부터의 수입으로 전환되는 것을 말한다. 또한 지역경제통합으로 인한 시장의 확대로 규모의 경제가 실현된다면 역내 생산비용이 하락되어 국제경쟁력이 강화될 수 있다.

③ 역내경제에 활력 제공

역내에서 무역장벽 철폐와 더불어 기업활동의 자유화를 촉진시킴으로써 역내의 기업 간에 경쟁이 조장되어 신제품개발, 제품의 품질향상, 생산기법의 효율화 등이 초래되고 경쟁력이 강화되어 역내경제가 활성화되는 효과를 낼 수 있다. 또한 역내국가 간 생산요소 이전의 자유화는 역내에서 기업 간 제휴를 용이하게 하여 공동기술개발이나 공동생산 등을 촉진함으로서 역내경제에 활력을 가져올 수 있다.

만약 개도국 간의 경제통합이라면 넓어진 시장을 배경으로 선진국의 자본과 기술을 유치하여 기술이전 효과와 더불어 역내 유휴자원의 활용도를 높임으로써 새로운 고용을 창출하고 경제전반의 효율성을 증대시킬 수 있다.

④ 역내 산업화 촉진

지역경제통합으로 인한 역내국가 간 무역장벽 철폐와 시장 확대는 역내국과 역외국을 막론하고 세계 각국 기업의 생산활동을 역내로 유인하는 효과를 발휘할 수 있다. 관세를 비롯한 무역장벽의 철폐와 시장 확대는 기업의 역내 경제활동 비용을 낮추어 기업의 이윤창출 기회를 확대시킬 수 있기 때문이다. 즉 해외직접투자를 역내시장으로 유인함으로써 역내 산업의 활성화를 가져올 수 있는데, 특히 역외국 기업이 역내에 생산거점을 확보할 경우에는 지역무역협정에 참여하지 않아도 실질적인 역내 무관세의 혜택을 누릴 수 있게 된다.

지역경제통합은 회원국 간 재화와 서비스 그리고 생산요소의 이동에 무역장벽을 철폐하고 이동의 자유를 보장함으로써, 시장기능에 의한 역내 자원배분의 효율성을 제고시켜 회원국이 각자의 비교우위 산업의 경쟁력을 강화시킬 수 있다.

⑤ 지역요새의 구축

상호주의 원칙에 입각하여 역외 지역시장이나 역외국가가 시장을 공정하게 개방하지 않는 경우나 역외기업이 역내기업으로 대우받는 데 필요한 요건을 충족시키지 못하는 경우에는, 지역경제통합은 역외기업을 불리하게 차별대우함으로써 역내시장을 보호할 수 있다.

3-2-3 유럽연합(EU)

유럽 내 15개국이 회원국으로 있던 유럽연합(European Union, EU)은 2004년 중·동부 유럽 10개국을 새로 받아들여 25개국으로 확대되면서 범유럽 경제권을 형성하였다. 이는 EU가 세계 최대의 단일시장을 도모하면서 세계시장에서 차지하는 위상과 중요성이 그만큼 높아짐을 의미한다.

1) EU의 주요 내용

EU는 상품, 서비스, 노동, 자본 등의 자유로운 이동을 방해하는 역내의 장벽을 제거하여 역내시장의 효율성을 높이고자 한다.

(1) 공동무역정책

EU는 역외의 제3국에 대한 무역정책과 관련하여 공동무역정책을 실시하고 있다. 공동무역정책의 주요 수단은 다음과 같다.

① 공동관세정책

EU 공동관세정책의 특징은 첫째, 농산물에 대한 관세는 높은 반면 공산품에 대한 관세는 비교적 낮다. EU 공동관세의 체계는 일반적으로 원자재에서 시작하여 가공도가 높을수록 관세율이 높아지는 경사(escalation) 구조를 취하고 있다. 따라서 제조업 부문의 명목관세율

사례 3-2

'세탁기 관세 분쟁' 한국, 미국에 이겼다

WTO "미국, 반덤핑 관세 불합리한 방식 적용"
삼성·LG전자, 미국 판매 세탁기 가격 낮아질 듯
관세율 계산방식 바뀌면 철강·화학 제품도 수혜

삼성전자, LG전자 등 한국 가전기업이 미국에 수출하는 세탁기의 관세가 크게 낮아질 것으로 보인다. 세계무역기구(WTO)가 미국의 반덤핑 관세 산정 방식이 잘못됐다는 판정을 내렸기 때문이다.

미국이 반덤핑 관세를 매기고 있는 대표적인 한국 수출 품목

품목	대상업체	반덤핑 관세율
송유관	현대하이스코, 세아제강 등	2.53~6.19%
강철못	대진철강, 진흥철강 등	0~11.8%
세탁기	삼성전자, LG전자, 대우전자 등	1.52~82.35%
무방향성 전기강판	포스코, 대우 등	6.88%

자료: 산업통상자원부

세탁기 관세 상당히 낮아질듯

WTO는 11일 "2013년 미국이 한국산 세탁기에 반덤핑 관세를 부과한 조치는 WTO 협정에 위반한다"는 취지의 패널 보고서를 공개했다. 2012년 한·미 자유무역협정(FTA) 발효 이후 한국산 가전 및 전자제품의 대미(對美) 수출이 급증하자 미국 정부는 다양한 비관세장벽을 마련하고 이를 견제해 왔다.

미 상무부는 2012년 말 삼성전자 세탁기에 대해 9.29%, LG전자 13.02%, 대우전자 82.41%의 반덤핑 관세를 부과했다. 한국 정부는 미국의 이 같은 조치가 WTO 협정에 위배된다고 판단하고 2013년 8월 미국을 WTO 분쟁해결기구에 제소했다.

WTO는 미국의 반덤핑 관세 계산 방식이 잘못됐다고 봤다. 미국은 '표적 덤핑'과 '제로잉'을 결합한 독자적인 방법으로 반덤핑 관세율을 계산해 왔다. 표적 덤핑이란 수입된 전체 물량이 아니라 특정 시기, 특정 지역에서 판매된 물량에 대해서만 덤핑 마진을 산정하는 방식이다. 이 같은 방법을 적용하면 블랙프라이데이 등 특정 행사 기간에 삼성전자가 다른 미국 업체와 비슷한 할인율로 세탁기를 할인해 팔았더라도 이를 덤핑으로 판단할 수 있다.

제로잉이란 수출 가격이 내수 가격보다 높은 경우를 제외하고 낮은 경우만을 적용해 수출국에 불리하게 덤핑 마진을 계산하는 방법이다. 덤핑마진은 수출 가격이 내수 가격보다 낮은 경우와 높은 경우를 모두 반영해 양쪽을 상쇄한 결과로 산정하게 돼 있지만 미국은 이를 어긴 것이다. 산업통상자원부 관계자는 "미국이 기존 방식대로 반덤핑 관세율을 계산하지 않는다면 관세율은 0%에 가깝게 떨어질 것"이라고 예상했다.

철강 수출 여건 개선

미국이 개발한 '표적 덤핑+제로잉' 방식이 WTO 심판대에 오른 것은 한국산 세탁기가 처음이다. 이번 판정이 선례로 확정된다면 앞으로 철강, 화학 등 한국의 다른 주력 품목의 수출 여건을 개선하는 데도 도움이 될 것으로 보인다. 미국이 반덤핑 관세율 계산 방식 자체를 바꿔야 하기 때문이다.

미국은 현대하이스코, 세아제강 등이 수출하는 송유관에 2.53~6.19%의 반덤핑 관세를 매기고 있다. 포스코 등이 수출하는 전기강판에도 6.88%의 관세를 매긴다. 산업부 관계자는 "미국은 그동안 외국 철강수출 업체가 판매자 간 가격을 다르게 설정해 판매하는 것조차 표적 덤핑으로 판단해 왔다"며 "이런 계산 방식을 쓸 수 없게 되면 반덤핑 관세도 하락할 것"이라고 설명했다.

WTO 규정에 따르면 당사국은 패널 보고서 회람 후 두 달 내에 상소할 수 있다. WTO 분쟁해결 절차는 2심제로 운영된다. 미국은 상소할 것으로 예상된다. 상소 결과는 상소 후 3개월 안에 나온다.

■ 표적 덤핑

블랙프라이데이 등 특정 시기에만 집중적으로 수출 물건을 싸게 팔거나 특정 지역 혹은 특정 구매자에게만 덤핑 판매를 하는 행위.

■ 제로잉

덤핑 마진을 계산할 때 업체들의 수출 가격이 내수 가격보다 낮으면 덤핑으로 인정하지만, 수출 가격이 내수 가격보다 높으면 그 차이를 인정하지 않아 전체 덤핑 마진을 부풀리는 계산 방식.

자료: hankyung.com, 2016. 03. 12 요약 발췌

은 낮지만 실질적인 보호 효과는 높게 나타난다.

둘째, EU는 정치적·역사적 이유로 지역에 따라 각각 상이한 특혜 정책을 실시하고 있어 관세정책 역시 복잡한 형태를 띠고 있다. 예를 들어 유럽 내 비EU회원국, 아프리카 지역, 중근동 지역, 동구 지역 내의 국가들과 각종 협정을 체결하여 특혜관세를 운영하고 있다.

② 수량제한정책

회원국별로 실시되던 수입쿼터제는 폐지되었으나 필요한 경우에는 예외적으로 WTO 범주 내에서 EU쿼터제를 사용할 수 있다. 이는 주로 비WTO회원국들이 수출하는 민감 품목(가공 식품, 섬유류, 수송기기 등)에 집중되어 있다.

③ 반덤핑제도와 상계관세제도

EU는 비교적 반덤핑 조치를 자주 실시하는 편이다. 이는 다른 정책수단에 비하여 WTO

체제에서 타당성을 인정받기가 쉬울 뿐 아니라 EU 당국의 정책적 판단이 개입할 여지가 크기 때문이다.

(2) 실물경제통합 조치

① 물리적 장벽의 제거

세관신고 절차의 폐지와 운송분야의 자유화를 추진하였다. 세관신고 절차는 비관세장벽으로 작용할 수 있으므로 EU는 역내국가 간 상품이동을 원활하게 하기 위하여 세관신고 절차를 폐지하기로 하였다. 운송 분야의 경우는 국경통제의 철폐로 물류비용을 절감하였다. 이러한 물리적 장벽의 제거로 물류비용이 절감되고, 운송기간의 불확실성 제거되며, 범유럽 물류서비스 체제와 범유럽을 대상으로 하는 적시생산방식(Just-In-Time, JIT)의 생산체제 등이 가능해졌다.

② 기술적 장벽의 제거

이는 역내국가 간 상품, 자본, 사람, 기술의 이동을 제한하는 각종 규정을 철폐하거나 완화하는 조치를 말한다. 주요 내용으로 첫째는 역내 표준규격의 제정이다. 유럽 표준규격을 제정함으로 역내국가 간 부품의 상호 교환이 가능해져 생산활동에서 규모의 경제를 실현할 수 있게 되었다. 둘째는 EU특허제도의 도입이다. 유럽 내 특허는 유럽특허청에 한 번만 등록하면 전 회원국에서 동일한 법적 보호를 받도록 규정하고 있다.

(3) 금융통합 조치

① 금융산업의 자유화

EU는 공동체의 단일화된 금융업 허가원칙을 도입하였다. 이로써 회원국 신용기관은 EU 어디에서든지 모든 기본적인 은행업을 할 수 있다. 회원국은 국내에서 은행기관의 전반적인 감독을 수행하고, 지점이 유치된 국가의 정부는 그 영토 내에 설립된 지점을 감독하도록 하였다. 나아가 공동체에서 영업이 승인된 모든 신용기관에 공통적으로 적용될 기본규칙도 제정되었다. 여기에는 은행의 건전성을 감독하기 위한 지급준비금 비율과, 한 회원국에서 설정된 보장이 타 회원국에 설립된 자회사에 있는 예금자들에게도 적용될 수 있도록 한 지침 등이 있다. 그러나 이러한 금융자유화 조치는 역내시장에서 개별 국가의 금융자유화를 촉진하는 데 초점이 맞추어져 있지, 실질적으로 통합된 유럽금융시장의 창출에 도달한 것은 아니다.

② 초국적 금융네트워크의 창출

EU는 미국의 나스닥제도를 벤치마킹하여 EU 내 신기술 부문에서 공동의 위험자본시장(risk capital market)을 창출하였다. 이러한 위험자본시장은 회원국의 유가증권시장, 신용대출, 투자자 재정지원 제도 등을 배경으로 한다. 이런 노력의 일환으로 EU는 미국의 나스닥에 비교되는 나스닥-유럽을 설립하였으며, 이는 결국 개별 회원국의 금융시장이 포괄적 유럽네트워크 안에서 결합되는 형태를 보이는 방향으로 발전하게 되었다.

그림 3-3 유럽연합(EU) 가입국 현황

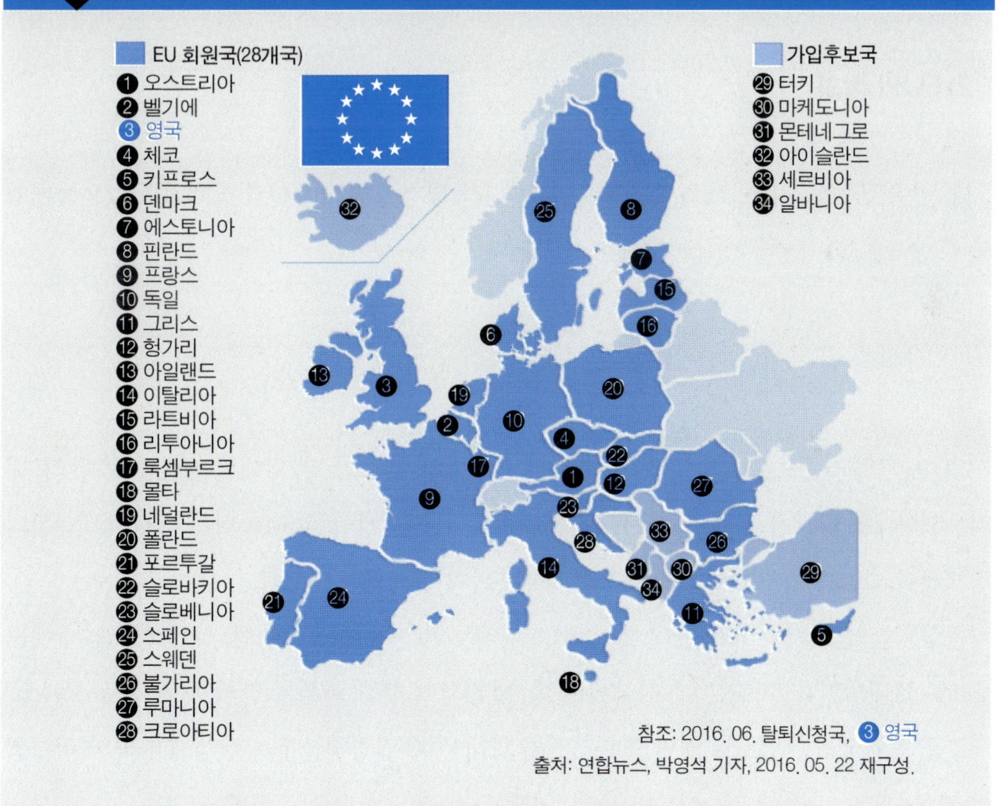

참조: 2016. 06. 탈퇴신청국, ❸ 영국

출처: 연합뉴스, 박영석 기자, 2016. 05. 22 재구성.

③ 유로화의 출범

1999년 유럽통화동맹(European Monetary Union, EMU)과 유로화 출범은 EU를 크게 활성화시켰다. EMU 참가국은 독일, 프랑스, 이태리, 베네룩스 3국과 오스트리아, 핀란드, 아일랜드, 스페인, 포르투갈, 그리스 등 12개국이며, 참가국 중앙은행은 통화량과 금리정책 결정권한을 유럽중앙은행(European Central Bank)에 이양하였다. EMU 통화정책은 유럽중앙은행이 통합된 단일 통화정책을 실시하게 됨을 의미한다. EMU 참가국은 1999년 1월 1일부터 유로화를 단일통화로 채택하였고, 2002년 1월 1일부터 유로화 실물화폐가 도입되면서 국제통화로서 빠르게 확산되고 있다.

유로화의 도입으로 자본시장에서는 금융시장의 통합이 가속화되었다. 통화통합은 유로 금융시장에서 자금이체 및 환전과 관련된 높은 수수료와 환율변동 위험 등 자본이동의 실질적 제약요인을 제거하였다. 이를 통해 기업들의 역내 이동과 통합, 그리고 금융투자의 역내 분산을 촉진하였으며, 금리, 주가 등과 같은 금융변수의 동조화 현상을 심화시켰다.

2) EU의 성과

EU는 유럽시장의 단일화를 촉진할 뿐만 아니라 경쟁을 활성화시켜 장기적으로 유럽기업의 경쟁력을 높이는 데 기여한 것으로 평가된다.

(1) 거대한 단일시장의 형성

2004년 5월 기준으로 EU는 25개 회원국에 인구 4억 6,000만 명, 역내 총생산 10억 달러, 대외무역량 4조 달러를 달성함으로써, 경제블록의 규모면에서 NAFTA 다음가는 세계 2위의 경제권이 되었으며, 무역규모 면에서는 세계 1위의 경제권이 되었다.

유럽통합의 초기인 1960년대 초반에는 역내무역 비중이 45%이던 것이 2000년대에는 60%로 확대되었다. 이것은 ① 시장이 통합, 발전함에 따른 회원국 간의 무역 창출 효과 ② 새로운 회원국의 가입으로 인한 역내시장의 확대 ③ 유럽경제블록의 형성에 따라 역외수입이 역내수입으로 전환되는 이른바 무역전환효과가 작용한 것으로 볼 수 있다.

또한 EU 역내무역 중에서 산업 내 무역이 차지하는 비중이 증가하고 있는 것으로 나타났다. 이처럼 역내무역 중 산업 내 무역의 비중이 늘어나게 된 것은 ① 역내시장의 무역자유화로 각 회원국이 비교우위에 기초한 특화산업이 증대하였고 ② 다국적기업의 활동이 확대되었다는 것을 의미한다.

(2) EU의 통상교섭력 강화

EU의 지속적인 확대와 교역규모 증가는 세계시장에서 EU의 협상력 강화에 큰 영향을 주었다. 이에 따라 EU는 미국과 함께 국제질서의 발전과정에서 양대 주축을 형성함으로써 상호견제를 통하여 균형을 이루게 되었고, 역외국에 대한 무역규제 수단으로 역내 공동무역정책을 활용하여 무역 상대국의 통상압력을 저지하거나 시장개방을 유도할 수 있는 파워를 구비하게 되었다.

(3) 국별 산업특화의 강화

EU는 여러 차례에 걸쳐 시장을 확대해 왔기 때문에 정치적·경제적으로 이질적인 회원국을 포함하게 되었다. 독일이나 프랑스를 비롯한 대규모 선진경제국과 스페인·포르투갈 같은 남부 유럽국, 네델란드·덴마크 같은 소규모 선진경제국, 헝가리·폴란드 같은 동구의 낙후된 경제국 등을 하나의 시장권에 포함하고 있다. 이는 이들 국가가 갖는 장소특유의 우위가 서로 다름을 의미하며, EU는 이미 이런 장소우위를 활용하여 지역별로 상이한 산업특화 패턴을 보이고 있다. 예를 들면, EU 기업은 가격경쟁력 차원에서 아웃소싱 거점과 생산 거점을 중·동 유럽 지역으로 이전하는 데 박차를 가하고 있다.

(4) 가격인하 압력

유로존(Euro-zone) 지역은 상품, 서비스, 생산요소 가격이 모두 유로화로 표시되어 소비자가 국가별로 상품가격을 비교하기가 용이해졌다. 또한 EU 내 국가 간 재정거래(arbitrage)

의 가능성은 국가별로 상이하던 가격을 낮은 가격대로 수렴(convergence)시키는 작용을 하였다. 이러한 현상은 시장통합에 따른 EU 내 기업 간의 경쟁심화와 상승작용을 일으켜 EU 기업이 가격경쟁에 민감해지도록 작용하였다.

3-2-4 주목할 만한 기타 지역경제통합

(1) NAFTA

북미자유무역협정(North American Free Trade Agreement, NAFTA)은 1994년부터 발효된 미국, 캐나다, 멕시코 3개국 간의 자유무역협정이다. 미국의 기술과 자금력, 캐나다의 자원과 기술, 멕시코의 풍부한 저임금 노동력과 자원이 상품과 생산요소의 이동이 자유화된 NAFTA 시장에서 수직적으로 결합하여 3개국 경제구조의 상호보완성을 강화시켰다.

미국이 NAFTA를 통해 기대하는 것은 ① 유럽과 아시아 등의 지역주의에 효과적으로 대응하고 ② 미국의 자본과 멕시코의 저렴한 노동력을 상호 보완적으로 결합함으로써 미국상품의 국제경쟁력을 회복시키고 ③ 멕시코시장과 캐나다시장에 미국의 상품과 서비스를 더 많이 수출하는 것이다.

그리고 멕시코가 NAFTA를 통해 기대하는 것은 ① 미국 및 캐나다로의 수출 증가와 ② 미국과 캐나다로부터의 자본과 기술의 도입 ③ 미국시장 진출 교두보로서 활용가치가 있는 멕시코에 대한 역외국의 직접투자가 확대되는 것 등이다

캐나다는 ① 미국과 멕시코에 대해서 수출과 직접투자를 증대시키고 ② 멕시코의 저임금을 활용하여 자국 상품의 국제경쟁력을 증대시키는 것을 기대하였다.

NAFTA의 특징을 보면 ① 세계 최대 경제대국인 미국을 포함하고 있는 거대한 지역시장이며 ② 회원국 상호간의 보완성으로 인해 역내무역 비중이 비교적 높은 60%에 육박하고 있고 ③ 원산지규정은 원칙적으로 세 번 변경 기준을 채택하고 있으나 역내산업의 보호가 필요한 자동차, 섬유류, 컴퓨터 등에서는 특별기준을 설치하고 있다. 예를 들어, 자동차에 대해서는 세 번 변경과 현지부품 조달비율 요건을 동시에 충족시켜야 역내 생산품으로 인정하고 있다. 이는 단순조립생산 형태로 NAFTA 시장에 진출하여 역내에서 부여하는 특혜

를 누리는 것을 방지하기 위한 조치이다. 이러한 NAFTA의 특징이 시사하는 것은 역내 민감품목의 경우에는 조립생산보다 현지생산을 통하여 진출하는 것이 바람직하다는 점이다.

(2) 아세안 자유무역지역

아세안 자유무역지역(ASEAN Free Trade Area, AFTA)은 1992년 제4차 ASEAN 정상회의에서 인도네시아, 말레이시아, 필리핀, 싱가포르, 태국, 브루나이 6개국이 합의함으로써 창설되었다.

그동안 역내무역을 활성화하고 지역경제의 발전을 도모하려는 아세안 국가들의 시도는 회원국 간의 경제구조와 산업구조가 상호 경쟁적이어서 큰 결실을 보지 못하였다. 그러나 EU나 NAFTA의 추진 등 주요 경제권이 보호주의적 지역시장 경향을 보이자, 이들 지역에 수출을 크게 의존하고 있던 아세안 국가는 미국과 유럽의 지역시장화에 대처하기 위해 아세안의 대외협상력을 강화할 필요성을 크게 느끼게 되었다. 또한 아세안 국가의 경제성장의 큰 힘이 되었던 외국인 직접투자가 중국·인도 등 다른 개도국으로 빠져나가는 심각한 상황을 맞게 되었다.

이에 따라 AFTA는 ① 중국 등 경쟁지역에 비하여 외국인 직접투자를 유치할 수 있는 매력을 창출하고 ② 주요 수출시장인 미국, 유럽, 일본 등과 대등한 대외협상력을 유지하여 통상협상에서 유리한 입장을 확보하기 위한 필요성에서 추진되었다.

AFTA는 아세안 회원국 상호간에 관세 및 비관세장벽을 인하하거나 철폐함으로써 역내에서 자유무역을 보장하고 역외 국가에 대해서는 독자적인 관세정책과 무역정책을 취하는 자유무역협정이다. AFTA가 주목받는 이유는 ① 아세안 국가가 5억 이상의 인구를 가지고 있는데다 ② 경제성장이 비교적 빨라 ③ 세계무역규모에서 차지하는 비중이 지속적으로 증가하고 있는 미래의 거대시장이기 때문이다.

그러나 아세안 국가가 ① 역내시장이 협소하기 때문에 역외시장에 대한 의존도가 높다는 점과 ② 회원국 간의 산업구조가 보완성이 낮다는 점 등은, 무역창출 효과를 억제하고 회원국 간의 협력을 가로막는 요인으로 작용할 가능성이 크다.

(3) 중화경제권

중국의 21세기 목표는 대중화경제권(Greater Chinese Economic Zone) 건설이다. 1997년에 반환받은 홍콩과 1999년에 반환받은 마카오, 그리고 장기적으로 대만까지 하나의 중국을 건설하겠다는 꿈을 중국은 가지고 있다.

세계 주요 경제권 중에서 활동이 가장 활발한 곳이 중국이고 중화경제권이다. 게다가 이제는 중국의 풍부한 노동력과 자원, 홍콩의 금융산업과 정보산업, 대만의 자본과 경제발전 그리고 글로벌비즈니스에 대한 노하우 등을 서로 보조·보완하면서 중화경제권의 경제협력을 가속화하고 있다.

IMF는 중국이 2010년경까지 미국, EU의 경제규모에 필적하고 2015~2020년에는 서구 경제를 압도하고 세계 경제의 20%를 점유하여 세계 최대의 경제국이 될 것이라고 전망하고 있다.

이러한 전망이 시사하는 바는 한국기업은 중화경제권을 EU나 NAFTA보다 오히려 더 중요하게 여기고 더욱더 활용해야 할 필요성이 있다는 점이다.

3-3 국가시장의 경제환경

글로벌기업은 다음과 같은 핵심 요소들을 중심으로 하여 표적으로 삼는 국가시장의 경제적 환경을 분석해야 한다.

3-3-1 국가시장의 규모를 파악하는 일반적 지침

관심 있는 국가시장의 규모와 잠재성을 파악하기 위해서는 다음의 사항들을 면밀히 분석해야 한다.

(1) 인구관련 지표 분석

시장은 구매력과 욕구를 가진 사람을 의미한다. 그러므로 시장의 규모를 파악하기 위해서는 우선 인구와 관련된 지표를 분석해야 한다.

① 인구수

만약 기타 조건이 모두 같다면 인구수가 많은 국가일수록 좋은 시장이라 할 수 있다. 따라서 우선은 인구수가 많을수록 시장 규모가 클 것으로 가정하고 기타 조건을 살펴보는 것이 바람직하다. 인구수는 필수품이나 편의품 등 소비재 시장을 측정하는 데 유용한 지표가 된다. 그러나 사치성 소비재나 내구성 소비재의 경우는 인구 이외에 소득지표도 함께 살펴보아야 한다.

② 인구성장률

국가 시장별로 인구성장률의 동향도 고려해야 한다. 국가별 인구성장률은 연간 마이너스 성장 및 0%에 가까운 것으로부터 4% 이상에 이르기까지 격차가 크다. 인구성장률은 미래 시장의 규모를 파악할 수 있는 중요한 지표가 된다. 예를 들면, 한국과 같이 인구가 감소하고 있는 국가에서는 유아를 주요 고객으로 하는 산업은 미래가 밝지 않을 수 있다.

③ 인구의 분포

먼저 연령별 분포를 고려해야 한다. 연령에 따라 니즈(needs)가 다르기 때문에 전체 인구가 연령층별로 어떻게 배분되어 있는가는 제품의 수요에 상당한 영향을 미친다. 다음으로 지리적 분포를 고려해야 한다. 인구가 대도시 등 제한된 도시지역에 집중되어 있을수록 기업에는 유리한 점이 많아진다. 인구밀도 내지 인구집중도가 높은 국가시장일수록 매출액 증대, 코스트 절감 등과 같은 기업목표를 쉽게 달성할 수 있기 때문이다.

(2) 소득관련 지표 분석

소득은 구매력을 가늠할 수 있는 지표이다. 그러므로 소득관련 지표를 분석하는 것 역시 시장의 규모를 파악하기 위해 필요하다.

① 1인당 소득

1인당 소득은 거의 모든 나라가 통계치를 발표하고 있기 때문에 구하기도 쉽고 국가 간 비교가 용이하다. 또한 1인당 소득은 한 나라 국민의 삶의 지표를 나타내기도 한다. 따라서 1인당 소득이 높은 국가의 국민이 구매력도 높다고 할 수 있다. 그러나 1인당 소득을 해석할 때에는 다음과 같은 점에서 주의해야 한다. ⓐ1인당 소득은 대부분 미국 달러화로 표시되는데, 환율의 왜곡이 있는 경우에는 달러표시 1인당 소득이 그 나라의 소득을 정확하게 표시하지 못한다. ⓑ인플레이션율이 국가마다 크게 차이 나는 경우에는, 명목상의 1인당 소득이 국가 간의 상대적 실질구매력을 정확히 반영하지 못한다. ⓒ국가마다 국민소득을 산정하는 방법이 동일하지 않기 때문에 1인당 소득이 국가 간의 상대적 소득을 정확하게 반영하지 못한다.

② 총국민소득

1인당 소득은 인구를 반영하지 못하기 때문에 한 나라의 경제력을 나타낼 수 없다. 따라서 한 나라의 경제력을 측정하기 위해서는 "1인당소득×인구수"를 나타내는 총국민소득(GNP/GDP)을 사용해야 한다. 특히 산업재나 자본재 등의 시장규모를 나타내는 소득지표는 1인당 소득보다는 GNP/GDP가 더 적정한 것으로 평가되고 있다.

③ 소득의 배분

국가시장의 규모를 분석할 때 고려해야 할 또 하나의 소득관련 지표는 소득배분(income distribution)이다. 대부분의 인구가 벌어들이는 소득액이 평균치에 가까워야, 즉 중산층이 두터워야 시장의 잠재성이 크다.

시장의 규모를 파악하기 위해 소득관련 지표를 분석할 때에는 1인당 소득, 총국민소득, 소득의 배분 등을 함께 활용해야 시장의 규모와 잠재성을 더욱 잘 파악할 수 있다.

3-3-2 국가시장의 특징을 파악하는 국민경제 특성

관심 있는 국가시장별로 시장의 현재 규모와 장래성을 분석할 때에는 다음 요소들을 중심으로 국민경제의 특성을 파악하는 것이 바람직하다.

(1) 부존자원과 자연조건

① 부존자원

한 국가의 부존자원은 그 국가의 현재나 미래의 시장전망을 나타낸다. 특히 진출하고자 하는 기업이 필요로 하는 자원을 보유하고 있는 경우에는 시장의 매력이 더욱 커진다.

② 지형

지형은 국토 표면의 모양을 말하는 것으로 강, 호수, 산림지대, 사막 등을 포함한다. 글로벌기업의 입장에서 볼 때, 관심 있는 국가시장의 지형은 현지에서의 생산입지 결정, 제품적응, 물적 유통 등의 측면에서 중대한 영향을 미친다. 글로벌기업은 국가시장을 분석할 때 경제지리를 분석함으로써 생산/마케팅 활동상의 문제를 미리 파악하고 대응책을 마련해 놓아야 한다.

(2) 경제발전 단계

로스토(W. W. Rostow)는 경제발전 단계를 전통적 사회, 도약준비단계, 도약단계, 성숙단계, 대량소비단계로 나누고, 국가는 도달한 경제발전 단계에 따라 서로 다른 유형의 생산/유통 시스템을 운영한다고 주장한다. 이는 경제발전 단계에 따라 국가 시장별로 제공하는 시장의 규모와 특징 그리고 제약 조건 등이 달라짐을 의미한다. 그러므로 글로벌기업은 표적 국가시장의 경제발전 수준을 파악할 필요가 있다.

(3) 사회간접시설의 충분도

사회간접시설 내지 경제 하부구조(social overhead facilities, economic infrastructure)란 ① 도로·수도·항만·공항 등의 수송 시스템과 ② 전기·가스 등 에너지 공급 시스템 ③ 전신·전화 등 정보통신 시스템 등을 말한다. 이는 산업화의 필수 기반이며 기업의 생산성에 중요한 역할을 하는 지원시설이기도 하다.

사회간접시설이 잘 구비된 국가시장일수록 현지에서의 생산/마케팅 활동을 능률적으로 수행할 수 있으며, 반면에 사회간접시설이 불충분한 국가시장에서는 현지 생산/마케팅 활동을 계획대로 수행하기 어려워 현지 생산규모를 축소하거나 현지시장 진입을 단념하게 된다. 따라서 기업은 표적 국가시장들이 보유한 사회간접시설의 수준을 분석해야 한다.

(4) 국민경제의 기타특성 분석

① 조세 구조

법인세는 특정 기업의 해외 생산자회사 설립을 결정할 때 큰 영향을 미치고, 물품세와 판매세는 판매가격을 결정할 때 큰 영향을 미친다. 또한 외국인에게 제공하는 조세유인(관세 감면이나 법인세 감면 등)은 외국기업의 현지 비즈니스 활동에 큰 영향을 미친다.

② 현지국의 행정능률

현지정부의 행정능률이나 행정투명성이 낮은 경우에는 준조세 명목의 각종 비용과 업무의 지연으로 인해 초래되는 비용 등 현지 비즈니스 비용이 증가하게 된다.

③ 인플레이션율과 외환율

인플레이션율이 높으면 비용통제, 가격책정 등에 어려움을 겪게 되고, 외환율의 변동이 심하면 환위험에 노출되어 환리스크 비용이 커진다. 즉 현지시장의 인플레율이 높고 환위험이 클수록 비즈니스 거래에 추가 비용이 발생한다.

3-3-3 국가시장의 경쟁환경

글로벌기업은 진입하고자 하는 국가시장별로 전반적인 경쟁환경을 분석하고 경쟁업체들의 경쟁력을 평가해야 한다.

(1) 경쟁환경 분석

오마에(K. Ohmae)는 기업이 경쟁에서 이기려면 자사가 소속한 산업의 경쟁방식을 파악하는 것이 중요하다고 주장한다. 산업의 경쟁방식을 이해하기 위해서는 얼마나 경쟁이 치

그림 3-4 기업 경쟁력의 창출 원천

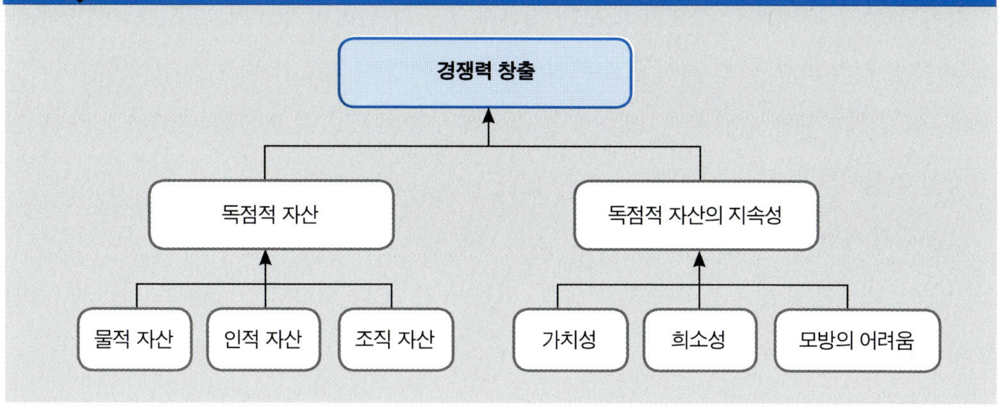

열하고, 경쟁에서 이기려면 어떤 요인이 가장 중요한지 이해할 필요가 있다. 이를 위해서는 산업의 집중도, 진입장벽과 퇴거장벽의 크기, 소비자의 가격민감도 등과 같은 산업구조를 파악 하고 분석해야 한다.

(2) 경쟁업체의 경쟁력 평가

해외시장 진입에 앞서 자기회사와 경쟁회사의 경쟁력에 대한 평가가 선행되어야 한다. 경쟁기업의 경쟁력을 평가하기 위해서는 경쟁력 창출의 원천에 대한 이해가 선행되어야 할 것이다. 기업 경쟁력 창출의 주요 원천은 다음과 같다.

① 독점적 자산

글로벌기업이 해외시장의 생소함을 극복하고 경쟁력을 가질 수 있는 원천은 다른 기업이 갖고 있지 못한 독점적 자산의 보유이다. 글로벌경영자는 경쟁기업이 이러한 독점적 자산을 어느 정도 보유하고 있는지 평가해야 한다. 독점적 자산은 물질적(physical), 인적(human), 조직적(organizational) 자산의 세 가지 유형으로 분류할 수 있다.

ⓐ 물질적 자산

눈에 보이기 때문에 글로벌마케터가 가장 쉽게 파악할 수 있고 평가할 수 있는 자산이다. 예를 들면, 공장과 설비의 규모와 위치, 기술의 정밀성과 유연성, 효율적인 생산공정과 생산기술, 특허권, 브랜드 등이 있다.

ⓑ **인적 자산**

인적 자산은 그 자체가 기업이 보유한 독점적 우위의 원천이기도 하지만, 독점적 우위가 되는 유형·무형의 자산을 축적하고 관리하는 근본적인 주체로서 중요한 경영자원이기도 하다. 여기에는 경험, 판단력, 인적관계, 관리자와 노동자 개인의 통찰력, 탁월한 리더십, 헌신적인 종업원, 뛰어난 기술자 등을 들 수 있다.

ⓒ **조직적 자산**

기업이 보유한 효율적인 의사전달 체계, 계획·통제·조정 시스템, 원활한 노사관계, 기업문화, 효율적인 네트워크 체계 등을 가리킨다.

② 독점적 자산의 지속성

앞에서 언급한 독점적 자산이 지속적인 경쟁우위를 창출하기 위해서는 다음과 같은 특징을 갖추어야 한다.

ⓐ 가치가 있어야 한다. 즉 독점적 자산은 기업의 효과성과 효율성에 기여할 수 있어야 한다.

ⓑ 희소성이 있어야 한다. 희소성이 없어 다른 기업들도 쉽게 획득할 수 있다면 한 기업이 다른 기업에 비해 갖게 되는 경쟁우위는 쉽게 무효화될 수 있다.

ⓒ 경쟁자들이 모방하기 어려워야 한다. 경쟁우위를 가져다주는 자산은 다른 기업이 모방할 수 없거나 모방하더라도 쉽지 않은 것이어야 한다.

한 국가시장에 모방하기 어려운 독점적 자산을 보유한 기업이 이미 존재하고 있다면, 이는 경쟁이 힘들다는 것을 의미하며 이러한 해외시장에 진입하고자 하는 기업은 좋은 수익률을 기대하기 어렵다.

토의문제

1. WTO의 주요 원칙과 이것이 글로벌경영에 미치는 영향을 설명하시오.
2. WTO가 주는 시사점을 설명하시오.
3. 지역경제통합의 주요 유형별 차이점을 설명하시오.
4. EU의 주요 성과를 설명하시오.
5. 국가시장의 시장성을 평가하는 데 사용할 수 있는 주요 항목들을 설명하시오.
6. 경쟁기업의 경쟁력을 평가하는 데 사용할 수 있는 주요 항목들을 설명하시오.

참고문헌

김언수(2014), 『TOP을 위한 전략경영2.7』, 박영사.

반병길 외(2015), 『글로벌마케팅』, 박영사.

이인세(2004), "EU의 시장단일화 성과와 한국기업의 대응전략", 『국제지역연구』, 8권 2호, 국제지역학회.

이철(2015), 『글로벌경영』, 학현사.

장세진(2015), 『글로벌경영』, 박영사.

연합뉴스 http://www.yonhapnews.co.kr/photos/1991000000.html?cid=GYH20160520001300044&from=search

조선비즈 http://biz.chosun.com/site/data/html_dir/2016/01/08/2016010801799.html

한국경제 http://www.hankyung.com/news/app/newsview.php?aid=2016031187871&intype=1

Barney, J.(1991), "Firm Resources and Sustained Competitive Advantage," *Journal of Management*, 17.

Keegan, W. J. and G. C. Mark(2004), *Global Marketing*, 4th ed., Prentice-Hall.

Ohmae, K.(1982), *The Mind of the Strategist*, McGraw-Hill.

WTO(2004), *International Trade Statistics*, WTO Press.

Chapter 04

글로벌 금융환경

GLOBAL
MANAGEMENT

글로벌시장을 대상으로 경영활동을 수행하는 다국적기업은 각국의 서로 다른 통화의 변동하는 환율에 대하여 효과적으로 대응해야 한다. 이를 위해서는 글로벌 금융환경에 대한 이해가 선행되어야 한다.

4-1 국제통화제도

국제통화시스템이 어떻게 발전되었는지 알아보고, 현재 많은 선진국이 사용하고 있는 변동환율제에 대하여 살펴보기로 한다.

4-1-1 브레튼우즈체제의 성립과 몰락

(1) 브레튼우즈체제의 성립

브레튼우즈체제(Bretton Woods system)는 제2차 세계대전이 끝난 후 기업에 대한 안정적인 국제금융환경을 제공하기 위하여 설립되었다. 제2차 세계대전 이전에는 금본위제도가 기본적인 통화제도였다. 금본위제도란 주요 국가들이 자국의 통화와 금의 교환비율을 정하고 이 비율에 의하여 각국 화폐의 상대적인 가치 즉 환율을 고정시키는 통화제도를 말한다. 이 제도를 택한 정부는 대외적으로 태환성(convertibility)을 보장함으로써 환율을 유지하였다.

금의 가치가 다른 상품에 비해 장기적으로 안정적이기 때문에 금본위제도에서는 국제적으로 물가와 환율이 장기적으로 안정되는 성향을 보였다. 그러나 금본위제도는 제1차 세계대전으로 인해 각국 정부들이 전쟁비용을 조달하기 위하여 화폐를 남발한 결과 붕괴되었다. 결국 제1차 세계대전 이후에는 물가와 환율이 불안한 모습을 보이는 등 전 세계적으로 국제통화제도의 불안정이 계속되었다.

이에 따라 제2차 세계대전이 마무리될 무렵인 1944년 44개국의 대표들은 미국의 휴양도시 브레튼우즈에 모여 전쟁이 끝난 후 다시 안정적인 국제통화제도로 복귀하기 위한 회담을 가졌다. 그 결과 국제적인 협력을 기초로 하는 국제금융제도가 확립되고, 환율의 안정과 외환규제의 완화를 추진하기 위한 IMF(International Monetary Fund)가 설립되었으며, 고정환율제도가 탄생하였다.

브레튼우즈체제는 금환본위제도(Gold Exchange Standard)로써 미국의 달러를 기축통화로 삼아 각국 통화의 가치는 미국의 달러를 기준으로 정하였다. 또한 미국 달러의 가치는 금을 기준으로 정하여 1달러에 순금 1/35온스로 언제든지 교환할 수 있도록 금과의 태환성을 보장하였다. 이렇게 해서 달러화는 금에 연계되었고 기타 통화들은 달러화를 통해 금에 간접적으로 연계되게 되었다.

IMF는 브레튼우즈체제를 유지하고 회원국에게 단기적인 운영자금을 조달할 목적으로 설립되었다. 즉 고정환율제도에서 국제수지가 적자일 경우, 이를 보전해 주는 단기적인 자금공여가 IMF의 목적이었다. 그러나 고정환율제도가 붕괴된 현재, IMF는 회원국에게 단기적으로 외환을 대여해 주고 구조조정을 통해 경제위기를 극복하도록 도와 주는 역할을 수행하고 있다.

(2) 브레튼우즈체제의 몰락

고정환율제도로 대표되는 브레튼우즈체제는 1960년대까지 원활하게 운영되었으나 1970년대 초반에 이르러 점차 붕괴되기 시작하였다. 미국의 지속적인 국제수지 적자와 군사비지출 등 거액의 재정적자로 인하여 달러화의 신인도가 크게 떨어져 세계의 주요 외환시장에 큰 혼란이 초래되었다.

시간이 흐르면서 국가 간의 경제에 차이가 크게 벌어졌고, 이에 따라 각국 통화의 평가가치를 조정할 필요가 빈번해졌을 뿐만 아니라 조정의 폭 또한 점차 커졌다. 이처럼 브레튼우즈체제의 근간을 이루는 금과 달러 간의, 그리고 달러와 다른 통화 간의 고정된 연계관계가 오랫동안 지속되기는 어려운 내재적인 문제를 안고 있었고, 이 문제들이 서서히 드러나면서 붕괴되기 시작하였다. 결국 1971년 8월 미국의 닉슨 대통령은 달러의 금태환성을 정지시켰다. 그 이후에 계속된 달러화의 평가절하는 궁극적으로 브레튼우즈체제의 고정환율제도를 붕괴시키는 역할을 하였다.

4-1-2 변동환율제도

브레튼우즈체제의 붕괴 이후에 몇 년간 고정환율제도를 유지하기 위한 노력이 있었으나 국가 간 경제성과의 차이가 계속적으로 커지면서 점차 빈번하게 환율을 조정할 수밖에 없었고, 결국 1976년 자메이카회의를 통해 주요 국가들이 변동환율제도로 이행하였다. 변동환율제도란 기본적으로 환율이 외환에 대한 수요와 공급에 의해 자유롭게 변동되는 제도를 의미한다.

1970년대 발생한 오일쇼크와 주요 국가들의 통화정책은 환율의 급등락을 초래하였고 환율의 불확실성을 증대시켰다. 이에 따라 변동환율제로 이행되면서 환율은 불안정해졌고, 이것은 국제무역에 종사하는 기업에게 커다란 위험요인으로 생각되었다. 예를 들어, 예상치 못했던 원화의 환율하락으로 수출가격이 오르면 한국에서 완제품을 만들어 수출하는 기업은 가격경쟁력을 상실하고 만다. 또한 원유와 같은 원료를 수입하는 경우에는 원화의 환율상승으로 인해 수입가격이 상승하면 기업에 큰 부담으로 작용한다.

변동환율제도에서의 환율의 불확실성은 이를 이용한 환투기 현상이 일어나기 때문에 환율의 불안정성이 더욱 가중될 가능성도 있다. 또한 과거 브레튼우즈체제에서는 각국 정부들이 통화량을 조심스럽게 증가했던 것과는 달리, 변동환율제도에서는 통화정책이 무분별하게 이루어질 가능성이 매우 높아 다시 환율의 불확실성을 증가시키는 악순환을 초래할 수 있다. 이에 따라 금융기관과 기업들은 외화표시 자산과 부채 또는 현금흐름의 가치를 환율변동위험으로부터 보호하기 위한 환위험 관리기법을 발달시켰고, 그 결과 외환시장이 다양해지고 활발해졌다.

4-1-3 고정환율제와 변동환율제의 비교

(1) 고정환율제의 장 · 단점

① 고정환율제의 장점

첫째, 고정환율제에서는 환율이 안정적이므로 환율의 변동에서 오는 환위험이 존재하지 않는다. 그러므로 국제무역과 국제투자가 증진될 수 있다.

둘째, 고정환율제인 금본위제도에서는, 일국의 국제수지적자는 금의 유출을 초래하고 국내 통화량의 감소를 가져오므로 국내 물가는 자동적으로 안정되어 자국 상품의 가격경쟁력 강화로 국제수지가 개선된다. 반대로 국제수지의 흑자는 금의 유입과 함께 국내 통화량의 증가를 가져와 물가는 자동적으로 상승되고 자국 상품의 가격경쟁력은 약화되어 국제수지가 악화된다. 따라서 금본위제도에서는 국제수지가 자동 조절될 수 있다.

셋째, 일반적으로 환차익을 노리는 환투기 활동이 일어나지 않으므로 단기자본의 이동이 가져올 수 있는 국제수지의 불안을 방지할 수 있다.

② 고정환율제의 단점

첫째, 금본위제도에서는 금의 유출입에 따른 국내 물가수준의 변동에 의하여 국제수지의 균형이 유지되므로 대내적인 경제불안이 불가피해지며, 반대로 국내물가의 변동을 억제하기 위한 대내정책은 곧 국제수지의 균형을 저해하게 된다. 그러므로 국내물가의 안정 및 경제성장을 위한 대내정책의 시행은 국제수지의 균형을 위하여 제약을 받기 마련이다.

둘째, 일국의 물가수준은 무역 상대국 물가수준의 영향을 받게 된다. 즉 무역 상대국이 인플레이션에 직면하면 자국 상품의 가격경쟁력이 상대적으로 강화되므로 자국의 국제수지 흑자가 발생한다. 이 과정에서 금 및 외환보유고가 증대되므로 이에 따른 통화의 공급증대가 국내 인플레이션을 유발할 수 있다. 결국 무역 상대국으로부터 인플레이션이 수입된 것으로 볼 수 있으며, 이는 개별국의 경제적 독립성이 결여되는 것을 의미한다.

셋째, 고정환율제에서는 경제정책이 국가 간에 서로 파급효과를 미친다. 예를 들어, 일국의 정부가 긴축정책을 실시하면 물가수준의 하락에 따른 자국 상품의 가격경쟁력 강화로 인하여 국제수지의 흑자가 발생하지만 무역 상대국은 국제수지의 적자가 발생하므로 통화량의 감소를 가져와 경제 또한 위축된다.

사례 4-1

세계경제 퍼펙트 스톰 공포 속… 미국號 이륙하다

미국이 '금리 제로' 시대에 마침표를 찍었다. 미국 연방준비제도이사회(FRB)는 지난 16일(현지 시각) 제로(0) 수준이던 기준 금리를 0.25%포인트 인상했다.

세계경제의 앞날은 미지수다. 양적 완화라는 비정상적 방식으로 경기를 부양한 것도 처음이지만, 비정상에서 정상으로 돌아오는 것도 처음이다. 미국 금리 인상이 예견된 수순임에도 전 세계가 예민하게 반응하는 것은 앞으로 어떤 일이 벌어질지 아무도 예측할 수 없기 때문이다. 일부에서는 제로 금리 기간 신흥국으로 흘러들었던 자금이 일시에 대거 빠져나가고 달러화 강세로 외환시장이 소용돌이에 빠지는 퍼펙트 스톰(위기가 한꺼번에 겹치는 최악의 상황)이 몰아칠 것이라는 전망이 나온다.

금리 인상 이후의 세계경제는 어디로 가는 걸까. 풍우를 뚫고 가보지 못했던 항로를 순항할 수 있을까. 위클리비즈는 2003년 노벨 경제학상 수상자 로버트 엥글 뉴욕대 교수, 2010년 노벨 경제학상 수상자 피터 다이아몬드 MIT 교수, 황하이저우 중국 국제금융공사(CICC) 최고투자책임자(CIO), 마커스 브루너마이어 프린스턴대 교수 등 경제 전문가 4명을 만나 미 금리 인상 이후의 세계경제 전망을 들어봤다. 이들은 크게 세 가지 키워드를 제시했다.

탠트럼(tantrum)

미국 금리 인상 직후 충격이 클 것으로 예상됐던 신흥국 금융시장은 막상 금리가 오르자 상승세를 보이는 '안도 랠리'를 펼쳤다. 코스피지수는 0.4%, 중국 상하이종합지수는 1.8% 상승했다. 미국이 더 늦추지 않고 빨리 금리를 올린 게 불확실성 해소 측면에서 더 낫다는 반응이다. 그러나 전문가들은 그래도 안심하기에는 이르다고 말한다.

피터 다이아몬드(Diamond·75) MIT 교수는 "미국 금리 인상에 따라 단기적으로 신흥국 자금이 급격히 유출되면서 '탠트럼(선진국의 돈줄 조이기 등으로 세계 금융시장이 요동치는 현상)'이 올 수도 있다"고 말했다. 미국 금리 인상이 이미 예측된 것이라고 하지만 이번 금리 인상이 한 번에 그치는 것이 아니고 상당 기간 계속될 것이기 때문에 결국은 크든 작든 충격이 있을 수 있다는 것이다.

또 FRB가 추가 금리 인상을 언제, 얼마나 할 것이냐는 불확실성은 앞으로도 계속 따라다닐 것이다. 2013년 5월에는 벤 버냉키 전 FRB 의장이 자산 매입을 단계적으로 축소하겠다는 방침을 밝힌 후 4개월 동안 미 국채 금리가 급등하기도 했다.

예상하지 못한 곳에서 충격이 있을 수도 있다. 특히 과거보다 차입 투자를 늘린 미국 보험사와 달러화 부채가 많은 신흥국 기업들이 충격을 겪을 수 있다는 분석이 나온다. 황하이저우(黃海洲·72) 중국 CICC 최고투자책임자는 "중국 국영기업들의 부채비율이 상당히 높아졌기 때문에 부채 축소가 절실한 상황"이라고 했다.

디커플링(decoupling)과 컨버전스(convergence)

세계경제는 당분간 미국과 다른 나라의 금융정책이 따로 움직이는 디커플링(탈동조화)이 이어질 전망이다. 로버트 엥글(Engle·73) 뉴욕대 교수는 "전 세계적으로 미국만이 유일하게 성장세를 보이고 있고, 유럽은 현상 유지 수준에 머물러 있으며 일본도 부진하다"고 진단했다. 특히 중국과 일본의 경우 부채가 빠르게 증가하는 것이 세계경제에 뇌관이 될 수 있다는 의견이 있었다.

반면 마커스 브루너마이어(Brunnermeier·46) 프린스턴대 교수는 디커플링 못지않은 세계경제의 트렌드로 경제성장률의 컨버전스(한 지점으로 모이는 것) 현상을 들었다. 선진국이 다시 성장 엔진에 시동을 거는 반면 그동안 높은 성장률을 구가했던 신흥국들이 예전과 같은 고속 성장을 하기 힘들어지고, 이것은 결과적으로 선진국과 신흥국의 성장률이 서로 접근하는 현상으로 이어질 것이라는 얘기다.

재정정책(fiscal policy)

일단 경기가 회복된다는 판단 아래 금리를 올렸지만 미국의 회복 추세가 확실한 것은 아니다. 전문가들은 금리 인상의 여파로 경기가 다시 가라앉을 가능성도 상당히 크다는 데 의견을 같이한다. 다만 이

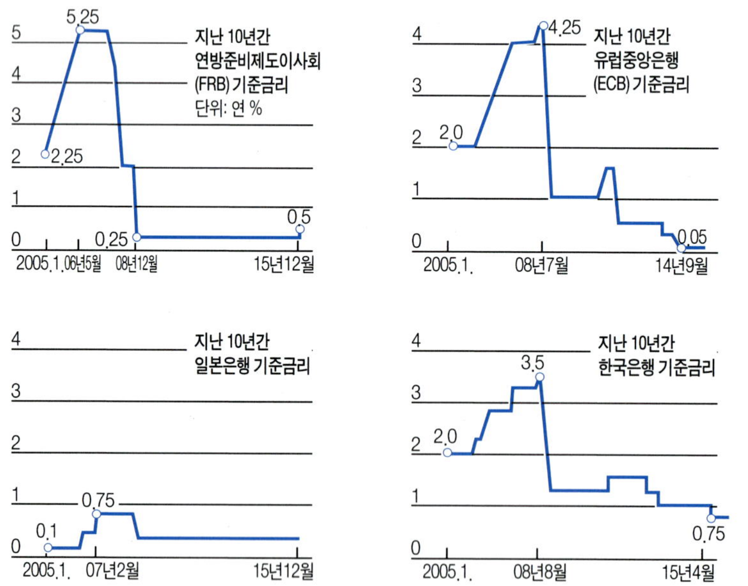

자료: 한국은행

경우 다시 금리를 내리기보다는 정부가 자금을 직접 푸는 '재정정책'을 취하는 것이 바람직하고, 또 그럴 가능성이 크다고 이들은 분석한다. 다시 양적 완화라는 '비정상'으로 돌아가는 것은 어떻게든 피해야 한다는 것이다.

로버트 엥글 교수는 "지금 금리를 올리는 것은 언젠가 다시 찾아올 불경기에 대응하는 정책 수단을 확보하기 위한 것이며, 이제 필요한 것은 적극적인 재정정책"이라고 했다.

☞**탠트럼(tantrum)**

선진국의 금리 인상이나 돈줄 조이기에 따라 신흥국에서 자금이 빠져나가는 등 세계 금융시장이 흔들리는 현상. 미국에서는 2013년 FRB가 양적 완화의 단계적 축소 계획을 밝힌 후 미 국채 금리가 급등하는 '테이퍼 탠트럼' 현상이 벌어졌다.

☞**디커플링(decoupling)**

커플링(coupling·동조화)의 반대 개념으로 탈동조화를 말한다. 이전에는 미국 경제와 다른 나라의 경제가 같이 움직였지만 이제는 미국과 다른 나라의 정책이 따로 움직이는 것을 뜻한다.

☞**컨버전스(convergence)**

여러 국가의 경제성장률이나 정책이 한 지점으로 모이는 현상. 앞으로 세계경제는 선진국 성장률 반등과 신흥국 성장률의 성장 속도 둔화로 선진국과 신흥국의 성장률 격차가 줄어들 것이란 전망이 나온다.

자료: Chosun.com, 2015. 12. 19 요약 발췌

(2) 변동환율제의 장 · 단점

① 변동환율제의 장점

첫째, 변동환율제에서는 외환시장에서 외환의 수요와 공급에 따라 환율이 자유롭게 움직이므로 이론적으로는 환율의 변동을 통해 국제수지의 불균형이 시정될 수 있다. 따라서 변동환율제에서는 국제수지 불균형을 해소하기 위한 각종 경제정책을 수립할 필요성이 적어진다.

둘째, 변동환율제에서는 환율의 변동으로 국제수지의 균형을 이룰 수 있으므로 국제수지 상황과 관계없이 국내경제 상황에 따라 고용, 물가안정, 경제발전 등을 위해 금융정책이나 재정정책과 같은 대내 경제정책을 독자적으로 시행할 수 있다.

② 변동환율제의 단점

첫째, 변동환율제에서는 환율이 수시로 변동하여 안정적이지 못하므로 무역이나 해외직

접투자를 억제하는 결과를 초래할 수 있다. 또한 환율이 단기자금의 이동에 의해 영향을 받아 단기에 환율이 크게 변동할 수 있다.

둘째, 환율의 자유로운 변동은 환투기 활동을 촉진시켜 환율의 불안정이 초래될 수 있다.

4-2 글로벌 금융환경의 변화

1980년 무렵부터 국제금융시장에 커다란 변화의 물결이 일어났는데, 새로운 금융수단의 발달과 금융의 범세계화, 세계적인 금융규제 완화 등과 같은 일련의 추세가 그것이다.

4-2-1 국제 금융환경의 변화

(1) 금융의 세계화와 증권화

지난 20여 년에 걸쳐 국제금융시장은 구조적으로 다음과 같은 커다란 변화를 겪었다.

첫째, 금융의 세계화(globaligation) 현상이다. 정보통신기술의 발달은 전통적인 국경의 중요성을 크게 퇴색시키고 국제금융시장 간의 통합에 크게 기여하고 있다. 국제적으로 자본이동이 급증함에 따라 각국의 금융자유화 및 금융혁신이 신속하게 다른 국가에 파급되는 금융시장의 세계화 현상이 촉진되었다. 이러한 현상으로 업무영역 규제의 완화, 금융 선물·옵션 거래의 허용 등 금융의 자유화가 전 세계적으로 광범위하게 진행되었고, 정보통신망의 발달에 힘입어 거래 및 결제 시스템이 24시간 영업체제로까지 발전되었다.

둘째, 선진국의 금융제도 및 정책이 경쟁을 통한 효율성을 지향함에 따라 금융규제는 지속적으로 완화(deregulation)되는 추세를 보여 각종 금융기관들이 전통적으로 수행해 온 역할을 통합된 형식으로 바꾸어 놓고 있다. 즉 금융기관이 전통적으로 가지고 있던 고유 업무영역을 점차 사라지게 하였다. 이에 따라 과거 분업주의를 근간으로 준수되어 온 업무영역

규제가 완화되어 금융산업 간의 경쟁은 더욱 치열해지고 있으며, 증권업무와 은행업무가 통합되는 경향을 보이고 있다.

완화의 대상이 되는 금융규제로는 금융기관의 업무영역에 대한 규제 외에도 금리의 규제 또는 금리의 상한, 자금운용에 대한 각종 규제, 금융시장에 대한 신규진입 제한 등이 있다. 이러한 금융규제 완화는 미국에서 폭넓게 이루어졌다. 또한 미국은 선진국은 물론 많은 개발도상국에 대해서도 금융시장 개방을 요구하는 금융압력을 행사하여 금융자율화가 선진국뿐 아니라 많은 개발도상국에도 확산되었다.

한편 광범위한 금융규제 완화는 국제금융제도의 건전성과 금융기관 간의 평등한 경쟁을 보장하기 위한 은행의 자본적정성(capital adequacy) 문제를 야기했고, 이에 따라 국제결제은행(Bank for International Settlements, BIS)은 은행의 자기자본 규제에 관한 국제적 통일기준을 제정하는 등 국제적 차원에서 금융거래의 안정성을 보장하기 위한 표준화된 감독기능을 강화하고 있다.

셋째, 국제금융시장에서의 자금조달 및 운용이 은행을 통한 간접금융방식으로부터 증권을 매개수단으로 하는 직접금융방식으로 바뀌는 이른바 금융의 증권화(securitization) 현상이 나타나고 있다. 이와 같은 현상에 따라 은행은 예금·대출 등 전통적 은행업무뿐 아니라 증권관련 업무, 장부외거래(off-balance sheet transaction) 등 보다 다양한 업무를 취급하게 되었다. 또한 은행은 장기고정자산인 대출채권을 담보로 한 증권을 발행하여 대출기간의 장기화에 따른 유동성 제약을 완화하고 동시에 신규자금 수용에도 대처하고 있다.

넷째, 자금운용 패턴의 변화이다. 기업들은 자금운용 면에서 커다란 변화를 가져왔는데, 대표적인 예가 소위 재테크 활동이라고 할 수 있다. 재테크란 개인이나 기업이 자금의 조달, 운용 및 관리 시 금융비용과 위험을 최소화하고 보유자금의 수익성을 극대화하기 위하여 새로운 기법을 도입, 개발 및 이용하는 것을 말한다. 기존의 국제기업재무관리가 수출시장 다변화를 위한 해외투자를 중심으로 이루어진 데 반하여 신재무전략에서는 재테크를 위한 해외투자에 중점을 두고 국제경제의 환경변화를 이용한 각종 수익의 증대라는 측면을 강조하고 있다. 재테크 활동으로는 투기(speculation), 재정(arbitrage), 헤징(hedging) 등이 있다. 이러한 재테크 활동이 활발해진 배경을 보면 외부적 요인으로는 세계경제의 구조 변화를, 내부적 요인으로는 기업여유자금의 증대 및 기업재무체질의 개선을, 그리고 제도적 요인으로는 금융규제의 완화, 금융혁신의 진전, 자금조달과 운용의 증권화 및 글로벌화 등을 들 수 있다.

(2) 금융의 자유화와 기업금융

이상과 같이 금융의 세계화, 금융규제의 완화, 금융의 증권화 등 1980년대 국제금융시장의 구조적인 변화는 대체로 금융자유화를 기반으로 한다. 이번에는 각 국가별로 금융자유화가 기업금융에 어떤 영향을 미쳤는지 살펴보자.

우선 미국의 경우, 금융자유화는 기업금융의 증권화를 촉진시켰으며 예금금리 자유화에 따른 조달금리의 상승으로 은행은 수익성을 중시하는 경영정책을 펴게 되었고, 또한 자산의 증대 없이 수익을 창출할 수 있는 수수료업무를 확대하게 되었다.

영국의 경우, 업무영역규제의 완화로 은행 이외의 다른 금융기관도 기업금융에 참여하고 외국금융기관도 여기에 가세함으로써 금융기관 간의 경쟁이 심화되면서 기업의 자금조달비용이 인하되었다. 그러나 기업회계원칙이 엄격하지 못해 재량의 여지가 많으며, 정보공시제도가 제대로 확립되지 않아 기업정보가 국내외에 알려지지 못하는 등의 문제점으로 인하여 채권발행에 의한 장기자금조달은 아직도 크게 이루어지지 못하고 있는 형편이다.

독일의 경우에도 기업정보공시의 필요성이 크게 인식되지 못하여 금융자유화에 따른 증권화·국제화는 일부 우량 대기업에 국한되고 있어 아직도 간접금융에 대한 의존도가 상당히 높다. 그러므로 대부분의 기업들은 은행차입에 크게 의존하고 있으며 은행의 기업지배력이 매우 강하다고 볼 수 있다.

일본의 경우, 경제규모가 거대해지고 국제교역시장에서의 영향력이 증가함에 따라 그에 상응하는 책임 분담이 해외로부터 요구되어 금융자유화가 이루어졌다. 1980년에는 외환법 개정을 통하여 자본 이동에 대한 규제를 대폭 완화함으로써 자금조달 경로가 다양해졌고, 스왑금융(swap financing)이 활성화됨에 따라 기업은 최종적으로 수요되는 통화 또는 금리와 관계없이 시장별 비교우위에 입각하여 가장 유리한 시장에서 자금을 조달할 수 있게 되었다. 일본기업은 기업보다 신용도가 높은 일본은행의 보증으로 해외시장에서 채권발행을 원만하게 할 수 있었으며, 은행도 기업의 은행으로부터의 자금조달이 감소하고 은행 간 경쟁이 심화되자 고객을 확보하기 위한 목적으로 신용보증 제공을 확대해 나가게 되었다.

4-2-2 국내 금융환경의 변화

우리나라의 금융산업은 제도적인 측면에서 어느 정도 자율화되어 있다고 할 수 있으나, 제도와 실제 운용 간에는 아직도 많은 괴리가 있다고 할 수 있다. 그러나 금융산업의 개방을 맞아 국내 금융기관이 자유경쟁체제와 시장의 가격메커니즘에 익숙해져야 외국 금융기관과의 경쟁에 효과적으로 대처할 수 있으므로 금융기관의 경영활동, 금융상품도입, 그리고 가격책정 등에 있어서 실질적인 자율화가 요망된다고 할 수 있다.

이에 따라 정부는 ① 금리의 가격기능 활성화를 통한 자금배분의 효율화 ② 금리의 경기조절기능 강화 ③ 금융의 개방화·국제화에 대비한 국내 금융산업의 경쟁력 강화 ④ 금융기관 간 공정경쟁 여건 마련 ⑤ 통화관리의 효율성 제고 등과 같은 목표아래 금융자율화를 점진적·단계적으로 추진하고 있다.

금융산업의 글로벌화와 자율화가 진전되면 우리 기업은 다음과 같은 점에 유의하여야 한다.

첫째, 기업은 유리한 조건으로 자금을 조달하기 위하여 자신의 신용도를 높이고 재무구조를 개선하는 데 노력을 기울여야 한다. 금리자유화가 실행되면 금융기관은 차입자의 신용도에 따라 금리를 차등적으로 적용하게 될 것이므로 신용상태가 양호한 기업의 경우에는 자금조달비용을 상대적으로 줄일 수 있게 되기 때문이다.

둘째, 국내 자본시장의 개방은 자금의 가용성을 증대시켜 기업의 자금조달비용을 하락시킬 것이다. 즉 자본시장의 개방으로 국내증권에 대한 외국인의 투자가 늘고 국제자본시장에서 국내기업의 증권발행이 확대되면, 자금조달의 국제화 및 다각화가 이루어지기 때문이다. 특히 대기업은 신용도를 바탕으로 해외에서 보다 다양한 자금조달수단을 이용할 수 있을 것이므로 국내자본시장에 대한 의존도는 점차 줄어들게 될 것이다.

셋째, 국내기업은 환율 및 금리변동 위험을 관리하기 위하여 선물, 옵션, 스왑 등의 각종 환위험 및 금리위험 관리기법을 잘 활용해야 한다. 자본자유화는 국내기업에게 환율 및 금리 면에서 더 큰 위험을 주게 되기 때문이다. 즉 기업의 해외로부터의 자금조달이 증대되고 변동금리로 차입한 자금의 비중이 커짐에 따라 국제금융시장에서의 환율 및 금리변동이 국내기업에게 커다란 영향을 주게 될 것이다.

넷째, 따라서 기업은 환율의 결정원리를 이해하고 미래의 환율 움직임을 제대로 예측할 수 있는 능력을 배양해야 한다. 이를 위하여 경상수지 중심의 환율결정에 관한 시각을 버리고 자본수지에 관심의 초점을 맞추어야 한다. 외환자유화의 진행과 자본시장의 본격적 개방은 국제수지 및 환율결정에 관하여 새로운 시각을 갖추도록 요구할 것이다. 과거에는 무역수지 및 경상수지의 움직임이 환율에 커다란 영향을 주었으나, 자본 및 외환자유화가 진행됨에 따라 환율의 결정이 무역거래뿐만 아니라 자본거래에 따른 외환의 수급에 의해서도 영향을 받게 될 것이므로 환율예측은 더욱 어려워지게 되었다. 예를 들면, 외국자본의 유입이 증대될 경우 경상수지 적자 아래에서도 원화의 가치는 계속 상승하여 국내 상품의 국제경쟁력에 큰 문제가 야기될 수 있다.

한국 기업의 글로벌화가 진행됨에 따라 기업재무의 글로벌화가 절실하게 요구되는 것은 너무나 당연하다고 할 수 있다. 즉 한국 기업이 글로벌화를 확대해 감에 따라 자금조달원의 다양화, 글로벌자본예산편성, 글로벌조세관리, 환율·금리변동위험 관리 등의 과제를 해결하기 위한 기업재무의 새로운 접근방법이 요구된다고 할 수 있다.

사례 4-2

중국 인민은행 vs 글로벌 투자자, '환율 전쟁터' 된 홍콩

중국 인민은행 "위안화 추가 하락 막자"
글로벌 투자자, '위안화 추가 하락' 베팅
중국, 위안화 가치 급락 막기 위해 홍콩 시장서 공격적인 달러 매도
위안화 금리 사흘간 이상 급등
홍콩언론 "인민은행 충격요법 투자자들 패닉으로 몰아넣어"
WSJ "인민은행이 외환시장에서 '보스'임을 다시 한번 입증"

이번주 들어 홍콩 은행 간 위안화 자금 시장에서 유례없는 시장금리 폭등 현상이 발생했다. 지난 주말 연 2%대에 불과하던 은행 간 위안화 시장금리(1일물 기준)가 불과 사흘 만에 60%대로 치솟았다. 시장금리가 이상 급등한 배후에는 중국 중앙은행인 인민은행이 있었다. 위안화 가치 추가 하락을 막기 위해 인민은행이 홍콩 역외 외환시장에서 '달러화 매도, 위안화 매수' 개입을 단행하면서 시중의

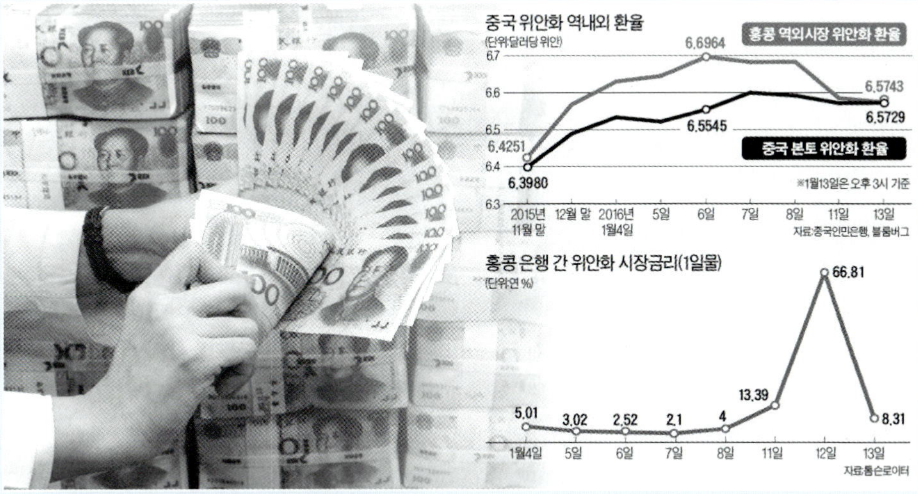

위안화 유동성이 씨가 말랐고, 이 여파로 시장금리가 수직상승한 것이다.

홍콩 언론 사우스차이나모닝포스트(SCMP)는 "홍콩이 인민은행과 글로벌 투자자들이 벌이는 환율 전쟁의 '그라운드 제로'가 됐다"며 "인민은행이 '충격과 공포' 요법을 동원해 글로벌 투자자들을 패닉 상태로 몰아넣었다"고 전했다.

인민은행의 '충격과 공포' 요법

지난주 글로벌 투자자들 사이에서는 "위안화 가치는 연말까지 계속 떨어질 것"이란 기대가 광범위하게 확산됐다. 그동안 위안화 가치 하락을 방어하던 중국 인민은행이 새해 첫 거래일인 4일부터 미국 달러화 대비 위안화 기준환율을 대폭 높여(위안화 평가절하) 고시했기 때문이다. 글로벌 투자자들은 홍콩 역외 외환시장에서 위안화 추가 절하에 베팅했다. 이 여파로 홍콩 역외 외환시장에서 위안화 가치는 장중 한때 달러당 7위안대까지 떨어졌다. 역외시장에서 위안화 가치가 가파르게 떨어지면서 본토 시장과의 환율 격차도 사상 최대치로 벌어졌다. 역외시장에서의 위안화 가치 급락은 본토 시장에서 위안화 가치 하락을 촉발하는 악순환으로 이어졌다.

인민은행, 환율 전쟁 1라운드 승리

인민은행은 글로벌 투자자들과의 환율 전쟁 주무대로 홍콩 역외 외환시장을 선택했다. 홍콩 역외 외환시장에서 위안화 가치 급락을 방치해서는 위안화 추가 절하에 대한 기대심리를 차단하기 힘들다는 판단이 작용했을 것이란 분석이다.

인민은행은 지난 8일부터 중국은행 공상은행 등 대형 국유상업은행 홍콩 지점을 동원해 미국 달러화를 대거 내다 팔았다. 이 과정에서 홍콩 은행 간 시장에 풀린 위안화 자금은 이들 중국 대형 은행이 모두 흡수했다. 홍콩 은행 간 위안화 자금 시장의 금리는 원래 연 2~5% 사이에서 움직여왔다. 그러나 11일 연 13.39%로 뛰었고, 12일에는 연 66.81%로 사상 최고 수준까지 치솟았다. 지난 6일 달러당 6.6964위안까지 하락했던 위안화 가치도 상승세로 돌아서 13일에는 6.5743위안(오후 3시 기준)을 기록, 본토 외환시장(6.5729위안)과 비슷해졌다. 일시적으로 더 높아지기도 했다.

홍콩 시장은 외환시장에 대한 통제가 없어 헤지펀드들이 마음껏 하락에 베팅하기 때문에 통상 본토 외환시장보다 위안화 가치가 낮게 유지돼왔다. 그런데 중국 당국의 지속적 개입으로 홍콩 역외시장에서 거래되는 위안화 가치가 역내보다 높아진 것이다.

인민은행의 시장 개입으로 헤지펀드들이 큰 타격을 받았다는 분석이다. 헤지펀드들은 그동안 홍콩 은행 간 시장에서 조달한 위안화 자금으로 미 달러화를 매입하는 방식으로 위안화 추가 하락에 따른 차익을 얻었다. 그런데 시장금리 급등으로 위안화 자금 조달 비용이 눈덩이처럼 불어난 데다, 위안화 가치의 상승 전환으로 환차익도 기대할 수 없게 된 것이다. 월스트리트저널(WSJ)은 "이번 시장 개입으로 인민은행이 외환시장에서 자신이 '보스'임을 다시 한번 입증했다"고 평가했다.

윌슨 챈 홍콩시티대 경영대학 교수는 그러나 "인민은행과 글로벌 투자자들 간 환율 전쟁은 이제 서막에 불과하다"며 "최근 외환보유액이 급감하고 있어 인민은행의 시장 개입에는 한계가 있을 것"이라고 전망했다. 인민은행의 시장 개입이 일단락되면서 홍콩 은행 간 시장금리는 13일 연 8.31%로 떨어졌다.

자료: hankyung.com, 2016. 01. 13. 요약 발췌

4-3 외환시장

외환시장(foreign exchange market)이란 수많은 대외거래에 수반되는 통화 간의 교환을 매개하는 시장을 말한다. 그러나 외환시장이란 주식시장 등과 달리 일정한 교환 장소가 있는 것이 아니고 외환매입자와 외환공급자를 상호 연결시키는 은행조직 자체를 말한다. 바꾸어 말하면, 외환시장은 외환의 매입자와 매도자, 그리고 이들의 매매를 지원하는 딜러와 브로커를 연결하는 통신망을 통해 거래가 이루어지는 기능적인 의미에서의 시장 또는 추상적인 거래 메커니즘이다.

4-3-1 외환시장의 기능과 참여자

(1) 외환시장의 기능

외환시장은 국제 간의 외환거래를 통하여 국제무역과 투자를 촉진시키고, 국가 간의 금융거래를 더욱 활발하게 하는 역할을 맡고 있다. 구체적인 외환시장의 기능을 살펴보면 다음과 같다.

첫째, 이전기능이다. 외환시장은 외환수급을 반영하여 통화 간의 환율을 조정하고 교환을 원활하게 함으로써 구매력을 국제적으로 이전시키는 기능을 담당한다.

둘째, 신용기능이다. 이는 외환시장의 메커니즘을 통하여 외국환은행이 신용을 공여하는 기능을 담당하게 됨을 말한다. 외환이란 외화뿐만 아니라 외화로 표시된 어음, 수표 등 결제수단을 모두 포함한다. 재화와 용역의 대외거래가 현금에 의해서만 이루어지는 것이 아니고 오히려 대부분이 환어음의 발행을 통하여 이루어지므로 만기가 될 때까지의 지급유예를 외환시장을 통해 얻게 되는 것이다.

셋째, 헤징(hedging)기능이다. 외환시장은 대외거래의 수행 과정에서 일어나기 쉬운 환율변동에 따른 위험을 회피하고, 외국과의 금융거래에서 발생할 수 있는 손실을 방지해 주는 수단을 제공한다. 예컨대 외환시장에서 환위험을 회피하기 위하여 선물환거래나 스왑거래를 이용하는 것을 말한다.

(2) 시장의 참여자

외환시장의 참여자는 개인 및 기업, 은행 등의 금융기관, 각국의 중앙은행과 정부의 부처, 그리고 외환브로커 등이다. ① 개인과 기업은 외환서비스의 수요자이다. 특히 기업은 국제적인 상품교역과 자본거래를 수행할 때 외화의 수취 또는 지불이 필요하므로 이 시장을 이용한다. ② 은행은 세계적인 네트워크를 가지고 외환시장에서 대단히 중요한 역할을 하고 있다. 통신수단의 발달로 인해 은행 간 직접적인 접촉을 통해 외환을 거래하는 비중이 높아지고 있다. 은행은 거래자들을 중개해 주기도 하고, 거래의 당사자가 되기도 한다. 또

그림 4-1 외환시장의 주요 기능

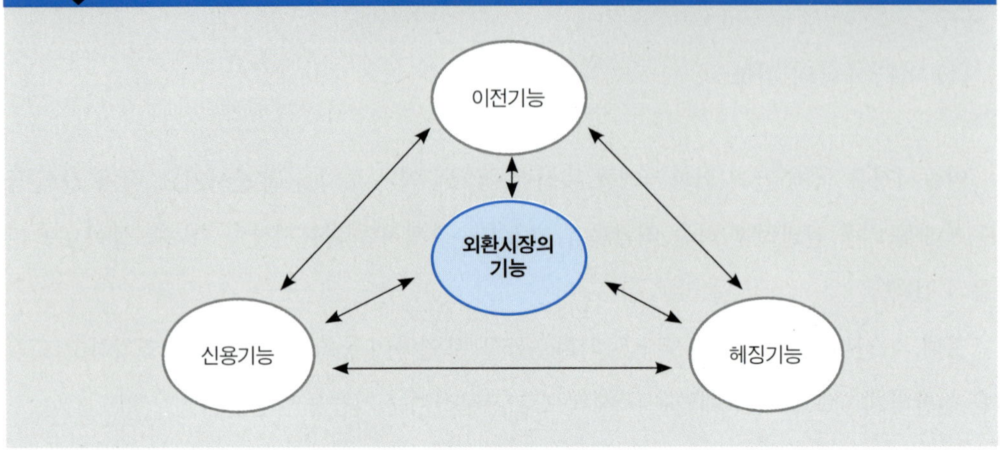

한 외환거래를 하면서 통화의 장단기 포지션을 취함으로서 투기자가 되기도 한다. 외국채(foreign bond)나 유로채(euro bond)를 발행할 때에는 해당 통화국의 은행이 간사단의 핵심적인 역할을 맡는다. ③ 정부도 외환시장에 개입하는데, 보통 중앙은행을 통해서 거래한다. 중앙은행은 정부의 거래, 외국 중앙은행과의 거래, 국제통화기금(IMF) 또는 세계은행 등과 같은 국제기구와의 거래 등을 수행하며, 무엇보다도 중요한 것은 외환시장 여건을 조정하거나 환율에 개입하기 위한 목적의 거래이다. ④ 외환시장에서는 브로커를 이용한 간접거래도 널리 이용된다. 브로커의 업무는 은행들이 제시하는 매입율과 매도율을 알아내어 다른 은행들에게 가격정보를 제공하고, 거래가 이루어지도록 주선하는 것이다. 주선한 거래에 대해서 브로커는 수수료를 받는다. 이들은 자기 자본으로 매매를 하는 것이 아니며 자기가 주선한 거래에 대해서도 금전적인 책임을 지지 않는다. 규모가 큰 브로커는 환율을 분석하고 예측하여 고객에게 정보서비스를 제공하기도 한다.

외환시장에 참여하는 목적에 따라 헤저(hedgers), 재정거래자(arbitragers), 그리고 투기적 거래자(speculators)로 구분할 수 있다. ① 헤저는 무역거래나 국제 자본거래에 수반되는 환위험을 피하려는 목적으로 외환시장에 참여하는 실수요자이다. 일반적으로 헤지거래자는 외환거래 자체에서 이윤을 추구하지는 않는다. ② 재정거래자는 국가 간의 이자율의 차이를 재정하며, 이 과정에서 선물계약을 체결하여 자금의 국제적 이동에 따르는 환위험을 제거하여 이익을 얻는다. ③ 투기적 거래자는 고의로 외환위험에 노출되는 계약을 체결하여 환율의 변동에 따르는 이익을 추구하는 거래자이다. 재정거래와 투기거래는 개념상으로는 분명히 구분되나, 현실적으로는 특정 거래가 어느 동기에 기인하는가는 구분하기 어렵다.

재정거래는 이자율 평가에 근거하여 결정을 하는 데 반하여, 투기자는 미래의 현물환율에 대한 예상치에 근거한다. 이때 투기자의 예상치는 이자율 평가뿐만 아니라 정치적 위험을 포함해서 환율에 미칠 수 있는 모든 종류의 관련 정보를 근거로 하여 형성된다. 투기거래자는 환율변동 예측에 있어 비교우위를 가진다고 믿고, 위험을 적극적으로 떠맡음으로써 투기적 수익을 얻고자 한다. 바꾸어 말하면 투기거래자는 자기가 부담하는 위험에 대해 시장이 정상적으로 보상해 주는 수준 이상의 수익을 기대하고 거래에 참여한다. 투기거래자가 이처럼 투기적 수익을 기대하는 것은, 미래의 환율을 예상하는 데 있어 시장의 예상치인 선물환보다 더 정확하게 예측을 할 수 있다는 자신의 전문성에 근거를 두고 있다. 투기거래는 시장의 불안정성을 증대시켜 교란을 야기할 가능성도 있지만, 일반적으로는 헤지거래자가 전가시키고자 하는 위험을 대신 감당함으로써 결과적으로 시장을 활성화하는 역할을 한다. 이들 간에 위험의 전가가 가능한 것은 환위험의 크기에 대한 평가나 위험에 대한 태도가 서로 다르기 때문이다.

4-3-2 외환거래와 환율

(1) 외환거래의 종류

외환거래란 한 나라의 통화와 다른 나라의 통화를 교환하는 것을 가리킨다. 그런데 외환거래는 거래가 발생한 시점에서 통화가 교환되는 것이 아니라, 보편적으로 거래가 발생한 시점에서 며칠이 지난 후에야 교환된다. 이와 같이 자금의 수수가 실제로 이루어지는 날을 결제일(value date)이라고 한다. 외환거래는 결제일을 기준으로 당일거래, 익일거래, 현물환거래, 선물환거래 등으로 나누어진다.

외환거래에서는 통상적으로 거래일로부터 두 번째 영업일 이후에 결제가 이루어진다. 따라서 현물환거래와 선물환거래가 주종을 이룬다.

그림 4-2 외환거래의 종류

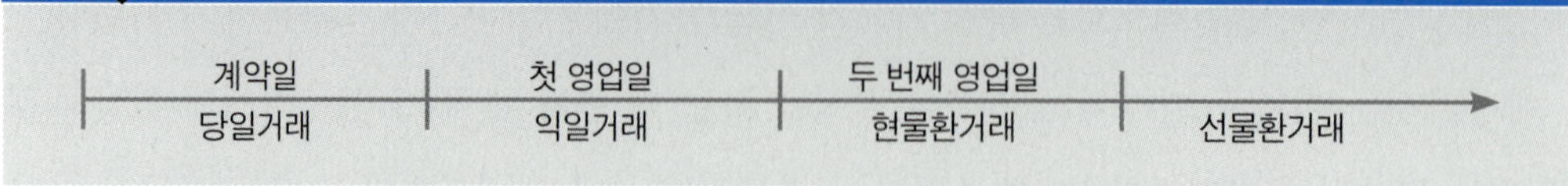

① 현물환거래

현물환거래는 거래가 이루어진 후 두 번째 영업일에 결제하기로 하는 거래이다. 외환거래를 체결한 후 지급지시나 지급이체 등의 사무를 처리하기 위하여 보통 하루 정도가 소요되기 때문에 현물환의 경우에 계약이 성립된 지 이틀 후에야 실제로 외환이 거래되는 것이다.

현물환거래의 예를 살펴보기로 하자. A은행이 5월 1일 B은행으로부터 100만 파운드를 현물환율 달러/파운드=1.625로 매입한 경우, 현물환 결제일인 5월 3일에 B은행은 100만 파운드를 A은행 계정에 입금시키고, A은행은 162만 5,000달러를 B은행 계정에 입금함으로써 현물환거래가 종결된다. 시간대에 차이가 있는 국가 간의 외환계약에서는 이 같은 절차가 완료되는 데 일반적으로 이틀이 소요되기 때문이다.

② 선물환거래

선물환거래는 결제일이 약정일로부터 세 번째 영업일 또는 그보다 먼 장래의 특정 시점에 외환을 일정한 환율로 결제할 것을 약정한 거래이다. 환율은 거래에 합의할 때 결정된다. 선물환거래에서 환거래 계약은 거래 당일에 이루어지나 실제 자금의 결제는 미리 약정된 환율에 따라 장래 특정시점 또는 일정기간 내에 이루어진다. 특히 1970년대부터 환율이 변동환율제로 이행됨에 따라 환위험으로부터 외환거래를 보호하기 위한 수단으로 선물환거래가 활발하게 이용되고 있다.

선물환거래의 만기일 결정에는 확정일 방식(outright forward)과 선택일 방식(option forward)의 두 가지가 있다. 전자는 계약체결 시 만기일을 특정일로 정해 두는 방식이고, 후자는 계약체결 시 우선 일정기간을 정해 두고 그 기간 중에 고객이 만기일을 사후적으로 지정하는 방식이다. 선물환거래는 장래에 이행될 통화 간의 환율을 미리 약정하고 약정된 만기일에 당초 약정된 환율로 외국환의 거래가 이루어지는 것이다. 선물환거래의 만기일은 spot date로부터 1개월, 2개월, 3개월, 6개월 및 12개월째 되는 날이 일반적이다. 만기에 따라 선물환율이 다르다. 여기에서 spot date는 외환매매계약의 계약일로부터 두 번째 영업일이 되는 날을 말한다.

③ 스왑거래

스왑거래(swap transaction)는 외화자금의 현물매도와 그것과 같은 금액의 외화자금의 선물매입을 동시에 계약하는 거래이다. 스왑거래는 일반적으로 동일한 당사자 간에 계약되나, 때로는 현물매도와 선물매입의 상대가 다른 경우도 있다. 스왑거래는 외화자금매매의 형태를 취하나, 그 본질은 이종통화자금의 일정기간의 예치, 즉 자금의 대차이다. 이처럼 스왑거래는 현물환매매와 동시에 이에 대응하는 선물환의 반대 거래를 의미한다.

스왑거래를 예를 들어 설명해 보자. 예컨대 현물환율이 1달러당 1,200원일 때, A사는 3개월 동안 특별히 사용할 용도가 정해지지 않은 100만 달러의 자금을 보유하고 있다고 하자. 이러한 상태는 자금을 제대로 활용하지 못한 채 불필요한 환율변동 위험만 안고 있는 셈이다. 따라서 A사는 달러화를 사용해야 할 필요가 생길 때까지 원화로 바꾸어 보유하여 유리한 투자기회를 활용하고자 한다.

이때, 달러화를 일정기간 동안 원화로 바꾸어 활용하는 데는 다음의 세 가지 선택이 있다.

① 현물환시장에서 달러화를 원화로 바꾸고, 달러화가 필요할 때 다시 달러화를 사는 방법이다. 그러나 이 기간 동안에 원/달러의 환율이 크게 오른다면 A사는 커다란 환손실을 보게 된다.

② 현물환거래를 체결함과 동시에 달러화가 필요해질 날짜를 결제일로 하는 선물환계약을 별도로 체결하는 방법이다. 이 방법은 달러화를 다시 매입할 때 적용될 환율을 미리 정함으로써 거래기간 동안 환율이 변동하더라도 영향을 받지 않는다는 유리한 점이 있다.

③ 스왑방식을 활용하는 것이다. 이는 선물환계약을 이용할 때보다 거래비용을 절감할 수 있다. 즉 A사가 100만 달러를 원화로 매도하면서 3개월 후 사용할 달러 자금을 확보하기 위해 동일한 거래 상대와 100만 달러를 원화로 매입하는 3개월 선물환계약을 동시에 체결한다면, 이 기간 동안 환율변동의 영향을 배제하는 것은 물론 동시에 외환거래비용도 절약할 수 있다. 이러한 스왑방식은 A사가 100만 달러를 3개월간 B사에 빌려주는 대신 B사로부터 이에 상당하는 원화 12억 원을 3개월간 차입하였다가 3개월 후에 원래 상태로 복귀하는 것과 마찬가지이다.

(2) 환율의 표시방법

① 직접표시법과 간접표시법

두 통화의 교환비율이 환율이며, 각국에서 환율을 표시하는 방법에는 직접표시법과 간접표시법이 있다. 직접표시법(direct quotation)이란 외국통화 1단위와 교환될 수 있는 자국통화 단위수로서 환율을 표시하는 방법이다. 예를 들면, 원화환율을 미화 1달러=1,000원 또는 원/달러=1,000원이라는 방식으로 나타내는 것이다. 이런 의미에서 직접표시법을 자국통화 표시법이라고도 한다. 별도의 설명이 없는 한, 문헌에서 환율을 언급할 때에는 직접표시법이 일반적이다.

직접표시 방법을 사용하는 우리나라의 경우에는 달러당 환율의 값이 커지는 경우, 예컨대 달러당 1,000원에서 1,100원으로 원화환율이 변동하였을 경우에는 환율이 상승하였다고 한다. 이것은 달러의 가치가 원화에 대해 상승하고, 반대로 원화의 가치는 달러에 대해 하락하였음을 뜻한다. 환율의 변동을 나타낼 때, 통화의 상대적 가치상승과 가치하락을 고정환율제도에서는 각각 평가절상(revaluation)과 평가절하(devaluation)라고 표현하나, 변동환율제도에서는 각각 환율상승(appreciation)과 환율하락(depreciation)이라고 표현한다.

이에 반하여 자국통화 1단위와 교환할 수 있는 외국통화의 단위수로서 환율을 나타내는 방법을 간접표시법(indirect quotation)이라고 한다. 예를 들면, 원화환율을 1원=0.0014S$ 또는 달러/원=0.0014$로 표시하는 것은 간접표시법이다. 간접표시법은 자국통화 1단위를 대가로 받을 수 있는 외국통화의 단위수로 환율을 표시하는 방법이다. 이런 의미에서 간접표시법을 외국통화표시법이라고도 한다.

② 유럽식과 미국식

국제외환시장에서는 또 다른 환율표시 방법으로 유럽식(european terms)과 미국식(american terms)을 사용한다. 유럽식은 환율을 미 달러화 1단위에 대하여 지불할 외국통화의 단위를 나타내는 방법이다. 예컨대, 미화 1달러=121.80엔 또는 엔/달러=131.80엔으로 표시하는 것을 말한다. 이러한 의미에서 유럽식은 미국 이외의 국가에서는 직접표시(자국통화표시) 환율이 되며, 미국 내에서는 간접표시(외국통화표시) 환율이 된다.

이와는 달리 미국식은 외국통화 1단위당 지불할 달러화의 단위를 나타내는 방법이다. 예컨대, 1엔=0.007587달러 또는 달러/엔=0,007587달러로 표시하는 것을 말한다. 국제외환시장에서 대부분의 환율표시는 미 달러화에 대한 외국통화의 교환비율인 유럽식으로 표시된다. 다만 예외적으로 영국의 파운드화와 SDR 그리고 호주의 달러화 등은 미국식으로 표시하고 있다.

4-3-3 환율결정이론

(1) 구매력 평가설(purchasing power parity theorem)

① 일물일가의 법칙

일물일가의 법칙(law of one price)은 동일한 상품은 어떤 시장에서든지 그 가격이 같아야 한다는 주장이다. 따라서 일물일가의 법칙은 다음과 같이 표현된다.

$$P=S \cdot P^*$$

P : 특정상품의 국내가격, S : 현재의 환율(방화표시),
P^*: 그 특정상품의 외국에서의 외국통화로 표시한 가격
ex) 미국에서의 오렌지가 2$이고, 환율이 800원이라면 국내 가격은 1,600원이 된다.
* P(국내가격: ₩1,600)=S(현재환율: ₩800/$1)×$P^*$(외국가격:$2)
⇒외국 $3가정 : (₩2,000)↑ : ($2.5)↓

일물일가의 법칙은 자유롭고 완전한 국제적 상품재정거래를 통하여 이루어진다. 국제적 상품재정거래란 두 나라 간에 있어서의 특정상품의 가격차이가 운송비 및 기타 거래비용의 합계보다 더 클 때 가격이 낮은 나라에서 그 특정상품을 매입하고 가격이 높은 나라에서 매각하여 이익을 취하는 것을 말한다. 만약, 운송비 및 기타 거래비용이 무시할 수 있을 정도로 적다면 국제적 상품재정 거래는 일물일가의 법칙이 성립할 때까지 계속될 것이다.

예를 들면 운송비 및 기타 거래비용이 무시할 수 있을 정도로 적은 경우에 서울에서의 오렌지 1개의 값이 LA에서의 오렌지 1개의 값과 차이가 나지 않게 된다는 것이다.

② 절대적 구매력평가설(Purchasing Power Parity Theory-Absolute Version)

절대적 구매력 평가설은 일물일가의 법칙을 하나의 상품가격 뿐만 아니라 전체적인 물가

수준에 적용시킨 이론이다.

$$p=s\cdot p^{*}\rightarrow p=s(₩/\$)\times p^{*}\rightarrow s(₩/\$)=\frac{p}{p^{*}}$$

s : 현재의 환율(자국통화표시)
p : 국내물가 수준(지수)
p^{*} : 해외물가 수준(지수)

물가지수를 특정 경제의 대표적 재화를 가격의 가중 평균으로 산출 한다면, 절대적 구매력평가설이 뜻하는 바는 국내의 대표재화 바스켓의 가격이 해외의 대표재화 바스켓(representative basket of domestic commodies)의 가격과 크게 차이가 나지 않는다는 것이다.

③ **상대적 구매력 평가설(purchasing power parity theory-relative verson)**

상대적 구매력 평가설은 상대적 환율의 변화율은 국내와 해외의 물가상승율의 차와 같게 된다는 이론이다.

환율의 상대적 변화율에 대한 예상과 국내 및 해외의 물가 상승률에 예상과의 관계를 나타내면 다음과 같다.

$$\frac{E(S_{t+n})-S_t}{S_t}\times\frac{12}{n}\times 100=\pi-\pi^{*}$$

$E(S_{t+n})$: t시점에서 예상되는$(t+n)$시점에서의 환율에 대한 기대치
S_t : t시점에서의 현물환율(방화표시)
π : 국내 예상물가 상승률(% 표시)
π^{*} : 해외예상물가 상승률(% 표시)
n : 해당기간의 개월수

(예제1) 한국, 일본에서 공통적으로 소비되는 대표적 상품의 가격이 1년 동안 한국에서 10.50% 상승하고, 일본에서 7.50% 상승하면, 현재의 환율이 ₩/¥=6.00 일 때 1년 후의 환율은 어떠하리라 예상되는가?

(풀이) $E(S_{t+n})$: t 시점에서 예상하는(t+n)시점에서의 환율에 대한 기대치

공식에 대입하면, $\frac{E(S_{t+n})-S_t}{S_t}\times\frac{12}{n}\times 100=\pi-\pi^{*}$

$$\frac{E(S_{t+12})-S_t}{S_t}\times\frac{12}{12}\times 100 = 10.50-7.50=3$$

$$T\times 1\times 100 = 3 \Rightarrow T=0.03$$

$$\frac{E(S_{t+12})-S_t}{S_t}=0.03 \Rightarrow \frac{E(S_{t+12})}{S_t}-\frac{S_t}{S_t}=0.03$$

$$\frac{E(S_{t+12})}{S_t}=1.03$$

$E(S_{t+12})=1.03\times S_t$ 여기서 S_t는 (6.00)

$E(S_{t+12})=1.03\times 6.00=$₩6.18/¥

④ 국제 피셔 효과 (international Fisher effect)

국제피셔효과는 환율 변화율에 대한 예상은 서로 다른 통화간에 존재하는 이자율의 차와 밀접한 관계가 있다는 이론이다.

다시 말하면, 서로 다른 통화로 표시된 동일한 종류의 증권에 투자하는 경우, 투자자들이 가치하락이 예상되는 통화로 표시된 증권에 투자하기 위해서는 그 통화가치 하락에 따른 손실을 상쇄시킬 수 있는 만큼 명목이자율이 충분히 높아야 한다는 것이다.

예를 들어, 투자자들이 자국통화의 가치가 연간 5% 하락할 것이라고 예상되는 경우에 국내 명목이자율은 해외 명목이자율 보다 연간 5% 더 높아야 한다는 것이다.

$$\frac{E(S_{t+n})-S_t}{S_t}\times\frac{12}{n}\times 100 = i-i^*$$

$E(S_{t+n})$: t시점에서 예상되는$(t+n)$시점에서의 환율에 대한 기대치

S_t : t시점에서의 환율(자국통화표시)

i : 국내 명목 이자율(% 표시)

i^* : 해외 명목 이자율(% 표시)

n : 해당기간의 개월수

(예제2) 1년 만기의 정부 발행 채권의 수익율이 미국, 캐나다에서 각각 11.075% 및 14.391%라고 할 때 미국의 US$와 캐나다의 C$간의 현재환율이 US$ 0.96/C$1이라면 1년 후의 US$와 C$간의 환율수준은 어떻게 되리라 예상되는가?

(풀이) US$를 외국통화. C$를 자국통화라고 가정하면 방화표시환율의 단위를 외국통화인 US$ 1단위의 가치를 자국통화인 C$의 단위수로 나타내는 US$/C$가 될 것이다. 1년 후의 환율수준에 대한 예상을 묻고 있으므로 해당기간의 개월 수를 나타내는 n의 값은 12가 되어

야한다.

(풀이) $E(S_{t+n})$: t 시점에서 예상되는($t+n$)시점에서의 환율에 대한 기대치 공식에 대입하면,

$$\frac{E(S_{t+n})-S_t}{S_t}\times\frac{12}{n}\times 100=i-i^*$$
$$\frac{E(S_{t+12})-S_t}{S_t}\times\frac{12}{12}\times 100=11.075-14.391=-3.316$$
$$T\times 1\times 100=-3.316\Rightarrow T=-0.03316$$
$$\frac{E(S_{t+12})-S_t}{S_t}=-0.03316\Rightarrow\frac{E(S_{t+12})}{S_t}-\frac{S_t}{S_t}=-0.03316$$
$$\frac{E(S_{t+12})}{S_t}=0.96684$$
$$E(S_{t+12})=0.96684\times S_t \text{ 여기서 } S_t\text{는 }(0.96)$$
$$E(S_{t+12})=0.96684\times 0.96=US\$0.928/C\$$$

⑤ 이자율 평가설(Interest rate parity theory)

이자율 평가설은 금융시장에서의 일물일가 법칙을 주장하는 이론이며, 동일한 금융상품 가격은 국제적으로 동일한 가격을 가지게 된다는 것을 전제로 한다.

예를 들어 \$1(달러)의 자금을 보유하고 있는 미국의 투자가가 미국내에서 투자를 할 경우 미국시장 이자율을 i라 할 경우, 1년 후의 원리합계는 $\$(1+i)$가 된다. 한편 이자금(\$1)을 미국내에 투자하지 않고 현물환 시장에서 현물환율 S(\$/€) (ex: $S(\frac{₩800}{\$1})$:직접환율 → 외국통화 한단위의 가격을 내국통화로 표시하는 방법: 한국에서 \$1=₩800 또는 ₩800/\$1)을 유럽 유로화(€)로 바꾸면 €(1/S)이 될 것이며 이것을 유럽 금융시장에 투자하면 유럽 금융시장 이자율 i*라고 할 때 1년 후에 받을 원리금 합계는 €1/S$(1+i^*)$가 된다. 따라서 남은 일은 투자 만기일에 유로화를 달러화로 교환하는 것이다.

그러나 1년 후 투자 만기일의 현물 환율이 최초 시점에서의 현물환율 S와 동일하게 되리라는 보장은 없다. 이러한 국제투자에 따르는 환리스크를 회피하기 위하여 최초의 시점에서 투자 만기일에 유로화를 달러화로 교환하는 선물환 계약을 체결해 두면 된다.

따라서 유럽의 금융시장을 이용하는 경우의 원리금 합계는 최초의 시점에서 계약할 수 있는 선물환 계약에 적용되는 선물환율을 F(\$/€)라고 할 때 다음과 같이 나타낼 수 있다.

$$\$\frac{1}{S}(1+i^*)\cdot F \quad \text{또는} \quad \$\frac{F}{S}(1+i^*)$$

그러므로 \$1를 가지고 있는 미국의 투자자가 미국내 투자를 하는 경우에는 1년 후 만기일

의 원리금의 합계가 $\$(1+i)$가 될것이고, 유럽의 금융시장을 이용하는 경우에는 만기일의 원리금합계는 $\$\frac{F}{S}(1+i^*)$가 될 것이다.

$$\text{미국내 투자} \rightarrow \$(1+i), \quad \text{국제 투자} \rightarrow \$\frac{F}{S}(1+i^*)$$

(가정) 국제 투자의 경우 원리금 합계가 미국내 투자 경우의 원리금 합계보다 더 크다고 가정하자.

이러한 경우, 미국 투자자 뿐만 아니라 많은 수의 투자자들이 국제 투자쪽을 택하게 될 것이다. 따라서 자금은 미국에서 유럽으로 이동 할 것이며 그 결과 현물환 시장에서 €수요 증가하게 되어 유로화는 그 가치가 상승하게 되고($S\uparrow$), 선물환 시장에서 유로화의 공급이 증가하게 되어 유로화는 그 가치가 하락하게 된다($F\downarrow$). 또한 유럽의 금융시장에서는 자금이 풍부해져서 이자율이 하락하고($i^*\downarrow$), 미국의 금융시장에서는 자금이 부족해져서 이자율이 상승하게 된다.($i\uparrow$)

$$\text{미국내 투자} \rightarrow \$(1+i\uparrow) < \text{국제 투자} \rightarrow \$\frac{F}{S}(1+i^*\downarrow)$$

∴ 그러므로 시간이 경과함에 따라 미국내 투자와 국제 투자는 만기일에 원리금 합계가 서로 같게 된다.

$\$(1+i) = \$\frac{F}{S}(1+i^*)$ 좌식의 양변을 $(1+i^*)$로 나누면,

$\frac{(1+i)}{(1+i^*)} = \frac{F}{S}$ 좌식에서 1을 빼면,

$$\frac{(1+i)}{(1+i^*)} - 1 = \frac{F}{S} - 1 \Rightarrow \frac{(1+i)-(1+i^*)}{(1+i^*)} = \frac{F-S}{S}$$

$$\frac{(i-i^*)}{(1+i^*)} \approx i - i^* = \frac{F-S}{S} \text{ 즉 } \frac{F-S}{S} = i - i^* \text{(년기준공식)}$$

여기서 투자만기가 1년이라고 가정하였으나 보다 일반적인 경우를 생각하여 투자의 만기가 n개월이라고 한다면 위의 표현은 다음과 같이 바뀌어야 한다.

$$\frac{F_{t+n} - S_t}{S_t} \times \frac{12}{n} \times 100 = i - i^*$$

F_{t+n} : t시점에서 계약할수 있는 n개월 선물환 계약에서 적용되는 선물환율
S_t : t시점에서의 환율(방화), i : 국내 명목 이자률(% 표시)
i^* : 해외 명목 이자율(% 표시), $i+i^*$: 양통화간의 이자율 차이
n : 선물환 계약기간의 개월수

(예제3) US$와 £간의 현물환율이 \$2.40/£이고 3개월 선물환율이 \$2.47/£이라면 연율로 표시된 premium 및 discount는 얼마인가?

(풀이) F_{t+n} : t 시점에서 계약할수 있는 n개월 선물환 계약에서 적용되는 선물환율

S_t : t 시점에서의 환율(자국통화표시)

forward premium 또는 discount$= \dfrac{F_{t+n} - S_t}{S_t} \dfrac{12}{n} \times 100 = ?$

여기에서 S_t와 F_{t+n}의 값이 각각 2.40 과 2.47이다. 식에 대입하면,

$$\frac{2.47 - 2.40}{2.40} \times \frac{12}{3} \times 100 = 11.67\% \text{ (1년)}$$

여기서 환율의 단위이 \$/£ 는 \$의 입장에서 본 방화표시환율로서 외국통화인£의 가치를 자국통화 \$의 단위로 표현한 것이며, 그러므로 위의 계산으로 얻은 값 11.67%와 외국통화인 £가 선물환시장에서 11.67%만큼 premium이 있다는 것을 의미한다.

4-4 국제금융시장

국제금융시장은 거주지 또는 국적이 다른 경제주체들 사이에 직접적 또는 간접적으로 장·단기 금융거래가 이루어지는 곳을 말한다. 그러므로 국제금융시장에서는 일반적으로 국경을 넘어선 자금의 대차, 즉 국제 간의 자본 이동이 이루어진다.

국제금융시장은 금융지역과 금융방식에 따라서 분류된다. 먼저 국제금융시장을 금융지역에 따라 분류하면 역내시장(onshore market)과 역외시장(offshore market)으로 구별할 수 있다. 역내시장은 금융시장이 위치해 있는 국가의 통화로 표시된 금융자산이 거래되는 시장을 말한다. 즉 거래가 이루어지고 있는 국가의 정부가 해당 국제금융거래에 대한 통제가 가능한 시장이다.

반면에 역외시장은 특정국 통화로 표시된 금융자산이 그 통화 발행국의 영토 밖에서 거래되는 시장을 말한다. 역외시장의 거래에 대해선 그 거래가 이루어지고 있는 국가의 정부나 해당통화를 발행한 국가의 정부가 통제하기 어렵다. 이러한 역외시장의 대표적인 예는

표 4-1 국제금융시장의 유형

	역내시장	역외시장
간접금융	현지금융시장	유로커런시시장
직접금융	포린본드 시장	유로본드시장

유로금융시장이다.

국제금융시장을 금융방식에 따라 분류하면 직접금융방식(direct financing)과 간접금융방식(indirect financing)으로 구별할 수 있다. 직접금융방식이란 자금의 최종수요자가 증권을 발행하고 이 증권을 자금의 최종공급자가 매입함으로써 금융이 이루어지는 방식이다. 이 경우 금융기관은 증권의 발행과 유통을 원활히 하는 중개인의 역할을 한다. 반면에 간접금융방식이란 자금의 최종수요자와 최종공급자가 직접 거래를 하는 것이 아니라, 자금의 최종공급자가 금융기관에 예금을 하고 금융기관은 다시 이 예금액을 자금의 최종수요자에게 대출하는 방식이다. 이 경우에는 금융기관이 직접거래의 당사자가 된다.

이러한 기준에 따라 국제금융시장을 다음과 같이 네 가지 시장으로 분류할 수 있다.

4-4-1 역내시장

(1) 현지금융시장

현지금융이란 외국에서 그 나라 통화로 은행으로부터 차입하는 것을 말한다. 즉 다국적 기업의 해외자회사가 현지에서 영업을 수행하기 위해 필요한 자금을 현지 금융기관에서 조달하는 방식이다. 이러한 방식으로 조달한 자금은 현지자회사의 운영자금으로 사용하는 것이 주목적이기 때문에 본사나 타 자회사에서 사용할 목적으로는 송금하지 않는 것이 일반적이다.

(2) 포린본드시장

비거주자가 특정 국가에서 그 나라의 통화로 채권을 발행하여 그 나라의 거주자에게 판매하여 자금을 조달하는 시장을 말한다. 포린본드(foreign bond: 외국채)시장이 현지금융시장과 다른 점은 ① 현지금융시장은 간접금융방식인 데 반해, 포린본드시장은 직접금융방식이며 ② 현지금융시장에서 차입한 자금은 현지자회사의 운영자금으로 사용하는 데 비해, 포린본드시장에서 차입한 자금은 자금의 용도와 사용국에 제한이 없다는 점이다.

4-4-2 역외시장

(1) 유로커런시시장

유로커런시(euro-currency) 중에서 대표적인 것이 유로달러이다. 유로커런시시장을 이해하기 위해선 유로달러의 개념에 대한 이해가 먼저 필요한데, 유로달러란 미국 외의 국가에서 영업하는 은행에 예치되어 있는 미국 달러화 예금을 말한다. 여기에서 "유로"라는 의미는 "특정 통화가 발행국이 아닌 나라에 예금되어 있다"라는 것으로 이해해도 좋다. 이러한 개념에 따라 유러달러 이외에도 유로파운드, 유로엔 등이 있는데 이를 총칭하여 유로커런시라 한다. 그러므로 유로커런시란 통화발행국의 영역 밖에 소재해 있는 금융기관에 예치된 자금을 말하며, 유로커런시시장이란 이러한 자금이 예금되고 대출되는 시장을 말한다.

1950년대 말부터 발생한 유로시장의 생성 동기는 ① 미·소 관계 냉각에 따른 소련과 동구권의 미국 은행 기피 ② 미국의 국제수지 적자 ③ 미국 은행의 유로 은행에 대한 상대적인 비효율성, 즉 미국 은행의 대출이자율은 유로 은행보다 높게 책정된 반면, 예금이자율은 유로 은행보다 낮게 책정되어 투자자들이나 차입자들이 유로 은행을 선호하기 때문이다. 유로커런시시장은 각국의 규제를 받지 않는 자유로운 금융시장이기 때문에 시장원리가 그대로 적용된다. 또한 국내시장으로부터 이전된 자금의 수용처로 세계금융의 혁신에 크게 공헌하였으며, 금융의 자유화와 세계화를 추진하는 데 크게 기여하였다.

유로커런시시장은 중·단기 간접금융방식으로 대부분 12개월 이하의 단기자금으로 구성되며, 이자율도 대부분 3개월, 6개월마다 재조정되는 변동금리를 채택하고 있다. 이때 변동금리는 기준금리에 가산금리를 합산하여 결정된다. 기준금리로는 런던은행 간 대출금리(London Inter-Bank Offered Rate, LIBOR)가 자주 사용된다.

(2) 유로본드시장

유로본드(euro-bond: 유로채)란 특정국의 차입자가 외국에서 제3국 통화로 표시된 채권을 각국의 투자자들에게 판매하는 것을 말한다. 유로본드의 채권 기간은 보통 2년 이상의 장기이며, 대규모 자금을 차입하기 위하여 발행되기 때문에 투자은행들의 다국적 신디케이트에 의해 인수되어 여러 시장에서 동시에 판매된다.

유로본드와 유로커런시의 차이점은 다음과 같다. ① 차입비용에 차이가 있다. 유로본드는 보통 고정금리의 형태로 발행되지만, 유로커런시는 변동금리 방식을 따르다. ② 만기일에 차이가 있다. 일반적으로 유로본드의 만기일은 유로커런시보다 더 길다. ③ 자금조달 규모에 차이가 있다. 최근 들어 유로본드는 대규모 자금을 차입하는 데 주로 이용되나 유로커런시의 자금조달 규모는 그렇지 않은 경우가 많다. ④ 차입금상환의 융통성에 차이가 있다. 유로본드는 정해진 일정에 따라 차입금을 상환해야 하며 이를 위반할 경우에는 많은 페널티를 물어야 하나, 유로커런시의 경우에는 차입자의 필요에 따라 상환스케줄의 변동이 페널티 없이 또는 작은 페널티로도 가능하다. ⑤ 외화자금의 차입 속도에 차이가 있다. 유로커런시의 경우에 자금조달은 보통 2-3주면 가능하나, 유로본드의 경우에는 채권발행에 소요되는 시간이 길기 때문에 자금조달에 소요되는 기간이 길다.

유로본드와 포린본드의 차이점은 다음과 같다. ① 유로본드는 국제적 투자자를 대상으로 하기 때문에 대규모 자금조달이 가능하나, 포린본드는 특정국의 투자자를 대상으로 하기 때문에 그렇지 않다. ② 유로본드는 역외시장을 대상으로 하기 때문에 정부의 간섭이 적으나, 포린본드는 특정국 시장을 대상으로 하기 때문에 시장국정부의 간섭이 많다. ③ 유로본드는 일반적으로 이자율이 낮고, 발행 당시의 국제적인 경제여건을 고려하여 표시통화를 선택할 수 있으나, 포린본드는 그렇지 못하다.

토의문제

1. 변동환율과 고정환율의 장단점을 설명하시오.
2. 국제금융시장환경의 주요 변화를 설명하시오.
3. 외환시장의 기능을 설명하시오.
4. 외환거래의 종류를 설명하시오.
5. 환율의 표시방법을 설명하시오.
6. 국제금융시장의 유형을 설명하시오.

참고문헌

국제경영연구회(1995), 『국제경영학』, 영지문화사.

성용모(1998), 『외환관리론』, 지영사.

이철(2015), 『글로벌경영』, 학현사.

장세진(2015), 『글로벌경영』, 박영사.

조선비즈 http://biz.chosun.com/site/data/html_dir/2015/12/18/2015121801691.html

한국경제 http://www.hankyung.com/news/app/newsview.php?aid=2016011371131&intype=1

조선비즈 http://biz.chosun.com/site/data/html_dir/2016/03/29/2016032902922.html

Ball, D. A.(2002), *International Business*, McGraw-Hill.

Eaker, M., and F. Fabozzi and D. Grant(1996), *International Corporate Finance*, Dryden Press.

Eiteman, D. K. and A. I. Stonehill and M. H. Moffett(1996), *Multinational Business Finance*, 8th ed., Addison-Wesley Publishing Co.

Weisweiller, R.(1990), *How the Foreign Exchange Market Works*, New York Institude of Finance.

Chapter 05

글로벌 정치-문화환경

GLOBAL MANAGEMENT

각국의 상이한 정치적·문화적 환경은 글로벌경영활동을 어렵게 하고 있다. 글로벌기업은 진입하고자 하는 국가시장의 정치 및 문화환경을 파악하여 현지시장에서의 경영전략에 반영시켜야 한다. 이 장에서는 기업의 글로벌경영활동에 영향을 미치는 정치 및 문화환경에 대하여 설명한다.

5-1 정치적 환경

여기서는 기업의 글로벌경영활동에 영향을 주는 정치적 환경을 두 가지로 나누어 설명한다. 첫째는 정부의 역할이고, 둘째는 정치적 위험이다.

5-1-1 정부의 역할

(1) 정부의 규제적 역할

정부의 규제적 역할(regulatory role)이란 정부가 기업의 경영활동에는 직접 참여하지 않고 공익을 도모할 목적으로 기업의 활동을 규제하는 역할만을 수행하는 것을 말한다. 많은 선진국들이 WTO 출범 이후 새롭게 규제완화에 박차를 가하고 있다. 이는 개방화와 세계화의 추세에 맞추어 기업의 자율성과 창의성을 발휘케 함으로써 기업의 국내외 경쟁력을 촉진하고 지원하기 위해서다. 그러나 아직도 개도국을 비롯한 상당수 국가에서는 기업의 활동에 거미줄 같은 촘촘한 기업규제를 시행하고 있다. 이러한 국가는 공무원의 재량권 남용 가능성이 크고, 기업의 창의성을 발전시킬 바탕을 마련해 주지 않기 때문에 시장으로서의 매력이 크게 떨어진다.

(2) 정부의 참여적 역할

정부의 참여적 역할(participatory role)이란 정부가 주요 생산요소와 기업을 직접 소유하거나 공영기업을 통하여 기업활동에 참여하는 것을 말한다. 개도국이나 사회주의 국가일수록 정부의 참여적 역할이 크다. 개도국에서는 주요 기업을 운영할 민간의 능력이 부족해서 정부가 직접 기업경영에 나서는 경향이 있으며, 사회주의 국가에서는 주요 생산기관은 개인에 맡기지 않는다는 정치이념의 결과로 정부가 경영일선에 나선다.

정부의 참여적 역할이 강한 국가에서는 외국기업이 ① 처음부터 시장과 업종에 참여할 수 없거나 ② 시장이 개방되어 있더라도 국가 또는 국영기업과 경쟁하여야 하므로 많은 제약이 따른다. 즉 현지 합작파트너(국영기업)의 관료주의적 행동, 현지정부의 비호의적인 태도, 정부행정의 투명성 부족, 불공정한 경쟁 룰의 적용 등으로 현지시장에 진출한 글로벌기업이 경영활동을 효율적으로 하기가 어렵다. 따라서 정부가 참여적 역할을 하는 국가는 시장의 매력이 크게 떨어진다.

5-1-2 정치적 위험

정치적 위험(political risk)이 무엇인가에 대해서는 의견이 분분하나 다음과 같이 정의할 수 있다. 기업활동에 영향을 주는 정치적 변화가 예측하기 어렵게 급격하게 발생할 때 정치적 위험이라 할 수 있다. 만약 정치적 변화가 점진적으로 발생하여 충분히 예측가능하다면, 기업은 이러한 변화에 효과적으로 대비할 수 있기 때문에 정치적 위험이라 하지 않는다. 정치적 위험과 유사한 용어로 정치적 불안정성(political instability)이 있는데, 이는 정치가 불안하거나 정치적 변화가 자주 발생하지만, 현지투자기업에 직접적으로 영향을 미치지는 않는 경우이다. 정치적 불안정성은 그 자체로는 정치적 위험이라고 볼 수는 없으나 정치적 위험을 초래할 징후가 될 수 있다.

(1) 국가관련 정치적 위험

국가시장에서 정치적 위험을 초래하는 요인들이 다양하지만 분류해 보면 다음과 같다.

① 정치적 세력 간 이념의 대립

한 나라에 존재하는 정당 간에 서로 다른 이념이 있어 정쟁이나 갈등을 일으키고 있을 경우에는 잠재적인 정치적 위험이 높아진다.

② 다양한 문화적 분단의 존재

한 국가 내에 다양한 언어, 다양한 인종, 다양한 종교가 존재해 대립을 일으키는 경우에는 정치적 위험이 고조될 가능성이 크다. 예컨대 아프리카에서 일어나는 분쟁의 대부분은 한 국가 내에 여러 부족이 거주하는 것이 주요 원인이며, 이스라엘과 아랍국가 사이의 전쟁이나 레바논 내전 등은 종교 간 갈등이 주요 원인이 되고 있다.

③ 권력유지 수단의 적법성 여부

한 나라의 권력이 적법하지 않은 방법을 이용하여 성립한 경우에는 정치적 위험의 가능성이 크다. 예를 들면 부정선거, 군사혁명, 언론통제, 계엄령과 같은 수단들을 동원하여 권력을 쟁취하거나 유지한다면 그러한 국가는 정치적 위험이 매우 커진다.

④ 심각한 사회적 불균형의 존재

한 국가 내에 극단적인 소득불균형, 지역갈등, 사회적 진출기회의 불균형 등이 존재한다면, 긴장된 사회분위기가 조성되어 정치적 위험이 커진다.

⑤ 주요 국제기구에 가입한 정도가 낮을 때

현지국정부가 국제기구에 전혀 가입하지 않았거나 가입한 국제기구가 극히 적을수록 잠재적인 정치적 위험이 커진다. 특정 국가시장이 일단 국제기구에 가입하면 회원국으로서 얻게 되는 권리와 혜택의 대가로 지켜야 하는 원칙, 규범, 책무 등이 있기 때문에 가입국은 일방적·임의적으로 행동하기가 어렵게 된다. 따라서 특정 시장국이 가입하고 있는 국제기구가 많을수록 그 국가시장의 국제적 행동은 신뢰할 수 있고 예측가능성도 높아 돌발적인 정치적 위험이 발생할 가능성은 낮아진다.

⑥ 주변국가의 불안정성

목표 시장국의 내부 여건이 안정되어 있다 하더라도 주변의 국가들이 전쟁을 하는 등 정치적으로 불안정하면 주변국의 정치적 불안정에 감염되어 목표 시장국도 높은 정치적 위험에 노출될 수 있다.

(2) 제품관련 정치적 위험

정치적 위험의 크기는 기업이 만드는 제품의 성격에 따라서 달라진다. 정치적 위험에 노출되는 정도에 영향을 주는 제품의 성격에는 다음과 같은 것이 있다.

① 신기술의 계속적 제공 여부

현지국시장에 진출할 때 제공한 기술을 업그레이드하지 않은 채 계속 사용하는 경우나, 성숙기 제품이어서 더 이상 신기술을 제공하기 어려운 경우에는 현지국 정부로부터 많은 규제에 직면할 가능성이 있다.

② 현지기업과의 치열한 경쟁

현지국에 진출한 글로벌기업이 현지기업과 치열한 경쟁을 하여 현지기업의 생존을 위협할 때에는 의회나 언론기관, 시민사회 단체 등이 원천이 되는 정치적 위험에 직면할 가능성이 크다.

③ 현지 천연자원에 대한 의존도가 높은 산업

부존량이 유한하여 고갈되면 재생이 불가능한 현지국의 천연자원을 외국기업이 이용하는 것을 현지국은 환영하지 않는다.

④ 현지국의 국제수지에 좋지 않은 영향을 주는 제품

수출유발 효과가 없는 수입품, 예를 들면 현지국시장을 목표로 하는 소비재 등은 현지국의 수입대체산업 육성정책에 의해 규제받을 가능성이 크다. 특히 이러한 소비재가 기술적으로 탁월하지 않은 경우에는 정치적 위험에 노출될 가능성이 더욱 크다.

⑤ 현지국에서 사회적·경제적으로 필수적인 제품

현지국의 사회적·경제적 필수품을 수입품에 의존한다는 것은 나라의 생존을 외국에 의존하는 것과 유사한 감정을 갖게 하여 민족적 감정을 자극할 가능성이 크다. 예를 들어, 한국이 주식인 쌀을 수입에 크게 의존한다면 식량무기화와 같은 논쟁이 유발될 가능성이 있다.

⑥ 제품의 사용이 중요한 사회적 이슈가 될 때

수입국 국민의 건강과 관련되어 문제가 되는 상품, 예컨대 광우병 전염 우려가 있는 수입쇠고기라든가, 청소년들에게 좋지 않은 영향을 주는 제품, 사용자의 안전에 위험을 주는 제품 등을 수입하는 경우는 정치적 위험에 노출될 가능성이 크다.

5-1-3 정치적 위험의 영향과 대응책

(1) 글로벌경영활동에 미치는 영향

정치적 위험이 기업에 미치는 영향은 다양한데, 그 대표적인 유형을 살펴보면 다음과 같다.

① **소유위험**

이는 외국기업의 재산과 소유권에 대한 수용, 몰수, 현지화 등이 포함된다. 몰수(confiscation)는 보상없이 기업의 소유권이 외국기업으로부터 현지국가로 이전되는 것을 말한다. 수용(expropriation)은 보상이 이루어지지만, 그 보상은 대부분 소유권을 박탈당하는 외국기업에게 만족스럽지 못한 수준이다. 이러한 몰수나 수용은 주로 현지국 경제에 중요한 영향을 미치는 산업을 외국기업이 지배하고 있는 경우에 발생하는 경향이 있다.

② **운영위험**

이는 현지국정부가 현지에 진출한 외국기업의 경영활동에 제약을 가하는 위험을 말한다. 이러한 운영위험은 주로 외국기업이 현지국의 경제발전에 보다 많이 기여하도록 현지정부가 기업의 생산, 마케팅, 고용, 소유권 비율 등에 관하여 간섭하는 형태로 나타난다.

③ **이전위험**

이는 현지국이 글로벌기업이 투자한 원금, 배당금, 로열티 등을 국외로 송금하는 것에 제약을 가하는 위험이다. 주요 수단으로는 현지국의 외환통제가 있다.

④ **안전위험**

이는 전쟁이나 내란, 테러 등에 의하여 재산과 인명 등에 대한 피해가 발생하는 위험을 말한다. 특히 정치적 이념이나 종교적 갈등으로 인한 테러는 오늘날 커다란 정치적 위험이 되고 있다.

(2) 글로벌기업의 대응책

글로벌기업은 국가 시장별로 상이한 정치적 위험에 대처하기 위하여 다음과 같은 방법을 고려하는 것이 바람직하다.

① **정치적 환경에 대한 정확한 판단**

가장 일반적인 방법은 우선 목표시장에서 기업에 대한 정부의 규제와 정치적 위험을 구체적으로 예측해 보고, 그것들을 어떻게 감소시키거나 없앨 수 있을까 하는 방법을 강구하는 것이다. 이를 위해서는 먼저 목표시장의 정치적 환경과 변화에 대한 정보를 계속적으로 수집하고 분석해야 한다. 이러한 정보는 일상적인 시장조사를 통하여 수집하는 것만으로는 불충분하므로 회사 자체에 전문부서를 설치하거나 전문가 자문이나 외부 전문기관을 활용하는 것이 바람직하다.

② **정치적 중립 유지**

해당 국가시장에서 정치적 중립을 지키는 것 역시 좋은 대응책이다. 어떤 형태로든지 해당 국가시장의 정치에 관여하게 되면, 정치적 환경의 변화에 따라서 외국기업이 언젠가는 피해를 볼 가능성이 높다.

③ **가시성 및 노출의 최소화**

민족주의나 국가주의가 강한 해외시장에서 외국기업은 공격의 목표가 되기 쉬우므로 노출과 가시성을 줄이는 것이 바람직하다. 그 방법으로 현지기업과의 합작투자를 추진하거나 인력충원·브랜드·광고 등에서 현지화를 추진할 수 있다.

④ **효과적인 대중관계 유지**

외국기업은 해외시장에서 대중관계 프로그램을 운영함으로써 긍정적 이미지를 부각시키는 것이 바람직하다. 예를 들면, 해외시장국의 사회복지사업에 기여하거나 현지시장수요를 더욱 잘 충족시킬 수 있는 새로운 제품을 저렴하게 공급하는 것 등이다.

⑤ **시나리오 경영**

해외시장국에서 정치적 위험이 발생했을 경우에 대비하여 활용할 수 있는 경영 시나리오(행동계획)를 수립해 두었다가 필요한 경우에 집행할 수 있도록 하는 것이 바람직하다. 가장 소극적인 시나리오는 정치적 위험이 높을 경우 철수하는 것이다. 그러나 위험을 감수하는 전략(risk taking strategy)을 취하는 기업인 경우에는, 해외시장국의 정치적 위험에 가장 중요하게 작용하는 요인을 파악하여 이에 대처하는 시나리오를 모색하는 것이 바람직하다.

5-2 문화적 환경

인간은 사회적 동물이기 때문에 사회-문화적 환경은 기업과 밀접하게 상호작용을 주고받는다. 국제환경으로서의 사회-문화적 환경은 국가 또는 민족의 문화적 관습이나 가치관 등을 말하며 이는 경영활동에 중요한 영향을 미친다. 따라서 사회-문화적 환경을 어느 정도 정확하게 분석함으로써 기업은 보다 효과적인 경영계획을 수립할 수 있다. 글로벌기업은 이와 관련하여 다음과 같은 요소들을 고려해야 한다.

5-2-1 언어와 글로벌기업

(1) 사용언어의 선택기준

글로벌경영활동을 성공으로 이끌려면 글로벌기업은 지역이나 국가의 이질적 문화 사이에 존재하는 언어장벽을 효과적으로 극복할 수 있어야 한다. 언어장벽을 극복하지 못하는 경우에는 글로벌기업, 거래선, 고객 간에 효과적인 커뮤니케이션을 기대하기 어렵다. 목표해외시장에서 사용하는 언어를 선택하는 기준은 경제성과 밀접한 관련을 갖는다.

① 현지어를 사용하는 경우

대다수 인구가 동일한 언어를 사용하는 국가에서는 해당 언어를 배우고 활용하는 것이 바람직하다. 글로벌경영자가 특정 국가의 언어를 철저히 배우는 것은, 그 국가의 문화를 배우는 올바른 길이기 때문이다. 특정 언어의 단어나 문장은 ① 특정문화를 생성시킨 문화적인 콘셉트와 아이디어 등을 설명해 주고 ② 특정 국가시장의 문화를 이해하는 열쇠일 뿐만 아니라 ③ 그 문화권에서 경영활동을 전개하고 커뮤니케이션하는 데 주요한 수단이다. 따라서 진출하는 시장국의 언어와 문화를 철저히 배우게 되면, 글로벌경영자는 현지시장에서 과업을 효과적으로 수행할 수 있는 능력을 강화할 수 있다.

표 5-1 동 · 서 문화의 비교

동서 기준	동양	서양
관습	• 젓가락: 온유성, 유순성, 소극성, 식물성, 보수	• 포크, 나이프: 잔인성, 야만성, 적극성, 도전성, 동물성, 모험
	• 잔치: 허세, 체면, 형식, 격식, 비사교적	• 파티: 내용, 실속, 사교적
	• 예절: 봉건적, 비민주적, 수직적 질서	• 에티켓: 민족주의, 평등사상(과 뗄 수 없음)
	• 절 · 경어: 종속관계, 서열관계	• 악수, 반말: 수평적 관계, 평등성
종교	• 도: 비인격적, 초인간적, 무신론, 한 인간의 가르침	• 신: 인격적인 성격, 유신론, 초월자인 신의 가르침
	• 선: 도덕적 가치(불교)	• 애: 도덕적 가치(기독교)
	• 불경: 추상적	• 성서: 구체적, 현실적
언어	• 표상적/직관(지각), 예술, 문화의 발달	• 표음적/논리(추상적/개념적) 과학이 발달
지식	• 지혜: 사람이 옳게 살아야 할 길(도)/ 실천적인 앎	• 지식: 이론적인 앎
예술	• 동양화: 자연중심적 생각 • 동양음악: 단조, 장단적 개념 • 붓: 털끝, 부드럽고 감성적	• 서양화: 인간중심적 사고 • 서양음악: 다양, 화성악이 발달 • 펜: 뼛조각이나 쇠를 이용, 날카롭고 냉철함
사상 · 철학	• 사색: 삶의 심적 충족추구	• 사고: 지적 만족
	• 무: 동양사상의 바탕(정신적) 종합적으로 접근	• 유: 서양사상의 핵심(물질적) 분석적으로 접근
	• 감성: 동양의 인간관계, 정(情)을 바탕	• 이성: 서양의 인간관계, 논리를 좇음
	• 무아: (동양적) 집단사상	• 자아: 개인주의 사상, 자연의 주인
	• 평화: 심리적, 내향적	• 자유: 물리적, 외향적
	• 공자(논어): 인간적 관계, 도덕적 질서의 가르침, 관념적, 내재적	• 마르크스(자본론): 물질적 관계, 경제적 질서, 실질적, 외향적
	• 논리: 옳게 사는 것, 행동의 문제	• 진리: 옳게 아는 것, 지식의 문제
	• 소유사상: 평화	• 권력사상: 정복, 전쟁, 탐험
	• 한의: 자연성, 자연을 존중, 순응	• 양의: 인공성, 자연을 극복, 인공적으로 계산

② 공통 언어를 사용하는 경우

다음과 같은 경우에는 진출하고자 하는 국가(지역)시장에서 공통언어를 사용하는 것이 바람직하다.

첫째, 한 국가 또는 동일지역 내에서도 다수 언어가 사용되어 현지어 사용이 규모의 경제를 확보하기 어려운 경우, 글로벌경영자는 과거 식민 종주국 언어들인 영어, 프랑스어, 스페인어 등과 같은 공통언어를 사용하여 접근하는 것이 바람직하다. 예컨대, 아프리카 지역에서는 특정 국가시장 내에 거주하는 부족 간의 커뮤니케이션이나 인접 국가에 거주하는 부족 간의 커뮤니케이션이 토착 부족언어보다는 과거 식민 종주국의 언어로 빈번히 이루어지고 있다.

둘째, 기업을 상대로 하는 산업재마케팅의 경우에는 고객기업이 공통언어(예, 영어)로 커뮤니케이션할 수 있는 임직원을 채용하고 있고, 문화적 요인보다는 기술적 요인이 산업재 촉진요인으로 더 크게 작용하기 때문에 글로벌경영자는 공통언어를 사용하더라도 비교적 성공적으로 마케팅 활동을 수행할 수 있다.

(2) 언어장벽의 극복방안

글로벌기업으로서 글로벌비즈니스나 글로벌마케팅을 하려는 기업이 언어장벽을 효과적으로 극복하기 위해서는 몇 가지 방안을 생각할 수 있다.

첫째는 회사공식언어(company official languages)를 지정하여 사용한다. 해외자회사가 점점 늘어나고 현지인이나 제3국인들을 점점 더 많이 채용할수록, 본사와 자회사 또는 자회사와 자회사 상호간에 밀접한 커뮤니케이션이 요구될수록 회사공식언어를 지정할 필요성이 크다. 글로벌비즈니스 커뮤니케이션 언어로서는 영어가 가장 활용가치가 높다.

둘째, 한국기업은 한국의 언어, 생활양식, 비즈니스 관습, 관리방식 등에 비교적 익숙한 현지대학의 한국어학과 졸업생, 현지교포, 현지인 및 현지유학생 출신 한국인들을 해외자회사의 관리자나 직원으로 적극 활용할 필요가 있다.

5-2-2 교육수준과 종교

(1) 교육수준과 글로벌경영

한 국가의 국민교육 수준은 그 나라 국민이 소비자로서 어떤 특성과 어느 정도의 세련미를 지니고 있는가를 파악하는 단서와, 현지경영활동에 활용할 수 있는 인적자원을 어느 정도 가용할 수 있는지를 판단할 단서를 제공한다.

한 나라의 국민교육 수준을 파악할 수 있는 지표로는 문맹률(illiteracy rate)과 취학률

그림 5-1 아시아 국가들의 교육수준

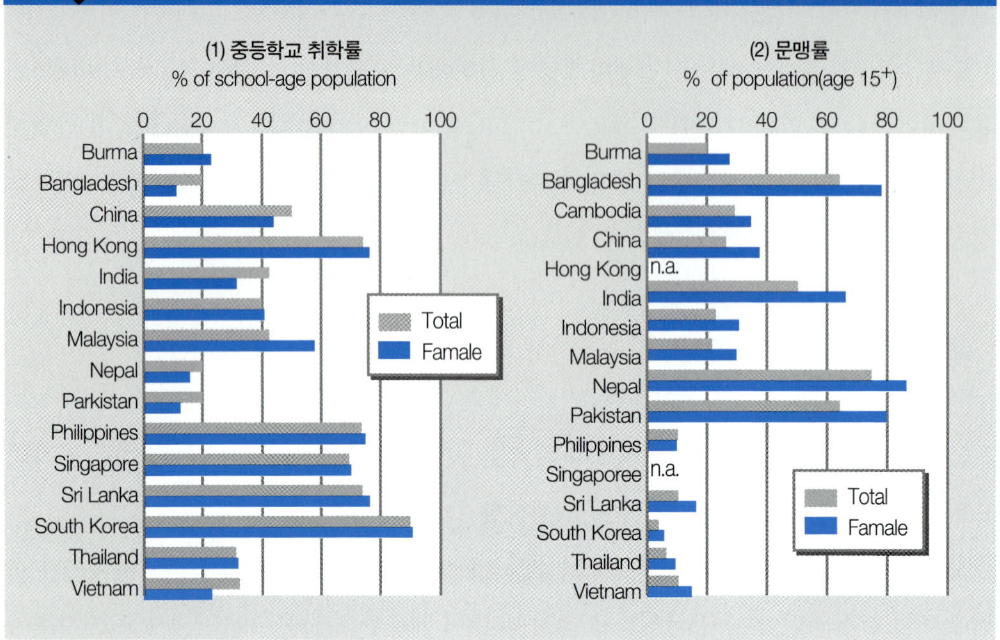

자료: World Bank

(school enrollment rate)을 많이 이용한다. 두 지표를 기준으로 국가 시장들의 교육수준을 비교해 보면, 상당한 국제적 격차가 있음을 알 수 있다. [그림5-1]에서 보는 바와 같이 방글라데시, 인도, 인도네시아, 네팔, 파키스탄, 중국 등의 국가에서 취학률이 낮고 문맹률이 높음을 알 수 있다.

한 나라의 교육수준이 해외경영활동에 주는 영향을 간추려 보면 다음과 같다.

첫째, 한 국가 내 많은 소비자들이 문맹자라면, 광고와 레이블 등을 현지시장 여건에 맞출 필요가 있다. 이런 국가 시장에서는 문자보다는 기호나 상징을 많이 사용하는 것이 바람직하다. 예를 들면, 브랜드 네임을 사용할 때에는 심벌로 된 브랜드 마크를 강조하는 것이 바람직하다.

둘째, 여성을 공식교육에서 제외시키거나 차별하고 있는 국가시장과 남녀를 동등하게 교육시키는 국가시장은 상이한 경영프로그램을 적용하는 것이 바람직하다. 여성에 대한 공식교육이 증가할수록 여성이 경제·사회활동에 참여하는 정도가 증가하고 의사표현이 분명해져, 여성들의 소비에 대한 영향력이 증가한다.

셋째, 제품을 생산하는 데 복잡한 기술을 활용해야 하고, 또 생산된 제품이 기술적으로 복잡하여 문서화된 사용설명서를 첨부해야 한다면, 교육수준과 기술수준이 낮은 국가시장에서는 그런 제품의 생산공정을 단순화하고 제품 자체도 단순하게 개조하든가 아니면 생산·판매를 연기할 필요성이 있다.

넷째, 현지 유통기구로부터 협력을 얻고 상호의존관계를 유지할 수 있는 정도는 유통기구를 운영하는 사람들의 교육수준에 영향을 받는다. 현지국의 마케팅인프라 수준, 예컨대 마케팅컨설팅·산업교육훈련·광고대행 등에 종사하는 서비스기관의 수준 역시 국가시장별 교육제도와 교육수준에 의해 영향을 받는다.

(2) 종교와 글로벌경영

종교는 해외기업활동에 영향을 미치는 문화적 환경을 구성하는 주요 요소 중의 하나이다. 언어, 교육제도 등은 특정 국가의 시장문화에서 관찰가능한 겉으로 나타나는 현상이며 행동인 반면, 종교나 신앙 등은 관찰가능한 현상과 행동을 초래하는 초석(foundation)에 해당된다. 그러므로 글로벌기업은 종교적 측면도 파악하여 현지경영활동에 반영시켜야 한다.

① 종교가 소비자행동에 미치는 영향

국가시장별로 종교에 따른 영향을 고려해야 한다. 종교적 니즈와 금기(religious needs and taboo) 등이 소비자의 구매행동과 소비패턴을 좌우하기 때문이다.

예를 들면 ⓐ 힌두교인은 쇠고기를 먹지 말아야 하고 ⓑ 회교도와 유대인은 돼지고기를 먹지 말아야 하는 것처럼 ⓒ 많은 회교 국가에서는 술 마시는 것이 금기이기 때문에, 주류의 판매는 금지되거나 제한된 반면에 생수·과일 주스·청량음료수·비알콜 맥주 등에 대해서는 좋은 시장을 제공하고 있다.

② 종교가 휴일에 미치는 영향

글로벌기업이 해외시장에서 경영활동을 전개할 때에는 종교적 휴일과 공휴일을 고려해야 한다. 예를 들면 ⓐ 기독교 국가의 경우 일요일은 물론이고 부활절이나 성탄절 같은 종교적 기념일은 대부분 휴일로 지정되며 ⓑ 회교 국가에서는 금요일은 종교적 휴일이나 일

사례 5-1

테러 위협이 소비·투자 활동 위축시켜

유럽·미국 등으로 범위 넓힌 안보 위협이 경제 악영향 끼쳐방위산업은 급성장… "난민 공동 대처" 유럽 공동 채권 발행 거론

"이슬람 극단주의 무장 조직 이슬람국가(IS)의 테러 행위와 지속적인 위협 때문에 소비, 투자 등 경제활동이 위축되고 불확실성이 커진다."(헬렌 레이 런던비즈니스스쿨 교수)

"IS의 테러로 세계가 점점 더 위험해지고 있다. 다만 서방 연합군이 IS에 대한 공세를 강화하면서 방위 산업이 더 성장할 것이다."(시드니 핑켈스타인 다트머스대 경영대학원 교수)

"2016년에 연합군이 IS 격퇴에 진전을 보일 경우 유럽 난민 문제 해결에 돌파구가 생길 것이다."(헤르만 지몬 지몬-쿠퍼&파트너스 회장)

작년 11월 프랑스 파리에서 연쇄 테러를 일으켜 전 세계를 충격에 빠뜨린 IS는 올해 세계경제에 그림자를 드리우는 위험 요인 중 하나로 꼽힌다. 국내에선 경제 변수로까지 보는 전문가가 많지 않지만, 해외 전문가 상당수가 IS를 경제 변수로 꼽는다. 유럽은 실제 테러 대상지가 돼 있어 체감하는 위험이 높기도 하다. 미국이 주도하는 연합군이 시리아와 이라크 내 IS 근거지에서 대대적 공세를 벌이고 있지만, IS는 여전히 건재하다. 새해 벽두 불거진 중동의 맹주 사우디아라비아와 이란의 종파 갈등으로 IS 대응 작전은 더 어려워졌다.

헬렌 레이 런던 비즈니스스쿨 교수는 중동뿐 아니라 유럽과 미국 등으로 테러 범위를 넓힌 IS의 안보 위협이 경제에 악영향을 준다고 말한다. "IS의 세력 약화가 무엇보다 시급하다. 테러에 따른 가장 큰 피해는 물론 인명 살상이지만, 경제도 심각한 타격을 받는다. IS의 파리 테러 후 프랑스와 국경을 맞댄 벨기에 브뤼셀은 테러 위협 때문에 며칠 동안 도시 기능이 마비됐다. 지하철과 철도 운행이 중단되고 쇼핑몰과 식당, 카페가 문을 닫았다. '유럽의 수도'로 불리는 브뤼셀의 경제활동이 멈춰 선 것이다. 테러에 대한 불안 때문에 유럽 지역의 관광산업도 피해를 입었다. 상황에 대한 불확실성이 커지면 당장 투자가 일어나지 않게 된다. 이미 경기 둔화로 투자가 줄어든 상황에서 새로운 투자를 막는 또 다른 악재가 생긴 것이다."

IS는 한동안 세력을 유지할 것이란 전망이 이어진다. 서방국과 아랍권 동맹국 등 연합군이 IS 점령 지역에 대한 공습을 계속하고 있지만, 약한 결속력 탓에 격퇴 작전이 큰 효과를 거두지 못하는 상황이다. IS가 보유한 무기와 무기 개발 기술도 예상보다 수준이 더 높은 것으로 알려졌다. 시리아 락까에 있는 IS의 테러 무기 연구소는 원격 조종으로 폭탄 테러를 할 수 있는 무인 자동차를 개발하고 비행기를 격추할 수 있는 지대공(地對空) 미사일도 갖췄다.

시드니 핑켈스타인 다트머스대 경영대학원 교수는 IS를 비롯한 전 세계 테러 위험 고조로 방위 산업은 더 크게 성장할 것이라고 말한다. "테러 발생 가능성에 대한 공포가 도사리고 있다. 국경을 가리지 않는 안보 위협, 테러리즘과 맞서 싸우기 위해 새로운 기술을 개발할 필요성은 점점 커지고 있다. 개발 기술이 없는 국가들은 수입해야 한다. 세계 지정학 정세 불안으로 방위 산업은 급성장할 것이다."

IS가 일으킨 또 다른 파장은 난민 문제다. 중동과 가까운 유럽으로 난민이 밀려들면서 유럽 각국은 난민을 차단하기 위해 국경을 폐쇄하고 있다. 난민 문제가 정치화되고 반(反)무슬림, 반(反)난민 정서가 퍼지면서 나라 안팎으로 분열 양상도 나타나고 있다.

레이 교수는 유럽 전체의 안보와 난민 문제에 공동 대응하는 한 방법으로 유럽 공동 채권 발행을 제시했다. 지금은 유로존(유로화 사용 19개국) 회원국이라고 하더라도 채권은 각 나라가 개별적으로 찍지만, 이제 유럽 국가들이 공동 채권을 발행해 함께 기금을 조성해야 한다는 것이다. 레이 교수는 "유럽 안보, 솅겐 조약(유럽 국가 간 자유로운 이동을 보장하는 조약) 등은 유럽 전체의 문제로, 개별 국가가 내는 자금으로는 이를 지키기가 충분치 않다"며 "유럽으로 흘러든 난민들을 사회에 원만하게 통합시키는 과정에서 총수요가 늘고 일자리가 창출되는 경제적 효과도 생길 것"이라고 했다. 헤르만 지몬 지몬-쿠퍼&파트너스 회장은 "연합군이 IS를 격퇴하고 평화가 회복돼야 유럽으로 유입되는 난민 행렬이 멈추고 유럽 내 난민 문제도 사그라들 것"이라고 했다.

자료: Chosun.com, 2006. 01. 09. 요약 발췌

요일은 휴일로 취급되지 않는 경우가 있으며, 라마단은 1개월간에 걸쳐 종교적 휴일로 지키며 ⓒ 유대인에게는 금요일이 종교적으로 중요한 날이며 ⓓ한국, 중국, 대만 등에서는 구정(舊正) 기간을 얼마로 잡느냐에 따라서 신정(新正) 연휴의 기간이 결정되기도 한다.

글로벌기업은 종교적 휴일의 기간을 조사하고, 그 성격 즉 종교적 휴일이 축제의 형태로 지켜지는지 아니면 종교적 경건성을 유지하는 데 주력하는지 등을 파악하여 경영활동의 기회로 활용할 필요가 있다.

③ 여러 종파의 반목이 경영전략에 미치는 영향

특정 국가시장에 여러 종교가 또는 같은 종교일지라도 여러 종파가 성행하는 경우, 해외진출기업에게 특별한 문제를 안겨 줄 수도 있다. 더욱이 여러 종교나 종파 간에 반목이 있는 경우, 그런 국가시장은 세분화될 수밖에 없다. 그러므로 글로벌기업은 그런 국가시장에서는 세분화된 시장들을 상대로 각기 다른 경영전략을 적용하는 것이 바람직하다.

특히 인도·스리랑카·이라크·구유고슬라비아 등과 같이 종교 간의 반목·차별행위·폭력·

전투 등이 난무하는 국가시장에서는 현지경영활동에 필요한 현지인 채용·광고활동 전개 등에서 심각한 문제에 직면할 수도 있다.

5-2-3 가치관

인간의 거의 모든 행동은 가치관에서 비롯된다. 따라서 가치관은 어떤 결정이나 행동 등에 대해 용납·인정·거부 등의 도덕적·사상적 판단을 하는 준거의 틀로 많이 사용된다. 이러한 가치관은 국가별로 이질적인 경향이 있어서 현지경영활동에 상당한 영향을 미칠 수 있으므로, 글로벌기업은 해외시장국의 가치관을 파악하고 분석하는 데 유념해야 한다. 가치관은 앞에서 본 문화요인과는 달라 객관적 자료를 확보하기가 쉽지 않다. 여기서는 한 국가의 가치관을 파악하기 위해 개발된 두 가지 문화모형을 설명한다.

(1) 홉스테드 모형

홉스테드(Hofstede)는 IBM의 40개국 10만 명에 달하는 직원들의 가치관을 분석해 본 결과 크게 네 가지 차원으로 요약할 수 있음을 발견하였다.

① 권력거리(power distance) 차원으로서, 사회구성원이 불평등 관계를 수용하는 정도를 말한다. 권력거리가 큰 국가에서는 부와 권력이 불평등하게 분포되어 있더라도 이를 수용하는 경향이 있다. 이런 국가에서는 인간관계에 강한 상하관계나 위계관계가 수용되는 경향이 크다. 반면에 권력거리가 작은 국가에서는 사람들 사이에 평등성이 강조되어 권력거리를 가능하면 줄이려고 노력하는 경향이 있다.

② 개인주의 성향(individualism) 차원으로서, 사회구성원이 집단활동보다는 개인활동에 얼마나 가치를 두는 성향이 있는가를 의미한다. 개인주의적 성향의 국가에서는 사람과 사람 간의 관계는 중시되지 않는 반면에 개인의 성취와 자유가 높게 평가된다. 반면에 집단주의 성향(collectivism)의 국가에서는 집단의 이익이 우선시되며 사람 간의 관계가 중요시된다.

③ 불확실성 회피성향(uncertainty avoidance) 차원으로서, 사회구성원이 불확실함과 모호

표 5-2 홉스테드 모형에 의한 국가별 가치관 차이

국가	권력거리		개인주의 성향		남성주의 성향		불확실성 회피	
	지수	순위	지수	순위	지수	순위	지수	순위
오스트리아	11	53	55	18	79	2	70	24
벨기에	56	20	75	8	54	22	94	5
덴마크	18	51	74	9	16	50	23	51
핀란드	33	46	63	17	26	47	59	31
프랑스	68	15	71	10	43	35	86	10
독일	35	42	67	15	66	9	65	29
그리스	60	27	35	30	57	18	112	1
아일랜드	28	49	70	12	68	7	35	47
이탈리아	50	34	76	7	70	4	75	23
네덜란드	38	40	80	4~5	14	51	53	35
포르투갈	63	24	69	13	31	45	104	2
스페인	57	31	51	20	42	37	86	10
스웨덴	31	47	71	10	5	52	29	49
영국	65	42	89	3	66	9	35	47
미국	40	38	91	1	62	15	41	43
일본	54	33	46	22	95	1	92	7
홍콩	68	15	25	37	57	18	29	49
대만	58	29	17	44	45	32	69	26

자료 : Hofstede and Geert(2001), Culture's Consequences : *Thousand oaks*, CA: Sage, pp.500~502.

함에 대해 불안감을 느끼고 이러한 상황을 피하려고 하는 성향을 말한다. 불확실성 회피성향이 높은 국가에서는 안정성이 높은 직업이나 명문화된 규정 등 불확실성을 피하고 안전성이 보장되는 상황을 선호한다. 반면에 불확실성 회피성향이 적은 국가에서는 성취를 위해 변화를 두려워하지 않고 위험을 극복하려는 성향이 높게 나타난다.

④ 남성주의적 성향(masculinity)을 나타내는 차원으로서, 사회구성원이 얼마나 남성적 가치를 추구하는 성향이 있는가를 의미한다. 남성적 가치는 물질적 부, 권력, 성공, 성과 등을 중시하는 경향이며, 여성적 가치는 삶의 질, 관계, 배려, 애정 등을 중시하는 경향이다. 따라서 남성주의적 성향이 강한 국가에서는 경쟁과 성취에 더 높은 가치를 두고, 여성주의적 성향이 강한 국가에서는 복지와 화목에 더 높은 가치를 두는 경향이 있다.

홉스테드는 이와 같은 네 가지 차원을 수량화하여 각국의 가치관을 객관화하였다. 네 가지 차원의 조합을 매트릭스상에 표시하면 각국의 문화를 보다 쉽게 파악할 수 있다.

표 5-3 고배경문화와 저배경문화의 비교

구 분	고배경문화	저배경문화
법, 변호사	덜 중요하다	매우 중요하다
개인의 말	중요하며 개인에 대한 보증의 역할을 한다	믿을 수 없으며 서면으로 보증해야 한다
공간	개인적 공간을 무시하며 사람 간의 거리가 가깝다	개인적 공간을 중시하며 침해받는 것을 싫어한다
시간	"시간에 여유가 있다"는 자세다	"시간은 돈이다"라는 관념이 강하다
실책에 대한 책임	상사가 책임진다	하위자가 책임진다
협상	시간이 걸리며, 협상 과정을 통해 서로를 이해한다	신속하게 처리하며, 협상 자체의 목적 이외 다른 목적은 없다
경쟁입찰	일반적이지 않다	일반적이다

(2) 홀의 모형

홀(Hall)은 여러 국가를 고배경문화(high-context culture)와 저배경문화(low-context culture)로 분류하였다. 이 구분은 한 사회 내에서 메시지가 소통되는 방식에 기초하고 있다.

① 고배경문화

고배경문화에서는 메시지 해석이 상황적 단서에 크게 의존한다. 말로 표현하지 않더라도 의사전달 환경의 상황과 이에 따른 묵시적 커뮤니케이션이 메시지 해석에 매우 중요한 역할을 한다. 이러한 문화에서는 신뢰, 의리, 책임감 등이 중요한 가치관이 된다. 고배경문화에 속하는 나라로는 한국, 중국, 일본 등 유교문화권 국가와 남미 국가가 있다.

고배경문화가 글로벌경영에 주는 영향의 예를 보면, 중국에서는 상거래에 관시(關係)가 매우 중요한 역할을 하는데, 관시는 오랜 기간에 걸쳐 거래 파트너 간에 형성된 신뢰에서 비롯된다. 여기서 관시가 주는 의미는 묵시적 언어인 신뢰가 명시적 언어인 거래제의나 비즈니스 서신보다 훨씬 강력한 영향을 발휘한다는 것이다.

② 저배경문화

저배경문화에서는 말로 표현된 내용과 문서화된 내용을 중요시한다. 메시지가 전달되는 배경이나 상황은 중요하지 않고, 자신의 의사를 전달하기 위해서는 말로 표현하고 문서화해야 한다. 즉 묵시적 커뮤니케이션은 중요하지 않고 명시적이고 객관적인 커뮤니케이션

그림 5-2 고배경문화와 저배경문화에 따른 국가 분류

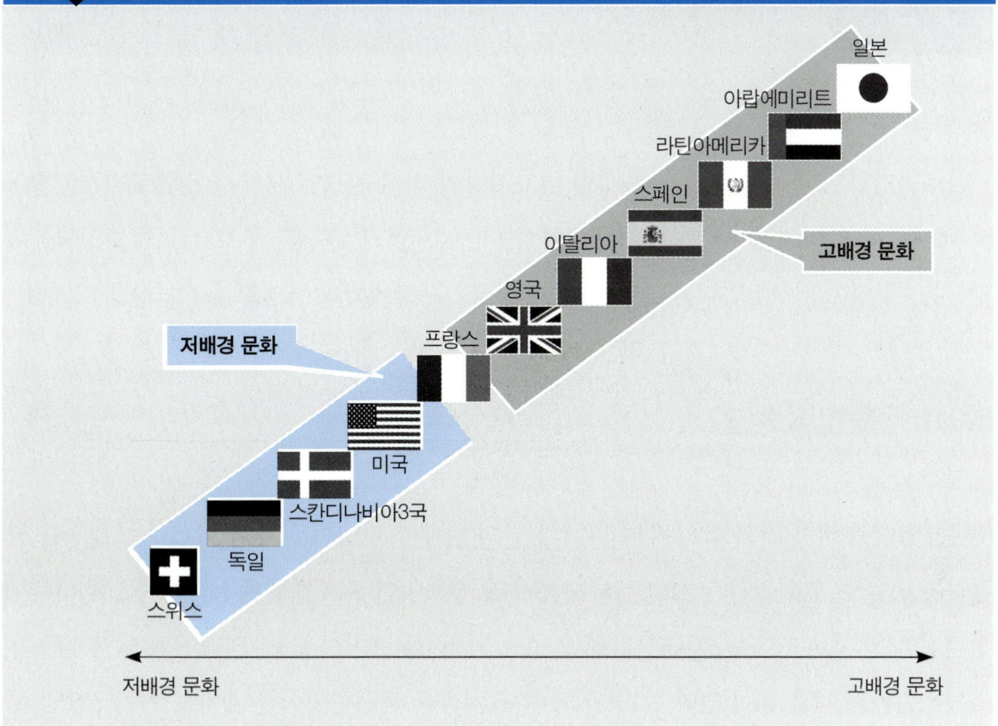

이 중요한 역할을 한다. 이러한 문화에서는 법, 객관성, 절차 등이 중요한 가치관으로 작용한다. 저배경문화에 속하는 나라로는 미국, 스웨덴, 영국 등 북미 국가와 북유럽 및 서유럽 국가가 있다.

저배경문화가 글로벌경영에 주는 영향의 예를 보면, 저배경문화권인 미국이나 독일에서는 비즈니스 거래는 보편적으로 비즈니스 서신이나 공개입찰 등을 통하여 이루어진다. 이는 객관적이고 명시적인 커뮤니케이션이 강력한 영향력을 발휘한다는 것을 의미한다.

5-3 법적 환경

글로벌기업은 국제법적 환경과 개별 국가시장의 법적 환경을 파악하여 글로벌경영활동과 국가시장별 현지경영활동에 활용해야 한다. 국제법적 환경은 주로 글로벌경영활동에 영향을 미치고, 국가별 법적 환경은 주로 개별 국가시장에서의 경영활동에 영향을 미친다.

5-3-1 국제법적 환경

국제법이란 국가 간의 합의에 따라 국가 간의 관계나 기업의 국제적 비즈니스 활동을 규정하는 법률로, 일원적인 국제법은 존재하지 않으나 여러 국제협정이나 국제관습에 의하여 성립된다. 국제비즈니스 활동과 관련된 주요 규범에는 WTO 규범, 국제신용장 통일규칙, 국제운송관련 약관 등이 있다. 이러한 규범·규칙들은 국제협정이나 계약의 참가국에만 구속력을 가지나 비참가국 간의 분쟁에도 해결책으로 이용되는 경우가 있다.

5-3-2 개별국의 법적 환경

대부분의 국가시장의 법체제는 다음의 두 가지 중 하나에 기초를 두고 있다. 첫째는 성문법(Written Code of Law)체제로, 문서화된 법전에 법체제의 기초를 두고 있는 국가들이다. 한국, 일본, 독일 등 대다수의 국가가 여기에 속한다. 둘째는 관습법(Common Law)체제로, 전통, 과거의 관례, 과거의 판결에 대해 법원이 해석한 법적 판례, 법령 등에 법체제의 기반을 두고 있는 국가들이다. 영국, 미국, 캐나다, 호주, 뉴질랜드 등 영어권 국가들이 주로 여기에 속한다.

기업이 지역시장이나 국가시장에서 경영활동을 할 때에 빈번히 당면하는 법적문제들은 다음과 같다.

① 지적재산권과 상표권

대다수 국가가 속해 있는 성문법 국가에서는 지적재산권은 소유권 등록(registration)에 의해서, 즉 누가 먼저 특허청에 등록했느냐에 따라서 소유권자가 결정된다. 그러나 미국이나 영국과 같은 관습법 국가에서는 지적재산권이나 상표권은 사용(uses)에 의해서 확정된다. 즉 현지시장에서 누가 먼저 특허나 상표를 사용했느냐에 따라 소유권자가 결정된다. 글로벌기업이 해외시장에서 상표를 보호받기 위해서는 영국이나 미국과 같은 관습법 국가를 제외하고는 현재 진출해 있거나 진출가능성이 있는 주요 국가에서 상표등록을 할 필요성이 있다.

② 공정거래

공정거래를 증진시키고 적정 경쟁을 조성하는 데 목적을 둔 현지국의 법률에 대하여 글로벌기업은 세심한 주의를 기울일 필요가 있다. 왜냐하면 이러한 법률이 외국기업에 대한 비관세장벽으로 활용될 소지가 크기 때문이다. 즉 기업 간의 담합행위, 구매자의 유형이나 국적에 따른 차별행위, 마케팅촉진상의 과도한 소비자 유인행위, 시장의 분할과 특약적 판매, 덤핑과 같이 공정경쟁을 저해하는 행위에 관해서는 엄격한 법 집행을 실시하고 있다. 이러한 경향은 선진국일수록 강력해지는 경향이 있다.

③ 제품관련 법규

개별 국가시장에서 마케팅 활동을 하는 경우에는 현지국의 제품관련 법규에도 주의를 기울여야 한다. 현지국이 외국기업에 대하여 비관세장벽으로 많이 이용하고 있기 때문이다. 제품과 관련한 주요 법규로는 제품의 품질·규격·안전·성능 등을 규제하는 법률과 규정, 제품의 내용·포장·레이블링·국산화율을 규제하는 법률과 규정, 제품의 보증과 서비스, 결함제품 보상에 관한 법률과 규정 등이 있다.

5-3-3 재판관할권

글로벌경영활동에서 빈번히 당면하는 문제 중의 하나는, 국적이 다른 거래당사자 간에 분쟁이 발생했을 때 어느 국가의 법률을 적용할 것인가에 관한 것이다. 왜냐하면 서로 다른 나라의 국민들 사이에서 발생하는 상거래의 법적 분쟁을 관할하는 국제적 사법기구가 없기 때문이다. 거래당사자는 분쟁발생에 대비하여 계약서에 재판관할권(jurisdiction)에 관한 조항을 삽입하는 것이 바람직하다. 재판관할지에 관해서는 다음의 세 가지 방법 중에서 하나를 선택하는 것이 일반적이다.

① 계약에 명시된 재판관할 조항에 의거하여

② 계약이 체결된 국가에서

③ 계약 조항이 실제로 이행된 국가에서

각 기업들은 위의 방법 중에서 자사에 유리한 방법을 선택하여 관할조항으로 계약서에 포함시키도록 노력해야 한다.

토의문제

1. 해외시장에서 발생하는 정치적 위험의 평가기준을 설명하시오.
2. 해외시장에서 정치적 위험을 초래하기 쉬운 제품특성을 설명하시오.
3. 정치적 위험에 대한 글로벌기업의 대응책을 설명하시오.
4. 언어가 글로벌기업에 주는 영향을 설명하시오.
5. 현지경영활동을 할 때 주목해야 하는 교육관련 지표들을 설명하시오.
6. 고배경문화와 저배경문화의 차이점에 관하여 설명하시오.
7. 홉스테드의 문화모형에 대하여 설명하시오.
8. 기업이 해외시장에서 빈번히 직면하는 법적 문제를 설명하시오.

참고문헌

반병길, 이인세(2015), 『글로벌마케팅』, 박영사.

이철(2015), 『글로벌경영』, 학현사.

전외술, 박성규(2014), 『최신 글로벌 경영론』, 피앤씨미디어.

조선비즈 http://biz.chosun.com/site/data/html_dir/2016/01/08/2016010801849.html

Cateora, P. R and J. L. Graham(2006), *International Marketing*, 13th., Irwin-McGraw-Hill.

Hall, E(1976), *Beyond Culture*, Anchor Press.

Hofstede. G.(1984), *Culture's Consequences: International Differences in Work Related Values*, Sage.

Keegan, W. J., and G. C. Mark(2006), *Global Marketing*, 4th ed., Prentice-Hall.

Terpstra, V., and R. Sarathy(1990), *International Marketing*, 5th ed., Dryden Press.

제3부

GLOBAL MANAGEMENT

글로벌 경영전략

GLOBAL MANAGEMENT

Chapter 06

글로벌 경영전략

G L O B A L
MANAGEMENT

이 장에서는 글로벌기업이 글로벌 경영전략을 수립하고 실행하는 데 필요한 기본적인 전략개념과 과제들을 살펴본다.

6-1 글로벌 경영전략의 개념

글로벌 경영전략의 개념을 이해하기 위해서는 먼저 경영전략의 개념을 파악할 필요가 있다. 여러 학자들의 말을 종합하면, 경영전략이란 "빠르게 변하는 환경에서 희소한 기업자원을 효율적으로 배분하여 기업의 경쟁우위를 창출하고 유지하는 의사결정"이라고 할 수 있다. 따라서 글로벌 경영전략이란 "국제적으로 사업활동을 수행하고 있는 글로벌기업이 변화하는 글로벌 경영환경에서 기업자원을 국제적으로 배분하여 기업의 경쟁우위를 창출하고 유지하는 의사결정"이라고 할 수 있다.

글로벌 경영전략 수립의 첫 번째 단계는 우선 문제의 인식을 위하여 글로벌환경 분석으로부터 시작된다. 여기서 환경이란 외부환경과 내부환경을 모두 포함한다. 기업 외부환경은 좁게는 경쟁자를 중심으로 하는 산업환경과 더 넓게는 정치적, 경제적, 사회적 환경 등 기업경영에 영향을 미치는 제반 기업환경을 말한다. 기업은 외부환경을 분석함으로써 외부로부터 주어지는 기회(opportunity)와 위협(threat)요소를 알 수 있다. 기업 내부환경은 크게 기업의 내부자원, 기업문화, 기업조직 등으로 나뉘는데, 이러한 기업 내부환경을 분석함으로써 기업의 강점(strength)과 약점(weakness)을 파악할 수 있다. 그 결과 강점, 약점, 기회, 위협의 영어 머리글자를 딴 SWOT분석이 가능하게 된다. SWOT분석은 전략수립의 첫 번째 단계로, 기업의 강·약점과 환경이 주는 기회와 위협을 잘 배합하여 전략을 수립할 수 있게 한다. 상황에 따른 전략 대안은 다음과 같다. ① SO 상황에서는 자사의 강점을 이용하여 환경이 주는 기회를 포착하는 전략을 추구하고 ② ST상황에서는 자사의 강점을 이용하여 환경이 주는 위험을 회피하는 전략을 고려하며 ③ WO 상황에서는 자사의 약점을 보완하여 기회를 포착하는 전략을 고려하며 ④ WT 상황에서는 자사의 약점은 보완하고 위험은 회피

표 6-1 SWOT 분석에 따른 전략 대안

SO	ST
• 성장 전략 또는 성장동력 전환 전략	• 시장침투 전략
• 시장진출 강화 또는 투자증대 전략	• 제품다각화 전략
WO	**WT**
• 핵심역량 강화 전략	• 구조조정
• 전략적 제휴, 합작투자	• 시장 또는 제품 철수 전략

그림 6-1 종합적 글로벌전략 모형

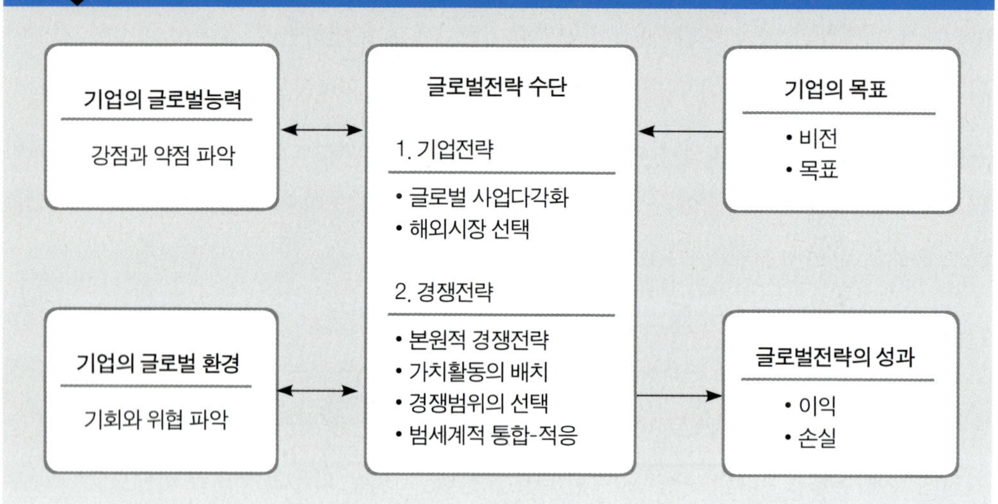

하는 전략을 고려하여야 한다.

전략수립의 두 번째 단계는 전략의 수준에 따라 무엇을 할 것인가를 결정하는 단계이다. 전략의 수준이란 전략이 대상으로 하는 활동영역의 범위와 실행되는 조직의 수준에 따라 기업전략, 사업전략, 기능전략 세 가지로 분류할 수 있다.

① 기업전략(corporate strategy)은 기업전체가 나아갈 방향, 즉 기업이 사업을 수행할 영역을 결정짓는 것을 말한다. 바꾸어 말하면 제품영역과 시장영역을 결정함으로써 경쟁의 장소를 결정하게 된다. 그러므로 사업다각화와 해외시장 진출을 대표적인 기업전략이라 할 수 있다.

② 사업전략(business strategy)은 정해진 각각의 사업영역에서 어떻게 경쟁할 것인가를 결정짓는 것으로, 경쟁전략이라고도 한다. 대표적인 경쟁전략은 저원가로 경쟁할 것인가 또는 차별화로 경쟁할 것인가로 집약될 수 있다.

③ 기능전략(functional strategy)은 사업전략 등 상위전략을 효과적으로 뒷받침할 수 있도록 각 사업부나 부서 내에서 기능을 얼마나 효율적으로 수행할 것인지에 초점을 맞춘다. 즉 생산·마케팅·인사·재무 등 각 부문기능에서 자원을 효율적으로 사용하여 생산성을 최대화하는 것을 목표로 하는 의사결정이라 할 수 있다.

6-2 글로벌 기업전략

기업전략(corporate strategy)은 기업이 활동할 방향, 즉 제품영역과 시장영역을 결정하는 의사결정을 말한다. 기업이 나아갈 방향을 잘못 잡으면 아무리 좋은 경쟁방법을 동원한다 하더라도 효과가 없게 된다. 그만큼 기업전략은 중요하다 할 수 있다. 기업의 글로벌화 과정은 업체별로 차이가 있으나 대체적으로 유사한 과정을 보인다. 처음에 기업을 시작할 때는 국내시장을 목표로 하여 한 가지 제품 혹은 한 가지 사업만을 운영하는 단일사업 기업으로 출발하지만, 기업이 성장하면서 자연스럽게 사업의 다각화와 해외지역으로의 시장확대를 추구한다. 이러한 맥락에서 볼 때 글로벌기업이 행하는 기업전략의 주요 내용은 국제적인 사업다각화, 진출할 시장의 유형, 해외시장 진출방법 등에 관한 의사결정이라 할 수 있다.

6-2-1 글로벌 사업다각화

다각화는 복수의 사업영역에서 기업을 운영하는 것으로, 기업이 진출할 제품영역에 관한 의사결정이다. 바람직한 다각화 동기는 현재의 사업이 성공적이기 때문에 그 결과로 생긴 여유자원을 새로운 성장산업을 찾아 투자하는 것이다. 즉 여유자원이 있을 때 현재의 사업이 성장이 둔화될 것에 대비해 더 유망한 다른 사업으로 확장해 나가는 것이다.

(1) 성공적인 다각화를 위한 조건

다각화가 기업이 바라는 성과를 거둘 것인지를 사전에 알아보기 위해서는 다음의 두 가지 조건이 중요하다.

① 사업매력도

다각화 대상으로 선정된 사업은 단순히 빠른 성장을 하고 있다는 정도가 아니라 우호적인 경쟁조건이나 장기적인 수익을 내기에 적당한 사업환경을 가지고 있어야 한다. 이를 위해 사용되는 모형 중에는 포터(Porter)의 산업구조분석 모형이 있다.

② 부가가치 창출

새로 진입하는 사업에서 기존의 경쟁자들이 갖고 있지 않는 경쟁우위를 발휘할 가능성이 있거나, 새로운 사업에 진입함으로써 진입기업에게 추가적인 경쟁우위를 더해 줄 수 있는 가능성이 있어야 한다. 이를 위해 사용되는 모형 중에는 BCG매트릭스가 있다.

(2) 산업구조분석 모형

포터는 기업이 산업 내의 경쟁적인 압력(competitive force)의 강약에 민감해야 하는데 산업 내의 경쟁정도는 다음의 다섯 가지 요인에 의해 결정된다는 것이다. 산업내 기존기업과의 경쟁, 잠재적 진입자와의 경쟁, 대체재와의 경쟁, 구매자의 교섭력, 공급자의 교섭력이 그것이다. 포터에 의하면, 이러한 다섯 요소들의 종합적인 강약에 의해서 산업 내 잠재적인 이윤의 수준이 결정되는데, 다섯 요소로부터 오는 힘이 강할수록 개개의 기업이 가격을 올리거나 이윤을 실현할 여지는 줄어든다. 예를 들면, 경쟁정도가 강하다는 것은 주어진 시장을 강력한 경쟁자 간에 나눠 가져야 하는 것을 의미하므로 가격경쟁이 발생하기 쉽고 그렇게 되면 모든 기업의 이윤 수준이 낮아지게 된다.

그림 6-2 포터의 산업구조분석 모형

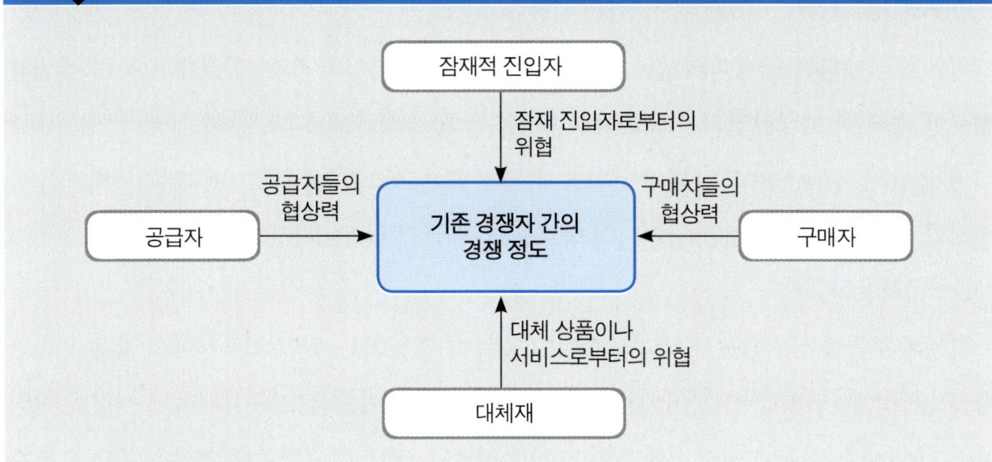

① 산업 내 기존기업과의 경쟁

대부분의 시장에서 경쟁의 양상과 시장의 수익률을 결정하는 가장 중요한 요인은 이미 시장 내에서 경쟁하고 있는 기업 간의 경쟁관계이다. 어떤 경우에는 기업끼리의 과당경쟁으로 인해 가격이 생산원가 이하로 내려가기도 하고 또 다른 경우에는 기업들이 가격경쟁을 피하기 위하여 담합을 하기도 한다. 이와 같이 시장 내의 기존기업 간의 경쟁양상과 강도를 결정하는 중요한 요소는 시장집중도, 제품의 차별화 정도, 초과설비의 유무, 비용구조 등이다.

② 잠재적 진입자와의 경쟁

만일 어느 시장에서 진입이 자유롭게 허용된다면, 비록 수익률이 높은 시장일지라도 새로운 진입자에 의해 그 수익률은 점차 낮아질 것이다. 따라서 진입장벽이 낮은 시장에서는 가격이 경쟁적인 수준으로 낮아지고, 투자수익률 역시 낮아질 것이다. 대표적인 진입장벽으로는 자본소요량, 규모의 경제, 경험곡선의 작용, 제품차별화, 유통망, 정부의 규제 등이 있다.

③ 대체재와의 경쟁

시장의 수익률은 대체재(substitute goods)의 유무에 따라 달라진다. 대체재가 많을수록 기업이 자사의 제품이나 서비스에 높은 가격을 책정할 가능성은 줄어든다. 대체재의 수에 영향을 주는 요소로는 대체재의 유용성 정도, 브랜드충성도의 유무 등이 있다.

④ **구매자의 교섭력**

제품을 구매하는 구매자의 힘이 클수록 구매자가 가격인하 또는 품질개선 등의 압력을 행사할 수 있어 해당산업의 비용증가와 수익감소를 초래하고, 이로 인해 시장의 이윤이 낮아지게 된다. 구매자의 교섭력에 영향을 주는 중요한 요소로는 공급자에 대한 구매자의 상대적인 크기, 공급자에 대한 구매자의 정보능력, 공급선 전환비용 등이 있다.

⑤ **공급자의 교섭력**

원료나 부품을 공급하는 공급자의 힘이 강할수록 공급자는 원재료나 부품의 값을 올리거나 공급시기를 조정할 수 있어, 해당산업의 비용상승과 이윤감소를 초래하고 시장의 수익률이 작아진다. 공급자 교섭력에 영향을 주는 요소는 구매자 교섭력에 영향을 주는 요소를

표 6-2 산입의 투자수익률 결정요인

수익률 결정요인	경쟁강도 결정요소	결정요소 상태	수익률에 주는 영향
기존기업과의 경쟁	경쟁기업의 수	많은 경우→경쟁 치열	부정적 영향
	자사제품의 차별화	높은 경우→경쟁 억제	긍정적 영향
	초과설비 수준	높은 경우→경쟁 치열	부정적 영향
	변동비/고정비	낮은 경우→경쟁 치열	부정적 영향
잠재진입자와의 경쟁	자본소요량	많은 경우→진입 억제	긍정적 영향
	규모의 경제	큰 경우→진입 억제	긍정적 영향
	경험효과(곡선)	큰 경우→진입 억제	긍정적 영향
	제품차별화	높은 경우→진입 억제	긍정적 영향
	정부규제	큰 경우→진입 억제	긍정적 영향
	유통망 접근성	어려움→진입 억제	긍정적 영향
대체재와의 경쟁	대체재의 유용성	큰 경우→경쟁 치열	부정적 영향
	자사의 상표충성도	큰 경우→경쟁 억제	긍정적 영향
구매자의 교섭력	구매자의 비중	큰 경우→교섭력 증가	부정적 영향
	구매자의 정보능력	큰 경우→교섭력 증가	부정적 영향
	구매자의 공급선 전환비용	작은 경우→교섭력 증가	부정적 영향
공급자의 교섭력	공급자의 중요도	큰 경우→교섭력 증가	부정적 영향
	공급자의 정보능력	큰 경우→교섭력 증가	부정적 영향
	자사의 공급선 전환비용	큰 경우→교섭력 증가	부정적 영향

뒤집어 생각하면 알 수 있다.

그러나 이 모형은 정태적이라는 단점이 있다. 산업이 성장하거나 사양화되는 경우에는 다섯 요인의 내용이 계속적으로 변해 가는데, 이 모형에서는 그러한 관계를 파악하기 어렵다.

(3) 기업 포트폴리오 분석

다각화된 기업을 관리하기 위한 모형 중에 가장 대표적인 것이, 기업의 포트폴리오를 분석하고 평가하는 BCG(Boston Consulting Group)매트릭스이다. 이는 각 사업단위의 경쟁력 정도, 그리고 그 사업단위가 속해 있는 산업의 장래성 정도에 관한 지표를 가지고 어떤 사업단위에 어느 정도의 투자를 해야 하는가를 파악하고자 한다. 각 사업단위의 경쟁력을 시장점유율로 측정하고, 산업의 장래성을 산업의 성장도로 측정한다.

① 스타 산업

산업의 성장가능성이나 전략적 중요성이 높은데다 자사의 경쟁력도 높은 산업을 말한다. 이러한 산업은 기업이 우선적으로 지원해야 할 전략산업이다. 또 경쟁기업이 진출하기 전에 선점되어야 할 산업이다. 이러한 산업에 진출할 경우에는 경쟁력을 유지하는 것이 중요한데, 이를 위해서는 지속적인 투자가 요구된다.

② 물음표 산업

산업의 성장가능성이나 전략적 중요성은 높지만 자사의 경쟁력이 낮은 산업을 말한다. 이러한 경우에는 산업에 진출하여 사업경쟁력을 증대시키기 위해 많은 자원을 투입할 것인가 아니면 산업을 포기할 것인가를 결정해야 한다. 만약 진출하기로 결정한다면 투자를 확대하여 스타 산업으로 발전시켜야 한다. 이를 위해서는 많은 투자자원이 소요된다.

③ 자금원 산업

산업의 성장가능성 또는 전략적 중요성은 낮지만 자사의 경쟁력이 높은 산업을 말한다. 이러한 산업에서는 이미 갖고 있는 제품을 활용하여 시장을 방어하는 전략이 필요하다. 자사의 경쟁력이 높기 때문에 많은 이익을 창출할 수 있으나 산업이 성숙기에 있기 때문에 신규투자의 필요성은 크지 않다. 이곳에서 발생한 수익은 해외의 다른 산업에 필요한 자금을 공급하는 역할을 한다.

④ 회피 산업

산업의 성장가능성 또는 전략적 중요성이 낮고 자사의 경쟁력도 낮은 산업을 말한다. 이러한 산업에는 가능한 한 진출을 회피하거나 이미 진출한 경우에는 철수하는 것이 바람직하다.

BCG매트릭스의 기본 구도는 자금원 산업에서 남아도는 자금을 스타 산업이나 물음표 산업에 투자하여 기업의 미래 성장동력을 키우고 사양길에 접어든 회피 산업은 회피하거나 퇴거하여 기업자원을 효율적으로 배분하는 것이다. 그러나 이 모형은 너무 단순하여 문제점이 많다. 대표적인 문제점은 ① 복잡한 경영환경을 사업의 성장율과 시장점유율이라는 두 개의 변수로 파악하려 했으며 ② 사업단위 간의 관계를 현금흐름을 기준으로 하는 재무적 측면에서만 볼 뿐 핵심역량과 같은 비재무적 측면에서는 파악하지 못하고 있다는 점이다.

6-2-2 해외시장선택 전략

기업은 한정된 자원을 효율적으로 사용하여야 하기 때문에 여러 국가 중에서 성공을 거

그림 6-3 BCG매트릭스

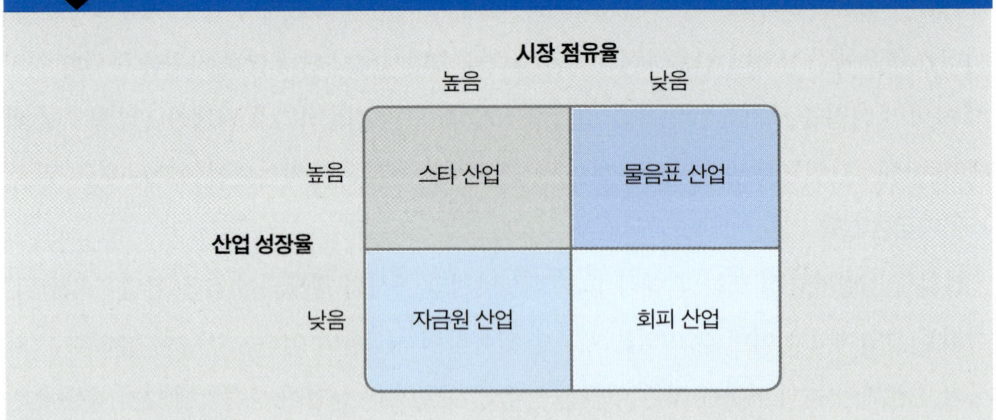

둘 수 있는 국가나 시장만을 목표로 선정할 필요가 있다. 진출국가 선정을 위한 첫 번째 단계는 진출가능 여부를 판단할 수 있는 객관적인 기준을 마련하는 것이다. 각국의 사업기회를 평가하는 데 적합한 요인을 선정하고, 이들 요인의 중요도에 따라 가중치를 결정하여야 한다.

(1) 시장선택에 영향을 미치는 요인

기업의 시장선택에는 많은 요인이 영향을 미친다. 중요한 것으로는 국가위험 관련 요인, 시장잠재력 관련 요인, 경쟁 관련 요인 등이 있다.

① 평가항목의 선정

각국 시장에서 사업기회를 평가하기 위해서는 주로 시장잠재력 관련 요인, 국가위험 관련 요인, 경쟁관련 요인이 이용된다.

ⓐ **시장잠재력**

시장선택에 영향을 미치는 요인 가운데 가장 중요한 요인은 해당 국가의 시장잠재력이다. 이는 시장규모와 시장성장률 등으로 측정할 수 있다. 시장잠재력을 측정하기 위해서는 일인당 국민소득, 총 GNP, 소득의 배분, 총인구수와 인구의 분포, 인구증가율, 산업화지수, 경제성장률 등 각종 2차 자료를 이용할 수 있다.

ⓑ **사업의 용이성과 적합성**

해외시장에 진출하는 경우에는 외국비용(foreign cost)을 고려하여야 한다. 이는 주로 해외시장의 생소함에서 발생되기 때문에, 외국비용을 낮추려면 생소함이 상대적으로 적은 외국시장을 우선적 진출 대상으로 고려하는 것이 바람직하다. 따라서 해외시장에 진출하고자 하는 기업은 자국과 가까이에 위치해 있거나 문화적으로나 역사적으로 밀접한 국가에 우선적으로 진출하게 된다. 이러한 국가일수록 자국과의 유사성이 커 자회사 운영에 편리성을 기할 수 있다.

ⓒ **전략시장 여부**

해외진출을 염두에 둔 기업에게는 다음과 같은 특징을 갖는 시장이 전략시장이 될 수 있다. 첫째는 고객기업에게 효과적인 서비스를 제공하기 위해 고객기업의 모국 또는 고객기업이 중요하게 생각하는 시장이며, 둘째는 경쟁기업에 대한 정보수집이 용이하고 경쟁기업의 전략에 대응하기 쉬운 경쟁기업의 모국시장이나 주력시장으로서, 이러한 시장을 효과적으로 공략함으로써 경쟁사의 경쟁력을 약화시킬 수 있다.

ⓓ **비용**

생산원가를 최소화할 수 있는 지역, 즉 생산에 필요한 요소인 노동력과 투입원자재 그리고 기술 등의 비용뿐만 아니라 이들 생산요소의 이동에 따르는 비용과 세금까지도 고려하여 최소의 비용으로 생산이 가능한 시장을 선택한다.

ⓔ **위험과 불확실성**

대부분의 기업이 투자에 따르는 불확실성과 위험을 줄이기를 원한다. 따라서 정부의 규제와 간섭이 많고, 정치적으로 불안정하며, 장래의 변화 방향을 예측하기 어려운 국가에는 진출하기를 꺼린다.

ⓕ **경쟁환경**

진출시장 선정에 영향을 미치는 요인 중의 하나가 진출예상 지역 내의 산업구조이다. 산업구조에 대해서는 앞에서 이미 설명했기 때문에 자세한 논의는 생략하나, 산업의 시장집중도, 산업 내 기존기업의 보복능력 등을 고려해야 한다.

ⓖ **기업의 목적**

기업이 해외에 진출하고자 하는 목적은 진출시장 선택에 영향을 줄 수 있다. 바꾸어 말하면, 수출품 생산기지 확보 목적, 판매시장 확보 목적, 원산지 이미지 확보 목적, 수출유통망 확보 목적 등에 따라 진출지역이 달라질 수 있다.

② 가중치 결정

평가항목이 선정되면 각각의 상대적 중요도에 따라 가중치를 결정한다. 각 항목의 상대적 중요성은 기업마다 다를 수 있다. 예를 들면, 어떤 기업은 해외진출 여부를 결정할 때 시장잠재력을 가장 중요하게 여길 수 있고, 다른 기업은 국가위험을 가장 중요한 요인으로 고려할 수 있다.

또한 동일한 기업이라도 진출 목적에 따라 평가항목의 중요도가 다를 수 있다. 즉 판매목적인 경우에는 시장의 규모를, 생산목적인 경우에는 생산요소 가격의 저렴성을 가장 중요한 요인으로 고려할 수 있다.

따라서 글로벌기업은 경영자의 적절한 판단을 바탕으로 평가항목별로 중요도에 따라 가중치를 매기게 된다. 이러한 가중치의 결정을 보다 합리적으로 하기 위해서는 많은 정보의 수집과 함께 델파이방법, 집단토론, 척도측정법 등과 같은 다양한 분석을 시도하는 것이 바람직하다.

③ 국별 평가

선정된 평가항목과 가중치를 근거로 국가들을 평가하여 총평가 점수에 따라 국가를 분류하고 우선순위를 정할 수 있다. 이 방법은 시간과 비용을 절약하면서 실질적으로 이용하기에 용이하고, 특히 주요 변수들이 그 중요도에 따라 고려될 수 있다는 점에서 매우 유용하다고 평가되고 있다. 그러나 이 방법은 가중치 및 평가등급을 정하는 데 있어서 주관에 의존한다는 한계점이 있다.

(2) 해외시장 선정방법

해외시장을 선정하는 방법에는 위에서 언급한 평가항목과 가중치를 이용하여 시장포트폴리오방법, 그리드방법, 기회-위험매트릭스방법 등을 활용할 수 있는데, 여기서는 시장포트폴리오방법을 소개한다.

해럴과 카이퍼(Harrell and Kifer)는 기업이 현지국에서 적극적인 투자를 통해 성장전략을 추구할 것인가 아니면 회피전략 또는 철수전략을 택할 것인가의 결정을 내리는 데 있어 국가매력-사업경쟁력 매트릭스의 활용 방안을 제시하였다. 그들은 국가 매력의 결정요인으로 시장규모, 시장성장률, 정부규제, 그리고 정치적·경제적 안정성 등을 들었고, 현지국에서 자사 사업경쟁력의 결정요인으로 시장점유율, 제품의 현지시장 적합성, 수익성, 마케팅 능력 등을 들었다.

해럴과 카이퍼의 분류에 따라 개별 국가시장의 전략적 중요도를 결정하기 위해 국가매력-사업경쟁력 매트릭스를 그려 보면 [그림 6-4]와 같다. 이 그림에서 수평축은 현지시장에서 자사의 경쟁력을 나타내고, 수직축은 현지국 시장의 매력도를 나타낸다. 자사제품에 대한 현지시장의 매력도와 현지시장에서의 자사의 사업경쟁력이 [그림 6-4]와 같다면 다음과 같은 해외시장 선택방안이 가능하다.

그림 6-4 국가매력-사업경쟁력 매트릭스

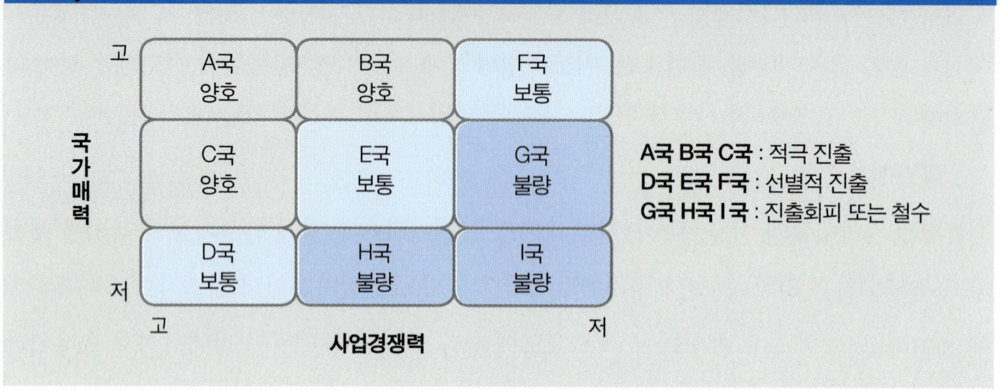

자료 : Harrell, G.D., and R.O. Kifer(1981), "Multinational Strategic Marketportfolio," *MSU Business Paper*, Winter p.7.

첫째, 시장의 성장가능성이나 전략적 중요도가 높고 또한 자사의 사업경쟁력이 높게 나타나는 국가들(A국, B국, C국)은 기업이 우선적으로 진출해야 할 전략시장이다. 이러한 시장에 진출할 경우에는 경쟁력을 유지하는 것이 중요한데, 이를 위해서는 지속적인 투자가 요구된다.

둘째, 시장의 성장가능성 또는 전략적 중요도가 낮고 현지시장에서 자사의 경쟁력도 낮은 국가들(G국, H국, I국)은 가능한 한 진출을 회피하거나 이미 진출한 경우에는 철수하는 것이 바람직하다.

셋째, 시장의 성장가능성 또는 전략적 중요도가 중간 정도이고 자사의 경쟁력 역시 중간 위치에 있는 국가들(D국, E국, F국)은 선별적 진출 대상국이다. 진출할 것인가 또는 포기할 것인가를 신중히 결정하여야 한다. 만약 진출하기로 결정한다면 현지시장에서의 사업경쟁력을 증대시키기 위해 많은 자원을 투입하여야 한다.

(3) 해외시장 진출방식의 유형

루트(Root)는 다국적기업의 해외시장 진출과정을 통제와 위험수준에 따라 몇 단계에 걸쳐서 발전해 가는 하나의 점진적 학습과정으로 설명하였다. 일반적으로 [그림 6-5]와 같이 기업의 국제경영활동이 확대되어 감에 따라 기업의 국제화는 간접수출, 직접수출, 라이센

그림 6-5 해외시장 진출방식의 전개과정

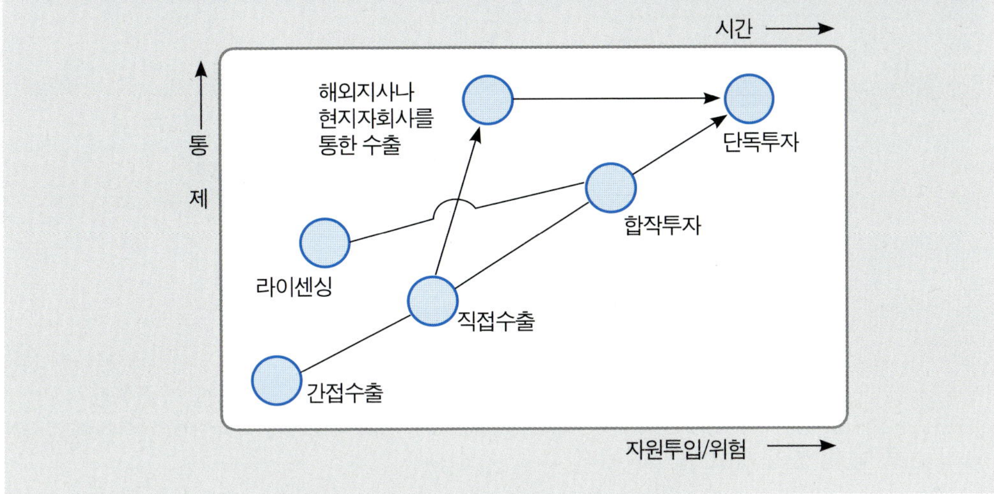

자료: Root, F. R.(1987), *Entry Strategies for International Market*, Lexington Books, p. 20.

싱, 판매법인, 합작투자, 직접투자의 순으로 규모와 몰입이 점진적으로 확대된다. 이와 같이 기업의 국제화과정은 하나의 점진적인 학습과정으로서 점차 해외시장에 몰입하는 정도가 높은 진출방법으로 계속해서 발전시켜 나갈 수 있다.

루트의 모형에서 보듯이 일반적으로 기업의 해외진출방식에는 수출, 계약, 직접투자의 세 가지 유형이 존재한다. 수출이나 계약보다는 직접투자가 해외사업에 대한 위험이 높아 통제가 커지게 된다. 수출에 의한 해외사업은 단기적이고 위험의 정도가 낮은 가장 단순한 해외시장 진출방식이다. 계약에 의한 진출방식은 해외 현지기업과 계약에 의해 해외사업에 관여하게 되는 것으로, 라이센싱과 프랜차이즈가 대표적인 형태이다. 계약에 의한 방식은 수출보다는 장기적인 관계이다. 해외직접투자는 통제의 강도가 가장 큰 해외시장 진출방식이다. 자금과 인력을 많이 투입해야 하기 때문이다.

그러나 기업이 갖고 있는 자원이나 경험, 산업의 특성, 투자국의 환경에 따라 해외시장 진출은 어느 특정 단계에 머무르거나 단계를 건너뛰기도 한다.

그림 6-6 해외시장 진출방법의 고려요인

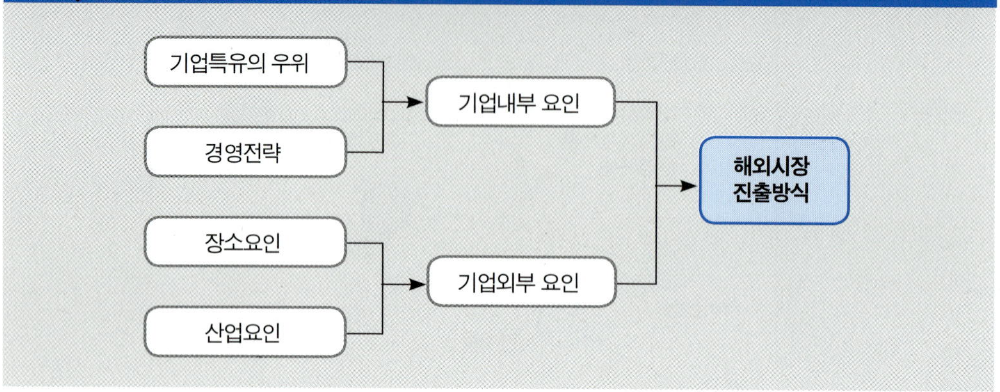

(4) 진출방식의 결정요인

해외목표시장에 어떠한 방식으로 진출할 것인가는 여러 요인에 의해 결정된다. 앞에서 살펴본 해외직접투자 이론에 의하면 진출방법 결정에 영향을 미칠 수 있는 요인은 기업특유의 우위, 내부화의 이점, 장소특유의 우위. 경영전략과 해외시장 경험 등인데, 이는 크게 기업 내부요인과 외부요인으로 구분할 수 있다. 그러나 기업은 갖고 있는 경영자원, 국제화 경험, 산업의 특성, 투자국의 환경에 따라 다양한 진출방식을 동시에 병행할 수도 있다. 예를 들면, 직접투자와 동시에 프랜차이즈도 할 수 있고 또는 판매법인을 설립할 수도 있다.

① 기업 내부요인

기업 내부요인으로는 기업특유의 우위를 구성하는 경영자원, 핵심역량, 경영전략, 해외시장 경험 등을 들 수 있다.

ⓐ 기업특유의 우위

일반적으로 기술, 브랜드, 경영노하우 등 경영자원이나 핵심역량이 풍부할수록 기업이 선택할 수 있는 진출방법의 선택 폭이 넓어진다고 볼 수 있으며, 그만큼 자원의 현지 직접투입 가능성이 높아진다. 예를 들어, 기술력이 강한 기업이나 강력한 브랜드를 보유한 기업은 수출이나 라이센싱보다 해외직접투자 방식을 선호하는 경향이 있다.

ⓑ 경영전략

기업의 경영전략이 해외진출 방식의 선정에 큰 영향을 미친다. 예를 들어, 기업이 기업전략으로 안정전략보다는 성장전략을 택하여 해외시장 진출을 결정하고 이를 추진하기 위한 조직구조로 글로벌사업부제도를 택하면, 기업은 해외진출 방식으로 직접투자 방식을 선택하게 된다. 최고경영자의 태도 또한 기업의 해외진출 방식 선정에 영향을 미친다. 예를 들어, 최고경영자의 성향이 공격적이고 적극적일수록 위험회피형 경영자에 비하여 자원을 직접 투입하는 방식에 대한 선호도가 높을 것이다.

ⓒ **해외비즈니스 경험**

일반적으로 해외비즈니스 경험이 증가할수록 해외시장에 대한 학습정도가 점차로 높아지는 것으로 볼 수 있다. 따라서 풍부한 해외비즈니스 경험은 해외시장에 대한 지각된 위험수준과 비용을 감소시키며, 이에 따라 기업은 해외시장에 직접적으로 자원을 투입하고자 하는 경향이 높아진다.

② 기업 외부요인

해외시장 진출방법을 결정할 때에 고려해야 할 기업 외부요인은 현지국 요인과 산업요인으로 구별하여 볼 수 있다.

ⓐ **현지국 요인**

첫째, 현지국에서 저렴한 생산요소(인건비, 원료, 토지 등)를 획득할 수 있다면 이를 활용하기 위하여 해외직접투자를 선택할 가능성이 높다. 가격경쟁이 중요한 경쟁수단인 기업에게는 더욱 그러하다.

둘째, 현지국의 시장규모가 현재나 미래에 성장가능성이 있다면 기업은 시장입지 구축을 위하여 해외시장 진출방식으로 직접투자방식을 선택할 가능성이 높다.

셋째, 현지생산으로 인해 관세나 수량규제 등 각종 무역장벽을 회피할 수 있다면 해외시장 진출방식으로 직접투자방식을 선호하게 된다.

넷째, 현지국이 정치적으로 안정되어 있고, 외국기업에 대하여 호의적인 정책을 시행하고 있으며, 산업인프라와 상업인프라가 발달되어 있다면, 해외직접투자 방식을 선택할 가능성이 높다.

ⓑ **산업구조 요인**

산업구조의 특성상 시장의 불안전성이 커서 시장기능이 효율적으로 작동하지 않으면 시장에서 거래를 하는 데 많은 비용과 시간이 소요된다. 이러한 경우에 기업은 비효율적인 거

표 6-3 해외시장 진출유형별 장단점

진출전략	장점	단점
수출	• 입지경제 및 경험효과의 실현능력 보유	• 높은 물류 코스트 • 무역장벽 • 현지 수입업자, 마케팅 에이전시와의 갈등
국제라이센싱	• 코스트가 낮고 리스크가 적음 • 추가적 이익 실현	• 기술 및 노하우 유출가능성 • 잠재적인 경쟁자 육성 • 글로벌 전략적 조정에 통합시키기가 어려움
국제프랜차이징	• 코스트가 낮고 리스크가 적음 • 추가적 이익 실현	• 품질에 대한 통제력 부족 • 글로벌 전략적 조정에 통합시키기가 어려움
국제관리계약	• 코스트 및 리스크가 적음 • 추가적 이익 실현	• 특수 경영기법 이전 가능성 • 글로벌 전략적 조정에 통합시키기가 어려움
국제턴키계약	• 계약규모가 큼 • 용역수출과 제품수출 병행	• 협상과정이 복잡하고 시간이 많이 걸림 • 정치적 위험이 큼
국제전략적 제휴	• 경쟁업체와 상생을 목적으로 제휴함으로써 경쟁력 강화, 코스트 절감, 리스크 감소	• 적절한 제휴파트너를 발견하기 어려움 • 제휴파트너를 강력한 경쟁자로 기를 수 있음
해외합작투자	• 현지 파트너의 노하우에 대한 접근 • 관련 코스트 및 리스크 공유 • 내셔널리즘 완화	• 기술에 대한 통제력 행사가 어려움 • 글로벌 전략적 조정에 통합시키기가 어려움 • 합작파트너 간 갈등의 가능성
해외단독투자	• 기술 보호 • 글로벌 전략적 조정에 통합시키기가 쉬움 • 입지경제 및 경험곡선 효과 실현 가능	• 코스트와 리스크가 큼
국제 M&A	• 시장진입시간 단축 • 규모의 경제와 범위의 경제 실현	• 불확실성이 높고 리스크가 큼 • 적절한 M&A 대상을 발견하기가 어려움

래를 최소화하기 위해, 해외진출을 하고자 할 때 국제비즈니스 활동의 내부화를 시도하게 된다. 즉, 기업은 보유한 경영자원이나 핵심역량을 시장에서 활용하기보다는 기업 내부에서 스스로 활용하고자 한다. 기술의 영향이 큰 산업이나 규모의 경제가 크게 작용하는 산업이 여기에 속한다.

6-3 글로벌 경쟁전략

경쟁전략이란 기업전략에서 정한 각각의 사업영역에서 어떻게 경쟁을 할 것인가를 결정짓는 것을 의미하는데, 사업전략이라 부르기도 한다. 산업마다 경쟁환경과 경쟁자가 다르기 때문에 다양한 전략이 존재할 수 있다. 포터는 다양한 전략들을 정리하여 몇 가지로 단순하게 묶어 냈는데, 그것을 본원적 경쟁전략(generic strategy)이라고 부른다.

6-3-1 본원적 경쟁전략

포터는 경쟁전략의 유형을 낮은 비용에 바탕을 둔 원가우위전략과 품질과 독특성에 바탕을 둔 차별화전략으로 분류하였다. 포터는 이러한 경쟁전략을 결정짓는 요소로서 두 가지의 경쟁우위를 지적하였는데, 저원가와 차별화가 그것이다. 기업의 경쟁전략은 기업의 사업영역과 경쟁우위의 원천에 따라서 크게 세 가지로 나눌 수 있다.

(1) 사업영역의 결정

기업은 진출할 시장을 광범위하게 잡느냐 또는 특정 세분시장에만 집중하느냐를 결정하여야 한다. 이러한 사업영역의 결정은 자사의 내부역량과 현지시장의 욕구나 환경을 고려하여 결정하여야 한다.

(2) 경쟁우위의 원천

포터는 경쟁전략의 유형을 낮은 비용에 바탕을 둔 원가우위전략과 품질과 독특성에 바탕을 둔 차별화전략으로 분류하고 이러한 경쟁전략을 결정짓는 요소로서 저원가와 차별화를 지적하였다.

표 6-4 포터의 본원적 경쟁전략

구분		경쟁우위: 저원가	경쟁우위: 차별화
경쟁범위	넓은 시장	원가우위전략	차별화전략
	세분 시장	집중-원가우위전략	집중-차별화전략

저원가의 원천으로는 규모의 경제, 경험효과, 유리한 생산입지, 공정기술의 혁신 등을 지적할 수 있다. 차별화의 원천으로는 기술혁신, 제품특성, 특허권, 브랜드 이미지, 독특한 유통경로, 고객서비스의 차별성 등을 지적할 수 있다. 기업은 자사가 보유한 경쟁우위가 무엇인지를 먼저 파악하여야 한다.

(3) 경쟁전략의 유형

시장범위와 경쟁우위에 따라 다음과 같은 일반적인 전략유형을 도출할 수 있다.

① 원가우위전략

원가우위전략은 같은 품질의 제품을 타사보다 저가격에 공급할 수 있는 기업의 능력에 기초한 전략을 말한다. 가격에 민감한 소비자가 많은 시장에서 효과적인 경쟁 방법이다. 이 전략의 목표는 경쟁사에 비해 지속적인 비용우위를 확보하여 ① 경쟁사보다 낮은 가격으로 시장점유율을 확보하거나 ② 비슷한 가격대에 판매하여 높은 이윤을 확보하는 것이다. 이는 주로 규모의 경제를 누릴 수 있는 생산체제, 효율적인 생산시스템, 생산기술의 혁신, 가치사슬의 효율적인 배치 등 일련의 사업전략을 통해 실현할 수 있다.

원가우위전략이라 하더라도 제품의 품질을 무시할 수는 없다. 이는 구매자가 자사의 제품을 경쟁사 제품과 동일한 품질로 인식할 때 저가격이 매력적인 경쟁수단이 될 수 있기 때문이다. 그러나 더 저렴하게 생산할 수 있는 경쟁자가 나타나면 이 전략은 더 이상 유효한 전략이 될 수 없다.

② 차별화전략

차별화전략은 경쟁기업이 쉽게 대응할 수 없는 차별화된 제품이나 서비스를 제공함으로써 고객의 욕구를 충족시키고자 하는 전략이다. 즉 고객이 비싼 가격을 기꺼이 지불하게끔 고객이 원하는 가치있는 제품을 만드는 전략이다. 차별화전략은 소비자의 욕구와 선호체계가 다양해서 표준화된 제품으로 만족시킬 수 없을 때 적절한 전략이다. 그러나 차별화 기업이라도 가격을 무시할 수는 없다. 차별화를 추구한다 하더라도 원가를 절감하려는 노력이 필요하다.

③ 집중화전략

이는 목표시장을 좁게 한정하여 ⓐ특정 소비자 집단이나 ⓑ제품계열의 일부분 ⓒ또는 특정지역을 집중적으로 공략하는 전략이다. 바꾸어 말하면, 주요 경쟁기업이 소홀히 하고 있는 한정된 시장을 원가우위 또는 차별화를 통하여 집중적으로 공략하는 전략이다. 이러한 집중화전략은 기업의 내부자원이 부족한 기업이 자신의 우위부분에 집중투자를 통하여 경쟁우위를 추구하는 전략이라 할 수 있다.

6-3-2 가치활동의 유형과 배치문제

포터는 경쟁우위의 원천은 연구개발, 생산, 마케팅, 지원활동 등 기업이 수행하는 가치활동으로부터 나온다고 보았다. 따라서 기업은 기능별 활동의 유형과 이들의 연계관계를 체계적으로 나타내는 가치사슬(valve chain)을 분석하여, 이들 활동들이 적절한 장소에서 이루어질 수 있도록 배치함으로써 경쟁우위를 창출할 수 있다.

포터가 제시한 가치사슬 모형은 기업의 전반적인 경영활동을 주활동(primary activity)과 보조활동(support activity)으로 나누어 원자재 구매에서부터 생산, 마케팅, 애프터서비스 단계에 이르기까지 각각의 활동에서 비용이 얼마나 들고 부가가치를 얼마나 창출할 수 있는가를 분석하게 해 주는 틀이다. [그림 6-8]은 포터의 가치사슬 모형으로 기업활동을 주활동과 보조활동으로 나누어 도식화한 것이다.

가치사슬에서 주활동은 기업의 일선 활동인 생산과 마케팅이 해당된다. 즉 제품을 생산·판매하고, 판매한 제품에 대해 지원과 애프터서비스를 제공하는 활동들이 포함된다. 한편, 보조활동은 주활동이 원만하게 진행될 수 있도록 지원해 주는 활동으로 조달지원활동, 연구개발, 인적자원관리, 정보지원시스템 등이 해당된다. 이처럼 가치사슬을 통하여 기업의 활동을 분석하면 개별 활동분야에서 각 기능을 어느 국가에 배치하는 것이 가장 효과적인

그림 6-8 포터의 가치사슬 모형

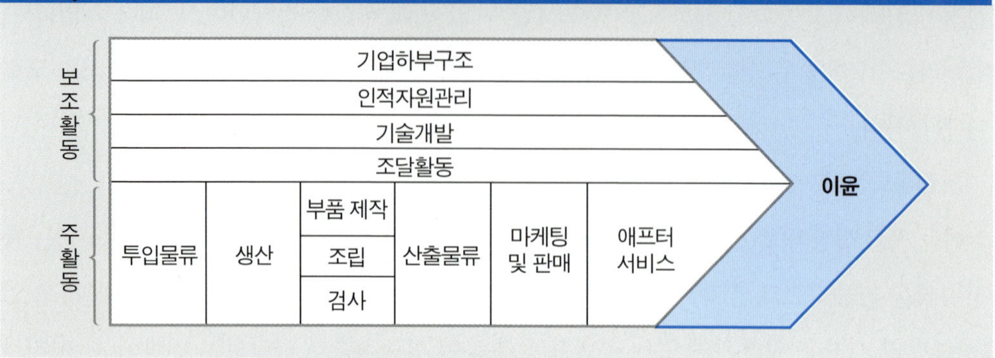

자료 : Porter, M. E. (1985), *Competitive Advantage*, Free Press, p. 37.

가를 파악할 수 있다.

기업이 가치활동과 자원을 어느 시장에 어떻게 배치할 것인가, 그리고 그것을 어떻게 효과적으로 관리하고 사용할 것인가의 문제는 글로벌 경쟁전략의 핵심요소이다. 배치전략의 가이드라인은 다음과 같다.

첫째, 기업은 가치활동의 배치에 있어 두 가지 기본적 전략대안을 고려할 수 있다. 즉 ① 집중화를 통해 효율성을 증대시킬 것인가 ② 분산화를 통해 유연성을 증대시킬 것인가에 대한 의사결정이다. 집중화의 장점은 규모의 경제를 통하여 비용의 절감을 가져옴으로써 저비용에 기초한 경쟁우위를 창출한다는 것이다. 분산화의 장점은 소비자의 욕구를 보다 잘 파악할 수 있고 신속하게 고객의 욕구를 충족시킬 수 있다는 것이다. 경우에 따라서는 두 가지 대안의 절충이 필요하다.

둘째, 가치사슬의 상류(upstream)부문에 위치한 기능들은 규모의 경제와 유리한 생산요소 부존상태를 중시하기 때문에 집중배치하여 조정의 정도를 높이는 것이 바람직하다. 글로벌 연구개발 활동, 글로벌 생산활동 등이 여기에 속한다. 반면에 가치사슬의 하류(downstream) 부문에 위치한 활동들은 분산배치하는 것이 바람직하다. 즉 마케팅이나 애프터서비스처럼 고객과의 관련성이 높은 기능들은 지리적으로 고객과 가깝게 위치해 있어야 하고 현지상황에 적응해야 하기 때문에 분산배치되는 것이 바람직하다.

셋째, 가치활동을 배치할 때에는 개별국가가 보유한 입지특유의 우위를 활용하도록 고려하여야 한다. 예컨대, 생산요소 비용, 주요시장과의 근접성, 유리한 원산지효과, 투자환경의 안정성 등을 고려하여야 한다. 글로벌기업은 가치활동을 비교우위를 활용할 수 있는 지역에 적절히 분산배치함으로써, 글로벌차원의 경쟁우위를 창출할 수 있다. 예를 들면, 노동집약적인 가치활동은 임금이 낮은 개발도상국에 배치하는 것이 효과적이며, 자본집약적이거나 연구개발 집약적인 가치활동은 선진국에 배치하는 것이 효과적이다.

6-3-3 배치-조정 모형

배치-조정 모형(configuration-coordination framework)은 저원가와 차별화라는 경쟁우위를 달성하기 위하여 가치창출활동을 범세계적으로 배치하고 조정하는 모형이다. 가치활동의 배치는 전 세계를 대상으로 수행되는 가치사슬 내의 각 활동이 특정국에 집중되어 있는가 또는 분산되어 있는가를 의미하고, 가치활동의 조정은 각 국가 내에서 수행되는 가치창출활동이 상호 조정되는 정도를 의미한다.

글로벌 전략을 추구하는 기업은 범세계적 경쟁우위를 갖기 위해 국가별 특수성을 고려하면서 통합된 범세계적인 연결시스템의 이점을 최적화해야 한다. 그러므로 기업은 글로벌 차원에서 가치사슬을 분석하고 어느 지역에서 개별 활동을 가장 잘 수행할 수 있을지를 파악하여 범세계적으로 최적배치가 이루어지도록 하고, 이렇게 배치된 기업활동을 범세계적으로 적절히 조정함으로써 기업의 본원적 경쟁우위인 원가우위와 차별화를 효과적으로 달성할 수 있다. 일반적으로 경쟁우위의 원천이 가치사슬의 하류부문에 있는 산업에서는 기업의 전략이 개별시장 지향적이어야 하며, 반대로 가치사슬 상류부문의 활동이 경쟁우위의 주요 원천인 산업의 경우에는 글로벌전략이 바람직하다.

[그림 6-9]는 기업활동의 배치와 조정이라는 두 가지 차원에서 기업이 추구할 수 있는 글로벌전략의 유형을 보여 준다. 먼저 수평축은 오른쪽으로 갈수록 가치활동의 배치가 지역적으로 한곳에 집중되어 있고, 왼쪽으로 갈수록 가치활동이 세계적으로 분산되어 있음을 나타낸다. 그리고 수직축은 위로 올라갈수록 가치활동에 대한 조정의 강도가 높아짐을 나타낸다. 이에 따라 다음의 네 가지 글로벌전략의 유형이 도출된다.

그림 6-9 포터의 배치-조정 모형

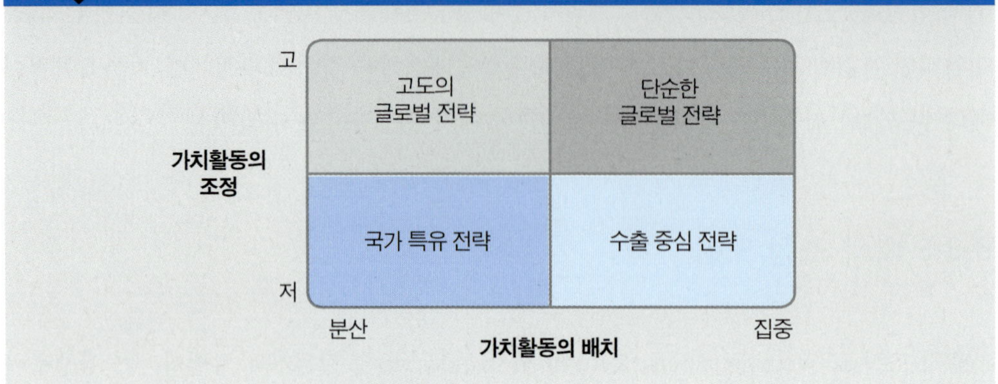

자료 : Porter, M.E. (1986), *Competition in Global Industries*, HBS Press, p.28.

(1) 수출중심 전략

가치활동의 상류부문은 특정 지역에 집중시켜 규모의 경제 효과를 높이면서 해외에 분산된 가치활동의 하류부문(마케팅, 애프터서비스 등)에 대한 조정은 낮은 수준에 두는 전략이다. 즉, 제품생산은 특정국에 집중시켜 규모의 경제 효과를 도모하나, 해외에 분산된 마케팅·A/S 활동은 본사에서 간섭하지 않고 현지에 맡겨 놓는 전략이다. 수출전략이 여기에 해당된다. 수출은 제조업자→해외 바이어→현지시장 마케팅이 보편적인 경로인데, 이 경우에 현지시장 마케팅은 해외 바이어를 통해 이루어지지 제조업자가 직접적으로 간여하지 않는다.

(2) 단순한 글로벌 전략

가치활동의 상류부문은 특정 지역에 집중시켜 규모의 경제 효과를 도모하면서, 가치활동의 하류부문에 대한 조정을 엄격히 하는 전략이다. 예를 들면, 제품생산은 모국에 집중시켜 규모의 경제를 추구하면서 수출마케팅이나 애프터서비스 역시 현지국에 마케팅자회사를 설치하여 본사의 통제하에 둔다.

(3) 현지국 중심적 전략

가치활동의 배치를 지역적으로 분산시키면서도 가치활동에 대한 조정을 별로 중시하지 않는 현지국 중심의 범세계적 경쟁전략이다. 달리 말하면, 생산 및 판매와 관련된 가치활동을 해외시장국에 배치하고 현지에서 자율적으로 이루어지도록 하여 본사차원의 조정은 거의 이루어지지 않는 경우이다. 이러한 전략은 현지소비자의 욕구를 보다 잘 충족시킬 수 있는 장점이 있는 반면, 규모의 경제를 활용하지 못하여 가격이 상승하는 단점이 있다. 따라서 이러한 전략은 현지수요에 적응하는 것이 중요시되는 산업에 속하는 기업이 추구하는 것이 바람직하다.

(4) 고도의 글로벌 전략

가치활동이 최적의 장소에서 이루어질 수 있도록 지역적으로 분산배치시키되 가치활동에 대한 범세계적인 조정을 강화하는 전략이다. 이러한 전략을 수행하는 기업은 연구개발, 생산 등을 세계시장을 대상으로 최적지에서 수행할 수 있도록 해당 지역에 자회사를 설립한 후 엄격한 조정과 통제를 통해 이들을 유기적으로 작용하게 하고 있다. 이러한 전략은 배치지역의 장소적 우위와 세계시장을 대상으로 하는 가치활동에서 나오는 규모의 경제를 활용할 수 있으므로 가격경쟁에 강점이 있는 반면, 국별시장의 수요를 제대로 충족시키지 못하는 단점이 있다. 따라서 이러한 전략은 산업의 글로벌화가 이루어진 분야에 속하는 기업이 주로 추구한다.

배치와 조정에 따른 네 가지 전략유형은 산업의 특성과 기업이 놓여 있는 상황에 따라 효과가 다르다. 따라서 기업은 어떤 전략이 자사의 글로벌 경쟁우위를 확보하는 데 효과적인가를 잘 살펴보아야 한다. 즉 가치활동의 지역적 집중과 분산에 따른 장·단점과 가치활동의 조정에 따른 장·단점을 잘 인식하여 기업특성 및 산업특성에 적합한 글로벌 경쟁전략을 수립해야 한다.

6-3-4 경쟁범위에 따른 경쟁전략

이는 포터의 본원적 경쟁전략 모형에 기초하여 개발된 범세계적 산업의 경쟁전략 모형이다. 글로벌기업은 추구할 해외시장의 범위를 넓게 잡을 수도 있고 좁게 잡을 수도 있다. 여기서 경쟁범위란 ① 세분시장의 개수와 ② 지역적 시장의 범위를 말한다. 세분시장의 개수가 많으면 세분시장 간의 상호연계에 따라 관련 활동을 공유함으로써 범위의 경제 효과를 볼 수 있고, 지역적 시장의 범위가 넓으면 규모의 경제 효과를 볼 수 있다. 반면에 경쟁범위가 좁을 경우에는 특정 세분시장 또는 지역에 전문화함에 따른 이점을 얻을 수 있다.

[그림 6-10]에서 보는 바와 같이 해외시장의 지역적 범위에 따라 범세계적 전략과 국가중심 전략으로 분류된다. 한편, 세분시장 간의 상호연계에 따른 이점을 활용할 수 있느냐의 여부에 따라 다수의 세분시장과 소수의 세분시장으로 분류된다. 이에 따라 경쟁전략은 범세계적 저원가/차별화 전략, 범세계적 세분시장전략, 보호된 현지시장 추구전략, 현지세분시장 추구전략 등 네 가지로 구분된다.

첫째는 범세계적 저원가/차별화 전략으로, 이는 세계시장을 대상으로 광범위한 제품라인을 제공하는 전략이다. 여기에는 두 가지 유형이 있는데, ① 범세계적 저원가 전략으로서 세계시장을 대상으로 표준화된 제품을 제공하는 전략이다. 규모의 경제, 범위의 경제, 경험곡선, 효율적인 생산시스템 등을 활용하여 가격을 낮추는 능력이 경쟁우위의 바탕이 된다.

그림 6-10 경쟁범위에 따른 세계경쟁전략

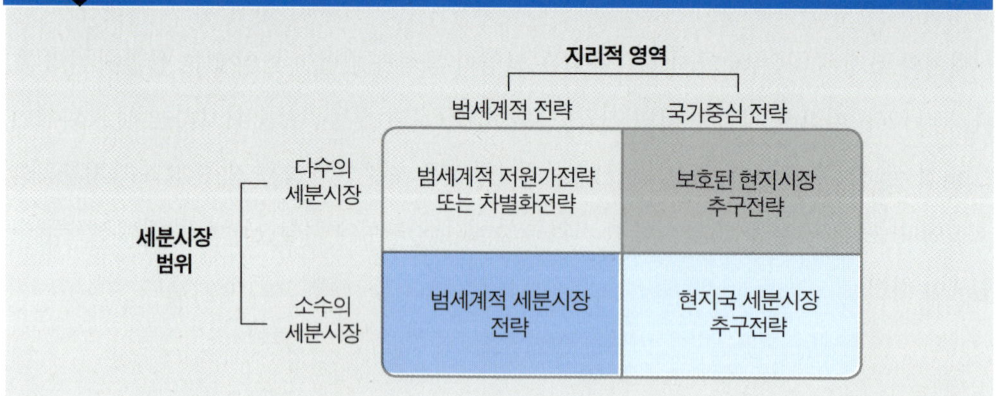

자료: Porter, M.E. (1986), *Competition in Global Industries*, HBS Press, p.46.

이는 수요의 동질화 경향이 크고 가격에 민감한 소비자에게 적합한 전략이다. ② 범세계적 차별화전략으로서 세계시장을 대상으로 독특하다고 인식되는 제품이나 서비스를 제공하는 전략이다. 디자인, 브랜드, 기술, 제품특성, 고객서비스, 유통망 등에서 차별화할 수 있는 능력이 경쟁우위의 바탕이 된다. 이 전략은 차별화를 추구하면서도 규모의 경제와 범위의 경제를 활용할 수 있어 지출되는 비용을 어느 정도 낮출 수 있다. 가격보다는 제품속성이나 제품인식에 민감한 소비자에게 적합한 전략이다.

둘째는 범세계적 세분시장전략으로, 이는 세계시장을 세분화하여 특정 세분시장을 대상으로 글로벌경쟁전략을 추구한다. 예를 들면, 운동화산업의 주요 기업인 아식스가 운동화 중에서 농구화만을 대상으로 하여 글로벌경쟁전략을 추구하는 것과 같다. 이 전략은 글로벌전략의 이점을 살리는 동시에 경쟁을 특정 세분시장에 집중함으로써 자원의 낭비를 최소화하면서 고객의 욕구를 충족시킬 수 있다. 바꾸어 말하면, 규모의 경제 효과를 획득하면서도 전문화의 이점을 살려 경쟁우위를 확보할 수 있다. 그러므로 이 전략은 비교적 자원이 제약된 소규모의 글로벌기업에 적합한 전략이다.

셋째는 보호된 현지시장 침투전략으로, 이는 현지국정부가 국내산업을 보호하기 위하여 보호정책을 취하는 경우에 현지국시장의 여러 세분시장에 진출하여 현지국정부의 보호정책을 활용하고자 하는 전략이다. 결과적으로 기업은 ① 현지국정부의 보호와 ② 현지국 내 여러 세분시장을 공유함으로써 나오는 범위의 경제와 ③ 현지 실정에 맞는 마케팅전략을 통해서 경쟁우위를 창출할 수 있다. 그러나 이러한 전략을 추구하는 기업은 현지시장에서 이룩해 놓은 위치가 국가차원에서의 경쟁우위를 얻는 데 도움을 주기는 하지만 범세계적 기업과의 경쟁에는 취약하다. 따라서 현지시장에 진출한 기업이 경쟁우위를 유지하기 위해서는 관세 및 비관세장벽과 같은 국가적 진입장벽이나 현지정부의 보조와 지원 등과 같은 현지국정부의 지속적인 보호정책이 필요하다. 이러한 전략은 추종자 위치에 있는 후발기업에 적합한 전략이다.

넷째는 현지세분시장 적응전략으로, 이는 개별국의 특정 세분시장을 목표로 시장의 욕구에 부응하여 현지시장 내에서 전문화의 이점을 활용하는 전략이다. 즉 ① 현지국정부의 보호와 ② 현지 세분시장의 욕구에 맞게 제품과 서비스를 적응시킴으로써 경쟁우위를 창출할 수 있다. 개별국가 내 특정수요가 어느 정도 클 때, 그리고 제품, 유통경로, 마케팅 등의 면에서 국별 차이가 상당히 클 때 추구하는 전략이다.

6-3-5 코굿의 국제경쟁전략

코굿(Kogut)은 글로벌기업이 국내기업보다 우위인 이유는 범세계적 네트워크(global network)를 통해 자원을 탄력적으로 운용하는 데 있다고 주장하면서, 국가의 비교우위(comparative advantage)와 기업의 경쟁우위(competitive advantage)를 결합하여 범세계적 경쟁전략 모형을 개발하였다.

그는 글로벌 경쟁전략을 수립할 때 제기되는 두 가지의 기본적인 문제, 즉 ① 국경을 넘어 사업활동을 전개할 경우에 가치사슬을 전 세계적으로 어떤 지역에 배치시켜야 할 것인가 하는 문제와 ② 기업의 자원을 가치사슬 내의 어느 활동에 집중시켜야 할 것인가 하는 문제를 비교우위와 경쟁우위로 나누어 설명하였다.

여기서 비교우위란 국가 간의 요소비용의 차이에서 발생하는 입지특유의 우위로서, 기업의 자원을 어떤 지역에 투입하여 가치활동을 수행하는 것이 가장 효율적인가를 판단하는 데 기초가 된다. 경쟁우위란 기술, 상표, 관리시스템 등의 차이에서 발생하는 기업특유의 우위로서 기업이 어떤 투자활동과 경영활동을 수행해야 할 것인가를 판단하는 데 기초가 된다.

그림 6-11 코굿의 국제경쟁전략

기업의 경쟁우위 \ 국가의 비교 우위	없음	있음
없음	국내의 세분화된 시장에 활동	•산업 간 무역 •기업의 국제적인 수직적 통합
있음	•산업 내 무역 •기업의 국제적인 수평적 통합	시장입지와 조달입지를 달리 배열하여 기업의 국제적인 수직적 · 수평적 통합

자료 : Kogut,B. (1985), "Designing Gloal Stategies : Comparative and Competitive Value-Added Chains," *Sloan Management Reviews, Summer*, p.26.

따라서 경쟁유형은 [그림 6-11]에 나타난 바와 같이 ① 국가의 비교우위에 의한 경쟁 ② 기업의 경쟁우위에 의한 경쟁 ③ 비교우위와 경쟁우위를 결합한 경쟁으로 구분할 수 있다.

첫째 유형은 국가의 비교우위는 있으나 기업의 경쟁우위가 없는 경우이다. 바꾸어 말하면, 자사의 경쟁우위가 경쟁기업에 비해 별다른 차이가 없는데 반하여 국가 간에 장소특유의 비교우위에 높은 차이가 존재하는 경우에는 기업이 국가 간의 비교우위를 활용하여 국제경쟁에 임할 수 있다. 이 경우에는 국가 간의 비교우위에 따라 국제분업생산을 통한 산업간 무역을 전개하든지 또는 국제적인 수직적 통합으로 산업의 전·후방 연계효과를 도모하는 전략을 수립하는 것이 효과적이다. 예를 들면, 자본집약적 상품에 비교우위가 있는 국가와 노동집약적 상품에 비교우위가 있는 국가 간에 상호무역을 하거나 두 국가의 기업 간에 수직적 통합을 하는 경우이다.

둘째 유형은 국가의 비교우위는 없으나 기업의 경쟁우위가 있는 경우이다. 즉, 국가 간의 생산요소 비용이 비슷할 경우에는 국제경쟁은 전적으로 기업의 경쟁우위에 달려 있다. 이 경우에는 제품차별화를 통한 산업 내 무역을 전개하거나 국제적인 수평적 통합전략을 통해 국제경쟁에 임할 수 있다. 예를 들면, A국 기업은 소형차에 경쟁우위를 가지고 있고 B국 기업은 중·대형차에 경쟁우위를 가지고 있다면 A국은 소형차를 수출하고 중·대형차를 수입하는 것이 효율적이다. 또한 A국의 소형차 기업과 B국의 중·대형차 기업 간에 수평적 통합을 통해 글로벌경쟁력을 향상시킬 수 있다.

셋째 유형은 국가의 비교우위와 기업의 경쟁우위가 모두 있는 경우이다. 이 경우에는 비교우위를 활용할 수 있는 곳에 원료조달입지나 생산입지를 설치하여 저원가의 토대를 마련한 후에 기업특유의 경쟁우위를 활용하여 제품이나 서비스를 생산하여 이를 세계시장에 판매하는 것이 글로벌경쟁력 강화를 위해 바람직하다. 이를 위해서는 시장입지와 원료조달입지를 다르게 배열하여 국제적인 수직적·수평적 통합을 추구하는 것이 효과적이다.

이와 같은 글로벌 경영전략 유형은 글로벌경쟁력의 원천이 어디에 있는가에 따라 달라진다. 코긋은 글로벌경쟁력의 원천은 국가특유의 비교우위와 기업특유의 경쟁우위가 결합됨으로써 창출되는데, 이러한 경쟁력원천의 유무에 따라서 글로벌기업의 범세계적 경쟁 형태와 경영활동 형태가 결정된다고 본다.

6-3-6 범세계적 통합-적응 모형

통합-적응(integration-responsiveness)는 프라할라드(Prahalad)와 도즈(Doz)에 의해 소개된 모형이다. 이 모형은 다국적기업이 범세계적 통합과 지역별 적응이라는 두 가지 차원의 압력에 동시에 직면하고 있다는 것을 가정하고 있다. 범세계적 통합은 전 세계를 하나의 시장으로 간주하여 표준화하여 접근하는 전략을 의미하며, 지역별 적응은 각기 다른 현지의 여건에 적응하여 접근하는 전략을 의미한다.

범세계적 통합압력으로 작용하는 요인으로는 수요의 동질화 경향, R&D 집약적인 산업의 등장, 기술규격의 표준화, 규모의 경제, 비용절감 압력 등을 들 수 있다. 이러한 요인들이 전 세계시장을 하나의 시장으로 간주하고 통합적인 전략을 수립하게 하는 글로벌전략을 요구한다. 현지적응압력으로 작용하는 요인으로는 소비자의 선호나 구매력의 차이, 시장구조나 유통경로 등과 같은 시장여건의 차이, 현지국정부의 요구 등이 있다.

통합-적응 모형은 [그림 6-12]에서와 같이 산업의 범세계적 통합압력과 현지적응압력에 대한 기업의 대처방안을 세 가지 유형으로 분류한다. 즉 범세계적으로 경영활동을 통합할 것인가 아니면 개별 국가 혹은 지역별로 적응할 것인가에 따라 ① 범세계적 통합전략 ② 지역별 적응전략 ③ 절충형태의 다중초점전략을 제시한다. 기업은 산업의 특성과 자사의 핵

그림 6-12 범세계적 통합-적응 모형

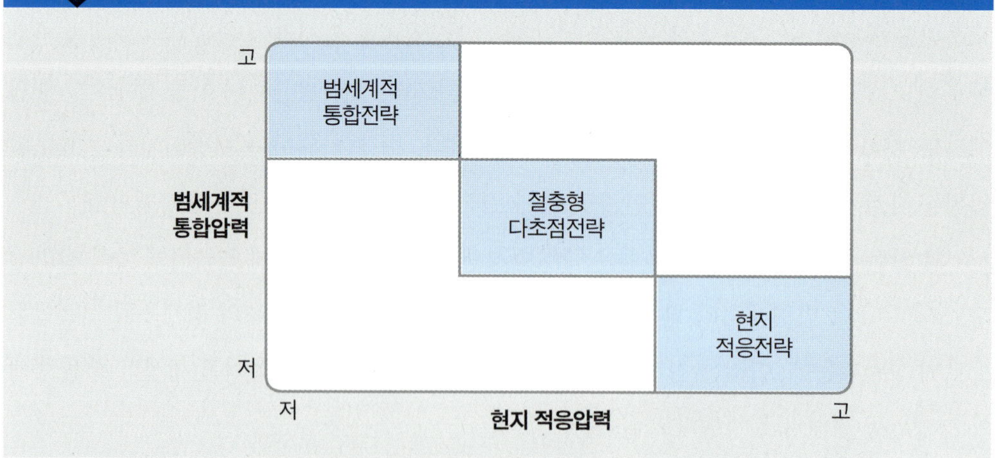

자료 : Prahalad,C. K. & Y. L. Doz(1987), *The Multinational Mission: Balancing Local Demands and Global Vision*, Free Press / MacMilan.

사례 6-1

"2025년 동남아 전자상거래 102조원 시장" 글로벌 각축장

최근 규제완화 움직임에 판 커져… 결제·운송이 성패 가를 것

중국 최대 전자상거래 업체 알리바바는 최근 태국 결제업체 어센드머니의 지분 인수를 추진 중이라고 밝혔다. 알리바바는 2개월 전에는 '동남아의 아마존'이라고 불리는 라자다의 주요 지분을 10억달러(약 1조 1,500억원)에 사들였다.

동남아 전자상거래 시장에 손을 뻗치기 시작한 것은 알리바바만이 아니다.

미 최대 전자상거래 업체 아마존은 인도네시아에 6억달러 투자를 계획 중이다. 미국 최대 벤처캐피털회사 중 하나인 세쿼이아캐피털과 일본 소프트뱅크는 이미 작년 초 인도네시아 전자상거래 업체 토코피디아(Tokopedia)에 1억달러를 투자했고, 중국 2위 전자상거래 업체인 징둥상청(京東商城·JD닷컴) 역시 지난해 동남아에 진출했다.

동남아 전자상거래 시장을 놓고 글로벌 기업들이 선점 경쟁을 벌이기 시작했다. 정보기술 전문 매체 테크크런치는 "동남아 전자상거래 시장이 금광이 됐다"고 보도했다.

해외 기업들 투자 활발

동남아 6개국(싱가포르·말레이시아·인도네시아·태국·필리핀·베트남) 전자상거래 시장은 아직 걸음마 단계다. 현재 이 지역 전자상거래업체 중 1위 업체 라자다가 작년 6개국에서 올린 거래총액(GMV)은 약 13억달러(약 1조 4,000억원)다. 지마켓과 옥션을 운영하는 이베이코리아의 국내 거래총액은 연간 약 8조~9조원 정도다. 한국 업체 국내 매출의 5분의 1 정도밖에 안 되는 셈이다.

그러나 성장성은 무섭다. 라자다는 2013년부터 2014년까지 한 해 동안 거래총액이 연 300% 이상 성장했다.

전자상거래 시장은 2010년만 해도 규모가 미미해 집계가 불가능할 정도였다. 그러나 2015년에는 60억달러(약 7조원) 규모의 시장이 됐다. 싱가포르 국부펀드 테마섹과 구글은 2025년이면 이 시장이 880억달러(약 102조원)까지 성장할 것으로 내다봤다.

나라별 1위 아직 없어

동남아 시장은 외부에서 공략하기 어려운 것으로 여겨졌다. 지역만 '동남아'로 공통일 뿐 나라별로 특징이 뚜렷하고, 시장도 뚜렷이 구분돼 있기 때문이다. 국가별로 나눠서 보면 뚜렷한 1위 기업도 없다. 말레이시아에선 무다와 라자다가, 인도네시아에선 토코피디아와 마하타리몰 등이 경쟁하고 있다. 전자상거래 분야에 대한 외국 기업의 직접 투자를 제한하는 규제들도 걸림돌이었다. 그러나 인도네시아가 최근 전자상거래 산업 규제를 완화하는 등 각국 정부가 전자상거래를 키우려는 움직임을 보이고 있고, 각국에서 등장하기 시작하는 전자상거래 기업들을 글로벌 기업들이 매수하며 판을 키우기 시작했다.

조나디 한도조 인도네시아 텔레매틱스산업협회장은 자카르타글로브에 "동남아 현지 전자상거래 업체들은 높은 문화적 장벽 때문에 해외 자본이 진입하기 어렵다고 보고 마음을 놓고 있었다"며 "알리바바 등 글로벌 기업들의 진입은 현지 업체들엔 경각심을 심어줄 것"이라고 말했다. 점점 격렬한 경쟁이 벌어질 가능성이 크다는 얘기다.

결제, 운송 인프라 해결이 관건

동남아 전자상거래 시장서 기업들의 성패를 가르는 것은 결제와 운송이 될 전망이다. 컨설팅회사 AT 커니는 "결제와 물류의 효율성을 높이는 것이 핵심"이라며 "전자상거래 업체들과 배송업체가 파트너십을 형성해 통합된 물류 서비스를 구현해야 한다"고 말했다.

자료: Chosun.com, 2016. 06. 25. 요약 발췌

심역량 등을 고려하여 세 가지 전략 중 가장 적합한 전략을 선택할 수 있다.

① 범세계적 통합전략(global integration strategy)

범세계적 통합압력은 높고 현지적응의 필요성은 낮은 경우의 대응전략이다. 이러한 전략을 추구하는 글로벌기업은 R&D, 생산, 마케팅 활동 등을 가장 유리한 지역에 집중시키고, 규모의 경제를 실현하기 위해 대규모의 전문화된 공장을 건설하여 범세계적으로 제품과 과정을 표준화하는 데 역점을 둔다. 글로벌기업의 자회사들은 본사로부터 직접 지휘와 통제를 받아 서로 간에 밀접한 상호의존성을 갖고 생산이나 판매 면에서의 효율성을 높이고자 한다. 글로벌(globalization)전략이라고도 부른다. 이 전략은 중앙집권적 조직구조를 갖는다.

② 지역별 대응전략(local responsiveness strategy)

이 전략은 현지자회사가 현지의 경쟁상황이나 소비자의 욕구에 맞게 자원의 집행을 독자적으로 결정하는 전략이다. 현지적응의 필요성이 높은 반면, 글로벌 통합의 이점이 별로 없는 산업에 적용된다. 자회사가 현지의 경쟁기업과 소비자의 욕구에 신속하게 대응할 수가 있으므로 현지화(localization)전략이라고도 한다. 이 전략은 주로 분권적 조직구조를 갖는다.

③ 다중초점전략(multi-focal strategy)

범세계적 통합전략과 현지적응전략의 중간에 위치하는 전략으로서, 공장규모나 기술과 같은 전략은 중앙집권적으로 관리하고, 제품이나 경쟁 그리고 고객은 지역별로 적응하는

전략이다. 따라서 글로벌기업이 범세계적 통합과 지역별 현지화의 필요성을 인식하고 두 요인을 동시에 고려할 경우에 취할 수 있는 전략으로, 현지 자회사들의 자율경영을 인정하면서 서로 간의 조정과 상호협력을 유도하는 절충적인 전략유형이다. 예를 들면, 연구개발의 우선순위를 조정하고 범세계적 소비자에 대한 가격결정 등을 조정한다. 이 전략은 상황에 따라서 집권적이기도 하고 분권적이기도 한 조직구조를 가지며, 상황적응적이고 획일적이지 않다는 특징이 있다. 글로칼라이제이션(glocalization)전략이라고도 부른다.

토의문제

1. 글로벌경쟁전략 수립 과정을 설명하시오.
2. BCG매트릭스를 활용하여 글로벌 사업다각화 전략을 설명하시오.
3. 시장포트폴리오를 활용하여 해외시장선택 전략을 설명하시오.
4. 해외시장 진출방법을 선택할 때 고려해야 할 요인들을 설명하시오.
5. 포터의 배치-조정 모형을 설명하시오.
6. 가치활동의 글로벌 배치 가이드라인을 설명하시오.
7. 범세계적 통합-적응 모형을 설명하시오.
8. 코굿의 국제경쟁전략을 설명하시오.

참고문헌

국제경영연구회(1998), 『글로벌 시대의 국제경영』, 문영사.

김언수(2015), 『TOP을 위한 전략경영2.7』, 박영사.

장세진(2015), 『글로벌경영』, 박영사.

조선비즈 http://biz.chosun.com/site/data/html_dir/2016/06/24/2016062401652.html

Harrell, G. D., and R. O. Kifer(1981), "Multinational Strategic Marketportfolio," *MSU Business Topic*, (Winter).

Kogut, B.(1985), "Designing Global Strategies: Comparative and Competitive Value-Added Chains," *Sloan Management Review*, (Summer).

Poter, M.E.(1985), *Competitive Advantage*, Free Press.

Poter, M. E.(1986), *Competition in Global Industries*, Harvard Business School Press.

Prahalad C. K., and Y. Doz,(1987), *Multinational Mission*, Free Press.

Root, F. R.(1994), *Entry Strategies for International Markets*, Lexington Books.

Yip, G. S.(1999), *Total Global Strategy*, Prentice-Hall.

Chapter

07

수출전략

GLOBAL MANAGEMENT

글로벌기업은 기업이 진출하고자 하는 해외시장국을 선정한 후에는 어떤 방법으로 목표 시장에 진입하는 것이 가장 바람직한 것인가를 결정하여야 한다. 해외시장 진출방식은 제6장에서 살펴본 바와 같이 기업이 해외시장에 진출할 때 활용할 수 있는 전략적 대안에 따라 크게 수출, 국제계약, 해외직접투자 등 세 가지로 나눌 수 있다. 이 장에서는 수출에 관하여 살펴본다.

7-1 수출전략의 수립

7-1-1 수출의 동기

수출은 국내 또는 제3국에서 생산한 제품을 해외시장에 판매하는 것을 말한다. 기업이 해외시장에 진출하기 위해 활용할 수 있는 여러 전략대안 중에서 가장 기본적인 전략으로, 소요자원과 위험부담이 상대적으로 적어 기업이 해외시장에 진출할 때 일반적으로 가장 먼저 활용되며 또한 여러 진출대안들을 믹스하여 활용하는 경우에도 기초수단으로 활용된다. 따라서 해외시장에 처음으로 진출하는 기업들은 진출수단으로 대체적으로 수출을 가장 먼저 활용한다. 기업이 수출에 개입하는 동기는 다음과 같다.

첫째, 이익이나 성장기회를 추구하기 위해서이다. 기업이 국내시장과 해외시장을 동시에 추구하는 것이 더 많은 이익을 올릴 수 있다고 생각하는 경우이다. 특히 과잉생산품이나 유휴생산시설이 존재하는 경우에는 더욱 그러하다.

둘째, 규모의 경제 효과를 활용하기 위해서이다. 국내시장이 협소한 경우, 기업은 국내시장만으로는 규모의 경제 효과를 충분히 활용할 수 없다. 이러한 경우에 기업이 대량생산을 통한 규모의 경제 효과를 누리기 위해 적극적으로 수출활동을 전개 한다. 특히 시설투자와 연구개발 투자의 비중이 높은 산업에서는 대량생산을 통해 제품단위당 감가상각비를 절감해 가격경쟁력을 높이고자 수출을 추진하는 경우가 많다.

셋째, 기업의 보유자원이 부족한 경우이다. 즉 해외비즈니스가 기업성장에 미치는 효과

표 7-1 수출동기의 분류

	내부 동기	외부 동기
능동적 동기	성장과 이익 목표 규모의 경제 독점적 우위(기술, 브랜드 등) 경영자의 의지 해외시장 테스트	해외시장 기회의 발견 정부의 지원
수동적 동기	사업위험의 분산 과잉시설의 활용 국제사업 경험의 부족	예기치 않았던 해외주문 국내시장의 포화

자료: Albaum, G. et al.(1989), *International Marketing and Export Marketing*, Addison-Wesley.

가 클 것이라는 경영층의 기대에도 불구하고 기업규모가 비교적 작거나 국제비즈니스 경험이 없어 해외직접투자를 하기에는 부족한 상태에 있을 경우, 기업은 수출을 추진한다.

넷째, 해외시장의 잠재력을 점검해 보기 위해서이다. 시장잠재성이 충분한 것으로 판명되면, 해외직접투자와 같이 보다 적극적인 방법으로 해외시장에 진출할 수 있다.

다섯째, 국제화에 대한 경영자의 적극적인 태도가 작용해서이다. 의사결정권자가 국제적 감각이 높고 진취적일수록 기업은 수출활동을 개시할 확률이 높다.

여섯째, 우수한 제품을 개발하고 생산해 낼 수 있는 기술능력을 보유할수록 수출에 관여할 확률이 높다.

일곱째, 널리 알려진 브랜드를 보유하고 효율적인 마케팅조직을 갖춘 기업은 비교적 용이하게 수출에 관여할 수 있다.

여덟째, 정부가 금융, 세제, 외환관리 등의 측면에서 특혜로 수출지원을 하는 경우에는 그러한 특혜를 활용하기 위해 수출활동을 전개하게 되는 경우도 있다.

그 밖에도 기업은 해외로부터 예기치 않았던 주문이 발생하여 수출에 참여하기도 하고, 시장다변화를 통해 사업위험을 분산시키기 위해 수출에 참여하기도 한다.

7-1-2 수출환경의 평가

수출환경의 평가는 기업이 수출시장에서 직면할 수 있는 여러 환경요인을 파악하고 분석

그림 7-1 수출환경의 평가

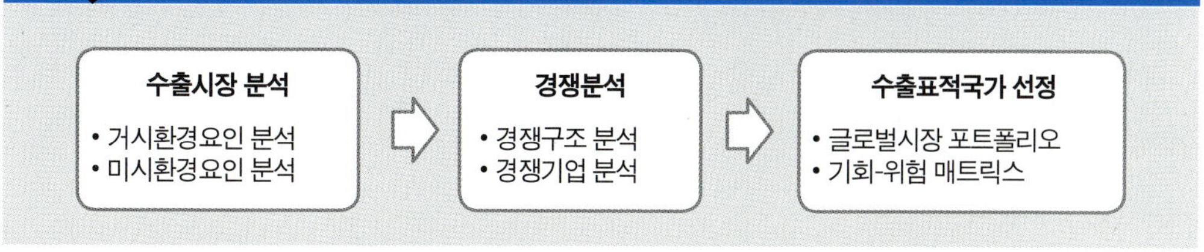

하는 단계이다. 먼저 거시적 관점에서 수출시장환경을 살펴본 다음에 미시적 관점에서 경쟁환경을 분석한다.

(1) 수출시장 분석

① 거시환경요인 분석

기업의 수출활동에 중요한 영향을 미치는 거시환경요인으로는 경제, 정치, 법률, 문화 등이 있다. 수출관리자는 이러한 환경요인이 수출기업에 미치는 영향을 기회와 위험의 차원에서 분석할 필요가 있다. 각 요인이 기업에 미칠 수 있는 영향에 대한 구체적인 내용은 2부에서 상세하게 다루었으므로 여기서는 생략한다.

② 미시환경요인 분석

기업은 수출대상국의 매력도에 관한 조사를 하여야 한다.

첫째, 해당국가의 수입수요를 알아보아야 한다. 여기에는 해당국의 수입규모, 수입규모의 성장률, 세계무역에서 차지하는 해당국가의 비중 등을 국별, 제품별로 분석하는 것이 포함된다.

둘째, 수출대상국에서 현지제품의 경쟁력을 평가해야 한다. 여기에는 현지제품의 시장점유율과 시장점유율 추이, 각종 수입제품의 시장점유율과 시장점유율 추이, 주요 경쟁국가의 시장점유율과 시장점유율 추이 등이 포함된다.

셋째, 자국의 수출과 관련된 자료를 수집해야 한다. 수출대상국에 대한 자사의 수출구조와 수출추이 등을 분석하여 자사제품의 경쟁력 위치를 파악한다.

(2) 경쟁분석

경쟁분석은 기업이 처한 경쟁상황을 살펴보는 것으로 해당 산업의 경쟁구조 분석과 경쟁기업 분석이 병행되어야 한다.

① 경쟁구조 분석

포터의 의하면 기업의 장기적인 수익률은 산업의 경쟁구조에 의해 결정되기 때문에 국가수준 또는 세계수준에서 해당 산업의 경쟁구조를 파악할 필요가 있다. 자세한 내용은 제6장에서 설명하였기 때문에 여기서는 생략한다.

② 경쟁기업 분석

경쟁기업에 대한 분석은 먼저 경쟁의 범위를 정하여 주요 경쟁기업이 어떤 기업인지를 파악한 후, 그 기업의 특성, 전략, 성과 등에 대한 분석을 실시한다.

ⓐ 주요 경쟁기업의 파악

경쟁기업의 파악은 경쟁의 범위를 어디까지로 볼 것인가에 달려 있다.

첫째, 제품형태(product form) 수준의 경쟁은 같은 형태를 가진 제품 간의 경쟁을 가리키며, 가장 치열한 경쟁이 여기에서 발생한다. 예를 들면, 하이트맥주와 청도맥주 간의 경쟁이다.

둘째, 제품범주(product category) 수준의 경쟁은 제품형태는 다르지만 기본적으로 같은 범주에 속하는 제품 간의 경쟁을 말한다. 예를 들면, 청량음료 간의 경쟁이다.

셋째, 내재적 편익(intrinsic benefit) 수준의 경쟁은 형태나 범주는 다르지만 소비자에게 기본적으로 동일한 편익을 제공하는 제품 간의 경쟁을 말한다, 예를 들면, 음료수 간의 경쟁이다.

경쟁의 범위를 어디까지로 볼 것인가는 해당 산업의 특징과 환경 등을 고려하여 기업이 결정해야 한다. 이 과정에서 중요한 것은 경쟁의 범위를 기업의 관점에서 파악하기보다는 소비자의 관점에서 파악해야 한다는 점이다.

ⓑ 경쟁기업의 특성

주요 경쟁기업이 어떤 특징을 가지고 있는지를 분석할 때의 고려요인으로 다음과 같은 것들이 있다.

첫째, 물적인 독점적 자산이다. 이는 눈에 보이기 때문에 비교적 쉽게 파악할 수 있다. 예를 들면, 공장의 규모와 위치, 생산공정의 효율성과 생산기술, 특허권, 브랜드의 유명도 등이다.

둘째, 인적 자산이다. 이는 기업의 독점적 자산을 축적하고 관리하는 근본적 주체이기 때문에 중요한 경영자원이다. 여기에는 경험의 정도, 경영자의 우수성, 리더십, 종업원의 헌신성, 인적관계의 폭 등이 있다.

셋째, 조직상의 자산이다. 기업의 의사전달체계, 노사관계, 기업문화, 네트워크체계 등이 어느 정도 효율적인가를 보면 된다.

ⓒ 경쟁기업의 전략

경쟁기업을 분석하는 데 중요시해야 할 일은 경쟁기업이 어떤 전략을 취할 것인지의 문제이다. 다음과 같은 측면에서 경쟁기업을 파악하면 경쟁기업이 앞으로 어떠한 전략을 취할 것인지를 어느 정도 예측할 수 있다.

첫째는 경쟁기업의 목표이다. 기업의 목표는 기업의 경쟁방법에 커다란 영향을 준다. 따라서 경쟁기업의 행동을 예측하기 위해서는 경쟁기업의 목표를 이해하여야 한다. 예를 들어, 경쟁기업이 단기적인 이윤 극대화를 추구하는지 또는 장기적인 이윤극대화를 추구하고 있는지 등의 문제이다.

둘째, 경쟁기업의 가정이다. 경쟁기업이 자신의 산업에 대하여 가지고 있는 가정을 이해하는 것이 중요하다. 예를 들면, 1970년대 미국의 TV산업에서는 소형TV시장은 수익성이 거의 없다고 판단하였다. 미국기업이 소형TV 시장에서 별로 이익을 보지 못했기 때문이다. 결과적으로 일본의 Sony를 비롯하여 동북아의 TV기업이 미국의 소형TV 시장을 공략했을 때, 미국기업은 소형TV 시장을 쉽게 내주어야 했다.

셋째, 경쟁기업의 경영자원이다. 경쟁기업의 능력을 객관적으로 평가하기 위해서는 경쟁기업의 경영자원을 파악하는 것이 중요하다. 예를 들어, 막대한 자금력을 가진 기업을 상대로 가격경쟁을 하기는 쉽지 않다.

만일 경쟁기업의 목표를 이해하고, 경쟁기업이 자신의 산업에 대하여 갖고 있는 가정과 경쟁기업의 능력을 정확히 평가하면, 경쟁기업이 시장환경에 변화가 발생할 때 어떠한 행동을 취할 것인지를 예측할 수 있다. 또한 자사의 행동에 경쟁기업이 어떻게 반응할지도 예측할 수 있다.

(3) 수출표적국가 선정

앞에서 분석한 자료를 통해 해외시장별로 시장매력도와 자사의 경쟁력을 평가한 후, 이를 기초로 수출대상국가의 우선순위를 결정해야 한다. 이 과정이 주관적인 판단에 의해 이루어지면 위험이 크기 때문에 체계적인 도구를 이용하는 것이 바람직하다. 이러한 목적으로 사용되는 도구로는 시장포트폴리오모형 등이 있다. 이 모형에 관한 자세한 내용은 제6장에서 설명하였으므로 여기에서는 생략한다. 시장포트폴리오모형을 근거로 수출대상국 우선순위에 포함된 국가에 대해서는 적극적인 수출전략을 고려하는 것이 바람직하다.

7-2 수출의 경로

기업이 수출경로를 구축하는데 있어서 어떤 기능을 직접 수행하고 어떤 기능을 외부 중간상에게 맡길 것인가에 따라 수출경로는 달라진다.

7-2-1 간접수출

간접수출이란 제조업체가 수출활동을 직접 수행하지 않고 국내의 수출중간상을 활용하여 수출하는 방식을 말한다. 제조업체는 해외시장에 대한 직접적인 지식이나 경험이 없어도 간접수출경로를 통하여 제품을 해외시장에 수출할 수 있다. 국내의 수출중간상으로는 ① 수출대리상과 ② 수출상이 있다.

그림 7-2 주요 수출경로

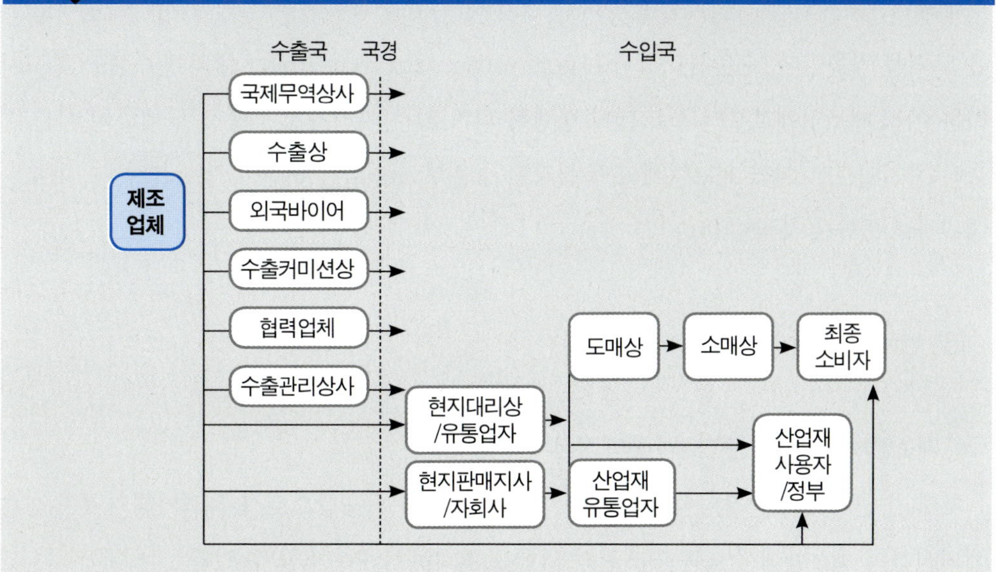

자료: Root, F.R. (1994), *Entry Strategies for International Markets*, Lexington, p.77.

(1) 수출대리상

수출대리상은 상품의 소유권을 취하지 않고 단지 중개 및 주선에 의한 수수료의 획득을 목적으로 한다. 주요 수출대리상의 유형으로는 중개상(dealer)과 수출커미션상(commission agent) 등을 들 수 있다. 중개상은 단지 제조업체와 수입업자를 중개함으로써 자신의 임무가 종결되는 반면, 수출커미션상은 중개 및 주선뿐만 아니라 오퍼(offer), 신용장개설, 계약체결 등의 업무도 대행하는 것이 보통이다. 협력업체(allied manufacturer)는 조합원들의 제품을 공동으로 위탁받아 수출함으로써 수출경비 절감, 품질 및 포장의 표준화 등을 도모할 수 있다.

(2) 수출상

수출상은 자신의 책임하에 제조업체로부터 직접 물품을 구입하여 수입업자에게 판매함으로써 그에 따르는 매매차익의 획득을 목적으로 한다. 대표적인 수출상으로는 국제무역

상사를 들 수 있다. 국제무역상사는 수많은 해외시장에 판매망을 구축하고, 다양한 품목을 취급하며, 수출입 업무를 직접 관리하며, 또한 판매원을 통한 적극적인 현지마케팅에도 많은 노력을 기울인다. 수출관리상사(export management company)는 해외에 수출을 하고자 하는 여러 제조업체로부터 서로간에 경쟁이 되지 않는 여러가지 제품을 구매하여 이를 수출하는 기업으로 여러 제조업체의 독립적인 수출부의 역할을 하는 기업을 말한다. 때로는 대리상의 역할을 하기도 한다.

(3) 간접수출의 장단점

① 제조업체 입장에서 본 간접수출의 장점

첫째, 수출거래의 안정성이다. 전문적인 무역상사를 활용함으로서 무역거래의 특수성과 해외시장의 생소함에서 오는 거래상의 위험을 회피하거나 축소할 수 있다.

둘째, 신속한 해외시장 진출이다. 글로벌한 유통 네트워크를 구축하고 있는 무역상사를 활용할 경우, 이들의 유통경로를 활용하여 비교적 짧은 시간 내에 많은 해외시장에 진출할 수 있다. 또한 제조기업은 무역상사의 세계적인 정보망을 통해 해외시장정보를 신속하게 획득할 수 있다.

셋째, 자금부담을 완화할 수 있다. 제조업체가 직접 수출활동을 하는 것이 아니기 때문에 수출관련 부서를 새롭게 설치할 필요가 없다. 따라서 수출과 관련된 부서 운영비, 인건비, 광고비, 판매촉진비 등을 절감할 수 있다. 때로는 무역상사로부터 수출상품 생산에 필요한 자금도 지원받을 수 있다.

넷째, 조직의 효율성을 제고할 수 있다. 간접수출이란 수출활동을 아웃소싱하는 것과 같으므로, 수요의 변화가 빈번하고 경기변동이 큰 산업에서는 간접수출을 활용함으로써 조직의 유연성과 효율성을 높일 수 있다.

② 간접수출의 단점

첫째, 해외비즈니스 경험을 축적하기 어렵다. 간접수출을 하는 기업은 자신이 직접 수출활동을 수행하는 것이 아니므로 간접수출을 오랫동안 하였다 하더라도 해외비즈니스 경험은 거의 축적되지 않는다.

사례 7-1

원유공급 과잉… 저유가 당분간 지속될 것

산유국들, 원유 생산 늘리고 수요는 부진… 美금리인상도 한몫
"저유가 쇼크는 영구적" "하반기엔 유가 상승" 향후 전망 엇갈려

"국제 유가 가격은 올해 더 낮아질 것이다. 이는 세계경제 흐름에 큰 영향을 끼칠 것이다."(헤르만 지몬 지몬-쿠퍼&파트너스 회장)

"올해 전 세계 경제성장률이 작년보다 높아진다면 그것은 저(低)유가 때문이다. 하지만 낮은 수요에 따른 원유 공급 과잉 문제가 장기적으로 전 세계 산업군에 어떠한 영향을 끼칠지는 예측할 수 없을 정도로 두렵다."(팀 하포드 FT 칼럼니스트)

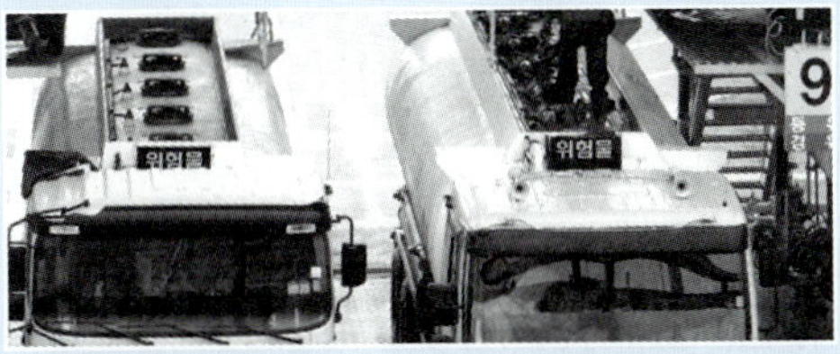

지난 7일 싱가포르 시장에서 3월 인도분 두바이유 가격이 배럴당 27.2달러까지 하락하면서 전문가들의 예측은 현실이 됐다. 두바이유는 지난해 11월 중순 배럴당 40달러 선이 무너진 뒤 두 달이 채 지나기도 전에 30달러 선이 붕괴됐다. 브렌트유와 서부 텍사스산 원유(WTI) 등의 가격도 32달러대로 추락했다. 2003년 이후 12년 만에 가장 낮은 수준이다.

전문가들은 중국의 경기 부진에 따른 수요 감소와 전 세계적 원유 공급 과잉 상태로 저유가 상황이 당분간 지속될 것이라고 전망했다. 중국이 7일 단행한 위안화 평가 절하도 저유가를 부채질하고 있다.

앵거스 니콜슨 IG 애널리스트는 "국제 유가가 중국 런민은행의 위안화 추가 절하 이후 더욱 하락했다"며 "위안화 절하는 경기가 나쁘다는 방증이므로, 원유 시장에 악재가 된다"고 말했다.

전문가들은 올해 상반기까지는 저유가가 지속될 것이라는 데 의견이 일치했다. 사우디아라비아와 이라크 등 중동 원유국들은 지속적으로 원유 생산량을 늘리고 있다. 반면 수요는 부진하다. 미국 에너지정보청(EIA)에 따르면 지난 1일 기준 미국 휘발유 및 중간유분(中間溜分) 재고는 전주보다 각각 1058만배럴과 631만배럴 증가했다. 휘발유 재고 증가 폭은 1993년 3월 이후 가장 큰 것으로 이는 미국 내에서 석유제품 소비가 감소했기 때문이다.

특히 올해 들어 미국과 이란이 원유 수출 재개에 나서는 등 공급 증가 요인이 추가됐다. 미국이 올해 추가 단행할 것으로 보이는 금리 인상 역시 저유가 현상을 심화시키는 요인 중 하나다. 일반적으로 미 달러화 가치와 국제 유가는 반대로 움직인다.

노무라 증권은 브렌트유도 향후 10일 안으로 배럴당 30달러 밑으로 내려설 것으로 내다봤다. UBS 그룹은 시장의 과잉 공급 탓에 가격이 이보다 더 낮은 수준으로 내려갈 가능성도 있다고 점치고 있다.

그러나 올해 하반기 이후 유가에 대해서는 의견이 갈린다.

누리엘 루비니 뉴욕대 교수는 "저유가 쇼크는 일시적 현상이 아니라 영구적인 흐름"이라며 "(이를 해결하기 위해) 자금을 끌어들일 것이 아니라 저유가라는 상황에 적응할 정책을 만들어야 한다"고 말했다. 루비니 교수는 "산유국인 사우디아라비아는 단기적으로 더 많이 자금을 지출하면서 저유가 쇼크를 극복하려고 하지만 장기적인 관점에서 사우디는 정부 지출을 줄이고 보조금도 삭감해야 한다"며 "그렇게 하지 않으면 지속 불가능한 공공 채무를 안게 될 것"이라고 말했다.

크리스틴 라가르드 국제통화기금(IMF) 총재도 유가가 오랜 기간 낮은 수준으로 유지될 것이라 전망하며 "나이지리아 같은 산유국들은 가난한 사람들을 지원하기 위해 통화정책에 유연성을 보태야만 할 것"이라고 말했다. 그는 "정부 당국은 너무 엄격한 원칙 때문에 국가의 외환 보유액이 고갈되지 않도록 주의해야 할 것"이라고 덧붙였다.

손성원 미국 캘리포니아주립대 석좌교수도 "유가 하락은 장기적인 요인에서 비롯한 만큼 오래갈 것"이라며 "석유수출국기구(OPEC) 회원국이나 이라크, 캐나다 등은 수입을 유지하려고 유가가 내려갈수록 더 많이 생산하고, 핵 협상 타결로 제재가 풀린 이란도 증산 채비를 하고 있다. 유가가 오를 만한 요인이 별로 없다"고 말했다.

그러나 세계 양대(兩大) 에너지 조사기관 수장인 대니얼 예긴 미국 HIS 부회장과 데이비드 모리슨 영국 우드매킨지 에너지 부문 회장은 올해 하반기에는 유가가 상승할 것이라고 예측했다.

예긴 부회장은 "미국 등 비(非)OPEC 국가들이 원유 생산량을 감축하면서 올 하반기부터는 원유 가격이 상승할 것"이라며 "하지만 OPEC의 감산 합의 가능성이 낮기 때문에 그 상승세는 크지 않을 것"이라고 예측했다.

모리슨 회장도 "미국 경기 회복과 중국 정부의 소비 촉진 정책으로 올해 석유 수요가 하루 평균 130만배럴 증가할 것"이라며 "저유가로 셰일 업체들이 시장에서 쫓겨나기 시작한 것도 유가를 올리는 주요 요인이 될 것"이라고 말했다.

자료: Chosun.com, 2016. 01. 09. 요약발췌

둘째, 해외시장기회를 적극적으로 활용하기 어렵다. 간접수출에 의존하는 기업은 해외고객과 직접 접촉하는 것이 아니기 때문에 해외고객이 필요로 하는 기술적 조언이나 애프터서비스 등을 적절히 제공하기 어렵다. 또한 수출중간상은 여러 기업을 대신하여 수출활동을 하기 때문에 특정 제조업체를 위한 해외비즈니스 기회에는 적극적으로 활동하기를 꺼린다. 따라서 간접수출에만 의존하는 제조업체는 해외시장 기회를 충분히 활용하기 어렵다.

셋째, 해외마케팅에 대한 통제력이 약화된다. 간접수출에 의존하는 제조업체는 해외시장에서 자기가 제조한 상품이 어떤 유통경로를 거쳐 어떤 가격에 어떤 이미지로 판매되는지 잘 알 수 없다. 해외마케팅을 수출중간상에게 위임한 상태에서는 바람직하지 못한 이미지에 바람직하지 못한 가격으로 판매될지라도 제조업체는 이를 통제하기 어렵다.

위에서 설명한 간접수출 방식의 장단점을 고려할 때, 간접수출 방식은 국제비즈니스 경험이 적거나 기업자원의 제약으로 인해 여러 해외시장에 자체적으로 진출하기 어려운 중소기업이나 해외시장에 큰 비중을 두지 않는 기업에게 적절하다.

7-2-2 직접수출

직접수출이란 제조업체가 자신의 수출전담부서나 현지판매법인을 통하여 해외시장 개척, 현지유통망 관리, 해외촉진행위 등 수출과 관련된 활동을 직접 수행하는 방식이다. 직접수출의 경로는 크게 ① 현지대리상이나 도매유통업자, ② 현지판매지사나 자회사로 구분할 수 있다.

(1) 현지대리상

이는 현지시장에서 제조업자(수출업자)를 대리하는 중간상을 말한다. 현지대리상(foreign agent)은 해외시장에서 판매를 알선하는 대가로 수수료를 받지만 자체적으로 상품의 소유권을 가지지 않는다. 현지대리상은 현지고객에 대한 정보에 밝기 때문에 이들을 활용하면 적은 비용으로 현지시장에 침투할 수 있는 이점이 있다. 대리상을 이용하는 경우 제조업자는 유통과정에서 보다 큰 통제권을 행사한다. 제조업자가 거래위험을 부담하는 대신에 수출전략 수립과 수출가격 결정에 대한 권한을 가지며 대리상에게 판매기록과 고객정보를 제출하도록 요구할 수 있다. 누구의 명의와 계산으로 영업활동을 수행하는가 하는 문제는 계약위반으로 클레임이 제기되었을 경우에 손해배상의 책임소재와 관련하여 매우 중요한 의미를 지닌다.

(2) 현지유통업자

이는 대리상과는 달리 자신의 위험부담과 계산으로 상품을 수입하여 현지의 도·소매상이나 최종소비자에게 판매하는 수입상을 말한다. 따라서 현지유통업자(foreign distributer)

를 활용할 경우, 일단 이들에게 제품을 수출하기만 하면 제조업자는 현지시장에서의 마케팅활동에 수반되는 비용과 위험에 대해 걱정을 하지 않아도 된다는 이점이 있다. 그러나 이들은 제조업체로부터 상품에 대한 소유권까지 넘겨받으므로 대리상에 비해 통제가 어려우며, 또한 이들은 취급하는 상품에 대한 모든 거래위험을 떠맡게 되므로 판매이윤에 대한 전망이 불투명할 경우에는 제조업체를 소홀히 대할 수도 있다. 바꾸어 말하면, 제조업체가 강력한 상표를 보유하고 있지 않는 한, 현지유통업자는 언제든지 다른 공급원을 찾아 나설 수도 있을 만큼 제조업자에 대한 충성도가 낮다는 점에 유의할 필요가 있다.

(3) 현지판매자회사

이는 제조업자가 현지시장에 판매자회사를 설립하여 해외마케팅에 직접 개입하는 것을 말한다. 제조업체는 현지판매자회사(foreign subsidiary)를 통하여 현지마케팅 전략을 국가시장별 환경에 맞추어 적응시키고 또한 직접적으로 통제할 수 있다. 즉 국가 시장별로 현지판매가격을 조정하거나 통제할 수 있으며, 국가 시장별 상이한 환경에 부합하는 판매촉진활동과 판매서비스를 제공할 수 있으며, 신속하고 정확한 해외마케팅 조사를 수행할 수 있다. 그 결과 제조업체는 해외시장을 보다 효과적으로 개발할 수 있고 제조업체의 이미지를 관리할 수 있다. 그러나 이 방법은 현지판매자회사의 설립과 관리에 많은 비용이 소요된다.

(4) 직접수출의 장단점

① 제조업체의 입장에서 본 직접수출의 장점

첫째, 직접수출은 해외 주요고객과 직접적인 접촉을 하게 되므로 해외비즈니스 기회를 적극적으로 활용할 수 있다.

둘째, 해외시장의 기반을 구축하고 수출경험과 해외마케팅에 관한 전문적인 지식을 축적할 수 있다.이는 기업의 중요한 경영자원이 된다.

셋째, 제조업체는 수출활동을 직접 수행하므로 자사상품에 대해 어느 정도의 통제권을 확보할 수 있다. 특히 해외마케팅자회사를 통해 수출하는 경우에는 현지에서의 가격책정, 유통활동, 촉진활동 등에 대한 강력한 통제권을 갖게 되고, 해외시장에서 자사의 상표이미

표 7-2 간접수출과 직접수출의 장 · 단점 비교

간접수출	직접수출
장점	**장점**
• 비교적 쉽게 해외시장에 진출 • 수출위험 경감 • 최소한의 수출업무 부담 • 수출경로 비용 최소화 • 수출조직의 유연성 제고	• 적극적인 해외시장기회 활용 • 해외시장기반 구축 • 해외마케팅활동 통제 • 해외마케팅 활동의 효율성 제고 • 미래지향적 상품계획 가능
단점	**단점**
• 해외시장기반 구축의 어려움 • 해외마케팅 경험이 축적 안 됨 • 소극적인 해외시장기회 활용 • 해외마케팅에 대한 통제력 약화	• 재무적 부담이 커짐 • 수출위험의 부담 • 더 높은 정보수집 비용 • 더 높은 경로비용 • 전문적인 수출업무능력이 요구됨

지를 보호할 수 있다.

넷째, 현지마케팅자회사를 통해 수출하는 경우에는 현지시장에서의 단순생산활동을 통하여 마케팅효율성을 향상시킬 수 있다. 예를 들면, 현지시장에서 단순조립, 성분이나 원료를 배합하는 단순가공, 벌크(bulk)로 수입한 제품의 개별적인 재포장 등과 같은 활동을 전개할 수 있다. 이를 통해 수출기업은 수입관세, 운임 등을 절약할 수도 있고, 국가 시장별 수요에 맞게 제품을 개량할 수도 있다.

다섯째, 직접수출은 미래지향적인 상품계획을 능동적으로 수립할 수 있다. 간접수출의 경우에는 판매하기가 쉬운 제품을 선호하는 수출중간상의 영향 때문에 미래지향적인 제품계획이 어려우나, 직접수출은 현재는 수요가 적더라도 장래성이 있다면 이를 반영하여 상품계획을 수립할 수 있다.

② 직접수출의 단점

첫째, 직접수출을 위해서는 전문인력 확보와 해외마케팅 활동을 위해 많은 투자가 필요하다.

둘째, 수출활동을 직접 담당함에 따른 위험도 부담하여야 한다. 예를 들면, 해외딜러나 고객에 대한 신용조사, 수출에 따른 분쟁, 외상매출금과 관련된 위험 등을 직접 부담해야 한다.

대체적으로 직접수출의 장·단점은 간접수출의 장·단점과 반대가 되는 경향을 보인다. 기업은 취급하는 상품의 유형, 해외시장 진출에 대한 태도, 현지시장의 상황 등을 고려하여 직접수출이나 간접수출을 선택하게 된다. 그러므로 하나의 제조업체가 시장특성이나 제품특성에 따라 간접수출경로와 직접수출경로를 병행하여 사용할 수도 있다.

7-3 수출경로의 선정과 관리

수출경로의 결정과 관리에서 가장 먼저 고려해야 할 것은 수출경로전략의 목표이다. 기업은 이러한 목표에 의거하여 수출경로를 결정하고 경로 구성원을 선발하여 이들이 기업의 목표에 따라 본연의 기능을 수행할 수 있도록 동기를 부여하는 것이 필요하다.

7-3-1 수출경로전략의 목표

수출경로전략을 수립할 때에는 비용, 통제, 시장범위, 제품과 시장의 특성, 연속성과 같은 측면에서 적절한 목표를 수립해야 한다.

(1) 수출경로비용의 적정선 유지

수출경로비용은 수출경로 구축비용과 유지비용 측면에서 고려할 수 있다. 구축비용은 수출경로를 개발하는 데 소요되는 자본투자비용이고, 유지비용은 자사의 판매인력을 유지하는 데 소용되는 비용이거나 외부 중간상에게 지급하는 마진, 수수료 등이다. 일반적으로 간접수출경로는 경로구축비용은 적으나 판매량 증가에 따라 유지비용이 많아지는 경향이 있고, 직접수출경로는 경로구축비용은 많이 소요되나 판매량이 증가함에 따라 경로유지비용의 부담은 상대적으로 크게 증가하지 않는 경향이 있다. 따라서 수출량이 많은 경우에는 직접수출경로를 선호하고, 수출량이 적은 경우에는 간접수출경로를 선호한다.

(2) 수출경로의 통제 정도

기업이 수출경로에 대한 개입도를 높일수록 통제력은 높아지지만 경로비용은 증가한다. 예를 들어, 기업이 수출경로에 대한 통제를 포기하여 간접수출에만 전념하게 되면, 경로비용은 절약되지만 자사제품이 어디에서, 얼마에 그리고 누구에게 판매되는지를 파악할 수가 없다. 이와는 달리 현지자회사를 통해 현지마케팅을 자체적으로 수행하는 방식으로 수출경로 개입수준을 증대시키면 현지판매활동을 직접 통제하여 판매량을 증대시키고 현지시장에 익숙해질 수 있다. 그러나 수출경로비용은 크게 증가하게 된다. 기업은 시장특성과 제품특성 등을 고려하여 어느 정도로 수출경로를 통제할 것인가를 결정하여야 한다.

(3) 해외시장 커버리지 목적

기업은 해외시장국에서 적절한 시장커버리지를 유지하는 것을 수출경로전략의 목표로 삼아야 한다. 시장커버리지(market coverage)란 목표시장에서 달성하고자 하는 매출액, 시장점유율, 시장침투 등의 수준을 말한다. 만일에 기업이 중간상에게만 자사제품의 수출을 맡기면, 그들은 판매가 손쉬운 제품계열만을 취급하려고 하고 나머지 제품계열은 소홀히 할 가능성이 높아 충분한 시장커버리지를 달성하기 어렵다. 반면에 소비자가 광범위하게 분산된 시장에서는 기업이 현지판매법인을 통해 유통에 개입한다면 부적절한 유통경로 때문에 목표하는 시장커버리지를 달성하기가 어렵다. 기업은 시장특성과 제품특성 등을 고려하여 시장커버리지 목표를 달성할 수 있는 수출경로를 선정하여야 한다.

(4) 기업특성과 현지시장특성 사이의 적합성

수출경로는 기업특성과 시장특성에 적합해야 한다. 즉, 기업에 따라 제품특성·판매방식·서비스방식 등에 차이가 있고, 시장에 따라 물류방식과 제품포장 등에 차이가 있기 때문에 수출경로는 여기에 맞도록 선정되어야 한다. 그러나 기업특성과 시장특성에 맞는 수출경로를 개발했어도 시간이 지남에 따라 기업의 특성과 시장특성이 변하는 경우에는 수출경로도 이에 맞게 변해야 한다.

(5) 수출경로의 지속성

기업은 수출경로의 지속성을 유지하는 것도 수출경로전략 목표의 하나로 삼아야 한다. 수출경로를 구성하는 대다수 대리상이나 현지유통업자는 소규모이기 때문에 환경에 따라 쉽게 변화할 수 있다. 수출경로의 지속성을 제약하는 요인은 다음과 같다.

① 수출경로를 형성하는 유통기구들이 유통혁명의 진행으로 새로 생겨나고 사라지는 등 유통기구의 형태에 큰 변화가 일어나는 경우.

② 수출경로를 형성하는 유통기구가 제조업체와 브랜드에 대한 충성심(loyalty)이 약한 경우.

③ 수출경로를 형성하는 유통기구의 소유자나 운영책임자가 은퇴하거나 취급업종이 바뀌는 경우.

7-3-2 수출경로 구성원의 선정

수출경로를 구축하기 위해서는 자사 요건에 맞는 중간상을 선발하여 업무관계를 설정하여야 한다. 제조업자의 개입수준이 수출상 또는 특정시장에 대한 판매대리인의 선정에서 끝나면 유통경로 구축은 크게 어렵지 않다. 그러나 현지판매자회사를 통한 도매상 또는 소매상 선정단계까지 개입한다면 많은 과제를 갖게 된다.

(1) 중간상 선발

중간상을 선발하기 위해서는 먼저 평가기준을 결정해야 한다. 평가기준으로는 기본적으로 ⓐ기업규모 ⓑ판매지역 ⓒ재무상태 ⓓ경영능력 ⓔ평판 등이 포함된다.

(2) 경로계약의 체결

적절한 중간상을 찾아내면 수출경로계약을 체결해야 한다. 이 계약에서는 제조업체와 중간상의 책임을 명확하게 밝히고 중간상의 연간 최저판매량을 명시하는 것이 바람직하다. 최저판매량은 중간상을 평가하는 기준으로 사용되고, 이 기준을 충족하지 못하는 경우에 제조업체는 해당 중간상과의 관계를 종료할 수 있다.

7-3-3 수출경로 구성원의 동기부여

중간상의 동기수준과 판매량 간에는 정의 상관관계가 있기 때문에 수출판매를 증진시키기 위해서는 수출경로 구성원에 대한 적절한 동기부여가 필요하다. 흔히 사용하는 동기부여 수단은 다음과 같다.

(1) 경로구성원의 훈련

수출경로 구성원에게 훈련프로그램을 제공한다. 여기에는 기업 및 제품에 관한 지식, 취급제품에 대한 서비스 훈련, 판매기법 등을 강화할 수 있는 내용이 포함되어야 한다. 이를 통해 업무수행의 효율성을 제고할 수 있으며, 제조업체와 수출경로 구성원 간의 유대를 강화할 수 있다.

(2) 재무적 보상

적절한 재무적 보상이 필요하다. 여기에는 수수료나 마진의 조정, 판촉지원금, 현금결제 시의 할인, 기타의 금전적 급부가 포함된다. 재무적 보상은 중간상의 요구와 중간상의 실적에 따라 조정된다.

(3) 심리적 보상

수출경로 구성원의 노력에 대한 인정과 심리적 보상이 필요하다. 여기에는 다음과 같은 것들이 있다.

① 경로 구성원을 초청하여 본사나 생산공정을 견학하게 한다.

② 본사의 최고경영자가 현지를 방문하여 사기를 높인다.

③ 우수한 성과를 올린 경로 구성원에게 상을 수여하여 그 노력을 인정해 준다.

④ 우수한 성과를 올린 경로 구성원을 기업매체나 현지 언론을 통하여 홍보한다.

(4) 지속적인 커뮤니케이션 유지

제조업체는 뉴스레터 또는 정기간행물을 통해 지속적 커뮤니케이션을 유지해야 한다. 제조업체가 중간상과 밀접한 관계를 유지할수록 갈등은 축소되고 원만한 업무관계를 유지할 수 있다.

7-3-4 수출경로 구성원의 통제

기업은 자사의 수출경로가 잘 운영되고 있는가를 평가하고 갈등이나 비효율이 발생할 여지를 미리 방지해야 한다.

(1) 경로 구성원의 평가

여기서는 경로 구성원에 대한 효율성 평가와 더불어 전체 수출경로시스템의 효율성을 평가하기 위한 적절한 실적 평가기준을 마련하여야 한다. 경로 구성원에 대한 평가를 위해서는 판매실적, 고객 서비스, 시장침투정도, 광고, 이익 등에 관한 중간상의 활동을 파악하고 있어야 한다. 수출경로에 대한 평가는 기업이익에 대한 기여도, 시장국에서의 기업이미지 등이 포함되어야 한다.

사례 7-2

〈글로벌코리아 52회 무역의 날〉 '한·중 FTA 엔진' 달고 한국 수출 다시 달린다

화장품·식품·문화콘텐츠 수출 효자상품으로 중기·중견기업도 '선전'
중국·베트남·뉴질랜드와 FTA 51개국 무역 네트워크 구축 무역수지 920억弗 흑자 예상

제52회 무역의 날인 지난 5일 무역협회와 코엑스 임직원 및 무역아카데미 홍보대사들이 삼성동 코엑스 앞에서 '한국무역의 새로운 도전, 창조와 혁신으로 넘습니다'란 글자를 들어 보이고 있다.
허문찬 기자 sweat@hankyung.com

올해는 세계 경기 악화와 국제유가 하락 등의 영향으로 2011년 이후 5년 만에 무역액 1조달러 달성이 어려울 전망이다. 수출 중심의 한국 경제 구조를 감안하면 충격이 아닐 수 없다. 그러나 내용을 들여다보면 그리 부정적이지만은 않다. 중소·중견기업의 수출 비중이 늘어나고, 화장품과 가공식품, 문화콘텐츠 등 새로운 품목이 수출 효자로 부상했기 때문이다. 이 같은 무역의 질 개선 덕분에 올해 세계 수출 6위 진입이 예상된다. 또 중국, 베트남, 뉴질랜드와의 자유무역협정(FTA)이 발효되면 한국은 세계 국내총생산(GDP)의 74.6%에 달하는 51개국과 무역 네트워크를 구축한다. 한국 기업의 글로벌 경쟁력을 높여간다면 수출의 미래도 밝다는 게 전문가들의 의견이다.

무역액 1조달러 달성 실패

올해 한국의 무역 규모는 세계에서 아홉 번째로 연간 무역액 1조달러를 달성한 2011년 이후 처음으로 1조달러 달성에 실패할 것으로 예상된다. 한국무역협회 국제무역연구원의 '2015년 수출입 평가 및 2016년 전망' 보고서에 따르면 올해 수출은 지난해보다 7.1% 감소한 5,320억달러, 수입은 16.3% 줄어든 4,400억달러로 총 무역액은 9,720억달러에 그칠 것이라는 전망이다.

세계 무역이 10% 이상 감소하는 불황 속에 한국의 수출과 수입도 크게 줄어들었다. 올 들어 국제유가가 50%가량 하락하면서 지난 10월까지 석유화학, 석유제품 등 원유 관련 제품의 무역 감소액이 863억달러(수출 252억달러, 수입 611억달러)나 됐다. 작년 대비 전체 무역액 감소분 1,093억달러의 79.0%를 차지했다.

한국의 올해 수출은 그러나 일본, 프랑스, 독일 등 경쟁국에 비하면 상당히 선전한 것으로 평가된다. 우선 세계 시장 점유율은 지난해 3.0%에서 올해 상반기 3.3%로 높아졌다. 세계 수출 순위도 7위에서 6위로 상승했다. 수출 물량 증가율도 상반기 5.6%로 미국, 유럽연합(EU), 중국, 일본보다 높았다.

내년부터 개선될 전망

내년 무역 환경은 올해보다 다소 나아질 것이라는 전망이 많다. 세계 경제는 선진국의 경기 회복과

올해 세계 수출 순위

단위: 억달러

순위	국가	수출액(2015년 1~9월)	순위	국가	수출액(2015년 1~9월)
1	중국	16,641	6	한국	3,968
2	미국	11,341	7	프랑스	3,772
3	독일	9,997	8	홍콩	3,732
4	일본	4,696	9	영국	3,430
5	네덜란드	4,242	10	이탈리아	3,418

자료: 세계무역기구(WTO)

한국 수출입 전망

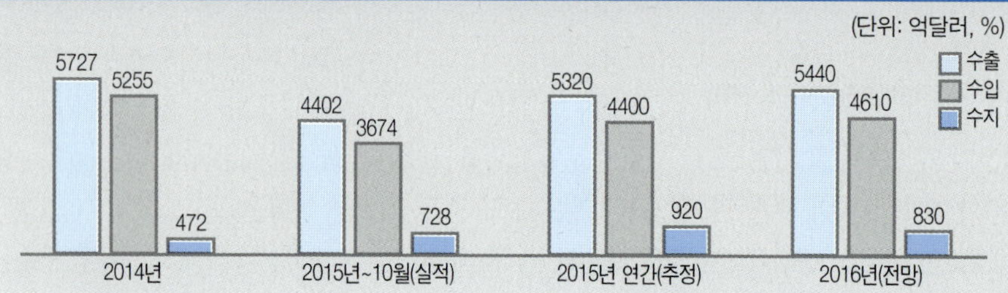

※ ( ) 안은 전년 동기 대비 증가율

자료: 한국무역협회

저유가 지속에 따른 소비심리 회복 등으로 올해 3.1%보다 높은 3% 중반대의 성장이 예상되고 있다. 이에 따라 세계 교역량도 4% 내외 증가할 것으로 전망되고 있다. 무역협회는 한국 석유제품과 석유화학 수출이 내년에 각각 7.8%, 2.7% 증가할 것으로 예상했다. 유가가 안정되고 주요국의 수요가 늘어날 전망이다. 미국과 유럽 등 주요국 경기가 회복세로 돌아서면서 일반기계(2.8%), 무선통신기기(2.1%), 자동차(1.0%) 분야 수출도 소폭 증가할 것으로 추정했다. 하지만 글로벌 공급 과잉이 지속되는 조선(−2.6%), 디스플레이(−2.3%), 철강(−1.3%)은 수출 부진이 이어질 것으로 내다봤다.

내년 한국 수출은 올해와 비교해 2.3% 증가한 5,440억달러, 수입은 4.8% 늘어난 4,610억달러로 무역 규모는 1조 50억달러가 될 것으로 무역협회는 추정했다. 이에 따라 내년 무역수지는 830억달러 흑자를 달성할 것으로 예상된다.

무역의 질 좋아졌다

올해 수출 품목은 뷰티 및 푸드, 문화콘텐츠 등 생활과 밀접한 분야로 크게 확대됐다. 기술 개발을 통한 제품 차별화와 한류 활용 마케팅으로 세계인의 취향을 사로잡았다. 한국의 화장품 수출 증가율은 2013년 24.2%에서 지난해 51.6%로 높아졌으며 올 들어 지난 10월까지는 무려 58.2%를 기록했다. 한류 바람을 탄 문화콘텐츠 수출은 2010~2014년 동안 연평균 15.7% 늘었다. 올해는 8.0% 증가가 예상된다. 이에 따라 한국의 문화콘텐츠 시장 규모는 올해 세계 9위로 전년에 비해 두 단계 상승했다. 상품 수출액 대비 문화콘텐츠 수출액 비율은 2010년 0.68%에서 지난해 0.93%로 높아졌다.

수출 품목이 다양해지면서 중소·중견기업의 수출 비중도 10월까지 35.7%로 지난해 33.8%보다 올랐다. 대신 반도체 등 10대 주력 품목의 수출 비중은 10월까지 34.3%로 지난해 35.1%보다 낮아졌다. 김인호 무역협회장은 "산업과 기업이 업그레이드되고 경쟁력 있는 체제로 바뀌어야 수출의 외부 영향을 극복할 수 있다"며 "화장품, 의약품, 문화콘텐츠처럼 창조 혁신과 생활 분야로 수출이 확대되고 있는 점은 고무적"이라고 말했다.

자료: hankyung.com, 2015. 12. 07. 요약 발췌

(2) 효율적인 커뮤니케이션 시스템의 유지

제조업체와 수출경로 구성원 간의 원활한 커뮤니케이션은 수출경로 구성원 간의 갈등을 해소하고 양호한 수출성과를 올리기 위한 필수요건이다. 이를 위해서는 신속한 정보교환, 경로 구성원에 대한 정기적인 방문, 여러 경로 구성원이 한자리에 모여 서로의 성공과 고충을 이야기할 수 있는 기회 마련, 뉴스레터나 정기간행물 발행 등을 활용할 수 있다.

7-4 수출방식

7-4-1 OEM수출과 고유상표수출

OEM(Original Equipment Manufacturing)수출은 주문자의 상표를 부착한다는 점에서 생산자 상표 부착과는 반대되는 개념이라 할 수 있다. 예를 들면, 국내기업이 운동화를 만들어 수출하지만, 해외시장에서 Nike, Reebok 등의 상표로 판매되는 경우를 말한다. 이는 생산자는 생산에만 전념하고 OEM상표의 주체인 바이어는 상표, 광고, 유통, 시장조사 및 제품개발 등 제반 마케팅 기능을 담당하는 방식의 수출을 의미한다. 생산자의 입장에서 본 OEM수출의 장점은 다음과 같다.

첫째, 판매력을 보완할 수 있다. 즉, 주문자의 지명도와 서비스망을 활용할 수 있을 뿐만 아니라 대량생산에 의한 생산비의 인하도 기대할 수 있다.

둘째, 제품개발, 디자인, 상표개발, 시장조사 등에 필요한 고정투자를 할 필요가 없기 때문에 초기투자비용을 크게 절약할 수 있다. 따라서 광고집약적 산업에서 인지도가 높은 상표를 보유하지 못한 기업들은 OEM수출을 활용하는 경향이 있다.

셋째, OEM수출은 주문량이 비교적 많기 때문에 생산기업은 단기간 내에 수출을 늘릴 수 있고 생산시설의 가동률을 높일 수 있다.

넷째, 해외시장에 OEM방식으로 수출하면 해외소비자가 생산국의 제품에 대하여 느끼는 부정적인 원산지효과를 희석시킬 수 있다.

반면에 OEM수출의 문제점은 다음과 같다.

첫째, 수요변동에 따른 위험이 OEM수출업자에게 전가되기 때문에 수출업자의 경영이 불안정해질 여지가 있다.

둘째, OEM수출에서는 임금인상 및 원자재가격의 상승으로 인한 제조원가 상승을 수출가격에 반영시키기가 어렵다. 바꾸어 말한다면, 제조원가가 상승했다고 해도 수출가격을 올리기가 어렵다. 이는 주문자가 인건비가 낮은 국가로 OEM생산기지를 옮길 수 있기 때문이다.

셋째, OEM수출업체는 해외소비자와 직접적으로 만나지 않기 때문에 해외시장동향이나 수요패턴 등을 효율적으로 파악할 수 없어 마케팅능력 향상이 어려워진다. 따라서 OEM수출에 장기적으로 의존하게 되면 상품기획, 광고, 유통 등의 마케팅능력을 배양할 기회를 상실하게 된다.

넷째, 장기적 관점에서 볼 때, OEM수출에 의한 부메랑효과가 나타날 가능성이 크다. 즉 자사가 만들어 준 OEM상표가 해외시장에서 자사의 상표와 경쟁을 하게 되어 자사 상표의 잠재시장을 잠식하게 된다.

기업이 자체적으로 개발한 상표를 부착할 수 있다면 기업 및 상품을 차별화할 수 있는 강력한 수단을 갖게 된다. 그러나 상표가 국제적으로 알려지기까지는 다음과 같은 제약조건을 극복하기 위하여 장기간의 투자와 노력이 요구된다. 첫째, 막대한 광고 및 마케팅 비용이 소요된다. 예를 들면, 운동화 회사인 Reebok의 경우 연간 광고비가 1억 달러를 넘는 것으로 알려져 있는데, 국내 운동화 수출업체들은 광고비에 있어서 경쟁상대가 되지 못한다. 둘째, 기업은 해외유통망을 보유하고 있거나 노하우를 가지고 있어야 한다. 그렇지 않은 경우에는 인지도가 높지 않은 자사 상표를 부착한 상품을 해외시장에서 유통시키기가 어렵다. 실제로 우리나라 운동화 수출업체가 자사 상표를 개발하여 해외시장진출을 시도하였을 때, 기존의 바이어가 더 이상 거래를 하지 않겠다는 위협을 해 어려움에 직면한 경우가 발생했다.

이와 같이 자사 상표의 개발에는 현실적인 제약조건이 있지만, OEM수출 방식이 한계점에 도달한 것으로 판단되는 경우에는 이러한 제약조건을 극복하고 자체상표를 개발하고 육성하기 위하여 많은 노력을 해야 한다.

7-4-2 구상무역

구상무역(counter trade)이란 수출대금을 물품으로 지급하는 것으로, 외환보유고가 부족한 국가들(구공산권이나 개발도상국)과의 무역에서 많이 사용되고 있다. 오늘날 많은 국가가 외환보유고 문제로 자국화폐를 외환으로 교환하는 것을 제한하고 있는데, 이것이 수출에 커다란 장애가 되고 있다. 제품을 수출하더라도 수출 대금을 회수할 수 있는 방법이 없기 때문이다. 이와 같은 경우에 수출기업은 구상무역을 활용하여 현물로 수출대금을 지급받을 수 있다.

그러나 구상무역의 대가로 받은 물건을 좋은 가격에 재판매할 수 없는 기업은 구상무역에 쉽게 응할 수 없다. 이와 같은 구상무역의 특성 때문에 세계 각지에 자회사를 가지고 있는 글로벌기업이 구상무역의 파트너로 등장하고 있다. 세계 각지에 자회사를 가지고 있어 구상무역의 대가로 받은 현물을 손쉽게 판매할 수 있기 때문이다.

구상무역은 거래형태가 다양하게 발전하고 있다. 글로벌기업의 발전과 구상무역 거래형태의 발전으로 구상무역의 활용빈도가 높아지고 있어, 현재 대부분의 국가가 구상무역에 개입하고 있는 것으로 알려져 있다. 구상무역의 대표적인 유형은 다음과 같다.

(1) 바터무역

바터무역(barter trade)은 교역당사자 간에 화폐의 개입 없이 제품을 맞바꾸는 무역 형태이다. 즉 물물교환 형태의 무역이다. 바터는 가장 단순한 형태의 구상무역이나 수출업자가 수출대금으로 받은 제품을 쉽게 재판매할 수 없을 때에는 자금 사정상 어려움에 처할 수 있다. 이와 같은 이유로 바터무역은 대부분 일회성 거래로 그쳐 활발하게 이용되지 못하고 있다.

(2) 상호구매

상호구매(counter purchase)는 수출기업이 수출계약을 체결할 때, 일정기간 내에 수입국으로부터 수출한 금액만큼 수입하기로 약정하는 거래형태이다. 예를 들면, 한국 기업이 몽골에 100만 달러의 전자제품을 수출했다면 1년 내에 몽골로부터 100만 달러의 양털을 수입하기로 약속하는 것과 같은 형태이다.

대부분의 상호구매에서 수입업자는 수출업자 명의로 escrow계정을 개설하여 이 계정으로 수입대금을 송금한다. Escrow계정의 특성은 계정 내에 예치된 자금의 용도를 지정하는 것으로, 수입업자는 이 계정의 용도를 자국으로부터의 수입대금 결제로 한정시킨다. 이런 경우, 수출업자는 수령한 수출대금으로 일정기간 내에 여러 번에 나누어 수입할 제품을 구매할 수 가 있으므로 시장성이 높은 제품을 수입할 수 있다.

따라서 상호구매는 물물교환의 형식에 화폐를 개입시켜 수출업자의 편의를 크게 증가시키면서도 수출입의 균형을 유지시키는 보다 발전된 형태의 구상무역이다.

(3) 오프셋

오프셋(offset)은 상호구매와 유사하나, 상호구매가 수출대금 전액을 수입국으로부터 재구매하는 데 사용해야 하는 것에 비해 수출대금 중에서 일부만 재구매에 사용하고 나머지 금액은 수출업자가 현금으로 찾아갈 수 있다는 점에서 차이가 있다. 오프셋은 구상무역이기는 하지만 수출대금 전액을 수입국으로부터 재구매하는 데 사용할 필요가 없기 때문에 상호구매보다 훨씬 더 선호된다.

(4) 환매거래

환매거래(buy back)란 수출업자가 외국에 생산시설, 장비, 기술 등을 수출할 때, 수출대금을 자기가 수출한 생산시설, 장비, 기술로부터 생산되는 제품으로 받겠다는 조건하에 이루어지는 구상무역 방법이다. 주로 장기간에 걸친 대규모 프로젝트 수출과 관련하여 발생하며, 환매거래의 수출업자는 재구매품을 쉽게 처분할 수 있도록 자기가 제공한 명세서에 따라 생산할 것을 요구할 수 있는 등 프로젝트 구입자의 생산과정을 통제할 수 있다.

(5) 삼각무역

삼각무역(triangular/switch trading/swap trade)은 전문적인 무역상을 활용하여 구상무역을 하는 방법이다. 즉 어떤 수출기업이 상호구매나 오프셋계약을 체결하였을 경우, 수출기업은 escrow 계정을 통해 수출대금을 받기는 하지만, 이는 다시 수입국에서 재구매를 하여야 하는 의무를 지닌다. 이 경우에 수출업자가 escrow계정을 할인해서 전문무역상에게 팔면 수출대금을 쉽게 현금화할 수 있다.

한편 전문무역상은 할인된 금액에 구입한 escrow계정을 활용하여 수입국으로부터 제품을 구매하고, 이를 다시 이 제품이 필요한 수요자에게 전매하거나 서로 다른 기업으로부터 발생하는 escrow계정을 스왑(swap)한다면, 전문 무역상의 이윤 폭은 커진다.

이와 같은 형태의 거래는 국내거래에서도 쉽게 볼 수 있다. 예를 들면, 구두 제조업자가 구두를 만들 피혁을 구입하고 구입대금으로 자기회사 구두상품권을 주었다면, 피혁제공자는 대금으로 받은 상품권을 자기가 직접 사용하기보다는 전문적인 상품권 유통업자에게 할인하여 매각함으로써 피혁대금을 현금화할 수 있다. 한편 할인된 금액에 상품권을 구매한 유통업자는 그것을 실수요자에게 판매하거나 또 다른 상품권과 스왑함으로써 수익률을 확대할 수 있다.

7-4-3 글로벌기업의 기업 내 무역

오늘날 공산품무역에 있어 글로벌기업 내부에서 이루어지는 기업 내 무역(intra-firm trade)이 세계무역 중에서 상당한 비중을 차지하고 있다. UNCTAD보고에 의하면, 글로벌기업의 내부시장 규모는 전 세계무역의 약 1/3에 해당한다. 그리고 이러한 기업 내 무역은 시장거래에 의해서 이루어지는 것이 아니라 글로벌기업의 국제적인 통합생산·유통전략에 따라서 이루어진다. 즉 글로벌기업은 범세계적인 생산시스템을 통해 제품 및 서비스 이동에 대한 범세계적인 내부시장을 구축하고 있다.

(1) 글로벌기업의 기업 내 무역 증대 원인

글로벌기업의 기업 내 무역은 다음과 같은 요인에 의해 증대되는 것으로 파악된다.

첫째, 원자재공급의 불확실성을 회피하고 생산비용을 줄이기 위해서이다. 주요 원자재일수록 세계시장에서 발생하는 공급과 가격의 불확실성이 높다. 따라서 기업이 이러한 원자재 생산활동을 직접 수행함으로써 생산비용을 줄일 수 있고 공급을 안정화시킬 수 있다.

둘째, 특수한 부품생산의 내부화 경향이다. 자산의 특수성은 시장실패의 원인이 된다. 따라서 부품을 공급하는 기업들은 어떤 특정기업만을 위한 투자는 가급적이면 회피하려는 경향이 있다. 특정기업만을 위한 투자가 필요한 경우에는 글로벌기업은 이러한 특수부품은 시장을 통해 거래하기보다는 수직적 통합을 통해 기업내부에서 거래하고자 한다. 이것이 훨씬 효율적인 방법이기 때문이다.

셋째, 제품판매에 대한 통제권 행사이다. 제품판매를 위해 기술관련 컨설팅이나 애프터서비스의 제공이 중요한 경우에는, 글로벌기업은 이러한 제품의 판매기능을 수직적으로 통합하여 내부화하려 한다. 즉 전방통합이 국경을 넘어 이루어지는 경우에 기업 내 무역이 이루어진다.

넷째, 부품생산의 효율성 추구이다. 글로벌기업은 부품을 전 세계적으로 가장 효율적으로 생산할 수 있는 지역에서 생산하여 이를 생산네트워크를 이용하여 조립·생산하는 방식을 따르고 있다. 이와 같이 부품을 세계전역에서 생산함으로써 기업 내 무역이 활성화된다.

다섯째, 정부의 조세정책을 활용하기 위해서이다. 각국 정부의 조세정책은 기업 내 무역에 중요한 영향을 미칠 수 있다. 글로벌기업이 이익을 확대하기 위해 세율이 낮은 국가나 생산단계에서 이익이 많이 남도록 중간재의 이전가격(transfer price)을 조정하는 경우에 기업 내 무역이 발생한다.

여섯째, 현지국정부가 글로벌기업에게 현지생산을 요구하는 경우이다. 현지국정부가 현지생산을 강력히 요구하는 경우, 글로벌기업은 이러한 요구에 부응하여 현지에 생산자회사를 설치하고 설비나 부품, 원자재 등을 현지자회사에 수출하게 되는데 이때 기업 내 무역이 발생한다.

(2) 글로벌기업의 해외직접투자가 무역에 미치는 영향

첫째, 수출대체효과이다. 글로벌기업이 해외직접투자를 통해 현지생산과 판매를 늘리면, 이는 그 지역에 대한 본국으로부터의 수출을 대체하게 된다.

둘째, 수출연계효과이다. 글로벌기업이 해외에 진출하여 현지에서 제품을 생산하게 되면 현지국에 대한 투자국의 부품 및 기자재의 수출이 이루어지게 된다. 특히 가전제품 및 자동차 등과 같은 조립산업의 해외진출은 투자국으로부터의 막대한 부품수출 증대를 수반하게 된다. 한국의 중국에 대한 수출이 완제품 수출보다는 부품 수출이 더 많은 것으로 나타나고 있는 것도 이러한 현상에 영향받은 결과이다.

셋째, 역수입창출효과이다. 글로벌기업은 생산비가 저렴한 현지에서 제품을 생산한 다음에 이것을 본국으로 역수입하기 위해 해외투자를 하는 경우도 있다. 이러한 해외투자는 투자국으로의 수입을 창출하는 역할을 한다.

넷째, 수출기지효과이다. 글로벌기업이 생산비가 저렴한 국가에 공장을 세워 제품을 생산한 후 그것을 세계시장에 수출하기 위하여 해외직접투자를 하는 경우가 많다. 예를 들면, 우리나라는 인건비가 저렴한 중국이나 베트남에서 가전제품 등을 생산하여 세계시장에 수출하고 있다.

다섯째, 상호보완효과이다. 글로벌기업이 해외생산네트워크를 이용하여 비교우위를 활용할 수 있는 지역에서 부품이나 반제품을 생산하고, 조립·가공하여 제품의 수출경쟁력을 강화하는 경우이다. 이런 제품은 세계시장을 대상으로 수출된다. 이러한 경우에는 무역과 해외직접투자는 상호보완관계를 갖는다.

토의문제

1. 수출의 주요 동기를 설명하시오.
2. 간접수출방식과 직접수출방식의 장단점을 설명하시오.
3. 수출경로 선택 시 고려해야 할 요인들을 설명하시오.
4. OEM수출의 장단점을 설명하시오.
5. 구상무역의 유형을 설명하시오.
6. 글로벌기업의 기업 내 무역이 증가하는 원인을 설명하시오.

참고문헌

박병일(2015), 『글로벌 경영사례』, 경문사.

반병길, 이인세(2015), 『글로벌마케팅』, 박영사.

이철(2015), 『글로벌경영』, 학현사.

장세진(2015), 『글로벌경영』, 박영사.

조선비즈 http://biz.chosun.com/site/data/html_dir/2016/01/08/2016010801815.html

한국경제 http://www.hankyung.com/news/app/newsview.php?aid=2015120624051&intype=1

Albaum. G., et al.(1989), *International Marketing and Export Marketing*, Addison-Wesley Co.

Elderkin, K. W., and W. E. Norquist(1987), *Creative Countertrade: A Guige to Doing Business Worldwide*, Ballinger.

Lewison, D. M.(1997), *Retailing*, Prentice-Hall.

Platt, G.(2002), "Worldwide Cash, Credit Crunch Lifts Countertrade," *Journal of Commerce*, April.

Root, F. R.(1994), *Entry Strategies for International Markets*, Lexington.

Rosson, P. J., and S. D. Reid(eds.)(1987), *Managing Export Entry and Expansion*, Praeger.

Chapter

08

제휴방식에 의한 해외진출

8-1 국제 전략적 제휴

8-2 국제라이센싱

8-3 기타의 제휴방식

GLOBAL
MANAGEMENT

국경없는 무한경쟁으로 바뀌고 있는 글로벌경영환경에서 기업이나 사업단위 사이의 제휴는 현대기업에게는 당연한 기업 활동의 일부로 자리 잡고 있다. 제휴나 협력을 통한 전략들은 다른 기업들과 함께 일함으로써 경쟁우위를 창출하는 방법이기 때문이다.

넓은 의미의 국제 제휴방식에는 단독 해외직접투자를 제외한 모든 해외시장 진출-침투전략들을 사용하는 형태를 포함시킬 수 있다. 즉 ① 서로 다른 국적을 가진 둘 또는 그 이상의 기업들이 투자파트너로서 자본 지분(equity shares)을 가지고 합작투자기업을 공동으로 운영하는 데 목적을 두고 공식적으로 계약을 체결하는 합작투자 ② 국제라이센싱, 국제프랜차이징, 국제경영계약, 국제턴키운영 등 비교적 중장기적인 계약적 협약(contractual agreement) ③ 특정 신기술이나 신제품을 연구 · 개발하거나 특정 해외시장을 침투하는 데 협력하기로 하는 공동생산 및 공동마케팅과 같은 단기 계약적 협약 등이 포함된다.

그렇지만 본장에서는 범위를 좁혀서 지분참여 없는(협약당사자들이 지분투자를 하지 않기 때문에 자본지분을 갖지 않는 것을 뜻하는 non- equity share) 형태의 주요 국제 협약전략에 대해서만 설명한다.

8-1 국제 전략적 제휴

8-1-1 국제 전략적 제휴의 개념

국제 전략적 제휴(international strategic alliance)는 서로 다른 국가에 소속된 상호 경쟁관계에 있는 기업들이 구체적으로 합의한 사항에 한하여 한시적으로 서로 협력하겠다는 의사를 가지고 체결하는 협약을 뜻한다.

전략적 제휴는 세계시장에서 경쟁이 치열해지고 더 이상 자기 기업 혼자만으로는 경쟁우위를 확보하기 어렵게 되었기 때문에 기업들이 서로의 경쟁우위를 결합하여 경쟁력을 향상시키기 위해 많이 활용하고 있다. 전략적 제휴의 개념을 통해 본 전략적 제휴의 특징을 살펴보면 다음과 같다.

(1) 경쟁과 협력

경쟁관계에 있는 기업 간의 협력이란 기업은 경쟁과 협력을 동시에 해야 한다는 것을 의미한다. 비즈니스는 경쟁이 전부가 아니라 시장을 만들어 내는 데 있어서는 협력이고 그 시장을 분할하는 데 있어서는 경쟁이라는 전략적인 안목이 필요하다.

(2) 위험과 성과의 공유

제휴의 본원적 특성은 위험과 성과의 공유에 있다. 일반적으로 제휴에 참여하는 기업은 자신이 정책결정에 참여하고 공헌한 만큼에 대해서만 위험과 성과를 분담하는 것을 원칙으로 한다. 즉 전략적 제휴는 기본적으로 비자본 지분(non equity share)이므로 경영상이나 재무상의 위험을 축소할 수 있다.

(3) 합의한 전략적 부분에서 협력

전략적 제휴는 경쟁기업과 이루어지는 것인 이상 제휴참여자의 업무영역 가운데 상호 합의한 일부영역에서만 이루어진다. 즉 개별 제휴기업은 각자의 정체성은 그대로 유지하면서 제휴에 동참하게 된다.

(4) 한시적 협력

제휴참여자들은 제휴 사업에 필요한 자원을 한시적으로 투입한다. 제휴기간은 단기에서부터 장기에 이르기까지 다양하나 제휴목표가 완료되면 제휴계약도 종료하는 것을 원칙으로 한다.

(5) 시너지 창출

전략적 제휴는 보완적 자산을 가진 기업 간에 협력을 통하여 기술개발, 시장 확대 등과 같은 시너지를 창출하여 국제경쟁력을 제고하는 것을 지향한다. 이러한 면에서 전략적 제휴는 담합이나 카르텔과 다르다.

8-1-2 전략적 제휴의 동기

전략적 제휴의 보편적인 동기는 다음과 같다.

(1) 글로벌경영환경 변화에 대한 대응

WTO의 출현이후 세계경제의 개방화 · 글로벌화는 기업들로 하여금 해외비즈니스 확대의 당위성을 높이고 더불어 국내외시장에서 치열한 경쟁을 피할 수 없게 만들었다. 이러한 글로벌경영환경에서는 국제경쟁력의 강화가 무엇보다 중요한데 이를 위해 기업은 자사의 능력을 보완해 줄 기업과 전략적 제휴를 하게 된다. 즉 전략적 제휴는 기업에게 글로벌경영환경의 변화에 대응하는 전략적 수단을 제공한다.

(2) 자원공유를 통한 투자위험의 감소

첨단산업에서의 연구개발비는 그 규모가 기술의 발전에 따라 급격히 늘어나는 경향이 있어 한 기업이 감당하기에는 위험이 큰 경우가 많다. 이러한 경우에 자원의 공유를 통해 위험을 분산시키기 위해 글로벌기업 간에 전략적 제휴가 이루어진다. 예를 들어 반도체산업에서 반도체 칩 1메가 DRAM의 개발비는 2억 5천만 달러에 달했다고 한다. 그 다음 세대인 4메가 DRAM은 개발하는 데 5억불이 들었다고 한다. 새로운 세대의 반도체가 등장할 때마다 그 개발비용에 들어 간 투자액은 2배씩 증가했음을 알 수 있다. 이에 따라 독일의 Siemens와 일본의 Toshiba 등이 차세대 반도체를 개발하기 위해 전략적 제휴를 체결하였다.

연구개발 분야에서의 전략적 제휴를 통해 막대한 투자비를 공유함으로 재무적 위험을 줄이기 위해서이다.

(3) 신속한 혁신과 제품 도입

신제품을 처음으로 도입하는 기업은 비교적 쉽게 시장지위를 구축하고 높은 이윤을 보장받을 수 있다. 또한 오늘날과 같이 기술의 변화가 급변하는 시대에는 신제품 개발의 속도를 높이지 않으면 보다 우수한 제품의 출현으로 자사의 신제품 개발효과가 무위로 돌아갈 가능성이 크다. 이러한 경우에 신속한 혁신과 제품 도입을 위해 많은 기업들이 전략적 제휴를 활용하고 있다. 예를 들어, 인터넷 산업에서는 빠른 속도로 신제품을 시장에 출시하는 것이 매우 중요하기 때문에 많은 기업들이 전략적 제휴를 맺고 있다. 한국의 포털사이트 분야에서 다음을 중심으로 인포뱅크, 휴맥스 등 수많은 기업이 전략적 제휴를 맺고 있고, 네이버를 중심으로 비즈넷 닷컴, 시작닷컴 등 수많은 기업이 전략적 제휴를 맺고 있다.

(4) 산업표준의 선택

글로벌화에 따른 시장의 통합은 자사가 개발한 기술을 산업의 표준으로 만드는 것의 중요성을 크게 부각시켰다. 기술표준화 이전(pre-standardization) 단계에서 여러 기술이 경쟁을 하고 있을 때, 자사의 신기술을 산업의 표준으로 만들면 그만큼 시장이 확대되어 경쟁 기술을 시장에서 축출하는 결과를 가져온다. 따라서 많은 산업에서 전략적 제휴를 시도하는 목적 중의 하나가 자사기술을 산업의 표준으로 만들기 위해서다. 예를 들면, 선마이크로시스템은 자신이 개발한 워크스테이션기술을 후발 경쟁업체에게 전수하는 전략적 제휴를 핵심전략으로 추진하였는데, 이는 자신의 기술을 이용하는 업체들이 그 기술을 활용한 제품을 생산하여 보급함으로써 자사기술의 시장기반을 확대하고 나아가 자사가술을 산업의 표준으로 삼기 위함이다. 그 결과 선마이크로시스템의 워크스테이션은 40%에 가까운 세계시장 점유율을 차지할 수 있었다.

(5) 원활한 목표시장 진출

특정시장에 진입하여 외국비용(foreign cost)이나 정치적 위험을 낮추기 위하여 전략적 제휴를 추진하는 경우가 많다. 예를 들면, 가전제품을 만드는 미국의 메이텍(Maytag)은 법적 규제가 까다로운 중국 정부와 우호적인 관계를 맺으면서 중국 시장에 진출하기 위하여 중국의 가전업체인 RSD와 전략적 제휴를 맺고 RSD로 부터 현지생산부품을 공급받았다.

(6) 기업의 유연성 확보

전략적 제휴를 통하여 기업은 자신의 핵심역량이 아닌 기능을 아웃소싱 함으로써 투자를 자신의 핵심역량에 집중할 수 있어 조직의 유연성을 확보할 수 있다. 예를 들면, 반도체산업에서는 공장설비에 엄청난 금액의 투자가 소요되기 때문에 반도체회사는 반도체의 설계나 디자인에 주력하고 생산은 아웃소싱에 의존하는 네트워크 경영이 늘어나고 있다. 대만에는 반도체의 주문생산만을 전문으로 하는 공장들이 증가하고 있는 실정이다. 유휴설비를 보유한 기업도 전략적 제휴를 통하여 아웃소싱의 조달원천으로 활동함으로써 유휴설비의 활용도를 높이고 낙후된 설비를 개선시킬 수 있어 퇴출을 극복할 수 있다.

8-1-3 전략적 제휴의 유형

최근의 전략적 제휴의 특징은 지분참여 없이 제휴 당사자들이 경영상의 독립성을 유지하면서 다양한 업무분야에 걸쳐 단기적인 협력관계를 맺는 것이다. 여기에서는 비자본 지분형태에 한정하여 전략적 제휴의 주요 유형을 설명한다.

(1) 기술제휴

기술제휴는 자사의 부족한 기술을 타 기업의 기술이나 노하우 등을 도입하여 기술격차를 줄이거나 또는 신기술이나 신제품을 공동으로 개발하는 경우에 이루어지는 제휴이다.

교차라이센싱, 공동기술개발, 특허공유 등이 여기에 속한다. 특히 신상품의 기술적인 기준을 둘러싸고 여러 기술들이 경쟁할 때, 경쟁에서 지는 쪽의 손실이 너무 크기 때문에 이러한 위험부담을 줄이기 위하여 경쟁사간에 기술제휴에 의해 공동기술을 개발하여 기술표준화의 확실성을 기하고 참여사들이 그 시장을 나누어 가지는 경우가 많아지고 있다. 예를 들면, Sony가 CD(compact disk)기술을 개발하면서 Philips와 교차라이센싱(cross-licensing)을 함으로써 자사의 CD기술을 전세계표준으로 만드는데 성공하였다.

(2) 조달제휴

조달제휴는 ① 조달시장에서 구매협상력을 강화하거나 ② 다른 기업으로부터 부품을 조달받거나 ③ 기업이 범세계적인 관점에서 자원을 조달하기 위해 글로벌소싱전략을 채택하는 경우에 활용되는 기업 간 협력이다. 예를 들면, 2007년 한국의 최대 철강회사인 포스코와 일본의 최대 철강회사인 신일본제철이 전략적 제휴를 맺었다. 이는 과점체제하에 놓여 있는 세계 철광석 시장에서 구매협상력을 키우기 위해서이다. 한국 최대의 정유회사인 SK와 일본 최대의 정유회사인 신일본 석유도 2007년 전략적 제휴를 체결하였다. 두 회사는 해외 유전, 가스전 확보 등 해외자원개발을 같이 하기로 하였고, 원유의 구매와 석유제품의 판매에도 협력하기로 하였다. 즉 신일본 석유가 다른 나라에 석유제품을 판매하기로 했는데, 동사의 생산량만으로는 부족한 경우에는 SK가 부족한 물량을 대 주기로 하였다.

(3) 생산제휴

생산제휴는 ① 경영자원을 상호 공급하여 제품을 공동으로 생산하거나 ② 상대방 기업에 생산을 위탁해 제품을 생산함으로서 생산비 절감이나 브랜드 지배력을 강화하거나 ③ 규모의 경제 및 유휴 생산시설을 활용하기 위해 이용되는 기업 간 협력이다. 공동생산, 부품공용화, 상호 제휴를 통한 가치사슬의 분업화(예: OEM 방식) 등이 여기에 속한다. 예를 들면, 1992년 Siemens는 IBM과 생산제휴를 하여 프랑스에 있는 IBM 공장시설을 활용하여 8메가 DRAM 반도체를 공동생산 하였다. 이를 통해 Siemens는 독자적으로 생산시설을 확충하는 것에 비해 상당한 정도의 비용을 절감할 수 있었고 IBM은 유휴시설의 활용도를 높일 수 있었다.

(4) 마케팅제휴

마케팅제휴는 제휴파트너의 마케팅 능력을 활용하여 주로 상대국이나 제3국의 시장접근을 쉽게 하기 위해 이루어지는 제휴이다. 여기에는 위탁판매, 공동 브랜드개발, 공동판매, 교차판매 등이 있다. 예를 들면, 일본의 닛산과 독일의 폭스바겐이 교차판매 제휴를 하여 닛산이 폭스바겐의 자동차를 일본에 판매해 주는 대신, 폭스바겐은 닛산의 자동차를 유럽시장에 판매해 주었다.

8-1-4 성공적인 전략적 제휴의 조건

전략적 제휴의 목적은 상호 호혜를 통한 경쟁력 강화를 지향하는 데 있다. 이를 위해서는 먼저 제휴파트너 간에 신뢰를 구축하는 일이 중요하다. 이는 다음의 과정을 통해 가능하다.

(1) 좋은 파트너의 선정

좋은 파트너의 선정이란 기업이 자신에게 적합한 파트너를 선정하는 것을 의미한다. 적합한 파트너를 선정하는 기준은 다음과 같다.

① 양립성

양립성(compatibility)이란 제휴에 참가하는 기업들의 전략이 서로 모순되거나 이해가 상반되지 않는다는 것을 의미한다. 만약 제휴에 참가하는 기업들의 전략이 모순되거나 이해가 상반되면, 서로 신뢰하지 못하고 협력할 수 없어 그 제휴는 성공할 수 없을 것이다. 이러한 양립성은 제휴에 참여하는 기업들의 전략의 일치성, 기업문화의 유사성 등 여러 측면에서 고려되어야 한다.

첫째, 전략의 적합성을 살펴보아야 한다. 전략적 적합성이란 전략적 제휴가 관련기업 모두에게 혜택을 제공할 수 있음을 의미한다. 즉 전략적 제휴가 제휴에 참가하는 모든 기업에게 경쟁력 향상에 도움이 되며, 자신의 전략적 목표를 달성하는데 효율적인 방법이라고 인식되어야 한다. 전략적 적합성이 높은 경우에는 공통의 관심사가 많아지고 제휴성과에 대한 기대도 높아지게 되어 자연적으로 상호신뢰와 몰입이 증대될 수 있다. 그러나 전략적 제휴의 적합성은 시간이 지남에 따라 변화될 수 있다. 따라서 전략적 제휴의 내용은 한시적이거나 상황에 맞게 조정되어야 한다. 만약 조정이 쉽지 않을 경우에는 전략적 제휴는 종결하는 것이 바람직하다.

둘째, 기업문화(조직구조, 관리방식, 조직구성원의 가치관 등)가 제휴에 참여하는 기업 간에 조화를 이루어야 한다. 모든 기업은 나름대로 자신의 기업문화를 가지고 있는데 제휴에 참여하는 기업 간에 기업문화의 이질성이 클수록 참여기업들은 갈등과 긴장이 높아져 상호 조화를 이루기 어렵고, 이는 결국 상호 신뢰구축에 부정적인 영향을 미치게 된다. 반면에 기업문화가 유사할수록 상호 의사소통이 잘되고 이해가 높아져 신뢰구축에 도움을 주고 제휴기업 간에 지식과 자원의 상호이전을 촉진시켜 제휴목표 달성에 긍정적인 영향을 주게 된다.

② 파트너의 능력

전략적 제휴에 참가하는 파트너가 가지고 있는 경영자원과 핵심역량을 정확하게 파악하여야 한다. 바람직한 파트너의 능력을 평가하는 기준은 다음과 같다.

첫째, 보유한 경영자원이나 핵심역량이 제휴 당사자 간에 상호보완성(complementarity)이 있어야 한다. 기업이 전략적 제휴에 임하는 것은 상대방 기업이 가지고 있는 경영자원과 핵심역량을 활용하여 자기의 약점을 보완하여 자사의 경쟁력을 강화하고자 하기 때문이다. 따라서 제휴에 참여하는 기업은 파트너가 자신의 취약한 분야에서 강한 핵심역량을 가지고 있기를 기대한다. 제휴 파트너 간 강점과 약점의 보완적 관계는 상호 의존도를 높이고 기업의 신뢰와 몰입에 긍정적인 영향을 준다.

둘째, 파트너가 보유한 경영자원이나 핵심역량의 가치가 상호간에 비슷한 수준이어야 한다. 만약 경영자원과 핵심역량의 크기와 가치가 비슷하지 않을 경우에는 제휴파트너 간의 기여가치의 균형이 무너지게 된다. 파트너 간에 기여가치의 불균형이 존재할 경우에는 기여가치가 큰 쪽에서 자신에게 유리한 방향으로 자신의 영향력을 활용하고자 할 것이며 기

그림 8-1 전략적 제휴 파트너 선정기준

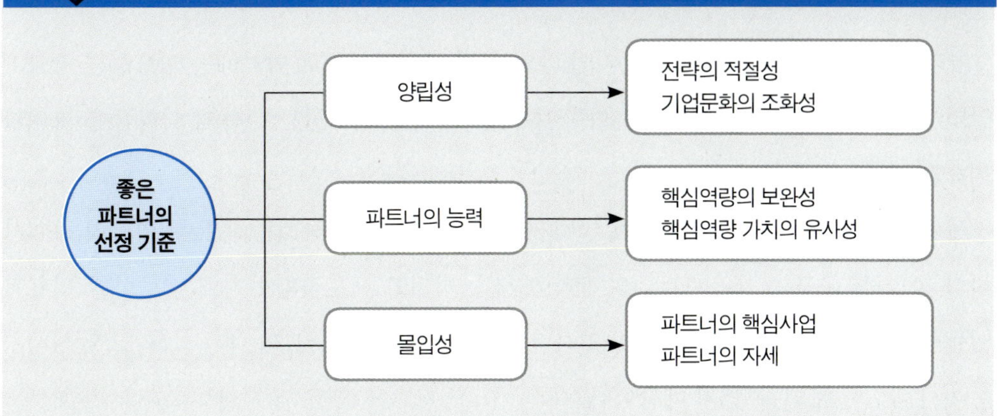

여가치가 작은 파트너는 잠재적 피해에 대한 염려와 감시로 인해 거래비용이 증대된다. 또한 기여가치의 불균형은 강한 파트너에 대한 의존도를 높여 강한 파트너가 미력한 상대방 파트너의 무임승차에 대해 불만을 표시할 가능성이 크다. 이러한 파트너 간의 관계는 제휴기업 간에 불신과 갈등의 소지를 높여 전략적 제휴의 효율성을 저해하게 된다. 이를 시정하기 위해서는 기여가치의 형평성을 모색하는 것이 바람직하다. 예컨대, 금전적 보상, 판매영역의 조정 등이다. 바꾸어 말하면, 기여가치에 따라 제휴의 과실을 수확할 수 있는 기회를 조정하는 것이다.

③ 몰입성

전략적 제휴를 성공적으로 이끌어 가기 위해서는 제휴기업들이 적극적으로 제휴분야에 자기의 시간과 열정 그리고 경영자원을 투입해야 한다. 만약 자사는 제휴 사업에 주력하는데 상대방 파트너가 제휴 사업을 소홀히 한다면 전략적 제휴는 짝사랑으로 끝날 것이고 이는 전략적 제휴의 실패를 의미한다. 전략적 제휴를 성공으로 이끌기 위해선 참가기업들의 몰입을 이끌어 내야 하는 데, 이를 위해선 ⓐ제휴분야가 양 파트너의 핵심사업 분야일 것과 ⓑ파트너 간에 신뢰를 형성하고자 하는 자세가 필요하다. 신뢰의 형성은 단편적인 사건을 통해서 보다는 앞에서 언급한 내용들 즉 전략의 적합성, 기업문화의 유사성, 보유능력의 보완성, 기여가치의 균형 등이 조화를 이룰 때에 효과적으로 이루어질 수 있다.

(2) 좋은 제휴구조의 디자인

전략적 제휴는 제휴에 참가하는 기업 간의 협력적 협약이므로 협약에는 의도하는 방향에 알맞은 법적 내용과 장치들을 명문화하여야 한다. 이를 위해서는 다음의 사항들을 고려할 필요가 있다.

첫째, 기업은 협상에 임하기 전에 전략적 제휴를 통해 추구하려는 목표를 명확히 하여야 한다. 이러한 목표는 제휴파트너와 분명하게 논의되고 세부사항까지도 명문화할 필요가 있는데, 이는 목표에 대한 기대가 동일하다 하더라도 성과의 규모와 내용, 그리고 달성시기 등에서 차이를 보일 수 있기 때문이다.

둘째, 전략적 제휴의 지속기간을 명확히 하는 것이다. 전략적 제휴가 단기적인 프로젝트인지 아니면 장기적으로 추구될 것인지 여부를 확정해야 한다. 그러나 기업은 전략적 제휴는 본질적으로 단기적인 목표수행을 위한 전략이라는 점을 잊어서는 안 된다. 전략적 제휴가 근본적으로 그 수명이 짧은 것은 경쟁관계에 있는 기업들이 분명하고 구체적인 목표를 위해서 단기적으로 협력하는 체제이기 때문이다. 만일 전략적 제휴가 장기적으로 지속되려면 제휴의 원래 목표를 달성한 후 두 기업이 합심하여 그 다음 단계의 목표를 추구하는 경우에 한정하는 것이 바람직하다.

셋째, 협력계약에 필요한 소요자원과 공헌정도 등에 관하여 사전에 분명히 하는 것이 바람직하다. 또한 제휴파트너가 제휴관계를 기회주의적으로 활용하지 못하도록 안정장치를 마련해야 한다. 예를 들면, 상호교환 될 특정 핵심역량을 파트너 간에 사전에 합의해 두거나 서브-라이센싱(sub-licensing)의 허가 여부를 사전에 합의해 두는 것 등이다. 이러한 조항을 미리 명확하게 함으로서 파트너 간에 공헌과 배분이 일치하지 않는다는 느낌을 차단할 수 있다.

넷째, 갈등이나 분쟁이 발생했을 경우 이를 해결하는 절차와 방법에 관해서도 협약에 명시하는 것이 필요하다. 이와 동시에 협력을 통해 획득한 성과를 배분하는 방법과 새롭게 개발한 제품과 기술에 대한 소유권을 누가 소유하는 지에 대해서도 명확히 할 필요가 있다. 다섯째, 전략적 제휴가 종식될 때의 절차와 방법도 명시되어야 한다.

사례 8-1

중국 일대일로가 성공할 수밖에 없는 이유 두 가지

아시아 인프라 수요 매년 730조원
중국과 분쟁 중인 필리핀·인도·베트남조차 인프라 투자가 절실한 이슈

정유신
서강대 경영학부 교수

중국이 '숨어 때를 기다린다'는 뜻의 도광양회(韜光養晦) 전략에서 이젠 '대놓고 힘을 드러내는' 대국굴기(大國堀起) 전략으로 전환하고 있다. 특히 아시아태평양 지역에서 주도권을 장악하기 위해 포석하고 있는데, 바로 일대일로 구상과 그 자금줄인 아시아인프라투자은행(AIIB) 설립이다.

일대(一帶)는 중국을 기점으로 중앙아시아를 경유해 유럽에 이르는 육상 실크로드를 말하고, 일로(一路)는 중국 연안을 따라 동남아, 인도양을 거쳐 유럽과 아프리카로 연결되는 해상 실크로드다. 한마디로 미주 대륙을 빼놓고 아시아, 유럽, 아프리카를 하나로 묶어 65개국, 44억명을 아우르는 거대 경제권이다. 일대일로에는 중국 주도의 역내 경기 활성화와 고용 확대라는 경제적 목적이 있지만, 아시아 회귀 전략을 통해 대(對) 아시아 발언권 확대를 노리는 미국을 견제하겠다는 정치적 동기도 깔려 있다. 중국은 '아시아의 안전은 아시아인이 유지해야 한다'는 슬로건을 걸고 중국 중심의 패권과 경제권을 강화하려 한다.

관련국들은 처음엔 기대 반 회의 반의 반응을 보였다. 그러나 작년 11월 실크로드기금(40조원)이 창설되고, 올해 3월 AIIB 참여국이 확정되면서 갈수록 관심이 높아지고 있다. 특히 AIIB의 경우 미국의 전통 우방인 영국, 독일, 프랑스도 가세해 참여국이 57개국에 이르면서 중국에 대성공을 안겼다. AIIB는 올해 말 출범해 내년부터 본격적으로 영업을 할 예정이다.

미국의 강한 반대에도 중국의 일대일로 구상과 AIIB 설립이 빠르게 현실화된 이유는 관련국들의 이해관계가 맞아떨어졌기 때문이라는 게 전문가들의 평가다. 우선 인프라 수요가 많은 아시아 국가들은 적극 찬성하는 분위기다. 아시아는 세계에서 성장이 가장 빠를 것으로 예상되며 인프라 투자가 가장 시급한 지역 중 하나다. 한 조사에 따르면 2010~2020년 아시아의 인프라 수요는 8조달러(약 9,400조원)로 추산된다. 매년 약 730조원이 필요한 것으로, 현재 아시아개발은행(ADB)의 자본금 1,620억달러 만으론 턱없이 부족하다. 현재 싱가포르, 파키스탄 같은 중국의 우호국뿐 아니라 중국과 분쟁 중인 필리핀, 인도, 베트남도 인프라 투자만큼은 환영할 정도로 절실한 이슈인 셈이다.

유럽 주요국 역시 경제적 요인이 가장 크다. 영국, 독일 등은 일대일로의 주요 분야인 인프라 건설에서 높은 경쟁력을 갖고 있고, 과거 아시아 식민지 자원 개발 과정에서의 인프라 정비 경험도 풍부하다. 게다가 AIIB가 설립되면 실크로드 지역과 연결되는 중국의 서부와 내륙 지역의 인프라 개발도 본격화된다. 미국과 달리 경기 침체에 허덕이는 유럽으로선 놓칠 수 없는 먹잇감인 셈이다. 미국이 일방적으로 국제 금융 질서를 주도하는 상황을 바꾸겠다는 생각도 없지 않다고 본다.

일대일로와 AIIB를 통해 중국이 거둘 효과는 더 클 것이란 게 대다수 의견이다. 먼저 중국은 실크로드 지역 국가들의 인프라 건설을 명목으로 중국의 과잉 생산설비를 완전히 가동할 수 있다. 축소·폐기해야 할 철강, 시멘트 등의 생산설비를 재가동해서 수출로 돌리고 공장까지 이전할 수 있다면 경제 성장과 고용 효과는 확실하다. 둘째, 중국 외환보유액의 투자 효율성을 높일 수 있다. 4조달러에 달하는 중국 외환보유액은 채권 투자가 많고 그중에서도 미국 등 선진국 국채가 절반이다. 미국의 금리 인상이 계속될 것임을 감안하면 채권 가격 하락 부담이 엄청날 수 있다. 따라서 향후 외환보유액 운용을 인프라 투자 등으로 다변화할 필요가 있다. 셋째, 툭하면 불거지는 주변국과의 영토 갈등 해소에도 도움이 될 수 있다. 인프라 투자로 협력하는 국가들이 전쟁을 일으키면 쌍방 모두 손해가 크기 때문이다. 넷째, 중국이 여러모로 공을 들이는 위안화의 국제화도 탄력을 받을 수 있다. AIIB는 위안화와 상대국의 통화로 무역 결제를 하고 또 자금을 조달할 계획이다. 따라서 대상국이 늘면 늘수록 국제통화로서 위안화의 역할은 커질 수밖에 없다. 이 외에 실크로드 대상국들과 관계를 좋게 해서 중동과 중앙아시아에서 오는 원자재 수입 경로를 확보하는 것도 중국에 중요하다.

중국의 13차 5개년 계획(2016~2020년)이 시작되는 내년부터는 AIIB 출범과 함께 일대일로 구상도 본격적으로 구체화될 전망이다. 한국은 AIIB에서 부총재직 확보와 첫 번째 프로젝트 참여, 나아가서는 북한 인프라 건설 유도 등의 과제를 안고 있다.

자료: 정유신 서강대 경영학부 교수, 2015. 12. 26. 발췌

(3) 합리적인 제휴관리

파트너에 대한 신뢰를 구축하기 위해서는 먼저 법적 · 계약적으로 안정적인 관계를 만들고 그 이후에는 합리적인 제휴관리가 필요하다.

첫째, 조직차원에서의 배려가 필요하다. 파트너를 선정할 때부터 제휴관계가 공존할 수 있는가를 고려하는 한편, 제휴에 알맞도록 제휴의 성격과 기능에 대해 사전정비를 해야 한다. 이러한 배려는 호혜정신과 공평성에 기초하여 이루어 져야 한다. 전략적 제휴는 단순한 자원의 교환뿐만 아니라 기업분위기와 기업문화 등 행위적 차원이 성과에 중요한 영향을 미치기 때문이다.

둘째, 쌍방적 의사소통경로를 구축하여야 한다. 이는 ① 상호작용 및 교류에 있어서 원활한 의사소통은 정보를 공유케 하고 ② 양측의 오해와 잘못된 기대를 사전에 방지할 뿐 아니라 ③ 상호작용과 이해를 촉진시켜 전략적 제휴의 성공에 중요한 역할을 하게 된다. 특히 국적이 상이한 기업 간의 제휴는 의사소통의 어려움으로 인하여 오해와 갈등의 소지가 언

제나 존재함으로 원활하고 효과적인 의사소통 경로의 필요성이 더욱 절실하다.

셋째, 파트너의 관심을 이해하고 독자적인 판단을 하지 않도록 노력해야 한다. 또한 상대방의 요구와 기업문화를 수용하려는 의지를 나타내야 한다. 특히 파트너 기업의 최고경영자의 기본적 전략과 가정을 파악하고 이해하려고 노력하는 것은 비전을 공유하고 제휴의 성공을 이끄는 수단이 된다.

8-2 국제라이센싱

국제라이센싱(international licensing)이란 기술제공기업(licensor)이 보유하고 있는 특허, 노하우, 기술, 상표 등과 같은 무형자산을 다른 국가의 기업 즉, 기술도입기업(licensee)이 일정한 조건하에서 활용할 수 있는 권리를 허용하고 그 대가로 로열티나 다른 형태의 보상을 지급받기로 하는 내용의 계약협정을 말한다.

8-2-1 국제라이센싱의 동기

기업이 국제라이센싱을 체결하는 주요 동기는 다음과 같다.

(1) 기술적 동기

① 보유기술이 해외시장에 생산시설을 갖출 만한 메이저기술이 아니라 제품구성의 일부에만 영향을 주는 마이너기술인 경우이다. 기술이 제품에 부분적으로만 영향을 주기 때문에 해외시장에서 제품을 직접 생산하는 전략을 채택하기가 어렵다.

② 빠른 기술변화로 보유한 신기술의 수명주기가 짧아 장기 생산전략을 채택하기 어려운 경우이다. 경쟁기업이 조만간 더 나은 기술을 개발하여 자사의 우위요인이 상실될 가능성이 크다.

그림 8-2 국제라이센싱의 개념

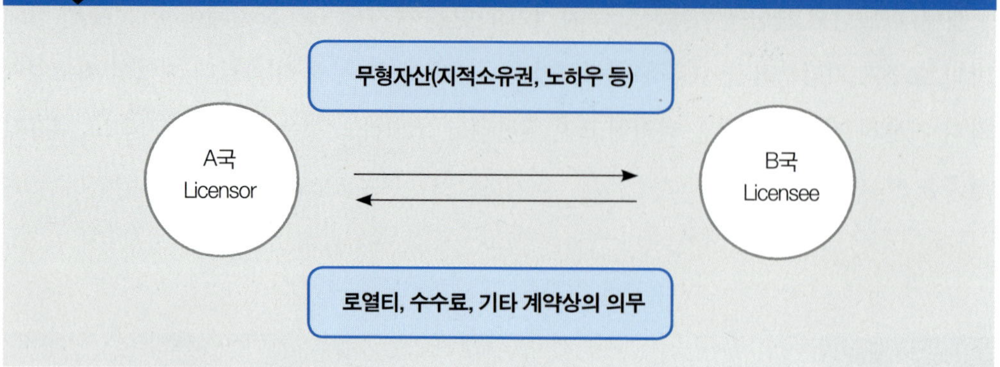

③ 교차라이센싱(cross licensing)을 통해 첨단기술을 도입하기 위해서이다. 다른 기업이 보유한 첨단기술은 로열티를 주고는 도입하기 어렵다. 그러나 자사가 첨단기술을 보유하고 있을 때에는 그것을 타사의 첨단기술과 교차라이센싱을 통하여 상호 교환함으로써 획득할 수 있다.

(2) 경제적 동기

① 수출이 규제되고 있는 상태에서 해외시장의 규모가 작거나 경쟁이 치열한 경우이다. 해외시장이 규모가 작거나 경쟁이 치열하면 해외직접투자방식은 타당성이 부족하고, 수출방식은 규제로 인해 활용하기 어렵기 때문에 차선책으로 국제라이센싱방식을 사용한다. 국제라이센싱방식은 무역장벽도 피할 수 있는데다 현지경영의 노하우를 갖고 있지 않아도 해외시장에 진출할 수 있기 때문이다. 경우에 따라서는 높은 수입규제장벽을 가지고 있는 국가들의 현지기업과 라이센싱계약을 체결함으로써 중간재의 지속적인 수출기회를 얻을 수도 있다.

② 제품의 국가 간 이전에 수송비가 많이 소요되는 경우이다. 예를 들면, 국내에서 판매되는 펩시콜라는 미국에서 직수입한 것이 아니라 국내기업이 기술과 브랜드를 라이센싱하여 생산한다.

③ 현지시장의 정치적 위험이 큰 경우, 정치적 위험을 피하기 위해서이다. 국제라이센싱

방식은 직접 투입되는 경영자원이 작아 정치적 위험에 덜 노출된다. 즉 라이센싱방식을 활용할 경우에는 현지국에 직접투자를 할 필요가 없어 현지국 정부에 의한 국유화나 재산수용 등과 같은 정치적 위험을 피할 수 있다.

(3) 전략적 동기

① 해외시장에서 특허나 상표를 보호하기 위해서이다. 특정 해외시장국의 기업에게 자사의 무형자산을 독점적으로 사용할 수 있는 권한을 부여한다면, 독점권을 부여받은 기업(licensee)은 자기의 이익을 위하여 그 시장국에서 특정기업(licensor)의 무형자산을 무단으로 사용하는 기업을 적발하고 고소하게 된다.

② 제품 포트폴리오상 전략적 가치가 떨어져 더 이상 보유하거나 투자할 가치가 떨어진다고 판단되는 제품이나 기술은 라이센싱을 통하여 해외의 다른 기업에게 이전시켜 추가적인 이익을 얻을 수 있다.

③ 특정 해외시장이 지리적으로 멀거나 규모가 작아 수출하기가 적당하지 않은 경우, 그 시장을 방치하기보다는 해당 시장국 기업에게 기술을 이전해 주어 기술도입기업(licensee)으로 하여금 현지시장을 개발하게 함으로써 로열티 수익을 올릴 수 있다.

8-2-2 국제라이센싱의 특성과 문제점

국제라이센싱은 다음과 같은 특성과 문제점을 가지고 있다.

(1) 국제라이센싱의 특성

① 기술제공기업과 기술도입기업 간에 갈등이 일어날 가능성이 많다. 기술제공기업은 기술도입국의 목적에 적합한 기술을 이전시키려는 의도가 희박하고, 첨단기술보다는 성숙기에 있는 기술을 주로 판매하려고 한다. 또한 기술제공기업은 자사의 이윤극대화, 무역장벽의 회피, 낙후기술의 처리, 원부자재 수출의 증대 등을 위하여 소유기술을 이전하고자 한

다. 그러나 기술도입기업은 산업화추진, 수입대체산업 육성, 기술축적 등을 목표로 기술을 도입한다. 따라서 기술제공자와 기술도입자 간에 이해관계가 일치하지 않아 갈등이 야기되기도 한다.

② 기술제공기업은 기술도입기업에 대하여 상당한 통제권을 지니게 된다. 기술개발은 막대한 자금과 인력이 장기간에 걸쳐 투입되는 작업이며 기업이미지와 국제경쟁력의 원천이 되기 때문에, 보안유지가 매우 중요시되고 개발된 기술은 독점적 성격을 갖게 된다. 따라서 기술제공기업이 국경을 넘어 다른 기업에게 기술을 이전함에 있어 이전기술의 유출과 이미지 손상을 매우 꺼려한다. 이에 따라 기술제공기업은 기술의 이전조건, 부품사용 문제, 생산된 제품의 품질, 기술도입기업의 판매지역 등에 이르기까지 강력하게 통제하고자 한다.

③ 기술이전은 기술이전 과정에서 제공기업과 도입기업 간의 교류가 상당히 요구된다. 복잡한 기술일수록 기술이라는 생산요소 단독으로 이전되기보다는 대개 다른 생산요소와 유기적으로 결합하여 이동되는 경우가 많다. 예컨대, 문서화된 기술은 라이센싱을 통해 제공될 수 있으나 핵심적인 노하우는 기술제공자의 체계적인 이전 서비스와 같은 조직 간의 유기적인 관계 없이는 이전하기 어려운 경우가 많다. 따라서 기술만을 이전대상으로 하는 라이센싱에 있어서도 효율적인 기술이전을 위해서는 기술지원이나 종업원훈련 등과 같은 부수적인 서비스 계약이 수반되는 경우가 많다.

④ 국제라이센싱은 기술도입국의 현지실정을 고려해야 한다. 즉, 현지실정에 맞게 기술을 변형시키는 문제가 중요하다. 이전기술을 현지실정에 맞게 변형시켜야 하는 주요 이유는 다음과 같다. 첫째, 생산요소의 가격이 국제적으로 차이나는 경우에 생산비용을 최소화하기 위해서는 도입국에서 저렴하게 조달할 수 있는 생산요소를 보다 집중적으로 사용할 수 있도록 기술이 변형되어야 한다. 둘째, 도입국의 전반적인 기술수준이 낮은 경우에는 도입기술을 소화하는 데 어려움을 겪게 된다. 이때에는 이전기술의 수준을 낮추는 것이 바람직하다. 셋째, 국제시장은 매우 이질적이기 때문에 제품을 현지시장 실정에 적응시켜야 하는 경우도 있다. 특히 도입국의 기준이 특정한 기술사양을 요구하는 경우에는 그에 맞게 적응시킬 필요가 있다.

⑤ 국제라이센싱은 기술도입국의 사회간접자본 수준을 고려하여야 한다. 기술제공국과 기술도입국이 사회간접자본에서 상당한 차이를 보이는 경우에는 제공국에서 성공하였던

기술이나 관리절차가 도입국에서는 받아들여지지 않을 수도 있다. 이는 기술이전에 커다란 장애요인이 된다.

(2) 국제라이센싱의 문제점

① 기술도입기업이 계약을 위반하는 경우에 통제가 어렵다. 예를 들어 ⓐ도입한 기술이나 노하우를 유출하거나 ⓑ로열티를 제대로 지불하지 않거나 ⓒ부품을 규정에 어긋나게 구입하거나 ⓓ기술도입기업이 허락된 판매지역 이외의 지역으로 진출하는 경우에는 이에 대한 통제방법이 마땅하지 않다.

② 기술제공기업(licensor)의 이미지가 훼손될 가능성이 있다. 기술도입기업 또는 상표도입기업이 품질규정을 지키지 않거나 애프터서비스를 소홀히 하는 경우 또는 라이센싱 제품을 저가시장에서 판매하는 경우에는 기술제공기업의 이미지가 크게 훼손될 가능성이 있다.

③ 경쟁자를 육성할 가능성이 있다. 라이센싱을 통해 기술이나 노하우를 제공받은 기업은 도입된 기술을 소화한 후에 국내외 시장에서 기술제공기업의 경쟁자로 성장할 가능성이 있다. 특히 현지시장에서는 라이센싱계약 기간이 만료된 후 기술제공기업(licensor)의 활동은 경쟁자로 대두한 기술도입기업(licensee)에 의해 제약받을 가능성이 크다.

④ 기회비용이 증대된다. 라이센싱은 특정시장에서 일정기간 동안 기술도입기업에게 그 시장을 배타적으로 활용할 수 있는 권리를 허락한 것이다. 따라서 기술도입기업의 영업실적이 부진할 경우 많은 기회비용을 발생시킨다. 이는 기술제공기업이 계약기간 동안에는 그 시장에서 활동할 수 없고 기술도입기업을 교체할 수 없기 때문이다.

8-2-3 국제라이센싱전략

(1) 기술이전의 주요 과제

① 적정기술의 선택

기술이나 노하우 등 무형자산의 이전은 기술제공자나 기술도입자 모두에게 이익이 되어

사례 8-2

"미래형자동차, 뺏거나 빼앗기거나"…글로벌자동차-IT, 불붙은 '합종연횡'

스마트카 개발 경쟁
포드-아마존, 폭스바겐-LG… 구글·애플 맞서 전략적 동맹
자율주행차 등 주도권 놓고 자동차-IT 업체 탐색전 치열

"자동차만 팔던 시대 지났다"

GM·도요타 등 완성차 업체, 무인택시·로봇 등 신사업 진출도

미국 캘리포니아주 팰로앨토시 힐뷰애비뉴 3200. 구글 본사와 스탠퍼드대 사이에 있는 이곳에 지난해 포드리서치앤드이노베이션센터가 들어섰다. 자율주행차량 등 미래 기술을 연구하기 위해 미국 자동차업체 포드가 세운 곳이다. 애플에서 엔지니어로 일하던 드라고스 마치우카를 기술총괄로 영입했다.

포드만이 아니다. 2011년 이후 실리콘밸리에는 메르세데스벤츠, BMW, 도요타, 혼다, 닛산, 현대자동차, 제너럴모터스(GM) 등 완성차업체와 보쉬, 델파이, 덴소 등 자동차 부품업체 연구소가 속속 들어섰다. 월스트리트저널은 "스스로 운전하고, 인터넷에도 연결되는 '똑똑한 차량'을 제작하는 능력이 회사의 운명을 좌우할 경쟁력으로 떠오르면서 자동차업체들이 실리콘밸리 배우기에 열중하고 있다"고 전했다.

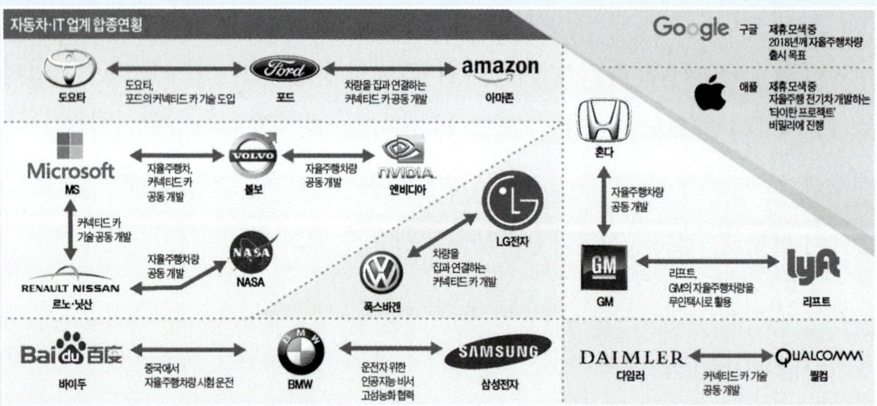

완성차·IT 업체 간 '짝짓기' 활발

정보기술(IT)업체와 자동차업체 간 합종연횡도 활발하다. 하드웨어에 강한 자동차업체와 소프트웨어에 강한 IT업체가 손을 잡아 시너지를 내겠다는 속셈이다. 하지만 이들 간에 긴장감은 여전하다. 영국 경제주간지 이코노미스트는 "완성차업체는 자신들이 껍데기만 제공하고 실리는 IT업체들이 챙겨갈지 모른다는 두려움을 느끼고 있다"며 "협력을 하면서도 서로의 영역을 노리는 탐색전이 계속될 것"이라고 진단했다.

자동차산업을 이끌 미래 기술로 전문가들은 크게 두 가지를 꼽는다. 인터넷 및 다양한 사물과 연결되는 커넥티드카와 운전자가 필요없는 자율주행차다. 업체 간 합종연횡도 이 두 분야를 중심으로 이뤄지고 있다.

포드는 지난 5일 미국 라스베이거스에서 열린 세계 최대 전자쇼 'CES 2016'에서 아마존과의 제휴를 발표했다. 포드의 스마트카 시스템인 '싱크'와 아마존의 스마트홈 시스템인 '에코'를 연결하면 운전자가 차에 앉은 채로 차고 문을 열거나 집 안의 불을 켜고 끌 수 있다. 집에서 차 시동을 거는 것도 가능해진다. 독일 폭스바겐은 LG전자와 손을 잡았다. 차에 앉아 세탁기와 냉장고, 오븐, 오디오 등 가전기기를 제어하고, LG전자 스마트폰으로 차량을 조작할 수 있도록 할 계획이다.

일본 도요타는 같은 자동차업체인 포드를 파트너로 선택했다. 스마트폰과 자동차를 유기적으로 연결해주는 포드의 '스마트디바이스링크(SDL)'를 도요타 차량에 적용하기로 한 것으로, 스마트폰에 저장된 음악을 바로 차에서 재생하거나 음성 명령으로 날씨 등 인터넷 정보를 검색할 수 있다. 파이낸셜타임스는 "애플은 '카플레이', 구글은 '안드로이드 오토'라는 이름으로 비슷한 서비스를 내놓았다"며 "도요타가 포드에 힘을 실어준 것은 애플과 구글을 견제하기 위한 것"이라고 풀이했다. GM과 혼다는 애플의 카플레이를 자사 차량에 적용하고 있다.

GM은 4일 차량공유업체 리프트에 5억달러(약 6,000억원)를 투자한다고 발표했다. GM이 자율주행차를 개발하면 리프트를 통해 무인택시사업을 할 계획이다. 리프트의 경쟁사 우버 역시 무인택시사업에 뛰어들기 위해 자체적으로 자율주행차량 개발에 나섰다.

판매량 감소 전망…서비스 함께 팔아야

합종연횡 뒤에는 자동차업체들의 절박함이 있다. 파이낸셜타임스는 "아이폰 등장 이후 노키아와 블랙베리 등 휴대폰시장 강자들이 쓰러졌던 것처럼 전기차와 자율주행차, 커넥티드카의 등장으로 기존 자동차업체들의 지위가 흔들릴 가능성이 있다"고 설명했다.

가장 큰 위협은 구글이다. 지도와 로봇, 드론, 인공지능 등으로 영역을 넓히며 자율주행차 개발에 필요한 모든 기술을 확보한 것으로 평가받는다. 일반 도로에서 자율주행차 시험운전을 할 수 있는 미국 네바다주에서 가장 먼저 허가를 받은 것도 구글이다. 자율주행차임을 알리는 빨간색 번호판을 달고 2012년 5월 시험운전에 들어간 구글 차량은 지금까지 공공 도로에서만 약 210만㎞를 달렸다. 2018년께 자율주행차를 출시한다는 목표다.

애플은 '타이탄 프로젝트'란 이름으로 자율주행 전기차 개발을 비밀리에 진행 중인 것으로 알려졌다. 테슬라, 포드, GM 등에서 일하던 자동차 엔지니어를 영입하고 작년 12월 '애플.오토(apple.auto)' '애플.카(apple.car)' 등 자사 이름과 자동차를 뜻하는 단어를 결합한 인터넷 도메인을 등록한 것이 이를 뒷받침하는 근거로 거론된다. 이코노미스트는 "아이폰 생산을 폭스콘에 맡겼던 것처럼 애플이 외주 방식으로 차를 생산할 가능성이 있다"고 했다.

내연기관 자동차 보다 구조가 단순한 전기차가 뜨면서 새로운 경쟁자가 유입되는 것도 자동차업체들에 위협이다. 존 리치 KPMG 컨설팅부문 자동차팀장은 "시장의 문이 활짝 열렸다. 앞으로 더 많은 구글과 테슬라를 보게 될 것"이라고 말했다.

자율주행차 등장과 차량 공유 보편화로 자동차 판매량은 점점 줄어들 것이란 전망이다. 집에 차가 한 대만 있어도 출근하는 어른을 태웠던 차가 운전자 없이 집으로 돌아와 아이들을 싣고 학교로 향할 수 있기 때문이다. 영국계 투자은행(IB)인 바클레이즈는 자율주행차가 완전히 자리잡으면서 미국의 자동차 소유 비율이 현재 가구당 2.1대에서 2040년께 1.2대로 줄어들 것으로 내다봤다. 무인택시의 등장도 차를 구입할 필요성을 줄일 것이란 설명이다. 바클레이즈는 현재 연간 1100만대가량인 미국 자동차 판매량이 약 380만대의 자율주행차 판매로 대체될 가능성이 있다고 내다봤다.

단순히 차만 팔던 자동차업계도 다급해졌다. 리프트에 투자한 GM이 무인택시사업을 구상하고, 다임러와 BMW가 각각 '카2고'와 '드라이브 나우'라는 차량공유 서비스를 들고 나온 배경은 이 같은 위기감과 무관하지 않다. 도요타처럼 가정용 로봇회사로 외연을 넓히려는 곳도 있다. 도요타는 최근 구글에서 로봇사업을 총괄하던 제임스 커프너를 영입했다. 질 프랫 도요타 로보틱스·인공지능연구부문장은 "가정마다 자동차 대신 로봇을 한 대씩 두는 세상이 올 것"이라고 말했다.

자료: hankyung.com, 2016. 01. 15. 요약 발췌

야 한다. 그러나 현실적으로는 기술이전 동기의 차이, 양측이 속한 국가의 환경 차이 등으로 인하여 갈등이 발생할 가능성이 크다. 따라서 기술이전 시에는 이러한 문제를 해결할 수 있는 기술이 이전대상으로 선정되어야 하는데, 이러한 기술을 적정기술이라 한다. 적정기술을 논의함에 있어서는 다음의 점을 유의하여야 한다. 첫째는 도입기술의 이익창출 능력이다. 예를 들면, 도입기술이 생산성을 높이거나 제품의 시장성을 제고하는 경우이다. 둘째는 도입기술이 생산요소를 집약적으로 활용하는 정도이다. 즉 도입국이 풍부하게 보유하고 있는 생산요소의 집약적 사용 여부이다. 셋째로는 요소부존도의 동태성이다. 일국의 요소부존도는 가변적이다. 정부의 개발정책이나 산업정책에 따라 생산요소의 비교우위가 변경될 가능성이 있기 때문이다. 따라서 적정기술은 다음의 사항을 고려하여 판단하는 것이 바람직하다.

ⓐ 도입국에서 사용하기에 알맞게 적응된 기술

ⓑ 도입국의 요소부존도의 동태성을 고려한 기술

ⓒ 국제적 수요보다는 기술도입국의 수요를 중시하는 기술

ⓓ 라이센싱에 의해 제공기업과 도입기업 모두가 이익을 얻을 수 있는 기술

② 이전기술의 적정가격

기술의 가격결정은 일반상품의 가격결정과는 매우 다르다. 일반적으로 유형재의 가격은 상품의 제조비용에 기업이 얻고자 하는 일정률의 이윤을 더하여 결정한다. 유형재와는 달리 무형재인 기술은 기술을 판매한다 하더라도 기술제공기업이 보유한 기술의 양은 감소하지 않는다. 바꾸어 말하면, 기술시장은 고도의 불완전시장이기 때문에 기술의 객관적인 국제시장가격을 파악하기 어렵다. 따라서 기술의 가격 협상 폭은 매우 커지게 된다. 극단의 경우를 가정한다면, 기술제공기업은 ⓐ기술이전비용만 받고도 기술을 판매할 수도 있고 ⓑ이전기술로 인해 획득한 도입기업의 이윤 전부를 기술이전의 대가로 요구할 수도 있다. 따라서 기술이전은 협상의 중요성이 커지며 이전기술의 적정가격이 국제라이센싱의 중요한 과제로 대두된다.

(2) 국제라이센싱사업의 수익성 분석

라이센싱의 사업타당성을 평가하기 위해서는 라이센싱을 통한 수익과 비용에 대한 분석이 선행되어야 한다.

① 라이센싱 수익의 평가

기술제공기업의 수익성 분석을 위해서는 라이센싱기간 내에 예상되는 수익에 대한 평가가 이루어져야 한다.

첫째, 계약기간 동안 기술도입국에서 발생할 기술도입제품(licensed product)의 예상판매량을 산정하여야 한다. 판매수량은 기술이전의 대가인 로열티를 산정하는 기준이 되기 때문이다.

둘째, 로열티 이외의 수익원을 규명하고 그 규모를 파악해야 한다. 기술이전에 따른 기타의 수익원은 다음과 같다.

ⓐ 기술자문료: 이전기술을 생산현장에 적용하는 것을 도와주는 기술서비스에 대한 대가

ⓑ 엔지니어링 및 건설 수수료: 이전기술을 활용할 공정과 공장을 구축하고 건설하는 데 필요한 기술서비스료

ⓒ 이전기술에 수반되어 발생하는 수출이익: 이전기술이 예상된 성능과 품질을 발휘하는

데 필요한 기계, 장비, 원재료, 부품 등의 수출에서 발생하는 이익

ⓓ 도입기업이 생산한 원료나 제품을 기술제공국가로 반입(buy-back)하여 재판매할 때 발생하는 이익 또는 비용 절감액

ⓔ 기술을 제공한 대가로 도입기업으로부터 받는 특허, 노하우, 상표의 경제적 가치

② 라이센싱 비용의 평가

기술제공기업은 라이센싱 계약기간 동안 기술이전과 관련하여 발생하는 모든 비용을 평가해야 한다. 여기에는 다음과 같은 세 가지 유형이 있다.

첫째는 기회비용(opportunity cost)이다. 기회비용이란 제공기업이 라이센싱계약을 체결하였기 때문에 포기한 수익을 말한다. 여기에는 ⓐ대체효과로 인한 기회비용과 ⓑ미래수익의 상실로 인한 기회비용이 있을 수 있다. 대체효과로 인한 기회비용이란 제공기업이 라이센싱계약을 체결하기 전에는 자신이 만든 제품을 현지시장에 수출하여 수익을 획득하였으나, 현지기업에게 기술을 이전한 후에 현지시장을 기술도입기업에게 양보하고 수출을 포기하게 되므로 손실된 수익을 말한다. 미래수익의 상실로 인한 기회비용이란 도입기업이 이전된 기술을 바탕으로 현지시장이나 제3국 시장에서 제공기업의 경쟁자로 등장하여 제공기업의 수익을 잠식하는 것을 의미한다.

둘째는 착수비용(start-up cost)이다. 이는 도입기업에게 기술을 이전하는 과정에서 발생하는 비용을 말한다. 여기에는 ⓐ적절한 도입기업을 발견하기 위한 시장조사비용 ⓑ기술이전 협상과 관련된 협상비용 ⓒ설계도나 여타 서류를 준비하는 데 소요되는 서류작성비용 ⓓ기술이전 수속이나 법적 절차 등에 소요되는 행정비용 ⓔ도입기업의 엔지니어링 및 공장설치와 관련된 서비스제공비용 등이 포함된다.

셋째는 유지비용(on-going cost)이다. 계약기간 동안 라이센싱계약을 유지하는 데 소요되는 비용으로 다음과 같은 것들이 있다.

ⓐ 종업원 훈련비: 도입기업의 종업원에 대한 정기교육 및 훈련비

ⓑ 관리비용: 라이센싱과 관련된 인력관리비, 현지국에서 제공기업의 특허나 상표를 관리하는 데 소용되는 비용

ⓒ 검사비: 기술이전 제품의 품질감독비, 원료 또는 생산공정 등과 관련된 각종 검사비용

ⓓ 거래관계 유지비: 분쟁해결비용 또는 통신비나 회의비 등 제공기업과 도입기업 간의

관계유지비용

ⓔ 자문비용: 경영자문, 마케팅자문, 구매자문 등의 제공과 관련된 비용

예상되는 수익과 비용의 분석 결과를 가지고 기술제공기업은 해당 라이센싱의 수익성을 평가할 수 있다. 그러나 라이센싱 수익은 계약기간에 걸쳐 여러 해 동안 발생하기 때문에 미래수익을 포함하게 된다. 라이센싱의 수익성을 보다 정확하게 평가하기 위해서는 계약기간 동안에 걸쳐 발생할 미래수익을 순현재가치로 평가하는 것이 바람직하다.

기술공여자가 수익성 분석을 토대로 협상에 나서면 기술이전의 수익구조에 대한 지식을 배경으로 교섭력이 증가되기 때문에 보다 유리한 협상을 전개할 수 있다.

(3) 라이센싱 협상 및 계약체결

① 가격협상

라이센싱협상에서는 이전되는 기술에 대한 가격협상이 가장 중요한 관건이 된다. [그림 8-3]은 가격협상의 규범적 모형을 나타낸 것이다. 그림은 이전되는 기술에 대한 제공기업의 매도가격(offer price)의 범주와 도입기업의 매입가격(bid price)의 범주의 공통부분이 가격협상의 범위가 됨을 시사한다.

제공기업의 매도가격의 범주는 하한가와 상한가로 이루어진다. 매도하한가는 제공기업의 기회비용과 기술이전비용만 고려된다. 한편, 매도 상한가는 ① 도입기업이 이전된 기술을 활용하여 창출해 낼 수 있는 수익 전부와 ② 도입기업이 다른 대체기술을 얻는 데 소요되는 예상비용 중에서 작은 쪽이 된다. 제공기업 입장에서는 가능한 한 상한가로 라이센싱 계약이 체결되도록 노력할 것이다.

도입기업의 매입가격 범주도 하한가와 상한가로 이루어진다. 매입하한가는 제공기업의 기술이전비용에 대한 도입기업의 자체 평가액이다. 대체로 도입기업은 기술이전에 따른 제공기업의 기회비용은 협상가격의 산출 시에 반영시키지 않으려고 한다. 따라서 도입기업의 하한가는 제공기업의 하한가보다 낮다. 상한가 책정에 있어서는 도입기업은 ⓐ이전기술을 활용하여 얻을 수 있는 최대이익 ⓑ유사한 기술에 대한 다른 공급자의 제시가격 ⓒ 유사한 기술을 도입기업이 직접 개발할 때 소요되는 비용이라는 세 가지 대안 중에서 최저

치를 선택하고자 한다.

[그림 8-3]에서 보듯이 두 기업 간 이전기술의 가격범주가 겹치는 부분, 즉 제공기업의 매도하한가와 도입기업의 매입상한가 사이에서 협상이 이루어진다. 다시 말해 기술의 이전가격은 이 범위 안에서 상대방의 교섭력과 기술수준에 의해 결정된다.

② **계약체결**

가격협상이 타결되면 최종적으로 라이센싱계약을 체결해야 하는데 이때 중요하게 취급되어야 할 사항은 다음과 같다.

ⓐ **기밀성 유지**

라이센싱을 통해 기술이 공개되면 기술의 가치가 떨어질 위험이 있다. 대체적으로 도입기업이 도입기술을 누설시키지 않도록 하는 조항을 삽입하게 된다. 그러나 계약이 종료된 후에도 기밀성을 유지하거나 해당기술의 사용을 금지하는 것을 요구하기도 하는데, 이러한 요구는 도입기업이 거절하는 것이 바람직하다. 기밀성 유지 조항은 첨단기술이거나 아직 상업화되지 않은 기술일 경우에 더욱 바람직하다.

ⓑ **지역권**

첫째, 도입국 내 독점권 여부: 도입기업은 도입국 내에서 독점적 라이센싱 지위를 확보하

그림 8-3 국제라이센싱의 가격협상 범위

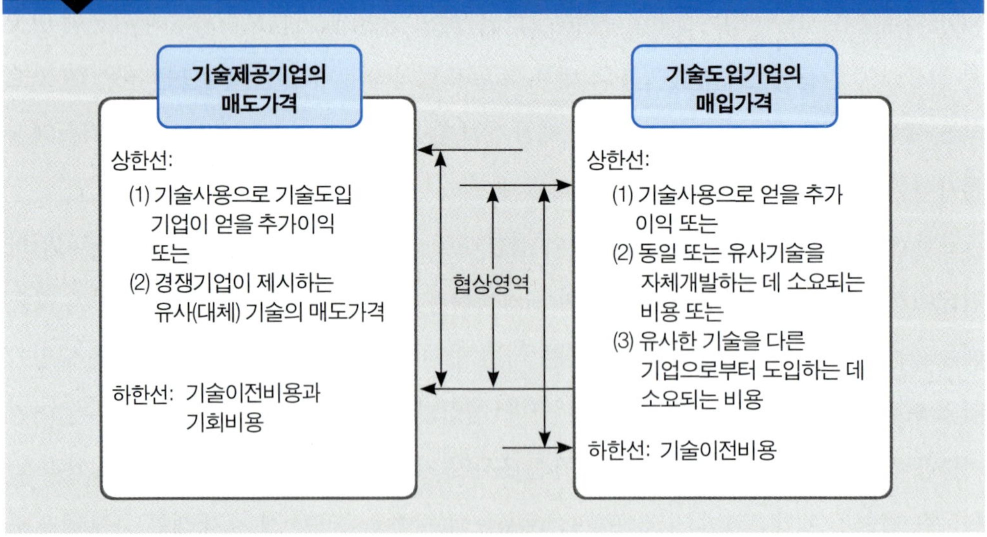

자료 : Root, F. (1987), *Entry Strategies for International Markett*, Lexington Books, p.100.

기를 원한다. 즉 도입기업에게 이전된 기술을 동일지역 내에서는 제공기업이나 제3의 기업이 사용할 수 없게끔 보장해 주기를 원한다. 그러나 제공기업은 장래에 현지국에서 자신이 직접 특허나 상표를 사용할 수 있도록, 또는 제3의 기업과 다시 라이센싱계약을 가질 수 있도록 하기 위해 가능한 한 독점적 라이센싱 계약의 체결을 꺼린다. 따라서 계약체결 시에는 도입국 내에서 독점적 라이센싱 여부를 분명하게 할 필요가 있다.

둘째, 판매지역의 범위: 도입기업의 판매지역 범위에 관한 문제이다. 즉 도입기업이 판매지역권 밖의 다른 지역으로 진출하는 것을 어떻게 효과적으로 방지할 수 있느냐 하는 것이다. 만약에 제공기업이 특정 도입국가 이외의 지역에서 자신의 기술 및 상표와 관련된 공업소유권을 등록해 놓았다면 도입기업은 라이센싱 제품(licensed product)을 제3국에 진출시킬 수 없다. 그러나 제공기업이 자신의 공업소유권을 제3국에 등록해 놓지 않았다면 도입기업이 라이센싱 제품을 제3국으로 수출할 수도 있다. 이러한 경우를 방지하기 위해 기술제공기업은 라이센싱계약에 도입기업은 판매지역권 밖에 있는 제3국으로 라이센싱 제품을 수출할 수 없다는 조항을 삽입하는 것이 바람직하다.

ⓒ **라이센싱 제품의 품질관리**

도입기업이 생산한 라이센싱 제품의 품질이 떨어지는 경우에는 기술제공기업의 이미지가 크게 훼손될 가능성이 크다. 제공기업에서는 품질수준 유지를 위해 도입기업의 생산활동 감독, 라이센싱 제품의 품질검사 방법, 특정의 원자재사용 및 장비사용 의무화 등과 같은 사항을 라이센싱계약에 규정해 놓을 필요가 있다. 그러나 도입기업 입장에서 보면, 원자재의 공급처 한정, 제공기업에 의한 품질검사 등은 일종의 결부조항(tie-in clause)으로 작용하여 제공기업의 기회주의적 행동이 발생할 가능성을 우려하지 않을 수 없다. 도입기업에서는 이러한 결부조항이 가능한 한 객관성이 보장되어 공급기업의 기회주의적 행동을 억제할 수 있는 장치를 라이센싱계약에 마련하여야 한다. 예를 들면, 부품공급은 시장가격에 의한다는 규정이나, 품질검사는 기술제공기업 이외에도 국제적으로 공인된 장소에서도 할 수 있다는 규정 등을 계약서에 삽입하는 것이 바람직하다.

ⓓ **분쟁해결**

양측의 의견 불일치로 분쟁이 발생하는 경우에 분쟁을 해결할 수 있는 규정을 명시하는 것이 바람직하다. 대부분의 분쟁은 계약내용을 토대로 상호간의 의견조정을 통하여 내부적으로 해결되나, 내부조정이 이루어지지 않을 경우에는 외부의 중재가 필요하다. 법적인 소송은 많은 시간과 비용이 필요하므로 가급적 소송은 피하도록 하는 것이 바람직하다. 분쟁소송을 방지할 수 있는 보편적인 방법은 계약 체결 시에 미리 분쟁해결 조항, 즉 분쟁발생 시에는 양측이 상호간에 협약된 중재규정에 의거하여 분쟁을 해결하도록 한다는 내용을 명시해 놓는 것이 바람직하다.

ⓔ **로열티의 형태**

로열티란 기술도입기업이 특정 기술을 도입하는 대가로 부담하는 직접비용으로, 크게 세 가지 유형으로 나누어 볼 수 있다.

첫째, 일시지급금(lump-sum fees): 계약과 동시에 로열티를 일시불로 지급하는 방법이다. 이는 이전기술의 성격상 단기간에 완전히 이전될 수 있고, 또 도입기업이 도입기술을 일괄해서 소화하고 흡수할 수 있는 능력이 있는 경우에 이용된다. 로열티 지급 이후에 발생하는 위험은 도입기업의 책임이 된다.

둘째, 경상실시료(running royalties): 계약기간 동안 정액법 또는 정율법에 의해 산출된 로열티를 정기적으로 지급하는 방식을 말한다. 정액법은 로열티를 특정기준(예: 제품 단위당)의 일정액에 의하여 산출하는 것으로 생산이 본궤도에 진입하여 제품가격이 인하되더라도 기술 대가는 정액이므로 영향을 받지 않는다. 따라서 공급기업에게 유리하나, 도입기업의 입장에서 보면 생산량이 늘어 제품가격이 인하되더라도 정액제 로열티는 변하지 않으므로 제품단위당 로열티 비중은 늘어나게 되어 대량생산의욕이 저하될 수도 있다. 정율법은 특정기준의 일정률에 의하여 로열티를 산출하는 것으로 대량생산에 진입하여 제품가격이 인하되면 제품단위당 로열티도 떨어진다. 따라서 도입기업에게 유리하다. 그러나 장기적으로 보면 도입기업의 생산의욕 제고는 판매량 증가를 의미하므로 제공기업에게도 유리하게 된다.

셋째, 혼합방식: 일시지급금과 경상실시료를 혼합한 형태로, 계약금으로 일시지급금을 받고 계약기간 동안 매년 경상실시료를 받는 방식이다.

ⓕ **기타 사항**

첫째, 계약기간의 기산일: 계약기간의 기산일을 명시하는 것이 바람직하다. 일반적으로는 최초의 생산 개시일로부터 계약기간이 시작되는 것으로 보나 경우에 따라서는 계약 서

명일을 기산일로 간주하기도 한다. 이러한 경우에는 제조설비를 설치하는 데 소요되는 기간도 계약기간에 포함되므로 주의를 요한다.

둘째, 계약기간의 길이: 제공기업은 매력적인 시장에서는 가능한 한 계약기간을 장기로 할 것을 요구하는 경향이 있다. 이는 시간이 경과하면 생산이 본궤도에 오르고 이에 따라 제공기업이 수령하게 되는 로열티 수입도 증가하기 때문이다. 그러나 도입기업은 반대의 입장이다. 따라서 도입기업이 계약기간을 결정할 때에는 ① 도입기업 종업원이 이전기술을 습득하는 데 필요한 기간 ② 제공기업에 대한 지속적인 기술의존의 필요성 여부 ③ 제공되는 기술의 특허만료기간 등을 고려하는 것이 바람직하다. 도입되는 기술의 특허만료 후에는 기술사용료를 인하할 것을 요구할 수 있다.

셋째, 기술정보의 범주: 라이센싱 제품을 생산하는 데 필요한 기술의 범주를 명확히 하는 것이 바람직하다. 예를 들면, 이전대상이 되는 핵심기술, 매뉴얼, 공정관련기술, 도면, 노하우 등 구체적인 기술 패키지를 계약서에 명시하는 것이 좋다.

넷째, sublicensing문제: 도입기업은 이전기술을 최대한 활용하기 위하여 지정된 시장 내에서 타 생산자에게 재라이센싱할 수 있다는 조항을 삽입하기를 희망하나, 공급기업의 입장에서는 기술의 유출 가능성 때문에 꺼린다. 만약 sublicensing을 허용하는 경우에는 기간, 조건 등에 관하여 기술제공자가 관여할 수 있는 여지를 남겨 놓는 것이 바람직하다.

8-3 기타의 제휴방식

8-3-1 국제프랜차이징

글로벌시장에서 한 기업이 제조부터 소매에 이르기까지 모든 단계를 장악하여 사업을 전개하기는 쉽지 않다. 특히 소비자에게 가까이 다가가는 집약적인 유통경로가 요구되는 서비스업에서 한 기업이 모든 단계를 담당하여 글로벌 차원에서 사업을 전개한다는 것은 불가능에 가깝다. 이러한 어려움을 해결하는 데 도움을 주는 시장진출 전략이 프랜차이징(franchising)이다.

국제프랜차이징이란 공여기업(franchisor)이 상표나 상호의 사용권과 더불어 관리시스템까지 가맹기업(franchisee)에게 일괄 제공하여 운영을 지원해 주고, 가맹기업은 일정지역에서 점포나 판매시설을 제공하여 양자가 공동으로 경영에 참가하는 방식이다. 가맹기업의 소유권은 독립되어 있으며, 공여기업은 프랜차이징에 따른 수수료를 받고 가맹기업의 운영에 필요한 경영방식, 품질관리, 조직 및 운영에 관한 지원, 마케팅 지원 등을 공급한다. 따라서 공여기업은 해외시장에서 점포 등과 같은 설비투자를 하지 않고도 자사의 브랜드와 상품을 강력하게 마케팅할 수 있다. 프랜차이징은 제품의 성격상 수출이 어렵고, 해외투자를 기피하며, 생산과정이 쉽게 이전될 수 있는 경우에 적합하다. 따라서 프랜차이징의 대상은 피자헛, 맥도날드, 켄터키치킨과 같은 음식점과 쉐라톤, 하이얏트와 같은 호텔 등 서비스업종에서 많이 채택되고 있다.

(1) 프랜차이징의 장점

① 공여기업(franchisor)이 좋은 이미지를 가지고 있으면 적은 자본으로 해외시장 진출과 확대가 가능하다. 예를 들어 패스트푸드 기업의 경우, 해외시장에서 자신이 직접 매장을 운영하는 것보다는 프랜차이징으로 진출하는 것이 비용 면에서 훨씬 효율적이다. 일반적으로 본사의 기업이미지가 가맹기업에게 가장 큰 매력으로 작용한다.

② 프랜차이징은 표준화전략을 택하고 있기 때문에 진출국 수가 많을수록 평균 진출비용이 낮아진다. 즉 프랜차이징은 제품, 실내장식, 광고, 관리서비스 등에서 표준화 전략을 추구하기 때문에 전 세계적으로 통일된 이미지를 유지할 수 있고, 비용 면에서도 규모의 경제효과를 얻을 수 있다.

③ 공여기업은 해외시장에서 가맹기업에게 강력한 통제권을 행사할 수 있다. 프랜차이징은 브랜드만이 아니고 품질관리, 경영방식, 마케팅지원 등을 전수하기로 하는 계약이므로 라이센싱보다 훨씬 강력한 통제력을 행사할 수 있다.

④ 가맹기업(franchisee)의 입장에서도 많은 이점이 있다. 공여기업은 좋은 이미지의 상표

그림 8-4 국제프랜차이징의 개념

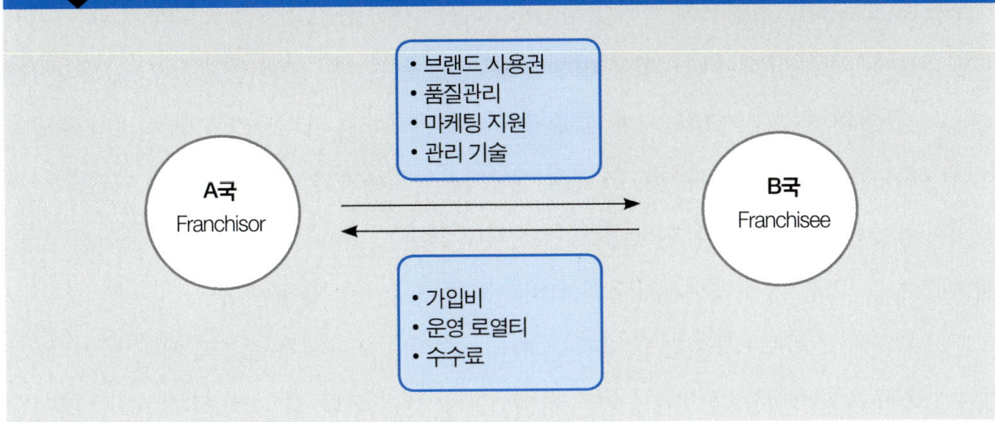

사용권과 더불어 제품과 촉진 측면에서 지속적으로 지도와 지원을 해줄 수 있으므로 가맹기업은 사업에 대한 위험부담을 경감할 수 있다. 또한 사업을 시작하기 전에 입지선정, 종업원 교육, 장비 및 설비 구입 등 전반적인 창업지도를 제공받을 수 있다. 따라서 자본이나 사업경험이 적은 업주가 쉽게 창업을 할 수 있다.

(2) 프랜차이징의 단점

그러나 프랜차이징에도 ① 기술이나 노하우가 유출되어 경쟁자를 양성할 가능성 ② 브랜드에 대한 이미지가 훼손될 가능성 ③ 독립적인 운영주체인 가맹기업에 대한 경영통제의 한계가 큰 점 ④ 프랜차이즈계약에 대한 현지국 정부의 규제 등과 같은 단점이 있다. 또한 공여기업의 획일화된 통제가 현지 사정에 맞지 않을 경우에는 가맹기업과 갈등의 소지가 커진다는 단점도 있다.

8-3-2 국제관리계약

국제관리계약(international management contract)이란 특정국가의 기업이 계약을 통해 현지국기업의 경영활동을 관리할 권한을 위임받아 필요한 경영서비스를 제공하고 일정한 대가를 수령하는 것을 말한다. 관리계약이 발생하는 동기는, 호텔 등 특수한 관리기술이나 노하우를 필요로 하는 기업에서 이러한 자질과 경험을 가진 관리자를 필요로 하기 때문이다. 관리계약에서는 일상적인 관리활동이나 영업활동만을 관여할 뿐이지, 신규투자, 해외시장 진출, 신규업종 진출, 기업정책의 변경과 같은 기업전략에는 관여하지 못하는 것이 보편적이다. 예를 들어, 호텔산업의 경우 소유회사는 자산관리에만 전념하고 관리를 위임받은 관리회사는 호텔의 구매, 영업, 인사 등 경영에 대해 책임을 맡아 소유와 경영이 분리된다. 호텔, 레스토랑, 병원, 전산업무관리 등의 서비스 분야에서 주로 활용된다.

관리계약이 발생하는 동기는 ① 특수한 관리기술이나 노하우를 필요로 하는 업종 ② 개발도상국이 특정기업을 관리하기 위한 경영기법을 갖지 못한 경우 ③ 현지기업이 경영상 어려움에 부딪친 경우, ④ 공장설비를 판매한 기업이 당분간 그 사업체를 위탁경영하게 되는 경우 등이 있다.

관리계약은 낮은 위험으로 해외시장에 진출한다는 장점은 있으나, ① 수익은 계약기간 동안으로 제한되고 ② 해외시장에 확실한 교두보를 구축하지 못하고 ③ 자사제품의 시장위치에 별다른 영향을 줄 수 없기 때문에 제조기업 입장에서 보면 그리 만족스러운 해외시장 진출방식은 아니다. 그러나 관리계약은 합작투자나 턴키 프로젝트와 결합되어 사용될 때에는 바람직한 효과를 기대할 수 있다. 예컨대, 국제합작투자에서 현지정부가 해외파트너의 소유권 비율을 제한하는 경우에 해외파트너가 합작투자기업의 경영권에 실질적으로 영향력을 행사하기 위한 수단으로 관리계약을 활용할 수 있다. 결국 관리계약은 다른 계약과 더불어 사용될 때 유용성이 커지는 전략이라 하겠다.

8-3-3 국제턴키프로젝트

(1) 국제턴키프로젝트의 개념

턴키프로젝트(turnkey project)란 기업이 해외에서 공장이나 기타 산업시스템을 발주받아 설계·건설한 다음에 가동할 준비가 되면 공사발주자에게 인도하기로 하는 계약형태이다. 일명 일괄수주계약 또는 플랜트 수출(plant export)이라고도 한다. 턴키프로젝트는 각 프로젝트마다 각기 상이한 특성을 지니고 있고 그 내용도 서로 다르기 때문에 표준적인 계약을 이용할 수는 없으나 통상적으로 이 방식에서는 엔지니어링기술과 노무관리 및 경영관리 기법이 복합적으로 이전되는 것이 일반적이다. 턴키공사는 프로젝트에 설비공급을 하는 산업설비 제조업자가 주로 맡는다. 대개 건설과 관련된 대형업체가 해외의 발주자를 위하여 발전소, 정유소, 화학공장, 고속도로, 공항, 항만 등을 건설하여 가동직전의 단계에서 발주자에게 넘겨주는 방식을 취한다.

발전소나 화학공장 등은 공사 완료 후 관리요원이 새로운 시설을 충분히 이해하고 운영할 수 있도록 교육훈련이 필요하다. 이러한 경우 시설물의 건설완료 후 현지종업원에게 필요한 교육이나 경영관리 훈련과 같은 서비스를 추가로 제공하게 되는데, 이를 턴키플러스(turnkey plus)라고 한다. 턴키프로젝트는 건설 및 엔지니어링 능력이 부족한 산유국이나 개발도상국을 대상으로 많이 활용되고 있다.

(2) 국제턴키프로젝트 참여 방법

턴키프로젝트는 규모가 크고 공사 구성이 설계, 자재구매, 시공, 시운전 등으로 구성되기 때문에 다양한 참여 방식이 존재한다. 기업이 국제턴키프로젝트에 참여하는 방법은 크게 세 가지로 나누어 생각할 수 있는데, ① 주계약자 입장에서 일괄수주의 턴키방식으로 참여하는 방법과 ② 여러 기업이 다양한 경쟁우위를 결합하여 참여하는 컨소시엄 방식과 ③ 주계약자의 하청업체로 참여하는 방법이 있다. 기업이 보다 많은 턴키프로젝트를 수주하기 위해서는 저가의 공사비도 중요하지만 국제턴키프로젝트의 경험, 설계 및 시공에 대한 기술력, 금융능력, 관리능력 등을 구비하여야 한다.

(3) 국제턴키프로젝트의 위험과 위험회피 방안

턴키프로젝트는 발주자가 주로 정부나 대규모 국영기업체인 관계로 계약조건이 까다롭다. 따라서 턴키프로젝트는 계약취소, 강압적이 재협상, 하자 및 이행지체에 대한 은행의 보증 요구 등과 같은 정치적 위험을 수반하기도 하고, 장기간의 계약기간 중 정치적인 변화로 계약이 중단되거나 지불이 중지되는 경우도 있다. 따라서 이러한 정치적 위험을 예방하거나 대비하는 조치가 마련되어야 하는데, 여기에는 ① 계약서에 중재나 불가항력 조항을 설정하거나 ② 보험을 통해 위험을 회피하거나 ③ 컨소시엄을 구성하여 위험부담을 분산시키는 방법 등이 있다.

턴키프로젝트의 대금 지불은 대개 공사의 진행에 따라 단계적으로 이루어지는데 계약기간이 장기이므로 물가상승의 위험과 환율변동의 위험에 노출되어 있다. 이를 피하기 위하여 물가상승률에 따라 계약액을 조정하는 조항을 계약에 삽입하기도 한다. 환위험을 피하기 위해서는 대금지급통화를 강세통화로 지정하거나 환위험관리 기법을 사용하는 것을 고려해 보아야 한다.

8-3-4 국제계약생산

국제계약생산(international contract manufacturing)은 라이센싱과 해외직접투자의 절충형이라고 할 수 있다. 계약생산은 글로벌기업이 해외의 독립된 제조업체로 하여금 일정한 계약 조건하에 제품을 생산하게 하여 현지시장이나 제3국에 판매하는 것을 말한다. 일반적으로 글로벌기업은 자사가 요구하는 품질을 확보하기 위해 현지 제조업자에게 기술을 이전해 주거나 기술을 지원해 준다. 이 경우 두 기업 간의 협상에 따라 기술이전이나 기술지원에 대하여 별도의 라이센싱계약을 체결하기도 한다.

대개 계약생산은 ① 해외 고객에게 자사가 직접 공급할 수 있는 생산 여력이 부족하거나 ② 현지시장이 협소하여 직접투자 방식의 진출이 타당하지 않는 경우 ③ 현지 정부가 운용하는 무역장벽 때문에 수출경로를 통해서는 해외 고객에게 제품을 공급하기가 어려운 경우에 많이 사용된다.

계약생산의 장점으로는, ① 자본과 경영자원이 적게 소요되고 ② 해외시장에 신속하게 침투할 수 있으며 ③ 현지시장에서 소유에 따른 문제를 회피할 수 있으며 ④ 라이센싱과는 달리 생산된 제품을 위탁자가 직접 판매하기 때문에 마케팅과 애프터서비스에 대한 통제력을 발휘할 수 있다는 점이다. 계약생산의 단점으로는, ① 적절한 현지 제조업자를 발견하기가 어렵고 ② 현지에서 생산되는 제품의 품질을 원하는 수준까지 끌어올리기 위해서는 기술지원을 해야 하며 ③ 그 결과 현지생산기업이 미래의 경쟁자로 등장할 위험이 있다는 점이다.

토의문제

1. 국제 전략적 제휴의 주요 동기와 유형을 설명하시오.
2. 좋은 제휴파트너를 선정하기 위한 기준을 설명하시오.
3. 국제라이센싱의 특성과 문제점을 설명하시오.
4. 국제기술이전의 주요 과제를 설명하시오.
5. 국제라이센싱의 가격협상 범위를 설명하시오.
6. 국제프랜차이징의 개념과 장단점을 설명하시오.
7. 국제턴키프로젝트의 개념과 장단점을 설명하시오.
8. 국제관리계약의 개념과 장단점을 설명하시오.

참고문헌

반병길, 이인세(2015), 『다국적기업 전략과 관리』, 박영사.

이철(2015), 『글로벌경영』, 학현사.

장세진(2015), 『글로벌경영』, 박영사.

조선비즈 http://biz.chosun.com/site/data/html_dir/2015/12/25/2015122501517.html

한국경제 http://www.hankyung.com/news/app/newsview.php?aid=2016011529771&intype=1

Contractor, F. J.(1981), *International Technology Licensing*, Lexington Books.

Contractor, F. J., and P., Lorange(1988), *Cooperative Strategies in International Business*, Lexington Books.

Hill, C. W.(2003), *International Business*, McGraw-Hill.

Root, F. R. (1998), *Entry Strategies for International Markets*, Lexineton Books.

Chapter 09

해외직업투자전략

9-1 해외직접투자의 의의

9-2 해외직접투자 결정과정

9-3 해외직접투자가 현지국에 주는 영향

9-4 현지국의 정책과 글로벌기업의 대응전략

GLOBAL
MANAGEMENT

한 기업이 다른 기업에 비해 경쟁우위를 가지고 있다면, 해외직접투자는 해외의 보호무역정책에 대한 대응수단을 개발하고자 할 때 그리고 해외시장의 니즈를 더 잘 충족시켜서 더 많은 이익을 얻고자 할 때에 기업이 국제비즈니스 활동에서 활용할 수 있는 가장 적극적인 전략적 대안이 된다.

9-1 해외직접투자의 의의

9-1-1 해외직접투자의 개념과 특징

(1) 해외직접투자의 개념

해외직접투자(foreign direct investment)는 기업이 해외에서 경영참여나 지배권을 행사함으로써 직접 사업을 수행하기 위하여 투자하는 것을 말한다. 따라서 해외직접투자는 자본뿐 아니라 무형의 경영자원인 기술, 특허, 상표, 경영노하우 등 기업의 각종 자원이 패키지 형태로 해외에 이전되는 특징이 있다. 해외직접투자는 앞에서 살펴본 수출이나 계약에 의한 방법에 비하여 해외사업에 대해 보다 강력한 통제력을 갖는다. 그러나 기업의 해외진출 방식 중에서 가장 위험도가 높은 전략이다.

우리나라 기업의 해외시장진출 방식 중에서 가장 활용도가 높은 방식이 수출과 해외직접투자 방식이라 할 수 있다. 수출이 기업이 보유한 생산요소들을 활용하여 국내에서 생산한 제품을 해외에 판매하는 방법이라면, 해외직접투자는 기업이 보유한 자본·생산기술·경영기술 등의 생산요소를 해외로 이전하여 해외의 노동·토지 등과 결합하여 생산 및 판매를 하는 것이라는 점에서 대조가 된다.

(2) 해외직접투자의 특징

해외직접투자의 특징은 다음과 같다.

첫째, 해외직접투자는 해외에서 단순히 이자나 배당소득만을 목적으로 하는 해외간접투자와는 달리, 해외사업에 대하여 직접적으로 영향력을 행사하여 경영권 지배를 목적으로 한다. 그러나 해외간접투자나 해외직접투자가 주식시장을 통해 이루어지는 경우에는 투자형태상 공통점이 많고 외견상 구분이 곤란하므로, 경영지배권 확보 여부를 출자비율에 의해 구분하여 일정수준 이상의 주식 보유를 직접투자로 보는 것이 일반적이다. 이에 관하여 명확한 기준은 없으나 대개 출자비율 25% 이상을 직접투자로 간주한다.

둘째, 해외직접투자는 자본 이동뿐만 아니라 유·무형의 경영자원, 즉 공장이나 설비와 같은 유형자원, 경영관리기법, 특허, 노하우, 상표와 같은 무형자원, 그리고 경영자나 기술자와 같은 인적자원을 포함한 포괄적인 이전을 의미한다는 점에서 수출이나 라이센싱과는 구별된다.

셋째, 해외직접투자는 국내기업이 수출 및 해외지향 경영에서 다국적기업 및 글로벌기업으로 전환하기 위한 필요조건이다. 해외직접투자는 기업이 해외시장에 생산자회사를 설립하기 위한 투자를 하는 것을 의미하며, 이러한 생산자회사를 여러 국가에 지니고 있을 때 다국적기업이라 한다. 한 걸음 더 나아가 해외직접투자를 통하여 해외시장에서 생산자회사를 비롯한 여러 유형의 자회사를 네트워크로 묶어 세계시장에서 통합적이고 유기적인 경영을 수행하는 기업을 글로벌기업이라 한다.

9-1-2 해외직접투자의 동기와 유형

1) 해외직접투자의 동기

해외직접투자의 동기는 기업이나 산업 또는 국가에 따라 서로 다른 양상을 보일 수 있으나 여러 연구들을 종합적으로 요약해 보면 대체로 다음과 같은 몇 가지 유형으로 분류할 수 있다.

사례 9-1

삼성, 중국 전기차 BYD에 5000억 투자

유상증자 참여 지분 2% 확보… 전장부품·배터리 사업 강화

삼성전자가 세계 1위 전기자동차 회사인 비야디(比亞迪·BYD)에 약 5,000억원을 투자한다. 세계적으로 미래 신성장동력으로 주목받고 있는 전기차의 부품 및 배터리 사업을 확대하면서 중국과의 전략적 협력관계를 다지기 위한 포석으로 해석된다.

14일 투자은행(IB) 업계와 산업계에 따르면 삼성전자 중국법인은 BYD가 추진하고 있는 유상증자에 참여하기 위해 총 30억위안(약 5,000억원)을 투자하기로 했다. 이를 위해 BYD 측과 신주 인수를 위한 주식매매계약(SPA)을 이미 체결했으며 이날 계약금을 송금했다. 다음주 신주 배정이 완료되면 삼성전자는 약 2%의 BYD 지분을 갖게 된다. 업계 관계자는 "5% 미만이어서 경영권에 영향을 미칠 수 없지만 BYD와 협력할 수 있는 토대를 처음으로 마련했다는 점에서 큰 의미가 있다"고 말했다.

BYD는 배터리 제조회사로 출발해 미국 테슬라와 일본 닛산 등을 제치고 세계 전기차 판매량 1위를 달리고 있는 업체다. 지난해 6만 1,722대의 전기차를 판매했으며 매출은 776억위안(약 13조 5,000억원)을 기록했다. 시가총액은 487억위안(약 8조 2,000억원) 수준이다. 2008년에는 '투자의 귀재'로 불리는 워런 버핏 벅셔해서웨이 회장이 지분 10%를 사들이면서 화제를 모았다.

삼성은 이번 투자를 계기로 BYD와 전략적 협력관계를 구축, 글로벌 전기차 시장이 커지는 만큼 삼성전자 부품 사업도 수혜를 보는 구조로 관련 사업을 전면 재편하기로 했다. 중국당국 규제 등으로 현지 판매에 어려움을 겪고 있는 삼성SDI의 배터리 사업에도 활로가 트일 것으로 기대하고 있다. BYD는 이번 증자에 삼성전자 외에도 다른 전략적 투자자를 끌어들이고 있는 것으로 알려졌다.

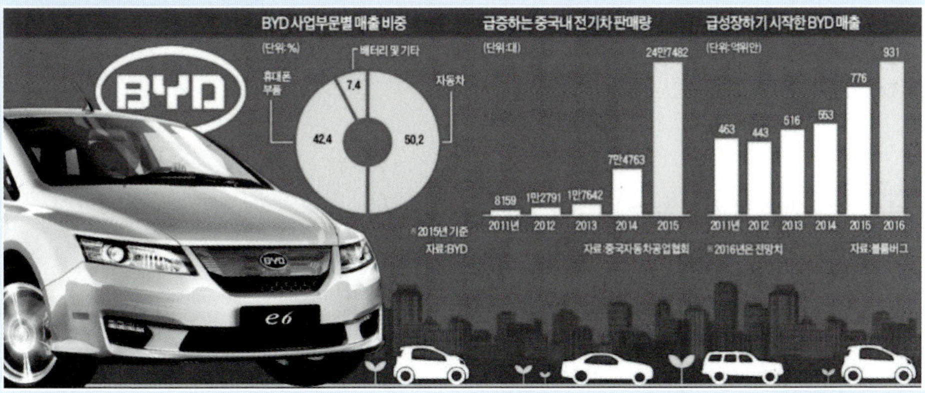

자료: hankyung.com, 2016. 07. 15. 요약 발췌

(1) 시장추구 동기

기업은 현지시장에 진출하여 ① 시장점유율을 확대하기 위하여 ② 이미 확보한 해외시장을 방어하기 위하여 ③ 주요 고객기업에게 계속 서브하기 위하여 해외직접투자를 실시한다.

첫째는 적극적 동기로서, 현지시장의 규모가 클 경우에 현지시장에 진출하여 현지시장을 보다 효율적으로 개발하고 확대하기 위해서이다. 즉 현지시장에 직접투자를 실시하여 현지수요를 보다 잘 충족시킬 수 있는 상품을 개발하고, 현지시장에 적절한 가격전략, 유통전략, 광고전략 등을 실시함으로서 현지시장 점유율을 확대하기 위해서이다.

둘째는 방어적 동기로서, 현지시장에 진출하여 생산과 마케팅 활동을 직접 수행함으로써 수입 규제를 회피하고 현지의 경쟁자를 견제하기 위해서이다. 특히 최근에는 지역경제공동체의 출현이 가속화됨에 따라 EU 등과 같은 지역경제공동체에 참여하지 못한 역외국들은 무역에서 상대적으로 불리한 처지에 놓이게 되는데, 이를 극복하기 위해 역외국의 기업들은 지역경제공동체에 직접투자를 실시하여 역내 현지시장에서 생산과 마케팅을 수행하는 경향이 있다.

셋째는 고객기업을 서브하기 위해서이다. 예컨대, 자동차나 가전제품과 같은 조립업체가 해외에 진출하여 현지생산활동을 전개하는 경우에는 국내에서 그 기업에 부품을 납품하던 부품공급업체 역시 최종 조립업체와 동반하여 해외직접투자를 해야 할 필요성이 커진다.

(2) 자원개발 동기

기업은 부존자원을 안정적으로 확보하기 위해 해외로 진출한다. 특히 1970년대의 오일쇼크 이후 원재료를 안정적으로 공급받는 것이 매우 중요해졌기 때문에 부존자원의 안정적 확보를 위한 해외직접투자가 크게 증가하였다.

여기에는 두 가지 차원이 있는데 첫째, 내수 차원으로, 원자재의 해외의존도가 높은 국가의 기업이 자국에서 사용할 원자재를 해외지역에서 개발·도입하기 위하여 해외직접투자를 한다. 자원보유국에 접근하기가 어려운 경우에는 자원보유국의 현지기업을 인수함으로써 안정적으로 원자재를 공급받을 수 있다.

둘째, 세계 수요 국가차원으로 글로벌기업이 글로벌시장에 판매할 자원을 개발할 목적으로 자원보유국에 해외직접투자를 늘이고 있다.

(3) 생산효율 추구 동기

글로벌기업의 해외직접투자는 효율적인 입지선정 내지 지역적인 배치를 통해 범세계적으로 원가상의 우위를 달성하려는 의도로 이루어지는 경우가 많다. 첫째는, 생산효율성을 높이고자 요소가격이 낮은 지역으로 생산설비를 이전하는 경우가 크게 늘고 있다. 예컨대, 글로벌기업은 해외직접투자를 통해 비교우위가 있는 지역에 가치사슬을 효율적으로 배치함으로써 원가상의 우위를 이룩할 수 있다. 둘째는 유리한 입지에 생산시설을 집중 배치함으로써 규모의 경제를 활용할 수 있다. 예컨대, 글로벌기업은 저비용생산기지에 생산자회사를 집중 배치하여 여기에서 생산된 제품을 세계 각국에 수출함으로써 규모의 경제를 활용할 수 있다. 셋째는 수출물류비가 높은 경우에는 현지에서 생산하는 것이 가격경쟁력을 높여준다. 본국에서 생산한 제품의 수출물류비가 높아서 수출품의 해외시장가격이 현지생산원가보다 높은 경우에는 해외직접투자를 통하여 해외 현지시장에서 생산하는 것이 바람직하다. 이러한 경우에는 물류비의 절감뿐 아니라 수출품에 부과되는 보험료, 수입상 마진, 관세 등과 같은 각종 가격누증 요인도 절감할 수 있다.

(4) 기술 및 경영자원의 획득 동기

해외의 선진기술이나 현지의 유통망 등의 경영자원을 습득하고자 해외직접투자를 시도하는 경우도 있다. 예를 들면, 1990년대에 LG전자는 미국의 가전업체 제니스 사를 인수함으로써 기술과 미국 유통망을 확보하고자 하였다. 첨단 의료기 제조업체 메디슨도 오스트리아의 크레츠 테크닉 사를 인수하여 유럽에서 유통망을 손쉽게 확보할 수 있었다. 최근 글로벌경쟁이 점차 치열해짐에 따라 첨단기술이나 경영자원을 보유하고 있는 외국 기업을 인수하여 글로벌경쟁에서 유리한 고지를 점하고자 하는 기업이 점차 늘고 있어 기술 및 경영자원 획득이 해외직접투자의 주요 동기로 작용하고 있다.

(5) 전략적 동기

기업은 자신의 합리적인 투자타당성 분석에 의해 해외직접투자를 하기보다는 경쟁적 동기에 의해 해외직접투자를 실시하기도 한다. 여기에는 크게 두 가지 유형이 있다. 첫째는 선발기업추종형 해외직접투자이다. 이는 과점적 경쟁관계에 있는 경쟁업체들 중 한 기업이 해외직접투자를 통해 해외생산거점을 확보한 경우에, 앞으로 경쟁의 균형이 무너질 것에 불안을 느낀 다른 기업이 이것을 해소하기 위하여 선발기업을 추종하여 유사한 지역에 해외직접투자를 실시하는 경우이다.

둘째는 상호투자형 해외직접투자이다. 이는 외국의 경쟁기업이 국내시장에 진출하는 경우 그 방어책으로 해당기업의 모국에 진출하는 경우이다. 외국의 경쟁기업이 국내시장에 진입하여 저가격전략 등으로 국내시장을 교란할 경우에 상대기업의 모국에 진출하여 대응전략을 구사함으로써 경쟁기업의 전략을 견제할 수 있다. 글로벌시장은 시장 간 연계가 유기적으로 이루어져 있기 때문에 모국시장에서 경쟁기업의 시장교란전략을 방어할 수 없다면 세계시장에서도 시장점유율을 유지하기 어렵게 된다.

(6) 이윤추구 동기

기업이 해외기업에 비하여 독점적 우위를 지니고 있고 해외시장에 충분한 잠재수요가 있으면 해외직접투자를 통하여 그 우위를 실현시킬 수 있다. 따라서 기업은 자사의 독점적 우위를 활용하여 제품을 차별화하고 이를 통하여 초과이윤을 획득하고자 해외직접투자를 하게 된다.

(7) 정부지원추구 동기

기업의 해외직접투자는 때때로 본국정부의 지원정책이나 현지국정부의 유인정책에 기인하는 경우도 있다. 선진국은 자국기업의 해외시장 상실을 우려하여 해외직접투자를 지원하기도 하며, 개발도상국은 기술이전, 자금유입 등을 통한 자국경제의 활성화를 위해 외국인 투자에 각종 지원책을 제공하기도 한다. 그러나 유인에 의존하여 해외직접투자를 실시하기 전에 현지시장의 시장성에 관한 조사가 반드시 선행되어야 한다.

2) 해외직접투자의 유형

해외직접투자의 유형은 크게 소유권을 기준으로 한 분류와 설립방식에 따른 분류로 구분된다. 이러한 분류기준에 의할 경우 해외직접투자는 단독투자 이외에도 합작투자와 인수합병의 유형이 있다. 여기서는 합작투자와 인수합병을 설명한다.

(1) 국제합작투자

국제합작투자는 국적이 다른 합작파트너와 투자자금 및 각종 위험을 분담하는 형태의 해외직접투자이다. 해외합작파트너는 현지의 기업이나 정부가 일반적이나 경우에 따라서는 제3국의 기업이 나설 수도 있다. 합작투자의 장점은 다음과 같다.

① 합작파트너의 도움으로 현지시장 상황에 대한 정보를 신속히 입수할 수 있고 현지파트너의 장점을 이용할 수 있어, 현지시장에서 생산과 마케팅에 관한 네트워크를 구축하는 데 유리하다.

② 합작투자를 하기 때문에 투자비용을 줄이거나 부족한 경영자원을 공유함으로써 투자위험을 줄일 수 있다.

③ 현지파트너와 합작을 하기 때문에 현지기업의 이미지를 나타낼 수 있어, 현지에서 마케팅전략을 실시할 때 내서널리즘의 저항을 적게 받고 정치적 위험도 크게 줄일 수 있다.

④ 단독투자를 허용하지 않는 국가에 진출하고자 하는 경우에는 합작투자가 효과적인 방법이 될 수 있다. 또한 현지국가로부터 여러 가지 유형의 투자유인을 제공받을 수 있다.

⑤ 기업자원이 부족한 기업은 국제합작투자를 활용하여 보다 많은 해외시장에서 현지생산·현지마케팅 활동 등을 전개할 수 있다.

그림 9-1 해외직접투자의 투자유형 선택

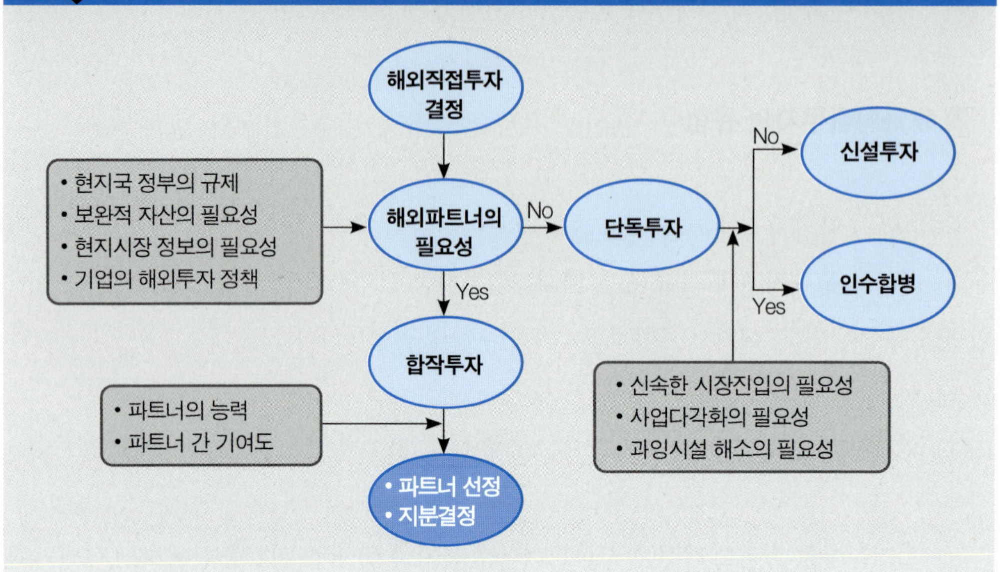

그러나 국제합작투자는 다음과 같은 단점을 가지고 있다.

① 서로 다른 국적과 서로 다른 경제적·문화적 배경을 갖고 있는 기업들이 국제합작투자에 참여하기 때문에, 합작파트너 사이에 문제점 규명·해결대안 창출·의사결정 등에서 갈등이 발생할 확률이 높다.

② 국제합작기업을 경영하는 데에는 문화적 차이에서 비롯되는 갈등을 최소화하기 위하여 자기의 의견과 행동을 상대방에게 설명하고 설득해야 하기 때문에, 합작파트너는 심리적 피로와 압박감에 시달릴 수 있다.

③ 해외투자기업은 현지의 합작파트너를 완전하게 통제할 수 없기 때문에 글로벌경영전략을 수립하고 집행하는 데 많은 제약을 받을 수 있다.

④ 합작투자기업에서 해외파트너가 자기지분 이상으로 공헌을 하더라도 배당은 소유권 비율에 의거하므로 공헌과 배분 간에 괴리가 발생하여 해외파트너의 경영의욕이 위축될 수 있다.

(2) 국제 인수 · 합병

국제 인수·합병(international merger & acquisition)은 글로벌 차원에서 기업을 리스트럭처링하는 전략적 수단으로, 기존 비즈니스 중에서 채산성이 없거나 시너지가 떨어지는 비즈니스를 매각하고 미래의 경쟁력과 시너지를 높이는 비즈니스를 추가시키는 경영활동이다. 따라서 국제 인수·합병을 통하여 해외시장에 진출하게 되는 동기는 ① 현지 기업이 보유하고 있는 특정 자산을 취득하여 여기서 얻어지는 시너지효과를 통해 기업가치를 극대화하고 ② 사업의 다각화나 지역의 다각화를 통해 이익기회를 확대하고 위험분산을 도모하고자 하는 데 있다.

국제인수(international acquisition)란 한 기업이 국경을 초월하여 다른 기업의 주식 또는 자산을 취득하여 경영권을 장악하는 것을 말하며, 국제합병(international merger)이란 독립된 기업이 국경을 초월하여 하나로 통합하여 단일기업이 되는 것을 말한다. 그러나 현실적으로 양자를 엄밀히 구분하기가 어렵기 때문에 통합하여 국제적 인수·합병이라고 한다. 국제적 인수·합병의 장점은 다음과 같다.

① 신속한 시장진입이 가능하다. 인수·합병의 형태로 해외시장에 진출하는 경우에는 인수대상기업이 보유하고 있는 기술, 공장설비, 종업원, 브랜드, 유통망 등을 한꺼번에 획득할 수 있기 때문이다.

② 자신에게 부족한 경영자원을 취득할 수 있다. 예컨대, 연구개발능력이 강한 글로벌기업과 마케팅능력이 강한 글로벌기업이 인수·합병을 통해 통합할 경우, 주요 기능의 보조보완을 통해 글로벌경쟁력을 강화할 수 있다.

③ 규모의 경제와 범위의 경제를 실현시킬 수 있다. 예컨대, 소규모 은행이 합병을 통해 대형화를 시도하는 것이나 소규모 유통업자가 합병을 통해 대규모 유통회사로 변신하는 것은 규모의 경제를 이용하여 경쟁력을 강화하려는 전략이다.

④ 과잉시설을 해소할 수 있다. 생산시설이 포화상태에 있는 해외산업에 진출하고자 하는 경우에는, 기존 기업체를 인수·합병하는 방식으로 산업 내의 과잉 생산시설을 방지하는 것이 훨씬 더 효과적인 해외시장진출 방법이다.

반면에 인수·합병에는 다음과 같은 문제점이 존재한다.

사례 9-2

늘어나는 중국 중산층, 한국 기업에 기회다

중국 중산층의 소비재 중심 내수확대5% 불과한 소비재 수출 비중 늘리고 한류 활용, 내륙도시에도 진출해야

김재홍
KOTRA 사장

몇 년 만에 다시 찾은 중국 시안(西安)은 그새 훨씬 세련되고 발전한 모습이었다. 유구한 역사와 방대한 유물들은 흥미진진한 스토리텔링이 더해지면서 전 세계 관광객을 불러모으고 있었다. 음식과 숙박은 물론 전통과 현대가 어우러진 도심 풍경 또한 국제 관광도시로서 손색이 없어 보였다. 얼마 전만 해도 중국은 2%쯤 부족해 보였지만 이제 다방면에서 그런 격차는 사라진 듯했다.

더 이상의 기술과 품질 차이가 사라진 상황이라면 앞으로 중국시장에 무엇을 팔 수 있을까. 더구나 중국의 성장 둔화로 지난해 대중 수출은 전년 대비 4.5% 줄었다. 시안을 찾은 것은 이런 위기 상황에서 중국 지역 19개 무역관장들과 함께 내수시장 진출의 해답을 찾아보자는 취지였다. 시안은 중국 역사의 중심이면서 내륙의 한복판에 있다. 중국인의 자부심이면서 내수의 한 중심인 곳이다. 이것이 중국 정부가 시안을 신실크로드 전략인 일대일로(一帶一路)의 시발점으로 삼은 이유다. 세계의 중심으로 우뚝 섰던 강한성당(强漢盛唐: 강대했던 한나라와 번성했던 당나라) 시대를 부활시키겠다는 것이다.

그러면 한국은 어떻게 꿈틀대는 대륙을 한국의 시장으로 품을 수 있을까. 중국 경제는 성장세가 둔화되고 있지만 산업구조 변화에 따라 새롭게 성장하는 시장도 많다. 올해는 '전 인민의 중산층화'를 지향하는 13·5계획(13차 경제사회발전 5개년계획)이 시행되는 첫해인 만큼 소비재 중심의 내수시장이 확대될 것으로 기대된다.

이런 기회들을 잡으려면 관세 인하 및 신속한 통관, 비관세 장벽 제거 등 한·중 자유무역협정(FTA)의 효과를 제대로 누릴 수 있도록 꼼꼼히 준비해야 한다. KOTRA도 전담반을 운영해 현지 이행사항을 면밀히 점검하면서 한·중 FTA의 조기 정착을 적극 지원할 것이다.

여기에 더해 한류 붐을 앞세워 수혜품목을 확대하고 내륙시장을 공략하는 전략이 요구된다. 화장품과 의류 등 대표적인 한류 수혜품목에 힘입어 이른바 '한국 스타일'에 대한 인기가 매우 높은데 이를 가공식품, 영유아용품, 의료기기, 의료서비스, 문화 콘텐츠 등 유망 소비재 분야로 확대해 내륙 2, 3선 도시들을 파고들어야 한다. 이를 위해서는 한류를 든든한 우군으로 활용하려는 지혜가 필요하다. 현지 무역관장의 말에 따르면, 시안 시민들은 떡볶이와 김밥 등 한국 음식을 좋아해 자주 즐기지만 정작 사업 기회는 중국인이 차지해 주요 상권마다 수십 개의 점포를 운영할 정도로 성업 중이라고 한다. 중국 내륙은 멀고 힘든 시장이라는 고정관념 때문에 시장 진출의 기회를 놓치고 있는 것이다.

시안에는 넓은 대륙에서 활로를 찾는 대만 기업들이 자주 눈에 띈다. 시안에서 가장 성공한 베이커리 업체로 손꼽히는 위핀쉬엔(御品軒)의 사례를 보자. 이 업체는 현지인들이 단맛보다 맵고 짠맛을 선호하는 점에 근거해 당도를 30% 줄였다. 부드러운 빵보다 질감 있는 빵을 선호하는 점도 제품에 반영했다. 이처럼 현지인의 식문화를 이해하고 제품에 반영한 결과 가맹점이 늘면서 승승장구하고 있어 현지화의 중요성을 새삼 느끼게 한다. 서부 내륙시장은 동부 연안지역과는 완전히 다른 시장이라는 인식을 갖고 접근하면 한국 기업들도 이런 성공신화를 일굴 수 있다.

중국 경제가 내수 중심으로 구조를 전환하고 있다. 거대한 잠재력을 지닌 내수시장이 열리고 있다. 그동안 중간재 위주로 치중됐던 수출구조를 개선해 5%에 불과한 소비재의 수출 비중을 확대할 기회다. 중국은 한 개의 성(省)만 공략해도 한 개의 국가에 진출하는 효과가 있다. 빠르게 늘어나는 중국 중산층을 잡자. 한국 기업에 새로운 기회다.

자료: 김재홍 KOTRA 사장, 2016. 02. 03. 발췌

① 인수대상기업의 경영능력, 기술력, 자산 등 유·무형자산을 정확하게 평가하기 어렵기 때문에 과다한 인수가격을 지불할 수 있다.

② 인수기업과 인수대상기업은 상이한 기업문화와 관리시스템을 가지고 있기 때문에 완전한 통합과 시너지효과를 얻기가 쉽지 않다.

③ 통합과정에서 인수대상기업의 주요 기술자와 경영자를 잃을 가능성이 있으며, 그에 따라 목표로 하던 기술력과 경영능력을 획득하지 못할 수 있다.

④ 따라서 두 기업이 인수·합병됨으로써 얻을 수 있는 시너지효과가 두 기업을 인수·합병하기 위하여 지불된 인수프리미엄(초과비용)보다 작을 수 있다.

9-1-3 해외직접투자의 장·단점

최근 들어 우리나라 기업의 해외직접투자가 크게 증가하고 있다. 이는 해외직접투자가 갖는 장점이 한국기업에게 필요하기 때문일 것이다. 해외직접투자가 갖는 장·단점은 다음과 같다.

(1) 해외직접투자의 장점

① 가격경쟁력 강화

해외직접투자는 현지국의 장소적 이점을 활용함으로써 생산원가를 절감할 수 있다. 즉

현지에서 노동, 원료, 토지 등을 저렴하게 활용할 수 있어 제품의 생산코스트를 줄일 수 있다. 또한 수출에 비해 관세, 운송비 등 제품의 이동과 관련된 비용을 줄일 수 있다.

② 현지소비자의 만족도 제고

해외직접투자는 생산과 마케팅을 담당하는 자회사가 현지에 설립되어 있기 때문에, 현지소비자의 욕구나 구매행동을 정확히 파악하여 제품의 품질, 디자인, 규격 등을 현지소비자의 니즈에 맞추어 조정할 수 있기 때문에 해외소비자의 만족도를 높일 수 있다.

③ 현지국이 제공하는 인센티브 수혜

해외직접투자는 현지국에 기술이전, 산업발전, 고용창출, 조세수입증대 등과 같은 많은 경제적 이득을 가져다주기 때문에, 많은 해외국가가 해외직접투자를 유치하기 위하여 여러 가지 유형의 인센티브를 제공하고 있다. 예를 들면, 법인세를 비롯한 각종 조세감면, 공장설립과 관련한 행정편의 제공, 자유로운 비즈니스 활동 보장 등이 있다. 이러한 인센티브는 효율적인 생산·마케팅 활동을 가능하게 한다.

④ 글로벌제품의 생산·마케팅 촉진

해외직접투자를 통해 여러 국가에 생산자회사를 설립하는 경우에는, 자회사들을 네트워크로 연결하여 운영함으로써 표준화된 글로벌제품을 저렴하게 생산하고 마케팅할 수 있다.

⑤ 해외에 존재하는 보완적 자산의 확보

M&A나 합작투자 방식을 통한 해외직접투자는 투자기업이 보완해야 하는 자산을 획득할 수 있는 수단이 된다. 예를 들면, 현지시장국의 유통경로, 마케팅 노하우, 부품공급처 등을 해외직접투자를 통해 확보함으로써 투자기업의 경쟁력을 높일 수 있다.

⑥ 경영통제권 행사

해외직접투자는 해외에 유·무형의 경영자원을 투입하여 직접 사업을 수행하거나 경영권에 참여하는 비즈니스 방식이기 때문에 자회사의 운영에 관한 통제권을 확보할 수 있다. 기업이 보유한 차별적 우위가 큰 경우에는 이러한 우위를 보호하는 데 효과적인 단독투자 형태의 해외직접투자 방식을 선호한다. 복수의 해외직접투자가 이루어진 경우에 기업은 이것을 기반으로 글로벌 네트워크를 구축하여 글로벌 생산유인이나 글로벌 마케팅유인을 이익적으로 활용하면서 글로벌전략을 수행할 수 있다.

(2) 해외직접투자의 단점

해외직접투자에는 다음과 같은 단점도 있다.

① 해외직접투자는 기업자원이 많이 투입되는 진출방법이므로 그만큼 투자위험도 크다.

② 해외직접투자는 현지국에 미치는 영향이 크기 때문에 현지국의 정부나 국민으로부터 많은 요구와 제약을 받는다. 바꾸어 말하면, 그만큼 정치적 위험(몰수, 수용, 규제 등)에 노출되는 정도가 크다.

③ 해외직접투자는 외국비용(foreign cost)를 상쇄할 수 있는 기업특유의 우위를 갖지 않으면 성공하기가 어렵다. 따라서 기업특유의 우위를 보유하지 못한 기업은 채택하기 어려운 해외진출방식이다.

이러한 해외직접투자의 단점을 완화하기 위해서는 해외직접투자에 의해 설립된 자회사의 경영을 현지화하는 것이 바람직하다.

9-2 해외직접투자 결정과정

해외직접투자는 많은 자원투입과 높은 위험부담이 따르므로 의사결정 시에는 수출이나 라이센싱과는 달리 해외직접투자안의 타당성과 현지국의 투자환경에 대한 철저한 분석이 요구된다. [그림 9-2]는 해외직접투자를 위한 체계적인 의사결정 과정을 나타낸 것이다.

9-2-1 해외직접투자안의 심사단계

먼저 제안된 해외투자안을 심사할 필요성이 있는지를 결정해야 한다. 해외투자안의 심사단계는 다음과 같다.

그림 9-2 해외직접투자의 의사결정 과정

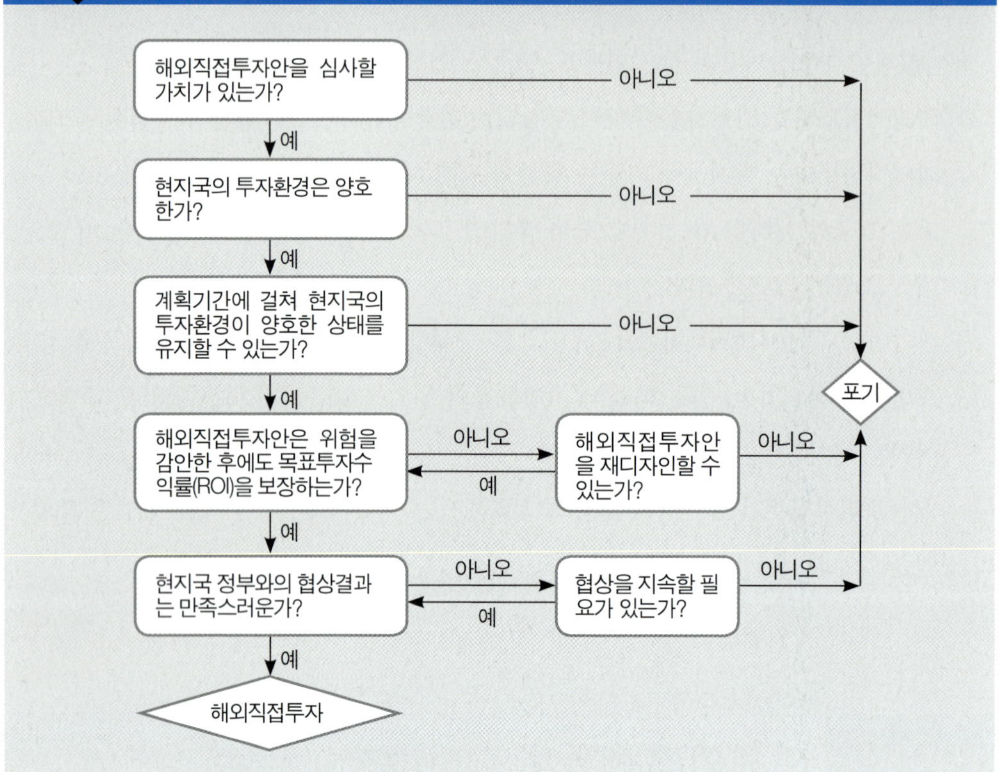

자료: Root, F. R.(1998), *Entry Strategies for International Market*, Jossey-Bass Inc., p.127.

(1) 실행가능성 검토

이 단계에서는 해외투자사업안에 대해 일반적인 검토를 하는 데 중점을 둔다. 즉 투자사업안에 대해 ① 자사의 글로벌 경영전략 및 해외직접투자전략과의 연계성 ② 소요되는 기업자원, 특히 창업비, 운전자본, 거래비용 등을 포함한 투자비용과 그에 따르는 현금흐름 상태 ③ 시장수요, 경쟁상대, 성장잠재성, 잠재적 매출액 ④ 원자재, 노동력의 가용성과 비용, 수송비와 세금 등을 포함한 생산비 ⑤ 예상되는 이익성과, 자산이익율, 투자회수율 ⑥ 투자리스크 등을 검토의 기준으로 삼고 투자안의 타당성을 검토한다. 이 단계에서 심사를 통과하지 못한 투자사업안은 폐기한다.

(2) 해외직접투자환경 분석

기업이 해외직접투자와 관련된 의사결정을 할 때에는 반드시 사전에 목표시장국의 투자환경을 평가하여 해외직접투자 실시 여부를 결정하여야 한다. 루트(Root)에 의하면 해외투자사업안의 성공에 중요한 영향을 미치는 환경요인은 대체적으로 다음과 같다.

① 정치적 안정성

현지국의 모든 투자환경 요인은 현지국의 정치적 안정성 여부에 직·간접적으로 영향을 받는다. 정치가 불안정하면 다른 투자환경 요인마저 불안정해지기 때문에 정치적 안정성이 가장 중요한 환경요인이 된다. 따라서 투자환경 평가에서 현지정부의 정책과 정치적 안정성의 변화에 중점을 두어야 한다. 정치적 위험에 대해서는 제5장에서 상세히 언급하였다.

② 외국인투자에 대한 정부정책

현지정부는 직·간접적인 규제를 통해 외국기업의 직접투자에 영향을 미친다. 투자와 관련한 규제 외에도 유통 등 현지기업과의 계약에도 정부가 간섭하는 경향이 있다. 예컨대 현지정부는 외국기업의 일방적인 철수에 대해 현지 협력업체를 보호하는 규정을 두고 있으며, 계약을 종료하기 상당 기간 전에 계약종료 사실을 미리 통보할 것을 요구하고 있다. 외국기업의 직접투자에 대한 현지정부의 정책을 분석하는데 자주 사용하는 항목으로는 외국인투자에 대한 규제조항, 현지부품 사용의무부과 여부, 현지인 고용의무부과 규정 등이 있다. 이러한 규제조항 외에도 과거에 현지국에 직접투자를 하였던 기업의 경험을 청취하는 것도 외국인 투자에 대한 현지국의 태도나 정책을 파악하는 데 많은 참고가 된다.

③ 현지국의 거시경제환경

현지국의 경제정책이나 시장성장 전망 등을 파악하는 데 현지국의 거시경제환경을 살펴보는 것도 중요하다. 현지국의 거시경제환경을 분석하는 데 자주 사용하는 항목으로는 다음과 같은 것이 있다.

첫째, 정부의 경제개발계획: 현지국의 장기경제개발계획은 어떤 산업분야와 어떤 지역에 투자하는 것이 유리한가를 파악하는 데 좋은 지침이 된다.

둘째, 국내총생산의 규모와 성장: 현지시장의 규모와 잠재력을 파악하는 지침이 된다. 특히 산업재나 자본재의 시장규모를 파악하는데 좋은 지표가 된다.

셋째, 1인당 소득수준과 소득분배 상태: 현지소비자의 삶의 질을 파악할 수 있는 지침이 된다. 동일한 1인당 소득이라도 소득분배가 균형을 이룰수록 중산층이 많아 유망한 시장이라고 할 수 있다. 총GNP/GDP와 1인당 소득계수를 함께 활용하면 시장의 규모와 잠재성을 더욱 잘 파악할 수 있다.

넷째, 경제활동에 대한 정부의 역할: 정부가 직접적으로 참여하는 것이냐 또는 최소한의 규제만 하는 것이냐에 따라서 현지 경영에 미치는 영향이 다르다. 정부의 참여적 역할이 클수록 민간기업 활동의 여지는 축소되어 비매력적인 시장이 된다. 현지국의 거시경제환경에 대해서는 제3장 3절에 상세히 언급하였다.

④ 통화가치와 환율의 안정성

통화가치가 불안정한 현지국일수록 정부가 만성적인 재정적자와 경상수지적자에 시달리고, 대외지불능력이 감소되고, 국민경제의 전반적인 불안정이 커지는 등 심각한 문제들이 존재할 가능성이 높다.

투자대상국이 어느 정도로 외환통제를 하는지, 그리고 외국기업이 필요로 하는 외환을 어느 정도로 자유롭게 취득하여 활용할 수 있는지도 파악해야 한다. 심한 환율변동과 외환통제는 외국인투자의 원리금상환을 제한하고 현지자회사와 본사 간 자금이동을 왜곡시키는 등 외국인투자에 불리한 영향을 준다.

⑤ 사회간접시설과 상업하부구조의 가용성

해외직접투자를 하는 기업은 가급적 투자액의 대부분을 직접적으로 수익을 창출하는 생산시설, 원자재, 부품, 인력 등에 투입하고 빠른 시일 내에 생산활동을 개시하여 단기간에 투자회수를 실현하기를 원한다. 따라서 외국기업은 현지국이 효율적인 생산활동을 할 수 있을 정도로 사회간접시설이 충분히 발달되어 있는지 여부를 검토하여야 한다.

현지국이 갖추고 있는 상업하부구조의 충분도 및 현지금융 가능성 역시 파악해야 한다. 현지국의 상업하부구조가 충분히 발달되어 있지 않으면, 외국기업은 정상적인 기업활동을 하는 데 어려움과 제약에 직면할 가능성이 높아지기 때문이다. 사회간접자본에 대해서는 제3장 3절에 상세히 언급하였다.

(3) 해외직접투자안의 수익성 평가

현지국의 투자환경이 양호하다고 평가되면 투자기업은 다음 단계로 해외직접투자안이 선정된 국가에서 수익성을 확보할 수 있는지 여부를 평가하여야 한다. 수익성 평가의 주요 요소는 다음과 같다.

① 해외직접투자안의 예상수입에 대한 평가가 수익성 분석의 시발이다. 해외투자안의 수익은 목표시장국에 대한 판매 외에도 인접시장국에 대한 판매와 본사로부터의 원자재 구입 등 부가적 수익까지 고려하여 평가한다. 그러나 반대로 현지생산이 기존의 수출을 대체하는 경우 투자수익성은 불리해진다.

② 해외직접투자안의 생산비용은 계획된 생산수준을 달성하는 데 소요되는 투입요소의 비용에 의해 좌우된다. 그러나 부품·중간재 등이 본사로부터 수입될 경우에는 수익성 분석에 비용은 반영되더라도, 본사 차원에서 순현금유출의 절감의 효과를 기대할 수 있다.

③ 해외직접투자안의 운영비는 인건비가 상당 부분을 차지한다. 인건비는 크게 노무비와 사무비로 구성되는데, 노무비의 크기는 현지국의 노동생산성과 임금수준에 달려 있다. 노무비에는 현지노동자를 교육하고 훈련시키기 위한 비용도 포함하여야 한다. 사무비는 본사파견 인력과 현지국의 관리자와 기술자 등에 대한 인건비가 대부분을 차지한다.

④ 해외직접투자 비용 평가에는 장기자본과 운전자본의 조달비용이 감안되어야 한다. 공장시설이나 장비설치 등의 고정자본은 주로 본사로부터 지원받는 것이 보편적이나 이 경우에도 시장가격으로 자금조달비용을 산정하여야 한다. 그러나 본사국으로부터 지원받는 자금은 환위험에 노출되므로 환위험 평가액도 염두에 두는 것이 바람직하다. 운전자금은 대체적으로 현지국에서 조달하는 것이 바람직하며 현지국의 금융비용이 적용된다. 만약 외국인투자 유치를 위해 현지국이 재정적 유인을 제공한다면 해외직접투자안의 비용은 그만큼 줄어든다.

⑤ 해외직접투자안의 수익성을 평가하기 위해서는 현지국이 부과하는 세금을 공제한 후의 세후예상이익으로 평가해야만 한다. 세후예상이익에 영향을 주는 요인으로는 현지

의 조세유형과 세율, 감가상각제도, 조세감면 등이 있다.

⑥ 해외직접투자안의 수익성 분석 시에는 현지국의 정치적 위험이 반영되어야 한다. 해외직접투자 전 기간에 걸쳐 해외리스크 할인율을 추가하여 현지수익을 할인하는 방법과 위험발생이 예상되는 특정 기간에만 해외리스크 할인율은 반영하는 방법이 있으며, 개발도상국에 투자하는 경우에는 전자가 바람직하다.

⑦ 현지화폐로 평가된 정치적 위험을 감안한 세후예상이익은 본국의 화폐로 환산하여 재평가해야만 한다. 본국의 화폐로 표시된 세금공제 후의 기대이익은 예상되는 투자계획 기간에 걸쳐 발생되는 예상수익과 예상비용의 차이를 나타낸다.

9-2-2 현지국이 제공하는 투자유인 분석

많은 국가가 외국인 직접투자를 유치하기 위하여 외국기업에 투자유인을 제공하고 있다. 현지국의 투자환경이 큰 차이가 없는 경우에는 투자유인이 투자대상국을 선정하는 데 중요한 요인으로 작용할 수 있다. 아래에서는 현지국이 외국기업에게 제공하는 투자유인의 유형을 살펴본다.

(1) 재정적 유인

가장 많이 사용되는 투자유인으로, 외국기업이 투자하는 자본을 감소시키고 현지투자의 수익성을 제고시키기 위한 역할을 한다.

① 조세감면

외국투자기업의 현지 조세부담을 줄여주는 데 목적을 두고 특정 기간 동안 법인세, 취득세 등 내국세를 면제해 주거나 감축해 준다.

② 관세감면

현지에 투자한 외국기업이 수입하는 장비 및 기계, 원자재, 부품 등에 대해 수입관세를 면제 또는 감축해 준다.

③ 고속감가상각제도

그림 9-3 현지국이 제공하는 투자유인

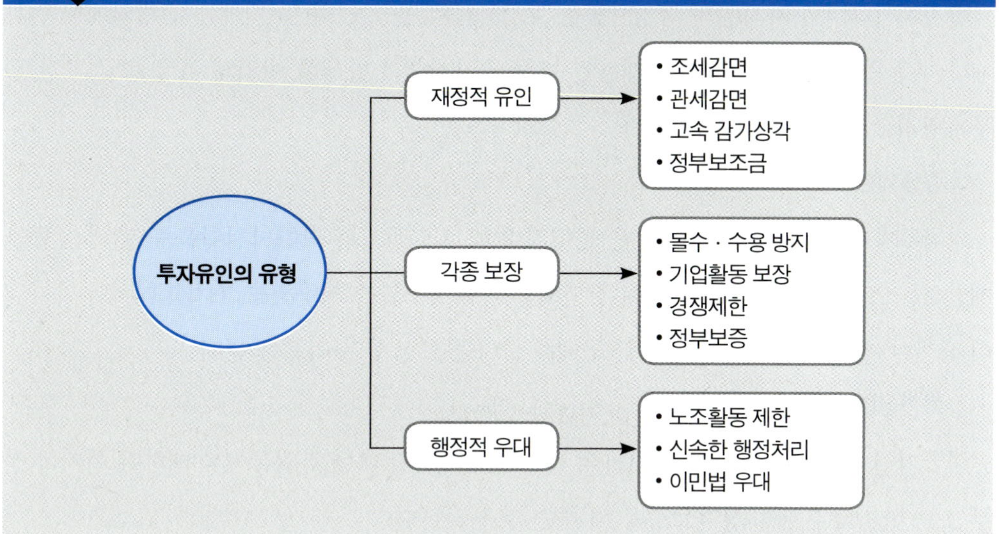

외국투자기업이 투하한 고정자산을 고속으로 상각할 수 있도록 하여 결과적으로 세금을 덜 내게 하는 제도이다. 이는 빠른 기간 내에 투하자본을 회수할 수 있게 한다.

④ 정부보조금

외국투자기업에 현지 정부가 보조금을 지급하는 제도이다. 보조금의 유형에는 ⓐ 투자액의 일정부분을 무상으로 지원하는 자본보조금 ⓑ 이자 관련 보조금의 성격을 가진 장기저리금융 ⓒ 현지정부가 소유하고 있는 토지 등 부동산을 무상 또는 저가격으로 제공하는 제도 ⓓ 외국투자기업이 필요로 하는 인력훈련비용을 현지정부가 부담하는 제도 ⓔ 낮은 공공요금의 적용 등이 있다.

(2) 각종 보장

현지국에서 발생하기 쉬운 투자위험을 경감해 주는 데 목적을 둔 투자유인이다.

① 몰수 및 수용 방지 보장

외국투자기업의 자산을 강제수용하거나 몰수하지 않겠다고 보장하는 것을 말한다. 그러나 이러한 보장은 이념이 다른 정당으로 정권이 바뀌면 변경될 가능성을 배제할 수 없다.

② **기업활동의 보장**

현지에서 외국투자기업의 경영활동을 보장하는 것을 말한다. 여기에는 ⓐ해외에서 원자재나 부품 등을 수입할 수 있는 재량권 보장 ⓑ현지에서 발생한 이익의 본국 송금 보장 ⓒ투자원리금의 상환 보장 등이 있다.

③ **경쟁제한**

외국투자기업의 투자회수 전망을 높이기 위해 ⓐ외국기업의 현지진입을 특정 기간 동안 제한하는 조치 ⓑ무역규제를 통해 경쟁제품의 현지수입을 제한하는 조치 ⓒ외국투자기업이 생산한 제품의 전량 또는 일부를 구매해 준다는 보장 등을 약속해 준다.

④ **차관상환 보장**

외국기업이 현지에 투자하기 위하여 해외에서 차입할 때에 차입금액에 대하여 현지국 정부 또는 현지국 은행이 상환보증을 해 주는 것을 말한다.

(3) 행정적 우대

외국투자기업의 신속한 업무처리를 위하여 현지국 정부는 다음과 같은 행정적 우대를 제공하는 경우가 많다.

① **노조활동의 제한**

외국투자기업에 근무하는 근로자가 노조결성, 파업 등을 하지 못하도록 노동법 등의 적용을 완화시켜 준다.

② **일괄행정 처리**

외국기업의 투자신청을 신속하게 능률적으로 처리해 주는 별도의 전담기구를 설치해 준다.

③ **이민법 적용상의 우대 조치**

외국투자기업에 근무하는 외국인 임직원에게 출입국 시나 현지에 거주하는 경우에 이민법상의 특별 우대조치를 적용해 준다.

9-3 해외직접투자가 현지국에 주는 영향

해외직접투자는 생산기술을 비롯한 자원의 이전을 수반하기 때문에 현지국에 광범위한 영향을 미친다. 개발도상국의 경우에는 해외직접투자를 적절히 유치한다면 자국의 경제발전을 촉진시킬 수 있다. 아래에서는 해외직접투자가 현지국에 주는 영향을 살펴본다.

9-3-1 긍정적인 영향

외국인직접투자가 현지국에 주는 긍정적인 영향은 자원이전효과와 투자증대효과 그리고 고용창출효과 등이 있다.

(1) 자원이전효과

해외직접투자는 일반적으로 독점적 우위를 보유한 기업에 의해 수행되기 때문에 현지국에 그 기업이 보유한 독점적 우위가 이전되는 효과를 초래한다.

① 자본: 해외직접투자를 실행하는 주체인 글로벌기업은 국제금융시장에서 유리한 조건으로 자본을 조달할 수 있는 능력을 보유하고 있기 때문에, 현지국은 이들 기업을 통해서 필요한 자본을 보다 쉽게 그리고 보다 유리한 조건으로 확보할 수 있다. 이는 외환이 부족하거나 신용등급이 낮은 국가에게는 매우 중요한 혜택이 된다.

② 기술: 해외직접투자에 의하여 글로벌기업의 기술이 이전되기 때문에 현지국의 기술발전에 기여할 수 있다. 특히, 개발도상국은 경제발전을 위해 필요한 기술의 많은 부분을 글로벌기업을 유치함으로써 습득할 수 있다.

③ 경영기법: 글로벌기업은 현지자회사를 효율적으로 경영하기 위해 ① 새로운 경영기법이나 경영시스템을 현지에 도입하고 ② 또한 현지자회사는 새로운 경영기법이나 경영시스템에 생소한 현지종업원을 위하여 경영교육이나 경영훈련을 실시하고 ③ 현지의

부품공급자나 유통업자에게 경영기법을 개선하도록 유도하거나 도움을 줄 수 있다.

(2) 경제성장효과

외국인 투자가 이루어지면 실물자원의 이전에 의해 생산의 증대가 촉진된다. 특히 글로벌기업의 새로운 기술, 경영관리기법 등을 도입하여 활용하면 현지국의 생산성이 향상되어 경제성장효과를 가져올 수 있다. 경제성장효과는 글로벌기업이 현지국에 생산시설을 신설하여 진출하는 경우, 그리고 현지지향형 투자보다는 수출지향형 투자인 경우에 훨씬 더 높게 나타나는 것으로 분석되고 있다.

(3) 산업의 전후방연계효과

특정 산업에서 생산이 증가하면 이와 관련된 원자재산업이 발달하고, 생산된 제품의 판매를 위한 마케팅체제가 확립되는 등 전후방연계 효과를 얻을 수 있다. 예컨대 자동차산업을 유치하면 자동차 생산에 필요한 원자재나 부품 등과 같은 후방산업이 발달할 수 있다. 또한 완성차를 판매하기 위한 판매대리점, 차량정비, 자동차 액세서리, 자동차보험 등과 같은 전방산업이 발전할 수 있다.

(4) 고용창출효과

외국인투자에 의해 생산이 늘어나고 일자리가 창출되면 새로운 고용효과를 얻을 수 있다. 고용효과는 직접효과와 간접효과로 나눌 수 있는데, 직접효과는 글로벌기업의 현지자회사가 현지인을 고용할 때 발생하며, 간접효과는 투자의 결과로서 글로벌기업에 원료나 부품을 공급하는 기업이 현지에서 고용을 늘릴 때 나타난다.

(5) 소비자 효용의 증가

해외직접투자에 의하여 새로운 제품, 보다 양질의 제품이 생산되면 현지소비자는 보다 다양한 제품을 소비할 수 있다. 또한 새로운 기술과 경영기법의 도입은 현지기업을 자극하여 궁극적으로 경쟁력을 높이고 가격을 인하시키는 효과를 가져온다. 따라서 현지소비자는 다양한 제품을 보다 저렴한 가격에 소비할 수 있는 혜택을 누리게 된다.

(6) 국제수지개선효과

외국인직접투자는 대체적으로 현지국의 국제수지에 긍정적인 영향을 주는 것으로 알려져 있다. 현지국의 국제수지개선에 도움을 줄 수 있는 경우는 ⓐ투자초기에 자본을 유입시켜 단기적으로 현지국의 국제수지에 긍정적인 영향을 주는 경우 ⓑ 외국인직접투자가 현지국의 수출을 촉진하는 경우 ⓒ외국인직접투자가 현지의 수입을 대체하는 경우 등이다. 그러나 글로벌기업의 현지자회사가 현지국 내수시장을 목표로 생산활동을 하면서 원자재를 본사국에서 수입하는 경우나 본사국으로 배당송금이나 이익송금을 하는 경우에는 현지국의 국제수지에 부정적인 영향을 미칠 수도 있다.

(7) 세수증대효과

외국인직접투자는 현지국에서 기업특유의 우위를 활용하여 높은 이윤을 창출하기 때문에, 현지국은 외국인투자기업이 창출한 이윤에 법인세를 부과함으로써 조세수입을 증대시킬 수 있다. 또한 고용창출효과를 통해 취업한 근로자들이 벌어들인 소득에 대해서도 소득세를 징수하기 때문에 세수를 증대시킬 수 있다.

9-3-2 부정적인 영향

외국인직접투자는 현지국의 경제에 복합적인 영향을 미치는데 어떤 것은 수익으로 작용하나, 어떤 것은 비용으로 작용하는 것도 있다. 여기에서는 부정적인 영향 중에서 대표적인 것을 살펴본다.

(1) 경쟁저해

외국투자기업은 독점적 우위를 가지고 현지국에 진출하기 때문에 현지기업과의 경쟁에서 유리한 입장에 있다. 그 결과 외국인투자기업은 현지기업을 대체하거나 또는 유치산업 단계에 있는 현지기업의 성장을 저해하기도 한다. 특히 외국투자기업이 높은 수준의 기술력과 자본력을 바탕으로 현지시장을 독점한 다음에 제품의 가격을 인상시키거나 하는 독점 정책을 쓰는 경우에는 현지국의 경제에 부정적인 영향을 준다.

(2) 경제적 종속

외국투자기업이 현지국의 산업을 과도하게 지배하는 경우에는 글로벌기업에 의한 경제적 종속의 우려가 있다. 첫째는 외국인에 의한 산업지배 우려이다. 외국투자기업이 현지국의 특정 산업부문에 집중 투자하는 경우에는 현지국의 경제자주권이 위협을 받을 수 있다. 둘째는 외국투자기업에 대한 기술의존도가 커질 수 있다. 외국투자기업이 도입하는 기술에 의존하여 자체 기술개발을 소홀히 하게 되는 경우이다. 이러한 경우는 자국 내 기업기반이 약한 개발도상국에서 주로 발생하는데, 새로운 기술을 대부분 외국기업에 의존하고자 하는 경향이 나타나 국내 연구개발 발전의 저하를 가져올 우려가 있다. 셋째는 현지국의 경제계획을 방해할 수 있다. 현지국이 자국의 생산증대, 실업축소, 물가상승억제, 수출증대 등의 경제목표를 달성하기 위해 경제계획을 추진하고자 할 때, 이러한 정책이 외국투자기업의 단기이익에 배치된다고 판단되면 외국투자기업은 현지국의 경제정책에 대한 무관심, 비협조, 나아가 방해하는 기업정책을 취함으로써 현지국의 경제주권을 위협할 수 있다.

(3) 부정적인 국제수지효과

외국인투자가 현지국의 국제수지에 부정적인 영향을 줄 수도 있다. 첫째는 장기적인 관점에서의 국제수지 악화이다. 외국기업은 투자 후 일정기간이 지나면 현지자회사의 이익이나 배당금, 로열티 등을 본국으로 송금하는데, 이러한 송금이 지속적으로 이루어지면 국제수지에 부정적인 영향을 주게 된다. 즉 외국기업이 현지에 자회사를 설립할 때 해외로부터 유입해 오는 투자액보다 이익·배당금·로열티 송금액이 많아지면 국제수지에 부정적인 영향을 미치게 된다. 이를 방지하기 위하여 현지국은 외국투자기업에 대한 규제로 과실송금을 제한하기도 한다. 둘째는 현지 내수시장 개발을 투자 목표로 하는 경우의 국제수지 악화이다. 특히 글로벌기업의 현지자회사가 본국으로부터 원자재나 부품을 수입하여 이것을 활용하여 완제품을 만들어 현지국에 판매한다면 현지국의 국제수지에 부정적인 영향을 미치게 된다. 이러한 현상을 방지하기 위하여 현지국은 외국인투자기업에게 현지부품사용의무를 부과하거나 수출의무를 부과하기도 한다.

9-4 현지국의 정책과 글로벌기업의 대응전략

일반적으로 현지국은 자국에 대한 외국인직접투자가 주는 손익을 분석을 하여 긍정적인 효과를 최대화하고 부정적인 효과를 최소화하려는 정책을 실시하고자 한다. 글로벌기업 역시 현지국에 대한 직접투자 프로젝트의 손익분석을 실시하여 자사의 이익을 보호하려는 전략을 실시하고자 한다. 그러나 일단 현지국에 직접투자가 실시되면 글로벌기업은 투하된 자본을 효율적으로 활용하기 위해 현지국의 정책을 고려하여 기업전략을 수립하는 것이 바람직하다.

9-4-1 현지국 정부와 글로벌기업의 관점 차이

현지국 정부와 글로벌기업은 해외직접투자가 현지국에 주는 공헌(benefit)/비용(cost)에 대한 평가의 관점이 다르다. 일반적으로 현지국 정부는 정치적인 이유로 외국인직접투자의 단기적 성과를 보다 중요시하는 경향이 있다. 즉 외국직접투자기업이 자국에 진출한 초기의 공헌과 비용에 대한 관심이 크고 장기에 걸친 공헌과 비용은 상대적으로 낮게 평가한다. 따라서 현지국은 단기간에 고용을 확대시키고, 기술을 도입하고, 수출을 증가시키는 외국인직접투자에 대해서는 적극적으로 유치하려고 노력하는 한편, 비록 장기적인 관점에서 현지국의 경제성장에 많은 도움이 되더라도 단기적인 성과가 나타나지 않는 외국인직접투자에 대해서는 회의적인 반응을 보인다. 그러나 글로벌기업은 직접투자의 장기적 성과를 보다 중요시하는 경향이 있다.

9-4-2 시간의 경과에 따른 인식의 변화

외국인직접투자의 초기단계에서 현지국 정부가 인식하는 직접투자가 현지국에 주는 공헌은 비용을 훨씬 초과한다. 공헌 측면에서는 글로벌기업에 의해 ① 새로운 자본과 기술, 경영기법이 이전되며 ② 국내시장에 경쟁을 가져와 국내기업의 경쟁력을 높이고 ③ 높은 수준의 교육훈련을 실시하는 등 외부경제효과가 긍정적인 것으로 인식된다. 한편, 비용측면에서는 글로벌기업이 ① 초기단계에서는 거의 이익을 내지 못하여 과실송금이나 배당금 송금이 거의 없으며 ② 만약 이익을 발생시킨다 하더라도 그것을 재투자하는 경우가 많기 때문에, 외국인직접투자의 비용 측면은 작은 것으로 인식된다.

그러나 시간이 경과하면 현지국 정부의 인식은 바뀌게 된다. ① 자본과 기술의 이전은 초기에 비해 현저히 줄어들고 ② 시간이 어느 정도 지나 기업활동이 일상적인 것이 되면 외부경제효과도 크게 줄어들게 된다.

반면, 현지에 투자한 글로벌기업의 경영활동이 본궤도에 진입하면 과실송금, 배당금, 로열티 등이 점차 늘어나 현지국의 입장에서는 비용 측면이 증가하게 된다. 이에 따라 현지국 정부가 인식하는 공헌/비용 비율이 점차 하락하게 된다.

현지국 정부의 인식과는 반대로, 글로벌기업은 현지국 경제발전에 대한 자사의 공헌은 시간이 지남에 따라 점차 커진다고 인식하는 것이 일반적이다. 진출 초기단계에서 글로벌기업은 자신이 현지국 경제발전에 기여한 것이 적다고 생각한다. 이는 초기단계에서는 현지자회사의 경영활동이 본궤도에 진입하지 못하였기 때문에 생산량, 수출액, 조세납부액 등이 작기 때문이다. 그러나 시간이 지남에 따라 현지자회사의 생산량, 수출액, 조세납부액 등이 늘어남에 따라 현지국 경제에 대한 자신의 공헌이 점차 늘어나고 있다고 인식하게 된다. 또 본사국으로 송금되는 과실송금과 배당금 등은 다른 나라에 투자했을 경우에 발생하는 대가 즉, 글로벌기업이 사용한 현지 투하자원의 기회비용으로 인식하여 비용항목으로 인정하지 않는다. 따라서 글로벌기업은 자신의 현지국 경제에 대한 공헌이 점차 커진다고 생각한다.

이와 같이 현지국과 글로벌기업이 생각하는 현지국 경제발전에 대한 공헌도의 인식 차이는 현지국과 글로벌기업 간의 갈등의 원인을 제공하고 나아가 현지국의 글로벌기업에 대한 정책과 이에 대한 글로벌기업의 대응전략을 초래하는 원인이 된다.

[그림 9-4]는 현지국 정부와 글로벌기업 사이에 존재하는 수익/비용에 관한 인식의 차이를 나타내고 있다. [그림 9-4]에서 '공헌(benefit)/비용(cost) 〉1'이면 외국인직접투자가 현지국 경제에 긍정적으로 작용하고 있다고 인지함을 나타내고, '공헌/비용〈 1'이면(P시점 이후 현지국정부의 인식) 외국인직접투자가 현지국 경제에 부정적으로 작용하고 있다고 인지함을 나타낸다. 따라서 외국인직접투자가 현지국에 의해 수용되려면 'B/C≧1'이 되어야 한다.

현지국 정부가 인지하는 공헌/비용 비율이 글로벌기업이 인지하는 공헌/비용 비율보다 큰 O점까지는 현지국 정부는 글로벌기업의 진출을 환영한다. 그러나 O점을 지나면 반대의 경향을 나타내어 현지국 정부는 공헌/비용 비율을 상승시키기 위하여 글로벌기업의 공헌도를 증가시키거나 글로벌기업으로 인해 발생하는 비용을 축소하기 위하여 글로벌기업을 규제하고자 한다.

그림 9-4 현지국정부와 글로벌기업의 경제적 수익/비용 인식 차이

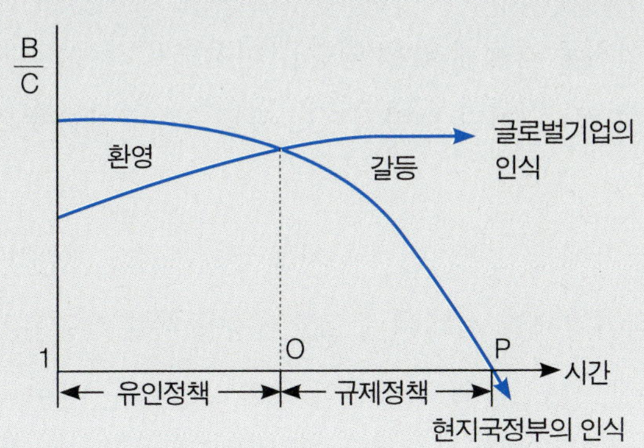

B : Benefit(공헌), C : Cost(비용)

9-4-3 외국인직접투자에 대한 현지국의 정책

현지국 정부는 외국인직접투자가 현지국에 주는 긍정적인 영향은 최대화하고 부정적인 영향은 최소화하기 위하여 외국인직접투자를 촉진하거나 규제하는 정책을 시행한다.

(1) 외국인직접투자 유인정책

외국인직접투자의 초기단계에서는 현지국 정부가 인식하는 외국인직접투자의 현지국 경제발전 기여도가 크기 때문에, 현지국 정부는 외국인직접투자를 유치하기 위하여 다양한 형태의 투자유인을 제공한다. 이러한 투자유인의 유형에는 2절에서 살펴본 바와 같이 재정적 유인, 보장, 행정적 유인 등이 있다. 투자유인을 제공하는 현지국의 목적은 다음과 같다. 첫째, 현지국 경제발전에 필요한 산업과 기업을 유치하기 위해서이다. 예컨대 산업구조고도화를 위하여 기술자본집약적 기업의 유치나 수출지향적 기업의 유치 등이 있다. 둘째, 현지국이 원하는 행동요강을 외국투자기업이 준수하게 위해서이다. 예컨대, 현지인 고용조건, 현지부품사용비율, 합작투자 유도, 연구개발기능 유치, 공장입지 유도 등을 준수케 하기 위해서이다. 셋째, 투자유치경쟁에서 우위를 장악하기 위해서이다. 이를 위한 하나의 수단으로서 상대적으로 좋은 조건의 투자유인을 제공한다.

(2) 외국인직접투자 규제정책

외국인직접투자는 현지국 경제에 많은 영향을 미치므로 각국은 다양한 규제를 통해 외국인투자를 관리하고자 한다. 가장 일반적으로 사용되는 규제유형은 진출규제와 운영규제이다.

① 진출규제: 특정 분야에 글로벌기업의 투자를 금지하거나 제한하는 것을 말한다. 이러한 분야는 국가안보, 국가경제 및 사회에 중요한 영향을 미칠 가능성이 있다고 판단되는 산업으로 전기, 수도, 통신, 철도, 방송, 국방산업 등이 해당된다. 아주 극단적인 경우에는 강제수용이나 몰수의 사태가 발생할 수도 있다.

② 운영규제: 이는 가장 많이 사용되는 규제로, 글로벌기업의 현지자회사 운영활동에 대한 통제를 말한다. ⓐ기술이전과 관련된 규제로는 새로운 기술의 이전, 현지인의 기술 습득을 위한 교육훈련 강화, 연구개발의 현지화 등이 있으며 ⓑ현지우선권과 관련된 규제로는 현지부품 사용 증대, 현지인 채용의무화, 최고경영진에 현지인 참여, 조세납부 증대 등이 있으며 ⓒ국제수지 개선과 관련된 요구로는 수출의무 규정, 과실송금의 제한 등이 있다.

9-4-4 현지국 정책에 대한 글로벌기업의 대응전략

외국인직접투자가 이루어지기 전에는 대체로 현지국 정부보다 글로벌기업의 교섭력이 강하다. 왜냐하면 글로벌기업은 여러 나라 중에서 어느 한 나라를 선택할 수 있기 때문이다. 이때는 현지국이 글로벌기업에게 유리한 여러 조건을 제시하며 투자를 유치하고자 한다. 그러나 일단 현지국에 투자한 후에는 상황이 바뀐다. 글로벌기업의 투자전환이 어려운데다 현지국은 자본과 기술, 경영노하우, 외부경제효과 등 글로벌기업에서 얻을 수 있는 것을 이미 획득한 후이기 때문이다. 이때에는 현지국 정부는 자신에게 보다 유리한 조건을 주장할 수 있다. 따라서 교섭력에서 열세에 놓인 글로벌기업은 어느 정도 현지국의 요구를 수용하면서 자사의 이익을 유지하는 것이 바람직하다.

(1) 투자유인의 평가

글로벌기업은 현지국이 제시한 투자유인의 크기와 유형을 평가하여야 한다. 그러나 이때 명심할 것은 현지투자를 결정짓는 주요 요인은 투자유인보다는 현지국의 투자환경이 갖는 매력도라는 점이다. 바꾸어 말하면, 투자대상국의 투자환경 매력도가 유사한 경우에만 투자유인이 의미를 갖게 된다.

(2) 현지국의 규제에 대한 대응

현지국의 규제에 대한 대응방안은 크게 몇 가지로 구분된다.

① 현지국의 규제나 정책에 순응

이는 글로벌기업이 현지자회사에게 적용하는 현지 정부정책이나 규제를 그대로 따르는 전략이다. 이러한 전략은 ⓐ 현지국의 규제가 무리한 수준이 아닌 경우 ⓑ 현지국에서 이미 전개하고 있는 비즈니스 활동을 계속 유지하기를 원하는 경우에 적용할 수 있다.

② 현지국 정부와의 협상

이는 규제나 새로운 정책을 글로벌기업에게 새롭게 적용하려는 현지국 정부를 상대로 '양보의 대가'로 새로운 비즈니스기회를 얻거나 기업자원의 안전에 대한 보장을 받으려는 전략이다. 이러한 전략은 ① 현지국 정부의 규제가 지나치다고 생각되는 경우 ② 글로벌기업의 독점적 우위가 큰 경우에 적용할 수 있다. 이 경우에 글로벌기업은 현지정부와 협상을 통해 공헌수준을 조정해야 한다. 글로벌기업은 현지연구개발, 고용증진, 현지에서 부품과 중간재 조달의 확대 등을 협상무기로 활용할 수 있는데 구체적인 협상의 대상은 다음과 같다.

ⓐ 현지자회사에 현지인을 충원하고, 그들을 계속 교육·훈련시키는 정도

ⓑ 신기술을 도입하고 나아가 현지국에 연구개발 시설을 마련하여 현지에서 신기술과 신제품을 개발하는 정도

ⓒ 현지자회사가 부품, 원자재 등을 현지에서 조달함으로써 현지 부품공급업체의 성장을 도와주면서 현지생산제품의 국산화율을 높이는 정도

ⓓ 현지자회사가 수출신장에 노력하고 수입대체산업을 발전시키는 데 기여하는 정도

ⓔ 현지국이 특별한 관심을 가지고 개발하기를 원하는 지역과 산업에 투자하는 정도

③ 투하자원의 헤지

현지국 요구의 수용과 더불어, 글로벌기업은 다음과 같은 헤지(hedge)전략을 취할 수 있다. 이는 현지국이 글로벌기업의 현지자회사를 수용하거나 다른 외국계기업으로 대체시키는 것이 어렵거나 불가능하다는 점, 가능하더라도 현지국에 별다른 이익이 없다는 점을 현지국 정부가 인식하도록 하여 무리한 요구나 규제를 하지 못하게 하는 전략이다.

ⓐ 현지자본을 차입하여 투자

ⓑ 현지국 정부나 현지은행의 지급보증을 활용한 해외자본으로 현지에 투자

ⓒ 현지자회사를 본사의 글로벌네트워크에 편입시켜 현지자회사 단독으로는 제품생산

활동이 불가능하게 한다. 만약 이러한 자회사를 현지국이 수용하거나 몰수하는 경우에는 글로벌네트워크의 도움을 받지 못하게 되어 현지자회사의 독자적인 운영은 불가능해진다. 이럴 경우 현지국 경제발전에 대한 현지자회사의 공헌은 전혀 기대할 수 없다.

④ 현지국에서 철수

현지국의 새로운 규제나 정책을 받아들이고 따르는 것보다는 현지국에서 차라리 철수하는 것이 글로벌비즈니스 운영에 도움이 된다고 판단되면 글로벌기업은 현지국에서 철수하는 것이 바람직하다.

토의문제

1. 글로벌기업의 해외직접투자 동기를 설명하시오.
2. 해외직접투자안의 심사단계를 설명하시오.
3. 해외직접투자가 현지국에 주는 긍정적인 영향을 설명하시오.
4. 해외직접투자가 현지국에 주는 부정적인 영향을 설명하시오.
5. 시간의 경과에 따라 해외직접투자에 대한 현지국과 글로벌기업의 평가가 어떻게 변화하는지를 설명하시오.
6. 외국인직접투자에 대한 현지국의 규제정책을 설명하시오.
7. 현지국이 제공하는 투자유인의 유형과 역할을 설명하시오.
8. 현지국의 외국인직접투자 규제정책에 대한 글로벌기업의 대응방안을 설명하시오.

참고문헌

반병길, 이인세(2015), 『글로벌기업 전략과 관리』, 박영사.

박병일(2015), 『글로벌 경영사례』, 경문사.

이철(2015), 『글로벌경영』, 학현사.

장세진(2015), 『글로벌경영』, 박영사.

한국경제 http://www.hankyung.com/news/app/newsview.php?aid=2016071453761&intype=1

한국경제 http://www.hankyung.com/news/app/newsview.php?aid=2016020338721&intype=1

Behrman, J. N.(1970), *National Interest and the Multinational Enterprise*, Prentice-Hall.

Caves, R. E.(1982), *Multinational Enterprise and Economic Analysis*, Cambridge Univ. Press.

Fagre, N., and L. T. Wells, Jr.(1982), "Bargaining Power of Multinational and Host Governments," *Journal of International Business Studies*, Fall.

Root, F. R.(1998), *Entry Strategies for International Market*, Jossey-Bass Inc.

Vernon, R., and L. T. Wells, Jr.(1991), *Manager in the International Economy*, Prentice-Hall.

Wells, Jr., L. T.(1983), *Third World Multinationals: The Rise of Foreign Investment from Developing Countries*, MIT Press.

GLOBAL MANAGEMENT

제4부

글로벌 경영관리

GLOBAL MANAGEMENT

Chapter

10

글로벌기업의 인적자원관리

GLOBAL

MANAGEMENT

글로벌기업은 전세계를 무대로 경영활동을 수행하므로 국내시장을 목표로 경영활동을 수행하는 기업과는 인적자원관리에서도 많은 차이점을 가지고 있다. 이 장에서는 글로벌인력의 선발과 교육, 글로벌인력의 평가와 보상, 그리고 글로벌인력의 귀임문제와 현지근로자의 노무관리를 살펴본다.

10-1 글로벌 인적자원관리의 의의

다양한 환경에 대처하는 지식자산을 중요한 기업자원으로 삼는 글로벌기업은 인적자원의 육성과 관리가 매우 중요한 과제로 부각되고 있다. 국제경영활동을 주도하고 있는 글로벌기업의 경우, 세계시장에서 다양한 경험과 지식을 습득한 글로벌경영자를 확보하고 관리하는 방법은 글로벌경영의 성공에 중요한 영향을 미치는 전략 요인이라 할 수 있다.

10-1-1 글로벌 인적자원관리의 특성

글로벌 인적자원관리는 국내기업의 인적자원관리와 상이한 점을 많이 내포하고 있다. 해외에서의 인적자원관리는 사회, 문화 그리고 법적 환경 등의 차이로 인해 많은 어려움이 따른다. 즉 사회적·문화적 환경이 본국과 같지 않고 이에 대한 적응력이 개인에 따라 다르며, 각 국가나 지역에 따라 법적 규제 또한 많은 차이가 있기 때문에 이와 같은 문제에 대한 충분한 지식이 없이는 글로벌 인적자원관리를 원활히 수행하기 어렵다. 글로벌기업이 여러 국가시장을 대상으로 활동하면서 직면하는 인적자원관리상의 독특한 문제점은 다음과 같다.

(1) 문화적 차이의 극복 문제

인간은 자신이 성장해 왔고 익숙해 있던 자국의 사회적 환경과 문화적 환경을 떠나 언어,

생활습관, 가치관, 인적관계, 기후 등이 다른 환경에서 활동하는 경우에는 문화적 차이로 갈등과 혼란을 겪는다. 이렇게 되면 작게는 가벼운 걱정, 근심으로부터 크게는 자신의 일상업무를 제대로 수행할 수 없게 되는 심한 심리적 불안정 상태에까지 이를 수 있다. 만약 본국의 관리자를 현지경영진이나 관리자로 파견하는 경우에는 본국 파견요원이 현지국의 문화적 차이를 잘 극복해 내고 현지에서 경영활동을 원활하게 수행할 수 있는지를 검토해야 한다.

(2) 인적자원관리에 대한 현지국의 규제 문제

현지국이 외국인투자를 수용하는 중요한 이유 중의 하나가 자국의 고용 확대이기 때문에 대부분의 국가에서는 정도의 차이는 있지만 법률이나 제도를 통하여 자국인의 고용을 어느 정도 의무화하는 경향이 있다. 예컨대, 현지인 최소고용비율 제시, 현지인이 취업 가능한 직종과 외국인이 취업 가능한 직종의 분류, 해고제한규정 등과 같은 규제를 통해 글로벌기업의 인적자원관리에 간섭하는 경우 등이다. 이와 같은 현지국정부의 유·무형의 규제는 글로벌기업의 효율적인 인적자원관리를 한층 어렵게 만들 수 있다. 글로벌기업이 이에 대해 효과적으로 대응하지 못한다면 기업의 경영성과에 좋지 않은 영향을 초래하게 된다.

(3) 우수한 글로벌 경영인력의 부족 문제

빠르게 확산되고 있는 글로벌경영의 확산 추세에 비추어 볼 때 글로벌경영활동을 수행할 수 있는 유능한 인적자원이 크게 부족하기 때문에 능력 있는 글로벌 경영인력을 양성하는 일이 중요한 과제로 대두되고 있다. 즉 현지문화에 대한 이해, 다양한 노사관계에 대한 이해와 대처능력 등을 구비한 글로벌경영자가 부족하다. 특히 문제가 되는 것은 개발도상국가에 본사의 인력을 파견하는 경우이다. 개발도상국은 본국에 비해 생활환경과 자녀교육환경에 있어 크게 열악하기 때문에 많은 본사국 경영자들이 기피하고 있고, 파견되는 경우도 좌천으로 인식하고 있는 경우가 많다.

(4) 국경을 넘어 인력을 이동시키는 문제

글로벌경영활동을 수행하기 위해서는 인적자원이 국경을 넘어 이동하는 것이 필요하다. 이를 원활하게 수행하기 위해서는 적절한 글로벌인력의 선발, 이들의 교육과 대우, 거주지가 변화함에 따른 제반 충격의 완화 방안 등의 새로운 문제가 발생한다.

(5) 본국문화와 현지문화의 완충 문제

본사에서 현지에 파견된 경영자는 현지의 시각에서 볼 때는 본사의 입장을 대변하고, 본사의 입장에서 볼 때는 현지의 입장을 대변하는 것으로 비친다. 이러한 이중적 역할을 잘 수행하기 위해 현지에 파견되는 경영자는 본사의 문화와 정책에 익숙하면서도 현지의 문화와 언어에도 익숙하여야 한다. 달리 말하면 글로벌기업은 본사문화와 현지문화 간의 완충적 역할을 잘 감당할 수 있는 경영자를 양성하고 활용하는 것이 요구된다.

10-1-2 글로벌 인적자원관리의 유형

글로벌 인적자원관리는 글로벌기업의 경영철학과 밀접한 관계를 가지고 있다. 펄뮤터(Perlmutter)는 최고경영자의 경영철학에 따라 다국적기업을 본국중심형, 현지중심형, 세계중심형으로 분류하였는데, 글로벌인력관리도 기본적으로 세 가지의 대안을 활용할 수 있다.

(1) 본국중심적 인적자원관리

이는 본사의 인사정책과 관행을 현지국에도 그대로 적용하고 해외자회사의 주요 책임자를 비교적 현지사정에 밝은 본국 출신의 관리자로 임명하는 방식이다. 한국과 일본의 글로벌기업이 많이 사용하고 있는 방법이며, P&G나 Philips 등 서구의 많은 기업도 본국중심적 인적자원관리를 채택하였다.

본국중심적 인적자원관리의 장점은 다음과 같다.

첫째, 본사의 가치관이나 기업문화 등에 익숙하여 해외자회사에게 잘 전수할 수 있어 글로벌 차원에서 통일된 기업문화를 유지할 수 있다.

둘째, 본사의 정책이나 관리방식에 익숙해 있으므로 자회사에 대한 통제를 효율적으로 할 수 있고, 나아가 생산과 서비스 측면에서 본사 특유의 우위를 해외자회사에 적절히 이전할 수 있다.

셋째, 자회사의 경영자가 본사의 목표를 잘 이해하고 있고 본사와 자회사 간의 의사소통이 잘되기 때문에 본사와 자회사 간의 갈등을 축소할 수 있다.

그러나 이러한 관리방식은 다음과 같은 단점을 가지고 있어 글로벌기업에서 그 활용도가 점차 줄어들고 있다.

첫째, 현지국의 언어와 문화에 익숙하지 않아 문화적 이질감을 극복하기가 쉽지 않다.

둘째, 현지인의 승진기회를 제한하기 때문에 현지인 직원의 사기를 낮추고 나아가 유능한 현지인력을 확보하기가 어렵다.

셋째, 본국중심의 기업문화와 관리방식에 치우친 나머지 현지의 문화나 시장욕구를 소홀히 하기 때문에 현지국정부나 소비자로부터 저항을 받을 가능성이 크다.

(2) 현지중심적 인적자원관리

이는 현지의 사정은 현지인이 가장 잘 안다는 가정하에 현지에서 채용한 인력을 중심으로 현지자회사를 운영하도록 하는 정책이다. 이러한 관리방식의 장점은 다음과 같다.

첫째, 현지인 관리자는 이미 현지의 문화와 언어에 익숙하므로 문화적 장벽이 없이 현지의 환경과 욕구에 적절히 대응할 수 있다.

둘째, 현지인 관리자는 현지의 정치인, 경제인, 금융인, 소비자 등 이해관계자 집단과 폭넓은 유대관계를 맺기가 용이하기 때문에 상대적으로 신속하게 사업기반을 구축할 수 있다.

셋째, 본사에서 관리자를 파견하고 유지하려면 상당한 비용이 들면서도 장기주재가 어려운 데 반해, 현지인 채용은 이러한 비용을 크게 절약하면서도 장기주재가 가능하다.

넷째, 내셔널리즘이 강한 나라에서는 최고경영층과 중간경영층에 현지인을 활용함으로써 경영의 현지화를 진전시키고 결과적으로 현지시장에서 호의적인 이미지를 얻을 수 있다.

그러나 현지중심적 인적자원관리는 다음과 같은 단점을 가지고 있다.

첫째, 본사의 기업문화, 본사의 기업목표 내지는 업무수행방식에 대한 이해가 부족하다.

둘째, 현지인은 자신이 근무하는 자회사 중심의 사고방식을 가지고 있어 기업의 전체적인 이익보다 현지국의 이익을 우선시하는 경향이 있다. 이는 전사적인 통합과 조정을 어렵게 해 글로벌경영의 이점을 상실케 할 가능성이 있다.

셋째, 본사관리자와 자회사관리자 간에 갈등이 일어날 가능성이 크다. 가치관과 문화의 차이로 인해 본사관리자와 현지관리자 간에 문제점 규명, 대안평가, 전략의 수립과 실행 등에서 많은 차이가 있기 때문이다.

넷째, 현지인은 모회사에 대한 충성심이 부족한 경우가 많다. 따라서 기밀성이 요구되는 기술이나 지식을 습득한 후에 다른 회사로 이전하는 경우가 발생할 가능성이 크다.

(3) 세계중심적 인적자원관리

이는 전세계에 퍼져 있는 글로벌기업조직에 국적에 상관없이 가장 유능한 인물을 채용하는 전략이다. 본사와 자회사가 하나의 유기체로 파악되기 때문에 경영자의 국적은 무의미하며 능력이 중시된다. 이와 같은 세계중심적 인적자원관리가 갖는 장점은 다음과 같다.

첫째, 기업이 인적자산을 효율적으로 활용할 수 있도록 한다.

둘째, 다수의 문화권에서 효율적으로 일할 수 있는 글로벌경영자를 양성할 수 있다.

셋째, 범세계적 관점에서 선발된 경영자는 세계적이고 객관적인 사고를 가지고 있기 때문에 기업은 본국중심이나 현지중심에서 탈피하여 글로벌통합을 강조하기가 용이하다.

그러나 이러한 관리방식은 다음과 같은 단점을 가지고 있다.

첫째, 세계를 대상으로 유능한 경영자를 발굴하거나 육성하는 데 비용이 많이 소요된다는 점과 이들에 대해서는 국제적 수준의 급여를 제공해야 한다는 점을 감안할 때 상당한 비용이 요구된다.

둘째, 본국인도 아니고 현지인도 아닌 사람을 현지자회사의 관리자로 파견할 때, 현지의 정서적 저항과 현지정부의 이민법 및 해외인력 고용에 대한 규제는 국적을 불문하고 인력을 활용한다는 세계중심적 인적자원관리에 제한 요소로 작용한다.

셋째, 제3국인을 현지자회사의 경영책임자로 임명하게 되면 현지중심적 경영에서 벗어나 권한을 본사에 집중한다는 것으로 받아들여져 현지자회사의 반발을 초래할 수 있다.

넷째, 해외에서만 근무하게 될 가능성이 많고 이직의 가능성도 많아 본사의 사정에 무지할 수도 있으며, 본사에 대한 몰입 수준이 떨어질 수도 있다.

이상에서 설명한 글로벌경영자 선발의 세 가지 유형은 각각 장단점을 갖고 있기 때문에 기업은 자신의 국제화 정도에 따라 적절하다고 생각되는 인적자원관리 방법을 채택해야 할 것이다. 대체적으로는 수출기업 단계에서는 본국중심적 관리방식을, 다국적기업 단계에서는 현지중심적 관리방식을, 글로벌기업 단계에서는 세계중심적 관리방식을 채택하는 경향이 있다.

표 10-1 글로벌인력관리 유형의 장 · 단점

유형	장점	단점
본국중심적 인적자원관리	• 조직상의 통제와 조정이 용이 • 해외 자회사에게 본사의 목표와 정책을 따르게 할 수 있음 • 본-지사 간 갈등 축소	• 현지 적응에 많은 시간이 소요됨 • 현지인 직원의 사기 저하 • 현지문화와 욕구를 소홀히 함
현지중심적 인적자원관리	• 언어 및 문화의 장벽이 없음 • 신속한 사업기반 구축 가능 • 채용비용 절감 • 장기근무의 가능성과 경영의 지속성	• 본사의 문화와 목표에 대한 이해 부족 • 전사적 통합과 조정이 어려움 • 본-지사 간 갈등의 가능성 • 본사에 대한 충성심 부족
세계중심적 인적자원관리	• 효율적인 인적자원 활용 • 글로벌경영자 양성 • 본국중심이나 현지국중심에서 벗어나게 되어 글로벌시각에서 조직의 통합이 용이함	• 채용비용이 많이 소요됨 • 현지국의 정서적 저항과 규제 • 중앙집중 회귀로 현지자회사의 반발 초래

사례 10-1

"삼성·현대차서 배우자"…'휴직' 줄선 공무원들

세종시는 요즘… '민간근무 휴직제' 신청 봇물
60개 기업서 70여명 선발… 대관 아닌 실제 업무 주고
연봉제한·복귀 의무 신설… 과거 문제점 대폭 손질
자격 엄해졌지만 지원 쇄도… 고과 A이상·전문성 요구
민관유착 가능성도 따져… 기재부 경쟁률 3대 1 달해

新민간근무 휴직제도

대상기관	대기업 또는 비영리단체
대상공무원	3~8급
휴직기간	1년 단위 계약(최대 3년)
보수 기준	휴직 직전 보수의 1.3배 이내 (성과급 포함시 1.5배)
이해상충 방지조치	• 휴직 전 5년 동안 소속 부서와 업무 관련 기관 제외 • 복직 후 2년 동안 민간근무 관련 부서 배치 금지 • 휴직기간 상당하는 의무복무기간 설정

주요 민간근무휴직대상기업 직위

기업	직위
삼성전자	DMC연구소 부장(방송통신)
삼성증권	IB본부부장
현대건설	인프라환경기획실 전문위원
현대미포조선	법무팀 부장
LG전자	통상팀 부장
대우인터내셔널	식량물자사업실 부장
SK하이닉스	ICT시장분석부 부장
두산중공업	해외마케팅 상무
현대해상	기획관리부문 상무
교보생명	경영기획팀 부장

휴직 제도를 활용해 민간기업 근무를 희망하는 공무원들이 줄을 서고 있다. 올해부터 삼성전자 현대자동차 등 대기업에서도 일할 수 있는 길이 열리면서다. 민간근무휴직 공무원 선발 인원을 예년보다 10배 이상 늘렸지만 치열한 경쟁이 벌어졌다.

인사혁신처는 다음주 중 60개 기업에 파견할 민간근무휴직 대상자 70여명 선발을 마무리할 예정이다. 이번 민간기업 60곳 중에는 대기업이 28곳(46.7%)으로 가장 많고, 중견·중소기업 23곳(38.3%) 기타 단체·협회 9곳(15%) 등의 순이다.

지난해 이근면 인사혁신처장 주도로 민간근무휴직 대상 기업이 자산 5조원 이상 대기업으로 확대되고, 근무 기간을 최대 3년으로 늘리는 등 제도가 개선되면서 선발 인원이 대폭 늘었다. 글로벌 금융위기 당시 4년간 중단됐다가 2012년 재개된 민간근무휴직 대상자는 한 해 5명 안팎에 불과했다.

올해부터는 민간기업에 공무원이 쉬러 가던 관행에서 탈피하는 데 초점을 맞췄다. 대상 기업은 해당 부처가 기업의 구체적인 수요를 받아 선정했다. 과거에는 공무원 개인이 근무처를 직접 발굴했다. 민간근무가 '휴식'으로 변질되곤 했던 이유다. 해당 기업이 직무와 직위를 먼저 정한 뒤 추천된 공무원 가운데 적합한 사람을 선발하는 방식도 도입했다. 담당 업무는 기업금융 법무 기획관리 등으로 다양화했다.

부처 인사 담당자들은 인사처에서 요구하는 지원자격이 까다로웠음에도 내부 경쟁률이 치열했다고 전했다. 기획재정부에선 현대해상 상무, 삼성증권 부장 등의 직책에 총 8명이 선발됐는데 경쟁률이 3대 1에 달했다. 산업통상자원부(6명) 공정거래위원회(5명) 금융위원회(4명) 농림축산식품부(3명) 등도 2대 1 이상의 경쟁률을 보였다.

인사처에선 지원자격으로 성과평가 A등급 이상을 요구했다. 해당 직무를 소화하기 위한 업무 전문성을 고려하면서도 민관유착 우려를 차단하기 위해 휴직 전 5년 동안 관련 업무에서 일한 공무원은 제외시켰다. 인사처 관계자는 "부처 내 경쟁을 뚫은 공무원을 복수로 명단을 보내면 해당 기업에서 최종 결정을 했다"고 설명했다.

기재부 관계자는 "해외 유관기관 근무 경쟁이 예전보다 치열해진 것도 민간근무휴직을 신청한 직원들이 늘어난 요인"이라고 설명했다.

과거와 달리 민간에서 경험을 쌓겠다는 공무원도 늘어났다. 민간 고용이 확정된 기재부 관계자는 "평소 대기업의 조직 관리 체계나 업무 처리 방식에 관심이 많았다"며 "대관(對官) 업무였다면 관심이 없었겠지만 실질적인 업무가 주어진다는 점에서 끌렸다"고 말했다.

공직생활의 미래에 대한 불안감도 민간 경험의 중요성을 높인 요인으로 꼽힌다. 정부 관계자는 "공직사회를 떠날지 고민하는 공무원들도 민간근무휴직에 관심이 많다"며 "민간기업을 경험해보고 공직사회를 떠날지를 냉정하게 결정할 수 있기 때문"이라고 귀띔했다.

민간기업에서 받는 보수는 휴직 직전 받던 연봉의 1.3배, 성과급을 포함할 경우 1.5배로 제한된다. 인사처 관계자는 "매년 기업과 공무원 모두 연장 의사가 있을 경우에만 1년씩 연장돼 최대 3년까지 근무할 수 있게 된다"며 "복직 후에도 근무기간만큼 의무복무를 해야 한다"고 설명했다.

자료: hankyung.com, 2016. 01. 07. 요약 발췌

10-2 글로벌인력의 선발과 교육

글로벌기업이 세계시장에서 효과적으로 기업성과를 달성하기 위해서는 무엇보다도 훌륭한 자질을 가진 경영인력을 확보하는 것이 중요하다. 이를 위해서는 글로벌경영에 부합되는 인력을 선발하고 교육할 필요가 있다.

10-2-1 글로벌인력의 선발과정

글로벌인력을 선발함에 있어서는 수행하여야 할 직무와 그 직무를 둘러싼 문화적·사회적 요인을 감안하여 상황에 맞게 선발기준에 신축성을 부여하는 것이 바람직하다. 글로벌 경영자 선발과 관련하여 텅(Tung)은 [그림 10-1]과 같은 상황적 모형을 제시하였다.

이 모형에 의하면 첫 번째 단계로 해외직무에 현지인을 활용할 것인가 본국인을 활용할 것인가를 결정하여야 한다. 해외직무에 현지인이 적합하다면 본국인이나 제3국인을 선발할 필요가 없다. 그러나 현지인이 적합하지 않다고 판단되는 경우에는 본사나 외부로부터 적합한 관리자를 선발하여야 한다.

그림 10-1 글로벌인력의 선발과정

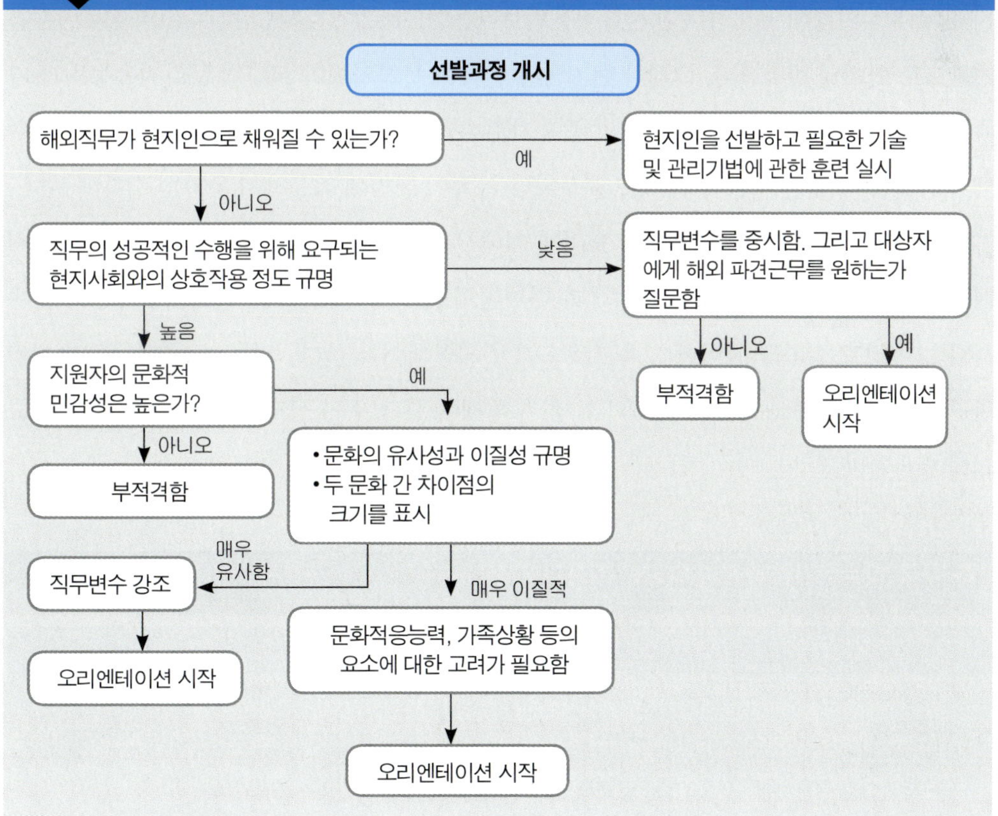

자료: Tung, R. L. (1981), "Selection and Training of Personnel for Overseas Assignment," *Colibia Journal of World Business*, Spring p. 73.

두 번째 단계로는 담당할 직무가 요구하는 사회성의 정도를 평가하여야 한다. 직무 담당자가 현지사회와 높은 상호작용을 할 것을 요구한다면 현지에 대한 문화적 민감성과 커뮤니케이션 능력이 요구된다. 문화적 민감성이란 다른 국가에 있는 사람들이 왜 이러한 행동을 하는가를 이해할 수 있는 능력을 말한다. 커뮤니케이션 능력이란 해외파견자가 현지인과 효과적으로 교류할 수 있는 능력을 말한다. 글로벌인력이 현지국에 있는 직원이나 이해당사자와 효과적으로 교류할 수 있다면 자신의 업무에서 성공할 확률이 높다. 이는 현지 언어를 구사할 수 있는 능력과 더불어 현지인과 의사소통할 마음자세가 되어 있는가를 의미한다. 그러나 사회성을 요구하는 정도가 높지 않다면 직무수행능력이 중요시된다. 즉 해외에서 업무를 성공적으로 수행하기 위하여 요구되는 직무변수를 잘 충족시킬 수 있는 전문적 지식과 기술적 능력이 중요시된다.

세 번째 단계로는 현지환경이 국내환경과 어느 정도 상이한가를 파악해야 한다. 만약 현지와 국내의 환경이 유사하다면 문화적응력보다는 [표 10-2]에 나타난 것과 같은 직무변수를 기준으로 인재를 선발한다. 그러나 현지국과 본국의 문화차이가 크다면 문화적응능력과 가족상황 등과 같은 요인을 인재선발의 중요기준으로 삼아야 한다. 문화적 차이가 크면 업무에 적응하는 데 많은 시간이 걸리고, 배우자나 가족이 현지에 적응하지 못하는 경향이 있다.

네 번째 단계로는 이렇게 선발된 요원에 대해서는 현지적응을 위한 여러 가지 교육을 실시하여야 한다. 교육의 내용도 본사국과 현지국의 문화적 차이 정도, 현지직무가 요구하는 사회성의 정도에 따라 상이한 교육프로그램이 제공되어야 한다. 이와 같이 해외에 파견될 관리자를 선발하는 과정에는 현지의 환경, 수행해야 할 직무의 성격, 개인적인 사정 등이 고려되어야 한다.

표 10-2 다국적기업에 관한 다양한 기준과 명칭

직무변수	적응성 요인	개인 특성
• 기술적 능력 • 리더십 • 과거의 경험 • 현지에 대한 전문지식 • 언어능력	• 대인관계 • 문화적응능력 • 현지환경에 대한 이해 • 해외업무에 대한 관심 • 가족의 적응성	• 나이 • 건강 • 교육 • 가족관계 • 사회성

자료: Czinkota, M. R., et al(2005), *International Business*, Thomson.

10-2-2 글로벌인력의 교육

글로벌인력을 선발한 후에는 이들이 효율적으로 해외직무를 수행할 수 있도록 하는 체계적인 교육과정이 필요하며, 교육의 내용은 현지경영인력을 본국에서 파견한 경우와 현지인으로 채용한 경우에 다소 차이가 있다.

본국인에 대한 교육은 글로벌경영자의 사회·문화적 적응을 위한 준비 단계로, 해외환경에 보다 잘 적응할 수 있도록 하기 위한 현지국가와 문화에 대한 제반 사항과 현지자회사의 전반적인 운영정책에 관한 내용을 미리 숙지시키는 과정이라 할 수 있다.

(1) 문화적응훈련

현지국 문화에 대한 충분한 교육을 통해서 그 문화를 이해하는 능력을 키우는 것이다. 교육 내용은 주로 ⓐ현지국의 정치, 경제, 사회, 종교, 역사, 문화 등 사회 전반에 걸친 현지의 특수성에 관한 것과 ⓑ현지인의 기호, 관습, 문화적 성향에 관한 것 ⓒ본국 문화와 현지국 문화의 차이점에 관하여 교육하고, 현지에서 겪은 체험담을 소개한다. 또한 문화충격을 줄이기 위해 근무하게 될 현지국을 미리 여행하는 것도 바람직하다. 본인뿐만 아니라 배우자를 비롯한 전 가족이 이러한 문화적응훈련을 받는 것이 문화적 충격을 줄이는 데 바람직하다. 아울러 ⓓ현지국의 언어 교육을 실시하는 것도 바람직하다. 글로벌인력이 현지국 언어에 대하여 능숙할 필요는 없지만 현지직원과 좋은 관계를 유지하고 효과적으로 이들을 통제하기 위해서는 어느 정도의 현지어 능력을 구비할 필요가 있다.

(2) 업무수행에 관한 교육

먼저 현지기업환경에 대한 교육과 더불어 현지에서 경영활동을 수행하는 데 필요한 지식을 교육한다. 즉 기업윤리, 거래관행, 경쟁업체의 실태, 협력업체에 관한 지식을 제공함으로써 파견인력이 현지에서 경영활동을 보다 효율적으로 수행할 수 있게 한다.

다음으로는 현지자회사의 제반 사항을 숙지시킨다. 현지자회사의 경영계획과 본사가 추구하는 전략적 계획과의 연계성, 현지국에서의 경쟁 정도, 보유한 핵심역량과 자원, 고용 현황, 생산환경과 노사관계 등에 대한 교육을 통하여 파견된 관리자가 현지국에서 어떤 활동을 하여야 할 것인가를 인식할 수 있도록 한다.

10-2-3 현지인력의 교육

현지인력을 채용하는 경우에도 현지자회사의 경영을 원활히 하기 위해 현지인력에 대한 교육을 실시하여야 한다. 이들을 교육시키는 구체적인 이유는 본사와의 원활한 의사소통을 이루고, 본사와 현지자회사 간의 업무분담체계를 이해시켜, 현지자회사의 경영효율성을 이루고자 하는 데 있다. 이를 위해 제공되는 교육과정의 보편적인 내용은 다음과 같다.

첫째, 본사국과 현지국의 문화적 차이에 대한 이해
둘째, 기업의 역사, 전통, 위상, 목표, 취급 제품 등 본사에 대한 이해를 증진시키는 내용
셋째, 본사의 경영목표 및 운영방침 그리고 업무내용과 절차
넷째, 업무수행 능력의 제고와 관련된 사항

10-3 글로벌인력의 평가와 보상관리

글로벌기업은 현지에 파견되어 경영활동을 수행하는 글로벌인력과 현지인력을 합리적으로 평가하고 보상해야 한다. 적절한 평가와 보상은 글로벌인력의 동기를 자극해 활발한 글로벌경영활동을 초래할 것이나, 그렇지 않은 경우에는 글로벌인력의 사기를 떨어뜨려 글로벌경영활동의 위축을 초래할 것이다.

10-3-1 글로벌인력에 대한 평가

글로벌인력에 대한 평가는 국내에서 이루어지는 평가보다 훨씬 어려운 것으로 지적되고 있다. 이는 평가 주체가 복수인 점, 그리고 글로벌인력이 통제할 수 없는 영업외적 요소가 많다는 점 때문이다. 이러한 요소에 대한 적절한 고려 없이는 객관적인 평가를 내리기 어렵다.

(1) 복수의 평가주체

많은 경우 글로벌인력의 성과는 현지자회사의 관리책임자와 본국에 있는 관리책임자가 동시에 평가한다. 이런 경우의 문제점은 두 평가자가 서로 다른 평가기준을 사용한다는 점이다. 현지관리책임자는 글로벌인력이 얼마나 효과적으로 현지의 경영환경에 적응하여 문화적 차이를 극복하고 현지직무를 잘 수행하였는가에 초점을 두는 반면, 본사에서는 글로벌인력의 활동이 본사가 추구하는 전략과 얼마나 일치하는가에 초점을 둔다. 이와 같이 글로벌인력의 성과를 평가하는 양측이 서로 다른 기준을 가지고 평가하기 때문에 글로벌인력은 자신의 성과에 대해 공정한 평가를 받지 못한다고 느끼는 경우가 많다. 그러므로 글로벌인력에 대한 평가는 가능한 한 다양한 원천으로부터 객관적인 정보를 입수하여 실시하는 것이 바람직하다.

(2) 통제불가능한 영업외적 요소

통제할 수 없는 영업외적 요소가 글로벌인력의 실적평가에 영향을 주는 경우에는 글로벌인력의 개인적인 능력과 상관없이 왜곡된 평가가 내려질 수 있다. 글로벌인력의 실적을 왜곡시키는 영업외적 요소는 다음과 같다.

첫째, 글로벌기업의 사내거래 시 전사적 관점에서 수익극대화를 추구하거나 법인세 절약을 도모하기 위해 행해지는 이전가격의 조정이 현지자회사에게 불리하게 이루어지는 경우

둘째, 해외자회사 수준보다 상위 수준인 본사나 지역본부에서 내려진 의사결정이 자회사의 수익성에 영향을 미치는 경우

셋째, 현지국의 경기변동, 물가상승률, 환율변동 등과 같은 영업외적인 환경변화가 자회사의 경영실적에 영향을 주는 경우

넷째, 현지국 정부의 유인정책 및 각종 혜택의 차이가 현지자회사의 재무성과에 영향을 주는 경우

다섯째, 현지국의 부존자원, 즉 노동, 원료, 기술 등의 차이와 사회간접자본의 차이가 현지자회사의 재무적 성과에 영향을 주는 경우

따라서 글로벌인력에 대한 공정하고 객관적인 평가가 이루어지기 위해서는 경영실적에 영향을 미치는 통제불가능한 영업외적 요인의 영향을 적절히 감안하고, 가능한 한 직접적인 경영실적 평가요소를 중심으로 평가를 내리는 것이 바람직하다.

10-3-2 글로벌인력에 대한 보상

글로벌기업은 현지에 파견되어 경영활동을 수행하는 파견관리자와 현지인 관리자에게 어떻게 보상하는가에 관한 문제에 직면하게 된다. 공정하고 적절한 보상은 조직에 대한 관심과 몰입도를 제고시킬 수 있다.

(1) 보상에 대한 일반적 고려 사항

보상에 있어 파견된 관리자이건 현지인 관리자이건 간에 공통적으로 고려되어야 할 사항은 다음과 같다.

첫째, 보상은 유능한 글로벌인력을 확보하고 기업에 공헌할 수 있도록 하는 동기부여의 수단으로 사용되어야 한다.

둘째, 보상은 본사와 해외자회사 간 또는 해외자회사 간에 인력교류가 원활히 이루어지도록 기능해야 한다.

셋째, 글로벌기업체제 내에 있는 모든 글로벌인력에게 공평하고 합리적인 보상이 이루어지도록 해야 한다.

넷째, 본사의 보상수준과 해외 현지에 있는 경쟁기업의 보상수준을 고려하여 자사 글로벌인력의 보상수준을 결정해야 한다.

(2) 보상의 유형

기업의 글로벌화가 빠르게 진행되는 현재의 환경에서 글로벌인력에 대한 합리적인 보상방안은 중요한 과제가 되고 있다. 글로벌인력에 대한 보상체계는 충분한 동기를 부여하면서도 합리적 수준이어야 한다. 아래에서는 글로벌인력에 대한 보상체계를 살펴본다.

① 금전적 보상

금전적 보상의 유형은 기업에 따라 여러 형태가 있을 수 있는데, 기본적으로 사용되는 금전적 보상의 체계는 다음과 같다.

ⓐ **기본급**

근무지가 본사국이든 해외이든 간에 동일한 직무를 수행하는 국제비즈니스요원에게 동일한 수준의 급여를 지급하는 것이 바람직하다. 글로벌인력은 본국지향적인 생각을 가지고 있어, 본국에서와 동일한 기준이 적용됨으로써 본국에 소속되어 있다는 안정감을 갖게 되고 귀국 후에도 분쟁의 소지를 남기지 않기 때문이다. 물가나 생활수준의 차이는 수당의 형식으로 보상하는 것이 바람직하다.

ⓑ **해외근무 프리미엄**

이는 주로 다음의 두 가지 이유에서 채택된다. 첫째는 이질적 환경에서 근무하는 것에 대한 보상의 성격이다. 해외근무는 자신이 성장하고 생활해 온 익숙한 환경을 떠나 이질적인 환경에서 근무하고 생활하는 것을 의미하기 때문에, 결과적으로 국내근무보다 더 많은 어려움을 야기하여 보상이 필요하다. 둘째는 국제비즈니스요원을 해외에 장기간 근무시켜야 할 필요가 있는 경우나 급격한 근무지 변경이 요구되는 경우에 부가금을 지급하게 된다.

부가금은 ⓐ기본급여에 일정 비율을 책정하여 지급하는 방법과 ⓑ일시불로 지급하는 방법이 있다.

ⓒ **수당**

국제비즈니스요원이 해외에서 근무하게 됨으로써 나타나는 추가 비용을 보상해 주기 위한 것으로 다음과 같은 것이 있다.

– 생활비수당: 본국과 현지국 간의 생활비 격차로 인한 재정적 손실을 보전해 주고자 지급하는 수당이다.

– 주택수당: 해외주재요원에게 주거비를 지급하는 목적은 본사국에서 지출하는 주거비보다 현지국에서 더 많은 주거비가 소요될 때 차액을 보상해 주기 위해서 또는 해외주거비 모두를 적정수준에서 지원해 주기 위해서이다.

– 자녀교육수당: 글로벌기업의 임직원이 해외근무를 꺼리는 이유 중의 하나는 자녀교육 문제이다. 그러므로 글로벌기업은 이러한 문제를 해결하기 위하여 해외주재요원의 자녀가 양호한 교육기관에서 교육을 받을 수 있도록 실제 교육비 수준에서 지급하는 수당이다.

– 세금조정수당: 본국보다 세금이 높은 곳에서 근무하게 되면 실질적인 소득이 감소하는 결과가 발생하므로 추가세액만큼 보상해 준다.

– 기타 수당: 해외 오지에 파견되는 경우에 벽지수당, 전쟁의 위험이 있는 경우에는 위험수당, 본국에서의 휴가를 위한 모국휴가수당 등이 있다.

ⓓ **부가급부**

해외주재요원에게 제공하는 의료 및 상해보험, 생명보험, 사회보장 등을 말한다.

② 글로벌인력의 보수 조정

글로벌기업은 해외주재 임직원의 보수체제를 다음의 사항을 고려하여 조정할 필요가 있다.

ⓐ **물가변동에 따른 조정**

해외주재요원의 보수체계 중에서 생활비수당, 주택수당 등은 물가변동에 가장 많은 영향을 받는다. 따라서 기업은 상승한 만큼 해당수당을 더 지급하는 것이 바람직하다.

ⓑ **환율변동에 따른 조정**

해외주재요원의 보수는 환율변동의 영향을 받을 가능성이 크다. 특히 환율변화로 실질소득이 감소하는 경우가 문제된다. 따라서 이에 대한 대응책으로 기업은 ⓐ선진국에 주재하는 요원에게는 현지통화로 보수를 지급하거나 ⓑ통화평가수당(currency evaluation allowance)을 주는 방법을 활용한다.

③ 경력관리

경력관리의 목적은 해외임무를 마친 후의 진로에 대한 의구심을 해소하여 줌으로써 인사상의 동기를 부여하고 사기를 진작시키는 데 있다. 이를 위해 바람직한 글로벌기업의 인사정책은 다음과 같다.

첫째, 본사근무와 해외근무를 체계적인 계획에 의해 실시하여야 한다.

둘째, 글로벌인력에게 향후의 진로와 승진에 대한 본사의 인사정책을 명확히 밝혀주어야 한다.

셋째, 글로벌인력과 공식적인 의사소통 경로를 수립하고 유지한다. 이를 통해 해외에 근무하는 동안에도 본사의 활동과 개인적인 연결관계를 가질 수 있도록 하여 본사활동과의 연속성을 느낄 수 있게 한다.

넷째, 본사와 자회사는 글로벌인력의 경력을 효율적으로 관리하여 귀국 후 본사 재배치에 도움이 되도록 해야 한다.

그러나 많은 기업에서는 아직도 이러한 경력관리시스템이 가동되지 않고 있다. 이럴 경우에는 귀임자의 재적응 문제가 심각하게 대두될 수 있다.

(3) 현지채용인의 보상 관리

현지에서 채용한 현지요원에 대한 보상관리는 유능한 현지인을 확보하고 유지하는 데 많은 영향을 미친다. 원칙적으로는 현지인도 동일 기업의 구성원이므로 본국인과 같은 수준의 보수수준을 유지하여야 하나, 본국의 임금수준과 현지의 임금수준을 고려해야 하므로 현실적으로 본국인과 현지인의 보수수준은 많은 차이를 보인다.

일반적으로 현지인의 보수수준은 본사의 보수수준에 의하기보다는 현지의 노동조건, 현지에 진출한 경쟁사의 보수수준, 그리고 현지기업의 보수수준 등에 의해 많은 영향을 받는다. 일반적으로 외국기업에서는 자국기업에서보다 승진기회 등에 제약이 있으므로 현지기업의 평균 보수수준보다 다소 높게 설정하는 것이 바람직하다.

사례 10-2

'포켓몬 고' 넘어서는 증강현실 세상 온다

캐릭터가 3D로 구현돼야 진정한 증강현실 게임
구글글라스 같은 기기 개발 경쟁 치열해질 것

레오니드 버시스키

950만 미국인이 즐기는 스마트폰 게임인 '포켓몬 고'를 둘러싼 논쟁 중 가장 흥미로운 대목은 이 게임이 과연 진정한 의미의 증강현실인지 여부다. 사실 기술적 잣대를 엄밀히 적용하면 포켓몬 고는 증강현실 게임이 아니다.

1997년 매사추세츠공과대학(MIT)에서 발간한 AR리뷰에서는 증강현실을 "3D 가상현실 물체가 3D 현실 환경에 실시간으로 접목되는 것"이라고 정의했다. 그러나 포켓몬 고에 출현하는 포켓몬 형상들은 3D로 구현되지 않는다. 게이머들은 카메라가 비추는 모습 위에 포켓몬이 겹쳐진 모습을 보곤 한다. 스마트폰 화면 속 지도를 보다가 화면을 툭툭 건드려 카메라 촬영 위치를 바꾸는 방식이다.

게임 속 캐릭터들이 사용자의 애완동물 위에 올라타 있는 것과 같은 재미있는 스크린샷도 속속 온라인에 올라오고 있는데, 이는 진정한 의미의 증강현실이 아니다. 시그나벤처의 서니 딜런은 "포켓몬 고에 증강현실이 포함됐다면 실시간 지도 구현 기술과 물체 인식 기술로 게임 캐릭터가 당신의 애완동물 위에 올라가 있는 모습은 나오지 않을 것"이라고 말했다.

마크 그레이엄 옥스퍼드대 교수와 매슈 죽 켄터키대 교수 등은 "증강현실은 기술·정보·코드 등을 통해 현실과 가상현실이 합쳐지고, 이에 따른 형상이 특정 공간과 시간 속에서 구현되는 것"이라고 설명했다. 이들에 따르면 구글맵이나 레스토랑 리뷰 서비스인 옐프(Yelp) 또한 증강현실로 분류될 수 있다. 친숙하지 않은 이름을 찾아볼 때 쓰는 위키피디아도 마찬가지로 증강현실이다.

스마트폰은 이미 우리의 현실을 한 단계 증강해놨다. 우리가 스마트폰을 들고 있을 때 우리는 물리적 형상에 둘러싸인 세계에 존재하는 것이 아니다. 우리는 수많은 설명과 해설 그리고 그곳에 붙어 있는 코드와 함께 있게 된다. 구글 직원들은 스마트폰 서비스를 개발할 때 이런 점을 고려해 연구를 진행한다.

실제로 구글은 이미 새 버전의 안드로이드에 가상현실 기능을 갖춰놨다. 중국 전자업체인 레노버 또한 자사 스마트폰에 구글의 증강현실 기술을 접목했다. 당장 1~2개월 뒤부터 이 제품들이 팔리기 시작하면 증강현실 기능은 더욱 많이 활용될 것이다. 현실 속 아파트에 가상 가구를 배치해 사이즈를 재본다든지, 스마트폰으로 박물관을 관람할 수 있게 될 것이다.

물론 증강현실이나 가상현실을 즐기기 위해서는 아직 비용이 많이 든다. 멀지 않은 미래에 언제나 손쉽게 휴대할 수 있는 증강현실 기기가 나올 때까지는 거추장스러운 헤드셋을 써야 한다.

투자은행 도이체방크는 포켓몬 고 출시 이후 닌텐도(닌텐도는 포켓몬스터 캐릭터의 저작권을 소유하고 있다)의 주가 상승이 과도한 수준이라고 평가했다. 그러나 투자자들은 원래 미래 가능성에 대해 과민하게 반응하는 법이다. 또 포켓몬고 열풍은 사람들이 얼마나 증강현실에 대해 열광하는지를 보여준다. 이는 구글 글라스가 현실과 동떨어진 제품이 아니라는 것을 증명하는 중요한 신호이기도 하다.

증강현실, 가상현실 관련 기기를 제조하는 회사나 개발자들은 새로운 전기를 맞게 됐다. 자, 그렇다면 포켓몬 사냥을 떠나보자. 남들보다 한발 앞서기 위해서라도 말이다.

자료: 레오니드 버시스키 블룸버그 칼럼니스트, 2016. 07. 23. 발췌

10-4 글로벌인력의 귀임관리

외국에서 오랜 기간을 근무한 후 본국으로 돌아오는 귀임문제는 그동안 그다지 주목을 받지 못하였다. 이는 해외에서 활동하던 인력이 종전에 익숙했던 환경인 본국으로 돌아와 적응하는 데 별다른 어려움이 없을 것이라는 막연한 생각 때문이었다. 그러나 많은 사례는 귀임문제가 결코 단순하지 않다는 것을 보여 주고 있다.

10-4-1 본국으로 귀임 시 발생하는 문제

일반적으로 장기간의 해외근무를 마치고 귀국하면, 그동안에 본국 역시 정치·경제적 상황뿐만 아니라 기업 내부의 상황도 많이 변해 있다. 따라서 본국에 돌아온 글로벌인력은 본국이 낯설다고 느끼게 되고 이러한 이질감을 극복하고 재적응하는 것이 쉽지 않게 된다. 귀임자가 흔히 경험하는 문제점은 다음과 같다.

첫째, 외국근무 경험이 경력관리에 도움이 되지 않는다는 사실에 대한 좌절감이다. 외국에서 근무하면서 습득한 해외경험과 노하우를 본사조직이 활용할 준비가 되어 있지 않아 귀임자에게 적절한 기회나 임무가 주어지지 않을 때 귀임자는 경력이 제대로 관리되지 않고 있다는 불안을 느낄 수 있다.

둘째, 승진 경쟁에서 뒤처진 느낌을 받을 경우의 좌절감이다. 출발 전 같은 직위였던 동료보다 낮은 직위에 임명될 때 직위불만 등의 문제가 생길 수 있다. 이는 해외파견근무에서 익힌 새로운 기술이나 지식이 본사에서 무시되거나 소홀히 취급되는 것으로 비쳐져 해외근무활동에 대한 후회로 이어질 수 있다.

셋째, 해외근무 기간 중 본사조직에 변화가 발생한 경우에는 변화된 조직에 적응하는 문제가 발생할 수 있다. 특히 파견기간 중에 사업조정이나 조직조정이 발생하는 경우에는 자신을 알지 못하는 구성원과 함께 지낸다는 사실에 긴장하게 되고 본사에서 어떠한 직위나 직무를 맡을지 모른다는 사실에 스트레스를 받게 된다.

넷째, 오랜 해외생활로 현지의 문화에 동화된 경우에는 모국에 돌아와서 겪는 역문화 충격이 심각할 수 있다. 이는 선진국에 파견되었던 해외요원에서 더 심각할 수 있다. 선진국의 문화나 생활환경이 더 우월하다고 믿었기 때문이다.

다섯째, 귀임하게 됨에 따라 해외근무 시에 주어지던 각종 보상체계가 축소되어 해외에서와 동일한 생활수준을 유지하기가 어려울 수 있다. 특히 교육문제로 자녀를 해외에 두고 온 경우는 더욱 재정적 어려움에 직면할 가능성이 있다.

10-4-2 귀임자의 재적응 관리방안

앞에서 살펴보았듯이 글로벌인력의 국내 재적응 시에는 여러 가지 어려운 문제에 직면하게 된다. 이러한 재적응 과정을 효과적으로 도와주기 위한 관리방안을 살펴보면 다음과 같다.

(1) 본사에 글로벌인력 평가팀 개발

평가팀으로 하여금 글로벌인력이 해외에 근무하는 동안 그를 지원해 주도록 하고, 글로벌인력의 성과를 검토해 보도록 한다. 성과의 검토를 통해 글로벌인력의 경력을 살필 수도 있고, 글로벌인력이 귀임 시에 무엇을 기대하고 있는가를 파악할 수도 있다. 아울러 글로벌인력이 새롭게 습득한 기술과 경험을 본사 직책과 연결시킬 수 있는 방법을 모색할 수도 있다.

(2) 귀임과 관련된 의사소통 경로의 설치

해외근무를 마치고 돌아오는 직원은 본사의 여러 상황을 잘 알지 못하는 경우가 많아 심적으로 불안을 느낄 수 있다. 따라서 본국으로의 귀임이 확정된 경우에는 적어도 6개월 전에 대상자에게 미리 통보하고, 본사의 현재 상황이나 복귀 후 담당해야 할 업무 등에 대한 정보를 제공해 주어 귀임자의 심리적인 부담감을 줄여 주도록 한다. 예를 들어, Intel사는 해외파견근무 경험이 있는 사람을 조언자로 활용하여 귀임자의 신속한 적응을 도와주고 있다.

(3) 글로벌인력과 가족에 대한 상담팀 운영

기업은 글로벌인력을 상담하기 위한 상담팀을 운영하는 것이 바람직하다. 이러한 상담은 해외파견상의 문제를 관찰할 수 있게 할 뿐만 아니라 본국 귀환을 어떻게 준비해야 할 것인가에 대한 지침을 제시해 줄 수 있다. 특히 귀환 시의 문화적 역충격 문제 해결방안, 국제 이동에 따른 자녀교육문제 해결방안 등에 대한 조언을 해 줄 수 있다. 사내 상담팀은 본사의 인적자원관리자, 심리학자, 최근 귀국한 글로벌인력의 배우자 등으로 구성하는 것이 바람직하다.

(4) 귀임에 따른 재교육 프로그램 설치

기업은 본사에 귀임한 직원에게 본사에 재적응하는 데 필요한 재교육 프로그램을 준비하는 것이 바람직하다. 이 프로그램에서는 해외파견 기간 동안의 기업전략의 변화, 조직구조와 업무절차의 변화, 새로운 직원과 기존 직원의 업무관계, 귀임한 직원에게 부여되는 새로운 직위에 대한 설명 등이 행해져야 한다. 그리고 귀임한 직원에게는 새로운 직책을 맡기기 이전에 몇 주간 옵서버 자격으로 회의에 참여하도록 하는 적응기간을 부여하는 것이 바람직하다. 이러한 단계적인 적응기간을 통해 귀임한 직원이 본사의 직위에 효율적으로 적응할 수 있도록 한다.

(5) 재정문제에 대한 상담

기업은 귀임한 직원에게 재정문제에 대한 상담과 지원을 제공하는 것이 바람직하다. 상담은 가족 전체에 대한 것으로 소득 감소와 그에 따른 생활습관의 적응이 중심이 된다. 본사국의 주택비용이 파견국에 비하여 상당히 고비용인 경우에는 기업은 주택비용의 차이를 고려하여 본사에 귀임한 직원이 필요로 하는 자금을 지원해 주는 방안을 모색하여야 한다.

10-5 글로벌기업의 노사관리

글로벌기업은 범세계적으로 경영활동을 전개하므로 각국에서 다양한 노사환경과 노사문제를 만나게 된다.

10-5-1 노사관리의 집권화와 분권화

기업의 노사관리는 각국의 특수한 문화적·사회적·법률적 환경 때문에 국가에 따라 크게 다르다. 즉 나라마다 서로 다른 인사관행을 가지고 있고 정부 역시 고용 문제에 많은 관심을 가지고 있어 노사관리는 현지사정을 고려할 것이 요구된다. 반면에 생산측면에서 볼 때 글로벌기업은 해외자회사 간 상호의존관계가 많아 한 자회사의 노사문제로 인한 생산차질은 다른 자회사의 생산활동에 영향을 미칠 가능성이 크다. 이러한 현상은 중앙집권적인 노사관리의 필요성을 나타낸다.

이처럼 나라마다 상이한 노사관행을 가지고 있다는 점과 글로벌생산을 하여야 한다는 점 때문에 글로벌기업은 노사관리를 표준화하기도 어렵고 완전히 현지에 위임하기도 어렵다. 많은 경우에 글로벌기업은 분권화와 집권화를 적절히 섞어 가며 사용하고 있다. 아래에서는 노사관리의 집권화와 표준화에 대하여 살펴본다.

(1) 노사관리의 집권화

글로벌기업에서 집권적인 노사관리가 효율적인 경우는 다음과 같다.

첫째, 글로벌기업이 처음으로 해외로 진출하여 현지자회사가 아직 노사관리 능력이 축적되어 있지 않거나 미흡한 경우이다.

둘째, 어떤 한 국가에서의 노사협약이 글로벌기업의 범세계적인 노사관리에 영향을 줄 가능성이 있는 경우이다.

셋째, 범세계적인 생산전략을 실시하고 있는 경우이다. 즉 글로벌 소싱전략에 의해 어떤 특정 자회사가 다른 나라에 위치하고 있는 자회사가 생산한 부품이나 생산물을 사용하여 완제품을 생산해야 하는 경우이다.

넷째, 현지의 노동조합이 국제적인 연계에 의해 집단적 행동을 하는 경우에는 이에 대응하기 위한 중앙집권적 노사관리가 요구된다.

그러나 노사관리를 전체적으로 통합하고 조정하기 위한 집권적 노사관리라 할지라도 모든 국가에서 동일한 방법으로 노사관리가 전개되어야 한다는 것을 의미하지는 않는다. 이러한 경우라도 현지국의 특성에 따라 조정이 이루어지고 현지노사의 참여를 보장해야 한다.

글로벌기업이 집권적 노사관리 정책을 시행하고자 할 때 고려해야 할 요인은 다음과 같다.

① 현지의 노동조합이 국제노조와 관련된 어떤 움직임을 전개하고 있는지 파악해야 한다. 즉 글로벌기업은 국제노조에 대응할 수 있는 충분한 정보를 파악하고 있어야 한다.

② 국제노사관리에 정통한 전문가를 본사에서 확보하고 국제노조의 전략과 요구사항을 파악하고 있어야 한다.

③ 노사문제 해결을 위해 인내심과 유연성이 있어야 한다. 노조의 요구 중 노사의 공존공영과 관련된 요구는 수용하는 것이 바람직하다.

④ 본사의 최고경영층에게 현지국의 노사문제가 종합적으로 보고되는 시스템을 구축하여야 한다.

⑤ 현지의 노사관리 담당자가 전사적 안목과 범세계적 안목을 갖출 수 있도록 교육을 실시하여야 한다. 아울러 노조에 대해서도 기업의 입장을 이해할 수 있도록 대화하고 설득하는 체제를 만들어야 한다.

(2) 노사관리의 분권화

노사관리는 현지의 지역적 특성을 고려해야 한다는 점에서 보면 노사관리를 현지에 이양하여 분권적으로 관리하는 것이 바람직하다고 할 수 있다. 이는 노조의 형태나 노조의 정치 관련성 등이 지역에 따라 달라 집권적 관리에 의한 표준화된 대응책의 효율성이 의문시되기 때문이다. 지역에 따른 노조활동의 차이는 다음과 같다.

① 노조의 조직 형태 차이

ⓐ **직종별 노조**

나라에 따라서는(예, 미국) 직종 또는 직업을 같이하는 전체 근로자가 하나의 노동조합을 결성하는 직종별 노조(craft union) 형태를 띤다. 노사협상은 직종별 노조와 일개 기업 간에 이루어진다.

ⓑ **기업별 노조**

나라에 따라서는(예, 일본) 기업별 노동조합(company union) 형태를 띤다. 이러한 경우, 노사관계는 일반적으로 상호협력적인 관계를 보인다. 노사협상은 기업 대 공장 또는 기업 대 기업노조 간에 이루어진다.

ⓒ **일반 노조연합체**

나라에 따라서는(예, 스웨덴) 직종이나 산업에 구애됨이 없이 모든 노동자에 의해서 조직되는 단일노동조합인 일반 노동조합(general union) 형태를 띤다. 노사협상은 노동조합연합체와 산업별 기업연합체 간에 이루어진다. 기업 차원에서도 동일산업 내의 다수 기업의 연합을 통한 협력체제를 형성하게 된다.

ⓓ **산업별 노조연합체**

나라에 따라서는(예, 독일) 동일산업 내의 노조연합체(union federation) 형태를 띤다. 노사협상은 노조연합체와 동일산업 내의 수개 기업연합체 간에 이루어진다.

이와 같이 지구상에는 여러 형태의 노조가 공존한다. 그러므로 글로벌기업은 현지의 독특한 노조형태에 따라 어떠한 협상채널을 통하는 것이 가장 효과적인 방법인가를 탐색할 필요가 있다.

② 노조의 정치관련성

노조와 정부기관 또는 다른 외부단체와의 유대관계는 현지국의 경제성장 단계나 정치발전 정도에 따라 다르다. 즉 정치발전이 뒤지거나 경제성장이 무엇보다 우선인 국가에서는 정부의 역할이 강하며 노조의 역할이 약하다고 할 수 있고, 경제발전이 많이 이루어진 국가나 민주주의가 발전한 나라인 경우에는 대체로 노조의 영향력이 강하다고 할 수 있다.

국가별로 노조의 형태나 정치적 영향력이 다르다는 것은 노조의 역할에 차이가 날 뿐 아니라 협상방법에서도 차이가 있다는 것을 의미한다. 그러므로 글로벌기업은 범세계적으로 동일한 노조 대응전략을 추구하기보다는 탄력적인 노사관리 방안을 강구하는 것이 바람직하다.

토의문제

1. 글로벌 인적자원관리의 특징을 설명하시오.
2. 글로벌 인적자원관리의 유형별 장·단점을 설명하시오.
3. 글로벌인력의 선발기준을 설명하시오.
4. 글로벌인력을 위한 주요 교육내용을 설명하시오.
5. 글로벌인력이 본국으로 귀임 시에 발생하는 문제점을 설명하시오.
6. 본국 귀임자의 재적응 관리 방안을 설명하시오.
7. 집권적 노사관리가 효율적일 수 있는 경우를 설명하시오.

참고문헌

국제경영연구회(2002),『국제경영학』, 영지문화사.

이철(2015),『글로벌경영』, 학현사.

장세진(2015),『글로벌경영』, 박영사.

프리미엄조선 http://premium.chosun.com/site/data/html_dir/2016/07/22/2016072201091.html

Czinkota, M. R., et al.(2005), *International Business*, Thomson.

Dowling, P., and R. Schuler(1990), *International Dimension of Human Resource Management*, Kent.

Harvey, M. C.(1982), "The Other Side of Foreign Assignments: Dealing with the Repatriation Dilemma," *Columbia Journal of World Business*, Spring.

Meldenhall, M., and G. Oddou(1985), " The Dimensions of Expatriate Acculturation," *Academy of Management Review*, 10.

Robock,S. H., Simmonds, K. and J. Zwick(1977), *International Business and Multinational Enterprise*, Richard D. Irwin.

Ronen, S(1986), *Comparative and Multinational Management*, John Wiley & Sons, Inc.,

Tung, R. L.(1981), "Selection and Training of Personnel for Overseas Assignments," *Columbia Journal of World Business*, Vol 16, No, 1, Spring.

Chapter

11

글로벌 재무관리

11-1 환위험 관리

11-2 글로벌 자금조달

11-3 글로벌 자본예산

11-4 글로벌 운전자본 관리

GLOBAL
MANAGEMENT

글로벌 재무관리는 글로벌기업의 국경을 넘는 자금흐름을 관리하며 이에 관한 의사결정 문제를 다룬다. 글로벌 재무관리에서 다루는 주요 분야는 글로벌 자금조달과 글로벌 자금운용이다. 본 장에서는 글로벌 자금조달의 원천과 글로벌 자금운용 중 환위험 관리에 초점을 맞추어 설명한다.

11-1 환위험 관리

11-1-1 환노출의 유형

환노출(foreign exchange exposure)이란 장래의 환율변동으로 인하여 기업의 순이익이나 가치가 영향받을 가능성을 말한다. 즉 환노출이란 예상하지 못한 환율의 변동으로 인하여 외화로 표시된 자산, 부채, 수익 또는 비용을 가지고 있는 기업의 순이익이나 가치가 변할 수 있는 상태 또는 그 범위를 말한다. 환노출은 크게 거래노출, 환신노출, 경제적 노출로 구분할 수 있다.

(1) 거래노출

거래노출(transaction exposure)이란 외환으로 표시된 거래가 발생시점과 결제시점 사이에 환율이 변동하여 이익이나 손실이 생길 가능성을 말한다. 즉 환율변동 이전에 거래가 발생하였으나 환율변동 이후에 결제가 이루어지는 외화표시거래에서 거래노출이 발생한다. 이러한 거래에는 외화로 표시된 상품이나 용역의 수출입, 외화자금의 대출 또는 차입 등이 포함된다. 일반적으로 거래의 약정시점에서 결제시점까지의 기간이 길면 길수록 위험도가 커진다. 예컨대 플랜트 수출과 같은 수출계약 성립 후 대금회수에 이르는 기간이 수년에 이르는 거래는 단기거래에 비하여 외환위험이 훨씬 커진다.

그림 11-1 환노출의 유형

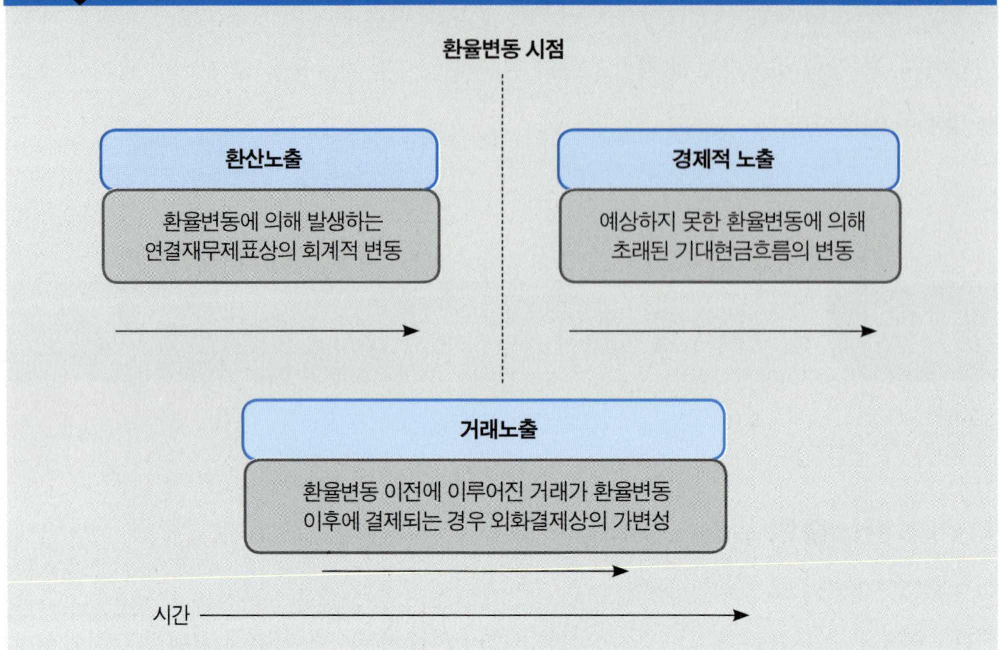

(2) 환산노출

환산노출(translation exposure)이란 연결재무제표를 작성하는 과정에서 외화로 표시된 자산, 부채 등을 자국의 통화로 환산할 때 환율이 변동함으로써 기업의 재무상태 및 성과가 변동될 가능성을 말한다. 환산노출은 주로 해외자회사의 재무제표를 본사와 통합하기 위하여 본사의 국내통화로 환산하는 경우에 발생된다. 환산노출은 단지 회계장부상의 환노출을 표시하는 것으로 실질적인 자금의 흐름에는 영향을 미치지 않는다.

(3) 경제적 노출

경제적 노출(economic exposure)이란 예상치 못한 환율의 변동으로 인해 기업의 기대현금흐름이 변화할 수 있는 가능성을 말한다. 바꾸어 말하면, 경제적 노출은 환율변동에 의해 판매량의 변화, 판매가격의 변화, 원가의 변화 등과 같은 영업활동의 실질적 변화를 초래하는 환노출로서 장래의 기업가치가 변화할 가능성을 말한다. 일반적으로 기업의 가치는 미래에 기대되는 현금흐름의 순현재가치라고 할 수 있는데, 환율변동으로 인하여 기업의 미래현금흐름이 바뀐다면 기업의 가치도 바뀔 가능성이 있다.

11-1-2 환산노출의 측정

(1) 환산노출

글로벌기업이 해외에 현지자회사를 소유하고 있는 경우, 매년 회계연도 말에 그 기업의 진정한 영업실태와 재무상태를 알기 위해서는 본사의 재무제표와 해외자회사의 재무제표를 통합한 연결재무제표를 작성해야 하는데, 해외자회사의 재무제표는 당연히 현지국 통화로 표시되어 있으므로 자국의 통화로 환산을 하게 된다.

환산노출이란 기업이 보유하고 있는 외화표시 자산이나 부채를 자국통화로 환산할 때 각 항목의 취득 또는 발생시점과 환산시점 간의 환율변동으로 인해 발생할 수 있는 환위험 노출 상태를 말한다.

환산노출의 크기는 환율변동으로 인해 가치의 변동이 초래되는 외화로 표시된 자산과 부채의 차이를 가지고 측정하는데, 환산노출의 측정에 있어 가장 중요한 문제는 환율이 변동하였을 때 대차대조표 및 손익계산서의 각 항목에 어떠한 환율을 적용하느냐 하는 것이다.

만약 환산 시 모든 항목에 대하여 발생시점의 역사적 환율을 적용한다면 환산노출은 발생하지 않을 것이다. 그러나 반대로 모든 항목에 대하여 환산시점의 현행환율을 적용하여 평가한다면, 모든 항목이 환위험에 노출되게 된다. 따라서 환산노출의 측정은 어떤 항목에 대하여 역사적 환율을 적용하고 어떤 항목에 대하여 현행환율을 적용하는가에 따라 결과가 다르다.

(2) 환산방법

환산노출은 현지국 통화로 표시된 재무제표를 모기업 국가의 통화로 환산하는 과정에서 발생하는 환노출이라는 점에서 환위험의 회피보다는 정확한 환산방법이 더 중요시된다. 따라서 환산환율의 선택과 환산방법의 선택이 중요한 문제로 부각된다. 환산방법은 다음과 같다.

① 현행환율법

대차대조표의 모든 자산과 부채 항목을 대차대조표 작성일 현재의 환율로 환산하고, 자본금은 역사적 환율로 환산하는 방법이다. 현행환율법의 단점은 계정과목의 성격에 따라 환산환율을 선택적으로 적용하지 못하는 점이다. 이 방법에 의하면, 외화표시 자산이 외화표시 부채를 초과할 경우에는 해당 외국통화의 가치하락은 손실을 초래하고 가치상승은 이익을 가져다준다.

② 유동성/비유동성법

대차대조표상의 자산 및 부채를 환산함에 있어 유동성자산과 유동성부채 항목에는 현행환율을, 비유동성자산과 비유동성부채 항목에는 역사적 환율을 적용하여 환산하는 방법이다. 따라서 이 방법에서는 유동성자산과 유동성부채 간의 차감잔액 부분만 환위험에 노출된다. 유동성자산에는 현금, 외상매출금, 시장성 있는 유가증권 및 재고자산 등이 포함되며, 유동성부채에는 외상매입금 및 단기차입금 등이 포함된다.

③ 화폐성/비화폐성법

대차대조표상의 자산 및 부채 항목을 화폐성 항목과 비화폐성 항목으로 구분하여 화폐성 항목에는 대차대조표 작성일의 현행환율을, 비화폐성 항목에는 역사적 환율을 적용하여 환산하는 방법이다. 화폐성자산과 화폐성부채란 특정통화로 표시된 일정액을 수취하거나 지급해야 할 계약상의 권리와 의무를 나타내는 자산과 부채를 말한다. 화폐성자산에는 현금, 예금, 외상매출금, 받을어음, 유가증권 등이 포함되며, 화폐성부채에는 외상매입금, 지불어음, 회사채, 차입금 등이 포함된다. 이에 대하여 비화폐성 항목이란 재고나 고정자산 같이 물가수준의 변동에 따라 특정통화로 표시된 가치가 변화하는 자산과 부채를 말한다. 따라서 이 방법에 의한 순노출은 화폐성자산과 화폐성부채 간의 차감잔액 부분이 된다.

화폐성/비화폐성법은 유동성/비유동성법에 비해 재고자산과 장기부채의 환산방법에서 다르다. 유동성/비유동성법은 재고자산을 유동성자산으로 취급하여 현행환율을 적용하는 반면, 화폐성/비화폐성법은 재고자산을 비화폐성자산으로 취급하여 역사적 환율을 적용한다. 장기부채의 경우 유동성/비유동성법은 비유동성부채로 분류하여 역사적 환율을 적용하는 반면, 화폐성/비화폐성법은 화폐성부채로 취급하여 현행환율로 환산한다.

11-1-3 환위험의 관리

주요국들이 변동환율제로 이행함에 따라 국제무역과 국제투자를 하는 기업은 환율의 변동에 의한 환위험에 노출되었다. 환위험 관리는 다양한 관리기법을 이용하여 환위험을 없애거나 최소화하는 것을 말한다. 환위험을 관리하기 위한 기법은 크게 내부적 관리기법(internal technique)과 외부적 관리기법(external technique)으로 구분된다. 내부적 관리기법은 내부적인 자금관리 기능을 통하여 순노출의 크기를 줄이거나 더 이상의 증가를 방지하려는 것이다. 여기에는 네팅, 매칭, 리딩과 래깅 등을 통한 헤징기법과 거래통화의 다양화를 통한 위험분산기법 등이 있다. 외부적 관리기법은 환위험을 헤지하기 위해 외환시장 또는 금융시장에서 대응거래를 체결하여 환위험을 관리하는 방법이다. 여기에는 선물환계약, 단기금융시장 이용 등이 있다. 그러나 외부적 관리기법에는 상당한 거래비용을 부담해야 하므로 우선은 내부적 관리기법을 이용하는 것이 바람직하다.

표 11-1 환위험 관리기법의 유형

내부적 관리기법	외부적 관리기법
네팅 매칭 리딩과 래깅 자산 · 부채 관리 가격조정 거래통화의 선택 복합통화의 이용 생산전략	선물환 계약 통화선물 계약 통화스왑 계약 통화옵션 계약 단기금융시장 이용

(1) 거래노출 관리

① 내부적 관리기법

ⓐ **매칭(matching)**

매칭은 외화자금의 유입과 유출을 통화별·만기별로 일치시킴으로써 환위험을 원천적으로 제거하는 방법이다. 즉 통화별로 자금수입과 자금지출의 금액과 시기를 의도적으로 일치시킴으로써 환위험을 본원적으로 회피한다. 이 방법을 이용하기 위해서는 상호간에 동일 통화표시 자금수급(two-way cash flow)이 상존하여야 한다.

예를 들어, 미국시장에 수출을 많이 하는 (주)서울이 공장을 증설하기 위해 자금을 조달하고자 한다. (주)서울은 수출대금을 달러화로 받기 때문에 공장 증설에 필요한 자금을 원화보다는 달러화로 차입하였다. 그렇다면 달러 차입자금의 원리금을 달러화로 지급해야 하는데, 이 경우에 수출대금으로 받은 달러화로 원리금을 지급하면 환율이 어떻게 변동한다고 하더라도 수출대금의 원화수취액 변동과 외화차입금의 원리금상환에 소요되는 원화 지급액 변동이 서로 상쇄되어 환위험의 발생을 사전에 막을 수 있다.

매칭은 상호간 거래가 빈번한 글로벌기업, 무역회사의 본·지점 간에 주로 이용된다. 거래자 간에 거래가 지속적으로 이루어지고 특히 환노출 관리체제가 중앙집중관리방식을 취하고 있는 경우에 보다 용이하게 매칭 방식을 활용할 수 있다.

ⓑ **네팅(netting)**

네팅은 상호간에 발생하는 채권·채무를 상계한 후 차액만을 결제하는 방법이다. 즉 네팅은 국제기업의 본·지점 간 또는 지점 상호간에 발생하는 채권·채무관계를 개별적으로 결제하지 않고, 일정기간 경과 후에 상호간의 순채권 또는 순채무만을 결제함으로써 환위험에 노출되는 금액을 줄이는 방법이다.

네팅에는 두 거래자 간에 이루어지는 양자간 네팅(bilaterl netting)과 여러 거래자 간에 이루어지는 다자간 네팅(multilateral netting)이 있다. 양자간 네팅은 두 자회사 간에 순채권·채무 포지션만을 일정시점에서 상호 결제하는 제도로, 이는 두 회사 간의 채권·채무의 청산에 있어 결제자금 규모를 축소시키는 효과를 낸다. 예를 들어, 한국의 (주)서울이 미국에 있는 자회사에게 100만 달러 채무를 지고 있고 반대로 미국에 있는 (주)서울의 자회사는 본사에

190만 달러의 채무를 지고 있을 때, 상호간의 채무 100만 달러는 네팅을 통해 상계하고 미국 자회사는 본사에 90만 달러만 갚으면 된다. 이 결과 (주)서울이 기업전체 수준에서 가지고 있던 환노출은 290만 달러에서 90만 달러로 축소되어 환위험이 줄어든다.

다자간 네팅은 그룹 내에 중앙집중적인 자금관리기구가 있어 자회사들은 회사 간 자금포지션을 일정시기에 이 기구에 보고하여야 하며, 자금관리기구는 각 자회사 간의 채권·채무의 상계금액을 총괄 관리하고 이를 해당 자회사에게 통지한다.

ⓒ **리딩과 래깅(leading and lagging)**

리딩과 래깅은 환율변동에 대비하여 외화자금의 결제시기를 의도적으로 앞당기거나(leading), 늦춤으로써(lagging) 환위험을 감축시키는 방법이다. 글로벌기업의 모회사나 자회사 또는 자회사 상호간에 이용된다. 리딩은 기업의 자산과 부채를 당초의 약정일보다 앞당겨서 받거나 지불하는 것이며, 래깅은 약정일보다 늦게 받거나 지급하는 것을 말한다. 이처럼 외화표시 통화를 수령하거나 지급하는 시점을 조정함으로써 기업은 외환위험 노출을 줄일 수 있다. 예를 들어 국내의 수출업자가 미국 달러화로 계약을 체결할 경우, 만일 미국의 통화가치가 한국의 통화가치에 비해 올라갈 것(환율상승)으로 예상되면 국내 수출업자는 결제를 지연시킴으로서 환위험을 줄일 수 있고, 반대로 국내 수입업자는 결제를 촉진시킴으로 환위험을 줄일 수 있다.

따라서 리딩과 래깅은 글로벌기업의 모회사와 자회사 또는 자회사 상호간 거래에서는 물론, 수출업자 또는 외화자금 관리자의 환위험 헤징 수단으로 널리 이용되고 있다. 글로벌기업 내 자회사 간에 리딩과 래깅이 자주 일어나는 이유는 외부기업끼리 리딩과 래깅을 하려면 상대 기업의 협조가 있어야 하는데 제3자와의 거래에서는 매매 쌍방의 이해관계가 상충할 가능성이 크기 때문이다. 글로벌기업의 자회사간 리딩과 래깅은 기업 전체의 이익을 추구하는 관점에서 보다 용이하게 실행될 수 있다는 이점이 있다.

② 외부적 관리기법

ⓐ **선물환계약을 이용한 헤징**

선물환계약(forward exchange contract)은 장래 일정시점의 외환거래에서 적용할 환율을 현재의 시점에서 확정함으로써 거래시점과 결제시점 간의 환율변동에서 초래되는 환위험을 회피하고자 하는 관리방법이다. 선물환거래에 적용되는 환율을 선물환율이라고 한다.

외국환은행을 상대로 체결하는 선물환계약은 주로 3~6개월의 단기외환거래 시의 환위험 회피책으로 많이 이용된다. 선물환계약은 이용하기 쉬운 간편한 수단이나 선물환율이 계약실행일의 현물환율과의 사이에 괴리가 생기기 쉽다는 점에 유의하여야 한다. 수출을 할 경우, 계약이행일의 현물환율이 선물환율보다 오를 것으로 예상된다면 환위험을 헤지하는 결과를 가져오나, 반대로 계약이행일의 현물환율이 선물환율보다 하락하면 오히려 기대이익의 상실을 가져온다.

선물환계약을 이용한 환위험 헤지의 예는 다음과 같다. (주)서울이 3개월 후 결제 조건으로 9월 1일 100만 달러어치의 상품을 미국으로부터 수입한다고 하자. 12월 1일에 동사는 100만 달러를 지급해야 하므로 향후 3개월간 미국 달러화의 환율변동위험에 노출된다. 따라서 동거래를 커버하기 위하여 (주)서울은 3개월 선물환을 매입하기로 한다. 9월 1일의 현물환율은 1200원/1달러, 3개월 선물환율은 1220원/1달러라고 하면 수입대금은 12억 2,000만 원으로 고정된다. 일단 선물환계약을 체결하면 (주)서울의 수입계약은 환율변동으로부터 환노출을 회피하게 된다. 선물환율이 현물환율보다 20원 높기 때문에 수입대금으로 2,000만 원이 더 지급되었는데, 이는 헤징비용으로 보면 된다. (만약 3개월 후인 12월 1일의 현물환율이 1220원/1달러 이상으로 상승하면 그만큼 기회이익을 얻게 되며, 그 이하가 되면 그만큼 기회손실을 보게 된다.)

ⓑ **금융시장을 이용한 헤징**

금융시장 헤징은 금융계약에 의해 환위험을 제거 내지 완화하는 관리기법이다. 즉 노출된 외화자산에 대해서는 외화부채를, 노출된 외화부채에 대해서는 외화자산을 발생시킴으로써 순노출 포지션을 영으로 만들어 환노출 상태를 제거하는 방법이다. 이를 구체적으로 설명하면 다음과 같다. 수출업자가 수출계약을 체결하고 금융시장에서 수출대금만큼의 외화를 차입하여 현물환시장에서 매각하여 자국통화로 교환한 후, 이를 수출대금 입금시점을 만기로 하여 국내 예금이나 채권투자 등으로 운용하다가 만기 시에는 수취한 수출대금으로 차입한 외화자금을 상환함으로써, 수출계약 체결에서 수출대금 입금시점까지의 환율변동에 의해 초래되는 환위험을 회피하는 방법이다.

예를 들면 (주)서울이 9월 1일 100만 달러의 수출을 3개월 후 결제 조건으로 미국에 수출하는 경우, 수출대금 수취일인 3개월 후의 원화와 달러 간의 현물환율이 얼마가 될지 알 수 없기 때문에 환위험에 노출된다. (주)서울은 이러한 환위험을 피하기 위하여 수출계약 시점인 9월 1일 수출계약과 동시에 금융시장에서 수출대금에 해당하는 100만 달러를 차입하고 그 즉시 현물환시장에서 원화로 환전하여 3개월 정기예금에 예치한다. 3개월 후인 12월 1일 (주)서울이 수출대금 100만 달러를 수취하여 차입한 100만 달러를 상환하고 3개월 만기의 원화 정기예금을 찾으면, 9월 1일부터 12월 1일까지 환율이 어떻게 변하더라도 환위험을 회피할 수 있다.

금융시장을 이용한 헤징은 선물환시장을 이용한 헤징과 원리가 유사하다. 그러나 이 방법은 선물환시장을 통하는 방법보다 장기계약 체결이 가능하며, 외환선물시장이 발달하지 못한 지역과의 거래에도 적용할 수 있다. 하지만 금융시장 헤징은 외환시장과 자금시장을 동시에 이용하기 때문에 비용이 많이 들고, 자금시장 사정상 거액의 거래에는 사용할 수 없다는 단점이 있다.

ⓒ 통화옵션 헤징

통화옵션(currency option)이란 일정기간 이내(또는 계약만기일)에 일정량의 통화를 일정가격으로 사거나 팔 수 있는 권리를 의미한다. 옵션계약에는 옵션매입자와 옵션매도자가 있는데, 옵션매입자는 프리미엄을 지급함으로써 만기일 이내에 언제라도 옵션을 행사할 수 있는 권리를 취득하며, 옵션매도자는 프리미엄을 받는 대가로 계약기간 중 언제라도 옵션매입자의 옵션행사에 응해야 하는 의무를 지닌다. 따라서 통화옵션은 환율이 불리한 방향으로 변화할 때에는 환위험에 대한 헤징을 제공해 주고 유리한 방향으로 변화할 때에는 이익을 확보할 수 있도록 해 주는 특징을 지닌다.

통화옵션은 옵션행사권의 종류에 따라 콜 옵션(call option)과 풋 옵션(put option) 두 가지로 구분된다. 콜 옵션이란 일정기간 이내(또는 계약만기일)에 일정가격으로 일정량의 통화를 살 수 있는 권리를 말하며, 풋 옵션이란 팔 수 있는 권리를 말한다. 옵션을 산다는 것은 권리를 산다는 것이므로 매입한 권리를 행사할 것인지 말 것인지는 행사가격과 행사하려는 시점에서의 현물환율 간의 차이에 따라 결정된다. 콜 옵션은 옵션행사 시 현물환율이 행사가격보다 높으면 콜 옵션 매입자가 옵션을 행사하여 현물환율보다 낮은 행사가격으로 특정통화를 확보할 수 있으므로 콜 옵션을 매입하지 않았을 경우에 비하여 환손실을 축소할 수 있다. 한편 풋 옵션 매입자는 현물환율로 특정통화를 매도하는 것이 보다 유리해짐에 따라

옵션의 행사를 포기할 것이며, 옵션행사의 포기에 대해서는 프리미엄만큼의 손실을 초래하지만 이러한 손실은 환위험을 회피하기 위한 보험료로 생각하면 된다.

예를 들면, (주)서울의 미국 자회사가 9월 1일 영국에 100만 파운드 상당의 수출을 하고 수출대금은 3개월 후에 파운드화로 결제받기로 한다. 그렇다면 (주)서울은 계약시점으로부터 100만 파운드에 대하여 환노출 상태에 놓이게 된다. 환위험을 관리하기 위해 (주)서울의 미국 자회사가 100만 파운드의 3개월 풋 옵션을 매입환율 파운드당 1.40달러에 매입한다면 (주)서울은 100만 파운드의 환노출을 헤징할 수 있으며, 파운드화가 평가절상되는 경우에는 환이익을 누릴 수도 있다. 즉 (주)서울의 미국 자회사는 3개월 후 현물환율이 1.40달러보다 높으면 현물환율을 이용하여 파운드화 수출대금을 달러화로 교환하여 환이익을 얻을 수 있고, 반대로 현물환율이 파운드당 1.30달러로 거래되면 풋 옵션을 행사함으로써 140만 달러를 확보할 수 있다. 이처럼 옵션 매입자는 옵션행사의 권리를 보유하고 있으나 이를 반드시 행사해야 할 의무는 없다. (주)서울의 미국 자회사는 파운드화의 현물환율이 파운드당 1.40달러를 하회할 경우에만 풋 옵션을 행사할 것이므로 당초 약정한 선물환율로 계약을 이행하여야 하는 선물환계약과는 다르다.

국제금융시장에서는 고도의 재무관리기법의 개발과 통신 및 정보처리 기술의 발달이 어우러져 환위험 관리를 위한 새로운 수단들이 글로벌기업과 은행에 의해 개발되어 왔다. 특히 통화선물, 옵션, 스왑 등 여러 가지 파생상품을 이용한 헤징 방법이 주목을 받고 있는 가운데 커다란 성장을 보이고 있다. 이러한 헤징 수단들은 나름대로의 장단점을 지니고 있기 때문에 어떤 것을 이용할 것인지는 위험회피에 대한 경영자의 자세에 달려 있다.

(2) 환산노출의 관리

환산노출을 관리하는 데 주로 사용되는 기법은 대차대조표 헤지(balance sheet hedge)이다. ① 대차대조표 헤지란 글로벌기업이 전체의 연결재무제표상의 항목 중 환위험에 노출된 특정 외국통화표시 자산 항목의 합계가 특정 통화표시 부채 항목의 합계와 일치하도록 하는 방법이다. ② 그렇게 되면 순환산노출액은 제로가 되어 특정 외국통화의 가치가 변한다 할지라도 환손실이나 환이익이 발생하지 않는다.

환산노출은 특정 국가가 아니라 특정 통화에 대한 측정이므로, 대차대조표 헤지는 개별 현지자회사의 대차대조표가 아니라 글로벌기업 전체의 연결재무제표 상에서 노출자산의 합계와 노출부채의 합계가 같아지도록 하는 방법이다.

(3) 경제적 노출의 관리

경제적 노출의 관리는 예상치 못한 환율변동이 기업의 미래현금흐름에 미치는 영향을 중화시키는 데 목적이 있다.

① 기업활동의 분산

경제적 노출을 관리하기 위한 가장 효과적인 방법 중의 하나가 기업의 영업활동 및 자금조달을 국제적으로 분산시키는 것이다. 영업활동의 분산은 판매·생산시설의 위치, 원료공급원 등을 다변화하는 것을 말하며, 자금조달의 분산은 여러 국가의 자본시장에서 여러 통화로 자금조달을 하는 것을 말한다. 이러한 분산은 한 지역의 통화가치 상승효과는 다른 지역의 통화가치 하락으로 인해 중화되는 결과를 초래한다.

② 가격정책(pricing policy)

가격정책은 기업이 환율변동에 대응하여 수출입상품의 가격을 조정함으로써, 그리고 수출입상품가격의 표시통화를 선택함으로써 환위험을 회피하려는 전략이다.

가격조정(price variation)이란 자국통화의 가치상승(환율하락) 시에는, 수출상품가격을 가치상승폭만큼 인상시켜 환율변동 전과 동일한 수준의 자국통화표시 수출대금을 획득하려는 방법이다. 그러나 현실적으로는 해당 상품의 가격경쟁력이나 수요의 가격탄력성 등을 고려하여 적정수준에서 조정한다.

거래통화 선택(currency of invoicing)이란 거래상품의 가격표시통화로 환율변화가 없는 통화나 자국통화를 선택함으로써 환위험을 회피하는 방법이다. 그러나 환위험을 적극적으로 관리하고자 하는 경우에는, 수출 시에는 강세통화로 그리고 수입 시에는 약세통화로 거래계약을 체결한다.

11-2 글로벌 자금조달

기업이 자금을 조달하고자 할 때 가장 먼저 결정하여야 할 의사결정은 필요한 자금을 어떻게 조달할 것인가의 문제이다. 아래에는 기업이 글로벌경영활동을 위하여 국제금융시장에서 자금을 조달할 수 있는 방법에는 어떤 것이 있는지를 살펴본다.

11-2-1 국제금융시장의 유형

국제자금조달이 가능한 국제금융시장은 자금조달 방법상 직접금융인가 간접금융인가, 또는 역내금융인가 역외금융인가에 따라 [표 11-2]와 같은 분류가 가능하다.

(1) 현지금융시장

현지금융시장이란 글로벌기업의 자회사가 활동하는 현지국의 금융시장을 말한다. 즉 현지금융시장이란 현지에 소재한 금융기관을 중개기관으로 하여 주로 단기자금의 조달이 이루어지는 간접금융시장이다. 주로 현지국의 금융기관이 활약하며, 거래되는 자금도 모두 현지국의 통화로 표시된다. 예를 들면, 한국 기업의 미국 자회사가 미국의 금융기관으로부터 달러화를 차입하는 경우나, 한국 기업의 사우디 자회사가 사우디의 금융기관으로부터 리얄화로 자금을 차입하는 경우 등은 모두 현지금융시장에서의 간접금융 조달에 해당한다.

(2) 현지자본시장

현지자본시장이란 현지국에서 글로벌기업의 자회사가 현지통화로 주식이나 채권 등을 발행하여 장기자금을 조달하는 직접금융시장을 말한다. 그중에서 외국인이 현지국통화로 발행한 채권을 외국채(foreign bond)라 한다. 외국채는 차입자가 현지국의 국내자본시장에

표 11-2 국제자금조달 원천

	역내시장	역외시장
간접금융	현지금융시장	유로금융시장
직접금융	현지자본시장	유로자본시장

서 현지의 통화표시로 발행한 채권을 말한다. 외국채는 채권이 발행되는 국가의 협력금융단(syndicate)에 의해 인수되어 주로 현지국의 거주자에게 판매된다. 예를 들어, 한국기업이 미국시장에서 달러화 표시로 채권을 발행하였을 경우에 이를 외국채라 부르는데, 미국에서 달러화 표시로 발행한 외국채는 양키본드(yankee bond), 일본에서 엔화 표시로 발행한 외국채는 사무라이본드(samurai bond)라 부른다.

(3) 유로금융시장

유로금융시장이란 통화의 발행국 이외의 지역에서 금융거래가 이루어지는 시장이라 할 수 있는데, 예를 들어 미국 밖에 소재하는 은행에 달러화를 예치하거나 미국 밖에 소재하는 은행으로부터 달러화를 차입하는 거래가 이루어지는 시장을 말한다. 유로시장은 각국의 금융규제를 벗어나 다양한 거래가 중개되는 초국가적인 금융시장으로서 국제금융시장의 핵심을 이룬다. 또한 유로금융시장은 주로 중장기자금을 조달하기 위한 간접금융시장이다. 유로금융시장의 약 75%는 유로달러가 차지하고 있으나 달러화 외에도 국제적으로 신용이 있는 다양한 통화로 구성되어 있다. 유로금융시장의 주요 특징은 다음과 같다.

① 신디케이트 대출(syndicate loan): 유로금융시장에서의 대출은 주로 거액의 중장기 대출이기 때문에 주로 신디케이트 대출의 형태를 취한다. 신디케이트 대출은 여러 금융기관이 차관단을 형성하여 특정 차입자에게 대규모의 중장기자금을 대출하는 것을 말한다. 신디케이트 대출에 참여하는 은행은 수많은 대출에 작은 지분을 가지고 참여함으로써 채무불이행 위험을 분산시킨다.

② 리보(LIBOR): 리보란 London Inter-Bank Offered Rate의 약자로서 런던의 유로금융시장에 있는 일류 은행이 고시하는 은행 간에 이루어지는 유로커런시의 대출금리를 말한

다. 따라서 LIBOR는 국제금융시장에서의 대표적인 기준금리로서 도매금리의 성격을 띠며, 자금차입자가 실제로 지급하는 금리는 LIBOR에 일정한 스프레드(spread)을 가산하여 결정된다. 일반적인 경우 자금차입자에게 적용되는 스프레드는 0.25%~2%에 달한다.

③ 변동금리: 거의 대부분의 유로대출은 변동금리로 행해지는데, 이는 유로예금이 단기예금의 성격을 가지기 때문이다. 즉 단기예금을 받아 장기로 대출하는 유로시장의 특성상 예대금리의 차이를 지속적으로 유지하기 위해서는 대출금리를 매기간(3개월 또는 6개월)마다 당시의 LIBOR에 일정 스프레드를 가산하여 조정한 변동금리가 요구되기 때문이다.

④ 증권화(securitization): 1980년대 이후 국제금융시장에서 증권화 현상이 급속히 진전되면서 신디케이트 대출을 대체하는 수단으로서 유로노트, 유로CP 등과 같은 증권 형태의 자금조달 수단이 개발되었다.

(4) 유로자본시장

유로자본시장이란, 예컨대 미국 외의 지역에서 달러화로 채권을 발행하거나 주식을 발행하여 자금을 조달하는 시장을 말한다. 유로자본시장에서 대표적인 자금조달 방식에는 유로채(Euro bond)가 있다.

유로채란 채권에 표시된 통화의 발행국 외의 지역에서 거래되는 채권을 말한다. 예를 들면, 우리나라 기업이 달러화 표시 채권을 발행하여 런던시장에서 매각한다면 이 채권은 유로채가 된다. 유로채는 외국채에 비하여 다음과 같은 특징을 지니고 있다.

① 유로채는 주로 표시통화국 외의 지역에서 모집되고 판매되기 때문에 원칙적으로 표시통화국의 규제를 받지 않고 자유롭게 발행할 수 있다.

② 유로채를 인수하고 판매하는 신디케이트의 구성이 국제적이다. 즉 유로채는 외국채와 같이 단일국의 금융기관에 의해 인수되고 판매되는 것이 아니라 수개국의 금융기관의 참여에 의해 인수되고 판매된다.

③ 유로채는 투자자가 국제적으로 다양하다. 유로채는 국제적인 신디케이트에 의해 인수

되기 때문에 투자자도 여러 나라에 분산되어 있다.

유로채는 대개 5년 내지 7년 이상의 중·장기 채권으로 액면금액에 대하여 고정금리로 발행되고 있으나 근자에 들어와 변동금리채(Floating Rate Note, FRN)가 발행되기 시작하여 최근에는 큰 비중을 차지하고 있다. 또한 최근에는 주식과 연계된 유로채가 많이 발행되고 있는데, 전환사채(Convertible Bond, CB) 및 신주인수권부사채(Bond with Warrants, BW) 등이 그것이다.

11-2-2 국제자본조달 수단의 유형

해외에서 자본을 조달할 수 있는 수단은 크게 간접금융방식과 직접금융방식이 있다. 우리나라의 경우, 과거에는 간접금융방식으로 국제자본을 조달하는 경향이 있었으나 자본자유화 이후 금융기법이 발달하면서 최근에는 직접금융방식으로 국제자본을 조달하는 비중이 증가하고 있다.

(1) 간접금융방식의 국제자본조달 수단

간접금융방식은 대체로 다음과 같은 세 가지 유형으로 구분할 수 있다.

첫째, 공공기관으로부터의 차입이다. 이는 정부나 공공기관이 외국정부 또는 외국공공기관으로부터 외화를 차용하거나 자본재나 원자재를 장기외상 방식으로 도입하는 것을 말한다.

둘째, 금융기관으로부터의 차입이다. 뱅크론(bank loan) 또는 신디케이트론(syndicated loan)이 대표적이다. 신디케이트론은 위험을 분산할 목적으로 몇몇 금융기관이 차관단을 형성하여 공동으로 일정금액을 융자해 주는 집단대출 방식으로 국제금융시장에서 가장 대표적인 금융수단으로 활용되고 있다.

셋째, 무역금융이다. 무역과 관련하여 외국의 은행으로부터 단기 위주의 신용을 제공받는 것을 말한다. 예를 들면, 수입신용장에 의한 수입대금결제 시 거래은행으로부터 단기신용을 제공받아 결제하는 유형을 말한다.

사례 11-1

마이너스 金利는 침체 징후… 수익 낼 곳 없어 '돈 보관료' 받는 셈

[금리, 어떻게 마이너스가 됐나]
- 은행 이자는 투자 수익의 일부
중세 金세공업자에게 위탁한 돈, 제3자에게 빌려줘 이득 얻자
보관료 안 받고 이자 준 데서 기원
투자해도 수익낼 곳 없어지자 다시 보관료 받는 시대 된 것
- 중앙은행 마이너스 금리 정책
보관료 절약 위해 집에 보관하거나 투자해서 수익 올리려고 할 것
수요 늘어나면 경제 살아나 마이너스 금리 사라질 수 있어

최근 유럽과 일본의 중앙은행들이 마이너스 금리를 도입해서 세계적인 이슈가 되고 있습니다. 마이너스 금리로 인해 금리란 무엇인가에 대한 근본적인 질문이 제기됩니다. 금리는 어떻게 생겨났고 어찌하다 마이너스 금리까지 나오게 됐는지 알아보겠습니다.

우리가 이자를 받기 위해 찾는 은행들의 과거부터 살펴봅시다. 은행은 과거에 있던 다양한 형태의 금융거래들이 진화한 결과입니다. 돈을 보관해주는 업무도 은행의 기원 중 하나입니다. 돈을 집에 보관하는 것은 많은 위험이 따르며, 이것을 지키려면 적지 않은 비용이 듭니다. 이런 수요에 부응해 수수료를 받고 돈을 보관해주는 업자들이 생겨났는데, 세월의 흐름 속에서 오늘날같이 이자를 주는 은행으로 발전하게 됩니다.

은행은 금(金)세공업자가 보관료 받던 것

17세기 영국의 금(金)세공업자(goldsmith)들이 돈을 보관해주는 업자의 대표적인 사례입니다. 금세공업자는 귀금속을 이용해서 장신구나 식기 등을 만드는 기술자입니다. 이들은 작업의 성격상 많은 귀금속을 보관했기 때문에 금고 같은 보안 장치와 경호 인력을 갖고 있었습니다. 그런데 금을 가진 사람들은 자신의 금을 직접 보관하기보다 수수료를 내고 금세공업자에게 보관하는 것이 싸고 편리했기 때문에 이들을 활용하게 됩니다. 금세공업자들은 금을 맡아주면서 보관증서를 내주었습니다. 이 서류를 가져오는 사람에게 적혀 있는 만큼의 금을 내준다는 약속을 적은 증표입니다.

금세공업자의 이러한 파생 업무가 현대 금융업의 두 가지 기본 업무로 발전하였습니다. 첫째, 금을 맡긴 사람들은 물건을 사고팔 때 금을 찾아다가 사용하기보다는 이 증서를 지불수단으로 사용했습니다. 금세공업자에게 맡긴 금을 찾아서 거래처까지 들고 가기보다는, 증서를 사용하는 것이 훨씬 편하고 안전했기 때문입니다. 거래의 지불수단으로 사용된 이 보관증이 오늘날 은행권의 기원입니다. 금이나 은에 기반을 두어 지폐를 발행하는 것을 '태환지폐'라고 하는 것은 기본적으로 이러한 원리가 발전한 것입니다.

마이너스 금리 관련 말말말

"마이너스 금리 효과는 상당 부분 시간이 지난 뒤 나타날 수 있다. 이론적으로 -5%까지 내릴 여력이 있다."
3월 16일 의회 발언

"은행에 주는 영향을 고려해서 금리를 추가로 마이너스로 더 낮추지 않겠다."
3월 10일 예치금 금리를 -0.4%까지 낮추면서

구로다 하루히코 일본은행 총재 **마리오 드라기** 유럽중앙은행 총재

"2010년에 마이너스 금리를 고려했지만, 완화 정책의 효과를 충분히 낼 수 없다고 판단했다."
2월 11일 미 의회 청문회

"경기가 심각하게 하강하면 연준은 대응책으로 마이너스 금리 채택 여부를 검토해야 한다."
2015년 12월 15일 마켓워치 인터뷰

재닛 옐런 미 연준 의장 **벤 버냉키** 미 전 연준 의장

유럽 중앙은행의 마이너스 금리

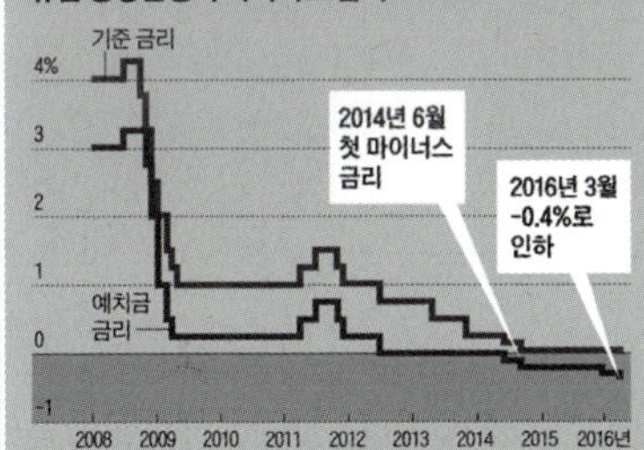

주요국 금리 수준
단위: 연 %, 5년 만기 국채 기준(3월 18일)

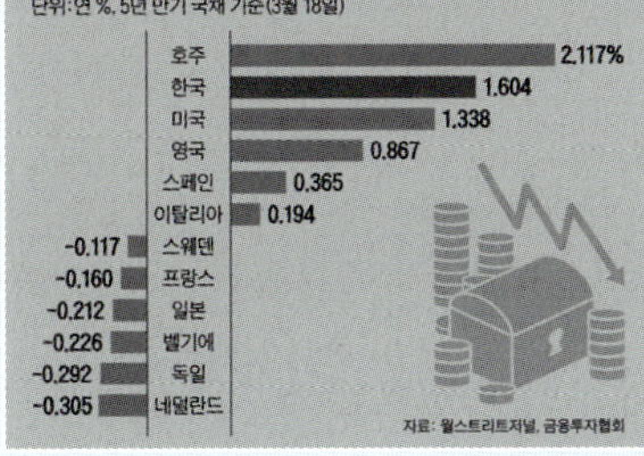

자료: 월스트리트저널, 금융투자협회

둘째, 금세공업자는 위탁받은 금을 모두 금고에 넣어둘 필요가 없음을 깨닫게 되었습니다. 여러 사람으로부터 금을 받아 보관할 경우, 이 사람들이 한날한시에 금을 찾으러 오는 경우는 드물었기 때문입니다. 대신 맡아둔 금을 그냥 보관만 하기보다 다른 사람들에게 대가를 받고 빌려주면 추가로 돈을 벌 수 있었습니다.

금세공업자들은 보관료를 받는 것보다 위탁받은 돈을 빌려주는 것이 더 높은 수익을 올릴 수 있다는 것을 알게 됩니다. 그러자 새로운 영업을 시작합니다. 즉 대가를 받지 않고 돈을 보관해주기 시작한 것입니다. 그 대신 맡은 돈을 다른 사람에게 빌려줌으로써 이득을 취하였습니다. 심지어는 돈을 맡기도록 유도하기 위해 돈을 맡기는 사람에게 일정 금액을 지불하기까지 했습니다.

귀금속업자가 은행으로 진화하는 과정을 살펴보는 것은 우리가 당연하게 여기는 현상을 보다 심도 있게 이해할 수 있도록 돕습니다. 먼저 이상의 사례는 은행에 돈을 맡기면 이자를 받는 것이 이론적으로나 역사적으로 그렇게 당연한 것은 아님을 일깨워줍니다.

마이너스 금리는 경제 침체의 징후

은행 이자는 본질적으로는 예금자가 은행에 맡긴 돈을 되돌려 받지 못할 수도 있는 위험을 감수하는데 대한 대가입니다. 은행이 예금자의 돈을 제3자에게 빌려주고 벌어들이는 이득 덕분에 예금자는 보관료를 내지 않아도 될 뿐 아니라 심지어 이자를 받기까지 합니다. 하지만 은행이 내 돈을 다른 사람에게 빌려주게 되면 내 돈의 안전도는 그만큼 줄어듭니다. 실제로 은행에서 돈을 빌린 사람들이 몽땅 사업에 실패해 돈을 못 갚게 될 경우, 은행은 망하고 예금주들은 맡긴 돈을 모두 잃는 일이 발생할 수도 있지요.

이런 과정을 이해하면 최근 논란이 되고 있는 마이너스 은행금리라는 현상을 보다 정확히 이해할 수 있습니다. 만일 사람들이 은행으로부터 돈을 빌리려 하지 않으면, 은행은 맡은 돈을 그냥 금고에 쌓아둘 수밖에 없습니다.

돈을 빌려주지 않는 은행은 사실상 금세공업자, 즉 돈을 보관해주는 금고 주인과 동일하며, 예금자들에게 돈을 보관해주는 데 대한 비용을 요구할 수 있습니다. 예금자 입장에서 보면 은행에 돈을 맡기면서 돈을 내는 것이니, 마이너스 은행금리인 것입니다.

결국 마이너스 금리는 은행으로부터 돈을 빌리려는 사람들이 없기 때문에 발생하는 현상입니다. 사람들이 은행에서 돈을 빌리지 않는 것은 수익이 나는 투자가 없기 때문입니다.

마이너스 은행금리는 경제를 악화시키는 원인이 아니라 징후입니다. 이것은 마치 독감에 걸렸을 때 열이 나는 것과 같습니다. 독감에 걸리면 열이 나는데, 열이 나기 때문에 몸이 아픈 것이 아니라 바이러스 때문에 몸이 아프고 열이 납니다. 마이너스 금리는 바이러스가 아니라 열에 해당하는 것입니다.

현금 쌓게 하고 소비 늘리는 '양날의 칼'

마이너스 은행금리하에서 은행에 돈을 맡기게 되면 오히려 보관료를 지불해야 하기 때문에 사람들은 다른 방식으로 자신의 부를 보유하고자 합니다. 한 가지 방법은 보관료를 절약하기 위해 집에 현금을 쌓아두는 것입니다. 또 다른 방법은 그 돈을 사용하는 것입니다. 돈은 그 자체가 우리에게 효용을 주는 것은 아니기 때문에, 물건을 사서 쓰거나 아니면 은행 예금보다 나은 곳에 투자를 해서 돈을 불리려 할 것입니다. 이렇게 돈을 사용하는 것은 수요를 늘리는 행위입니다. 생산자들은 물건을 팔 수 있게 되고 수익률이 높아져 경제가 정상화합니다. 궁극적으로 투자에 대한 수요가 늘어나 이자율이 상승하고 마이너스 은행금리가 사라집니다.

우리 몸은 독감으로부터 나을 수 있는 기능을 갖추고 있습니다. 하지만 의사의 도움을 받아 약을 먹거나 주사를 맞음으로써 이 과정을 좀 더 촉진할 수도 있습니다. 최근 몇몇 국가의 중앙은행이 시중은행들에 대해 마이너스 금리를 적용하는 것은 경제의 치료 과정을 보다 촉진하기 위한 의사 처방과 같은 것이라고 볼 수 있습니다. 따라서 중앙은행의 정책 자체를 백안시할 필요는 없습니다.

물론 중앙은행이 마이너스 금리를 적용한다고 경제가 바로 회복되지는 않습니다. 아울러 환자에게 약을 처방할 때는 몸 상태를 잘 보아가면서 적절한 양을 사용하는 것이 무엇보다 중요합니다. 독감 치료에만 매몰되어 건강을 해칠 만큼 독한 약을 써서는 안 된다는 것이지요. 중앙은행의 이자율 정책이 중요하면서도 신중해야 하는 이유입니다.

자료: 김두얼 명지대 경제학과 교수, 2016. 03. 21. 발췌

(2) 직접금융방식의 국제자금조달 수단

자본자유화 이후 우리나라 기업이 해외시장에서 증권을 발행하여 외화자금을 도입할 수 있게 되었다. 우리나라의 경제성장과 더불어 한국의 기업이나 금융기관의 대외신용도가 크게 증대됨에 따라 국제금융시장에서 직접금융을 통한 지금조달이 크게 증가하기 시작한

것이다. 주요 직접금융수단은 유로채, 유로어음, 유로양도성정기예금 등이 있는데 유로채의 이용률이 가장 높은 편이다.

11-3 글로벌 자본예산

11-3-1 글로벌 자본예산의 성격

글로벌 자본예산이란 해외직접투자안에 대한 타당성을 검토하여 최선의 투자안을 선택하는 과정을 말한다. 따라서 자본예산기법은 관리자가 여러 나라에 걸쳐 있는 투자기회를 객관적으로 평가하여 희소한 경영자원을 효율적으로 배분하는 것을 도와주는 방법이다.

기본적으로는 해외투자안도 국내투자안을 평가하는 방법과 같다. 투자안을 실행에 옮겼을 때 발생할 것으로 예상되는 현금흐름을 추정하고, 추정 현금흐름을 적절히 평가하여 투자안을 선택하거나 기각하며, 투자안이 여럿인 경우에는 이에 대한 우선순위를 결정한다. 그러나 해외투자안의 평가에는 국내투자에 비해 훨씬 많은 요인을 고려해야 한다. 예컨대 현지국의 정치적 불안이나 환율변동은 투자안으로부터 예상되는 현금흐름의 규모에 커다란 변화를 초래할 수 있다.

이처럼 해외투자는 국내투자에 비하여 추가적인 위험을 가지므로 글로벌기업은 해외투자안으로부터 예상되는 현금흐름을 할인할 때에는 국내투자안의 경우에 요구되는 요구수익률에 추가적 위험(리스크 프리미엄)을 가산하여 보다 높은 요구수익률로 할인하는 방법을 많이 사용하고 있다.

11-3-2 글로벌 자본예산편성의 과정

해외투자안에 대한 타당성 검토를 하기 위한 글로벌 자본예산편성은 다음과 같이 두 단계로 나누어 행할 수 있다. ① 투자안을 실천에 옮겼을 때 발생할 것으로 예상되는 현금흐름을 현지자회사의 입장에서 추정한다. ② 현지자회사 입장에서 추정된 현금흐름으로부터 본사 입장의 현금흐름을 추정한다. 이때 고려해야 할 사항으로는 자회사의 배당정책, 현지국의 송금규제 등이 있다. 이러한 요인은 자회사의 현금흐름이 본사로 전달되는 시기와 크기에 영향을 주기 때문이다.

(1) 해외자회사 현금흐름의 추정

기업의 해외투자사업안 실행 시 발생할 것으로 예상되는 해외 현지자회사의 현금흐름을 추정할 때에는 다음과 같은 요소를 고려하는 것이 바람직하다.

첫째, 거래형태에 따라 적용하는 환율이나 관세가 달라질 수 있다는 점을 고려해야 한다. 예컨대, 부품의 수입과 완제품의 수입은 적용되는 관세율이나 부가세율 면에서 차이가 있다. 따라서 경영자는 거래형태별로 적용되는 환율과 관세를 예측하여야 하며, 이들이 현지투자사업안의 현금흐름에 미치는 영향도 평가해야 한다.

둘째, 현지국정부가 제공하는 투자유인을 고려해야 한다. 최근에는 나라마다 외국인투자를 유치하기 위해 보조금, 세제상 또는 금융상의 특혜 등 각종 형태의 인센티브를 제공하고 있으며, 이러한 인센티브가 투자사업안의 현금흐름에 영향을 주어 투자안의 경제성 평가에 영향을 미친다.

셋째, 해외 현지국의 정치적 위험도 고려하여야 한다. 정치적 위험이 높은 경우에는 기업이 현지자회사로부터 얻을 수 있는 수입이 크게 위협을 받게 되어, 해외투자사업안의 현금흐름을 악화시킬 수도 있기 때문이다.

(2) 본사 현금흐름의 추정

글로벌 자본예산편성의 두 번째 단계에서는 해외자회사의 현금흐름으로부터 본사의 현금흐름을 추정해야 한다. 이때에는 다음과 같은 요소를 고려하는 것이 바람직하다.

첫째, 현지자회사의 배당정책을 고려해야 한다. 자회사의 배당정책에 따라 자회사의 현금흐름 중 실제로 본사에 송금되는 부분이 정해진다. 현지자회사의 배당정책은 여러 요인에 의하여 영향을 받지만 특히 이중과세 등 국제조세와 관련된 문제에 의하여 많은 영향을 받는다.

둘째, 송금시기를 고려해야 한다. 특히 현지자회사가 일정기간 동안 송금에 대한 규제를 하고 있는 경우에는 현지자회사의 현금흐름 발생시기와 본사로의 송금시기가 달라진다. 이러한 경우에는 해외자회사에서 발생하는 현금흐름과 본사에 도달하는 현금흐름 사이에 시간적 차이가 발생한다.

셋째, 이익을 본사로 이전시킬 때 지불해야 하는 원천과세(withholding tax)를 고려하여야 한다. 이러한 세금 때문에 해외자회사에서 발생하는 현금흐름과 본사에 도달하는 현금흐름에 금액상 차이가 발생할 수 있다. 즉 본사의 입장에서 현금흐름을 추정할 때에는 현지자회사가 송금하는 이익에서 원천세액만큼 차감해야 한다.

넷째, 환율의 변동을 고려하여야 한다. 해외자회사로부터 본사로 유입된 현금흐름은 본사국의 통화로 환산하여 평가해야 하기 때문이다.

다섯째, 현지자회사가 본사에 지급하는 로열티나 각종 수수료를 고려하여야 한다. 이러한 부수적 소득(supplementary income)은 자회사의 입장에서 보면 비용으로 처리되어 현금흐름에서 제외되지만 본사의 입장에서는 수익이 되므로, 본사 입장에서의 현금흐름에 포함시켜야 한다.

(3) 최선의 투자안 선정

위와 같이 추정된 현지자회사 및 본사 입장에서의 현금흐름에 대하여 내부수익률법 또는 순현가법 등의 방법을 사용하여 투자안에 대한 의사결정을 하게 된다. 순현가법을 사용하는 경우, 해외투자안으로부터 예상되는 순현금흐름(현금유입액－현금유출액)을 적절한 할인율로 할인하여 현재 가치를 구하게 되는데, 이때 사용되는 할인율은 해외투자안의 특성에 따른 각종 위험에 대한 보상이 될 수 있도록 국내투자안에 대한 요구수익률보다 상향조정되어야 한다.

11-4 글로벌 운전자본 관리

운전자본(working capital)은 기업이 일상적인 영업활동을 원활하게 수행하는 데 필요로 하는 자본으로, 총운전자본과 순운전자본으로 나눌 수 있다. 총운전자본은 현금, 예금, 외상매출금, 유가증권, 재고자산 등의 유동자산 전체를 말하고, 순운전자본은 유동자산에서 유동부채를 차감한 금액을 말한다.

기업의 경영활동에서 운전자본의 관리는 매우 중요한데, 이는 ① 기업의 총자산에서 유동자산이 상당한 비중을 차지하기 때문이며 ② 운전자본과 관련된 의사결정은 그 빈도가 높아 계속적으로 운전자본의 관리 문제를 다루어야 하기 때문이다. 운전자본 관리의 목표는 안정성을 확보하는 가운데 유동성과 수익성을 최적수준으로 유지하는 데 있다. 기업이 유동성을 지나치게 의식하여 유동자산을 과도하게 보유하면 상대적으로 수익성이 저하되며, 반대로 수익성을 지나치게 추구하여 유동성이 낮아지면 단기 지급능력이 약화되어 위험에 빠지게 된다.

11-4-1 본사와 자회사 간 자금이전 체계

글로벌기업의 본사와 자회사 간 자금 이동에는 국내기업에서 볼 수 없는 몇 가지 제약이 수반된다. 예컨대 현지정부의 외환규제, 통화교환 시 발생하는 거래비용, 환율변동에서 발생하는 환위험, 정부 간의 조세제도 차이에서 발생하는 손실 등이다. 이와 같은 자금이전상의 제약을 극복하기 위해서는 본사와 자회사 간의 영업활동과 관련된 자금이전체계를 이해할 필요가 있다.

모회사와 자회사 간의 자금이전 형태는 크게 보아 네 가지로 구분할 수 있다. ① 모회사가 자회사에 출자하고 배당금을 수령하는 것 ② 모회사가 자회사에게 필요한 자금을 빌려주고 그 대가로 이자를 받는 것 ③ 모회사가 자회사에게 기술이나 컨설팅과 같은 서비스를 제공하고 그 대가로 로열티나 수수료를 받는 것 ④ 모회사와 자회사 간에 상품을 수출입하고 수

그림 11-2 본사-자회사 간 자금이전체계

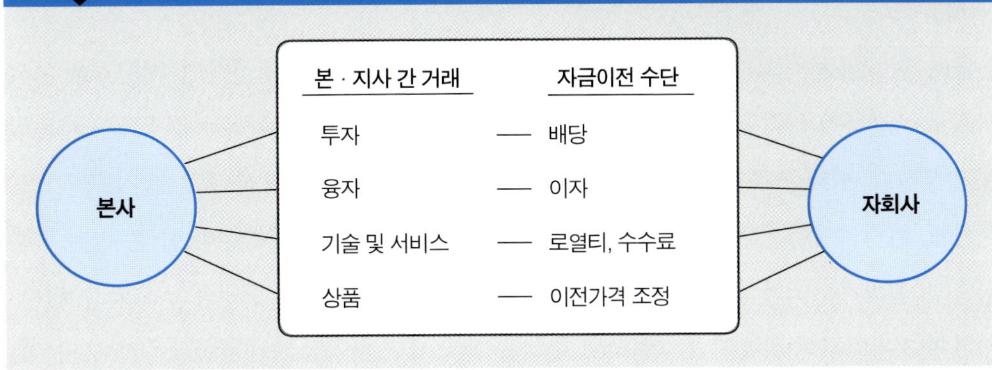

출입가격을 조정함으로써 자금을 이전하는 것 등이다. 본사는 기업전체의 운전자금계획에 따라 이상의 네 가지 자금이전 방법을 믹스하여 활용한다.

11-4-2 글로벌기업의 자금이전 수단

글로벌기업의 본사와 자회사 간 그리고 자회사 상호간에 이루어지는 자금이동의 제약을 극복하기 위해서는 본·지사 간 영업활동에 관련된 자금이전체계를 이해하고, 그중 적절한 자금이전 수단을 찾아내어 대응해야 한다.

(1) 배당 및 이자

① 배당

배당은 기업이 자회사로부터 모회사로 자금을 이전하는 가장 일반적인 방법이다. 배당이 가장 쉬운 자금이전 방법이기는 하나 정부의 규제가 있는 경우에는 그 효율성이 제약받게 된다. 따라서 글로벌기업이 배당정책을 수립할 때에는 다음의 사항을 고려해야 한다.

첫째, 현지국의 조세제도를 고려해야 한다. ① 유보이익보다 배당이익에 더 높은 세율을 적용하는 국가도 있고 ② 모회사로 지급되는 배당금에 대하여 원천세를 부과하는 국가도 있으며 ③ 투자금액의 일정률을 상회하는 배당에 대해서는 고율의 추징과세를 부가하는 국가도 있다. 이러한 경우에 배당은 자금의 이전비용을 과다하게 하므로 배당 외의 다른 방법을 사용한다.

둘째, 환율변동을 고려해야 한다. 만약 현지국통화의 가치가 하락한다면, 배당금을 본사국으로 이전하기 위해 현지통화로 표시된 배당금을 본국통화로 교환하는 경우에는 환손실이 발생한다. 이러한 경우 역시 배당은 자금의 이전비용을 과다하게 한다.

셋째, 현지 주주, 현지 합작파트너, 현지자회사의 위상 등을 고려하여야 한다. 현지 주주나 현지 합작파트너의 요구가 글로벌기업과 다를 경우에는 이들의 요구를 무시할 수 없다. 또한 현지자회사의 자율성을 강화하고자 하는 경우에도 이익금을 배당송금하기보다는 현지유보하려는 경향이 있다.

② 이자

이상에서 살펴본 바와 같이 배당을 통한 자금이전에 문제가 발생할 수 있다. 특히 대외채무가 많거나 외화가 부족한 국가의 정부에서 과다한 배당송금에 대해서는 수시로 통제나 압력을 가해 올 수 있다. 이러한 경우에는 자금이전에 제약이 적은 이자를 이용할 수 있다. 이는 자회사에 대한 투자자금 공급시점에서 주식과 부채의 비율에 의해 조정될 수 있다. 일반적으로 자회사에 투자자금을 추가로 공급할 때에는 주식보다 부채가 선호되는 경향이 있는데, 이는 부채이자 송금이 주식배당 송금보다 현지국의 거부감이 적으며 세제상 소득공제를 받을 수 있는 이점이 있기 때문이다.

(2) 로열티 및 수수료

로열티(royalty)는 기술이나 특허, 상표 등 무형자산의 소유자에게 사용자가 대가로 지급하는 보상이며, 수수료(fee)는 전문 서비스 제공에 대한 대가로 지급되는 비용이다. 이러한 형태의 자금이전 방법이 갖는 이점은 첫째, 감세의 효과가 있다. 일반적으로 로열티나 수수료가 배당보다 세율이 낮은 경우가 많다. 둘째, 외환통제를 피할 수 있다. 외환통제를 통해 배당금 지급이 제한되는 경우에도 이러한 비용지급은 허용되는 것이 일반적이기 때문이다. 셋째, 가격책정 시 재량의 범위가 크다. 로열티나 수수료는 시장가격이 형성되어 있지 않으므로 자의성이 개입될 여지가 많아 본·지사 간 계획적인 자금이전 목적으로 이용될 수 있다. 넷째, 자금을 배당금, 로열티, 수수료 등 여러 명목으로 분리하여 송금할 경우에는 현지국 정부의 감정을 상하지 않고 보다 용이하게 모회사가 현지자회사로부터 자금을 회수할 수 있다.

(3) 이전가격

이전가격(transfer price)이란 글로벌기업의 본사와 자회사 또는 자회사 간에 거래되는 재화와 용역에 대해 책정되는 가격을 말한다. 이전가격은 내부거래에 책정되는 가격이므로 시장가격과는 달리 글로벌기업이 기업의 목적에 따라 인위적으로 조정하기가 용이하다. 글로벌기업은 이전가격의 조정을 통하여 기업전체 차원에서 이익을 극대화할 수 있을 뿐만 아니라 관계기업간의 자금흐름을 조정할 수 있다. 이전가격의 조정을 통해 얻을 수 있는 주요 효과는 다음과 같다.

첫째, 자금이전의 효과가 있다. 특정 현지국으로부터 자금을 유출시키고자 한다면 그 국가에 위치한 자회사에 수출하는 상품에는 가격을 높게, 수입하는 상품에는 가격을 낮게 책정함으로써 자금을 유출시킬 수 있다. 반면에 현지자회사에 대하여 자금을 공급하고자 하는 경우에는, 현지자회사에 대하여 상품가격을 낮추어 판매하고 현지자회사로부터의 수입에는 수입가격을 높이면 원하는 효과를 얻을 수 있다.

둘째, 조세부담을 경감시키는 효과가 있다. 글로벌기업이 범세계적 이익을 증대시키고자 한다면, 세율이 높은 국가에 위치한 자회사에 수출하는 경우에는 수출가격을 높게 책정하고 자회사로부터 수입하는 상품에는 가격을 낮게 책정함으로써 그러한 목적을 달성할 수 있다. 이러한 이전가격의 조정 방식이 세율이 높은 국가에 위치한 자회사의 이윤을 낮추고, 반대로 세율이 낮은 국가에 많은 이익이 발생하도록 하기 때문이다. 동일한 방식으로 현지국의 외환통제나 정치적 위험을 회피할 수 있다.

셋째, 관세부담을 경감시키는 효과가 있다. 관세율이 높은 국가에 위치한 자회사에 수출하는 경우에는 수출가격을 낮게 책정함으로써 관세부담을 축소할 수 있다.

그러나 이전가격의 조정은 신중하게 결정되어야 한다. 잘못된 이전가격정책은 현지국 정부와 심각한 갈등을 초래할 가능성이 있으며, 또한 자회사 간의 갈등도 초래할 수 있기 때문이다. 그럼에도 불구하고 이전가격이 자금이전 수단으로 활용되는 이유는 배당, 이자, 수수료나 로열티 등에 부과되는 원천과세(withholding tax)가 적기 때문이다.

토의문제

1. 환노출의 유형을 설명하시오.
2. 환산노출의 환산방법을 설명하시오.
3. 내부적 환위험 관리기법을 설명하시오.
4. 외부적 환위험 관리기법을 설명하시오.
5. 글로벌기업의 자금이전 수단을 설명하시오.
6. 글로벌 자본예산편성의 과정을 설명하시오.
7. 유로금융시장을 설명하시오.
8. 유로채(Euro bond)를 설명하시오.

참고문헌

이철(2015), 『글로벌경영』, 학현사.

장세진(2015), 『글로벌경영』, 박영사.

한국경제 http://www.hankyung.com/news/app/newsview.php?aid=2015112467841&intype=1

조선비즈 http://biz.chosun.com/site/data/html_dir/2016/03/21/2016032100094.html

Alder, M.(1984), "Exposure to Currency Risk: Definition and Measurement," *Financial Management*, Spring 1984,

Al-Eryani, M. F., Alam, P., and A. Akhter(1990), "Transfer Pricing Determinants of U.S. Multinationals," *Journal of International Business Studies*, Vol.21, No.3.

Eiteman, D. K., M. H. Moffed and A. I. Stonehill(2000), *Multinational Business Finance*, 9th ed., Addison-Wesley Publishing Co.

Madura, J.(1989), *International Financial Management*, 2nd ed., West Publishing.

O,Brien T. J.(1996), *Global Financial Management*, Wiley.

Shapiro, A. C.(2002), *Foundation of Multinational Financial Management*, Wiley.

Stigum, M.(1983), *The Money Market*, Dow Jones- Irwin.

Chapter

12

글로벌 생산·소싱·연구개발

12-1 글로벌 생산입지 선정

12-2 글로벌 소싱전략

12-3 글로벌 연구개발

GLOBAL
MANAGEMENT

글로벌생산과 관련해서 기업은 단순히 현지에서의 제조활동에만 중점을 두기보다는 원자재 구입, 제조, 연구개발, 판매가 국내외적으로 상호 연계되어 이루어지는 통합시스템 구축에 보다 깊은 관심을 기울여야 한다. 즉 글로벌 생산관리에서는 어디에서 원자재를 구입하며, 어디에다 주도적인 생산기지를 갖출 것이며, 어디에서 연구개발을 수행할 것이며, 그리고 어디에다 판매할 것인가에 대한 통합적인 계획이 이루어져야 한다.

따라서 글로벌 생산관리에서는 입지 결정, 지리적 배치와 네트워크, 소싱 그리고 로지스틱스 등이 주요과제로 부각된다. 이 장에서는 이와 같은 주요과제를 중심으로 글로벌 생산관리를 설명한다.

12-1 글로벌 생산입지 선정

글로벌경영에 있어서 생산시스템의 효율성은 공장입지에 의해서 크게 좌우된다. 입지결정 자체가 각 지역의 비교우위를 활용하여 국제경쟁력을 제고시키는 데 미치는 영향이 크기 때문이다. 해외에 공장을 건설할 경우, 투자효과가 장기적으로 지속되면서 위험부담 없이 공장을 운영할 수 있는 지역을 선정하는 것이 중요하다. 해외공장의 입지선정에서 고려해야 할 요인을 살펴보자.

12-1-1 해외생산입지의 선정

해외생산입지의 선정은 크게 두 가지 변수에 의해 영향을 받는다. 국가관련 변수와 제품관련 변수가 그것이다. 국가관련 변수로는 부존생산요소, 시장규모, 현지기술 등이 있다. 기업의 해외진출 동기에 부합되는 국가관련 변수를 가지고 있는 국가가 잠정적인 투자대상국 후보로 선정된다. 국가관련 변수에 관한 자세한 설명은 제3장을 참조하기 바란다. 국가관련 변수 중에서 가장 영향력 있는 변수는 투자기업의 해외진출 동기와 관련된 변수이다.

예컨대, 원료의 확보가 투자의 동기이면 원료가 풍부한 국가를, 저임금 노동력의 확보가 투자의 동기이면 노동력이 풍부하고 임금이 저렴한 국가를, 선진기술 습득이 투자의 동기이면 기술력이 풍부한 국가를, 매출액 확대가 투자의 동기이면 자사 제품에 대한 거대한 시장을 가지고 있는 국가를, 보호무역 회피가 투자의 목적이면 최적의 우회수출국이나 현지국을 투자대상국으로 선정한다. 이러한 과정에서 선정된 투자대상국의 수는 1개국 이상이 될 확률이 높다. 복수의 투자대상국 중에서 제품관련 변수를 비교하여 최적의 생산입지를 선정하게 된다.

제품관련 변수로는 투자대상지역과 본사국에서 해당 제품의 기술속성과 관리속성이 유사할수록 그 지역은 생산입지로서 매력적이다. 즉 투자대상국에서 요구하는 생산관련 활동의 경영형태가 본사국의 경영형태와 유사할수록 투자대상국은 더욱 매력적인 생산입지가 될 것이다. 투자대상지역과 본사국 생산활동의 적합도는 다음에 의해 측정될 수 있다. ① 본사국과 투자대상지역에서 생산과정의 속성이 유사할 때 ② 본사국과 투자대상지역에서 제품의 개념이 유사할 때 ③ 본사국과 투자대상지역에서 관리기술의 속성이 유사할 때 ④ 본사국과 투자대상지역에서 마케팅전략의 속성이 유사할 때이다. 바꾸어 말한다면, 본사국에서 구사하던 기술과 관리방법을 그대로 사용할 수 있는 국가가 생산입지로서 매력도가 올라가고, 반면에 네 가지 형태 중 한 가지 혹은 그 이상에 있어 변화나 조정이 크게 요구되는 국가는 그만큼 매력도가 떨어진다.

12-1-2 생산시설 배치의 영향 요인

글로벌 생산활동에서 공장의 배치와 관련하여 먼저 생각해야 할 사항은 생산공장을 집중시킬 것인지 아니면 여러 국가에 분산·배치할 것인지에 관한 것이다. 이와 관련하여 다음의 사항이 중요한 역할을 한다.

(1) 자본소요량

생산공장을 건설하는 데 필요한 투자액이 굉장히 많이 소요되는 산업의 경우에는 공장입지를 집중시켜 소수의 공장만을 가동하는 것이 바람직하다. 예를 들어, 반도체산업에서는 생산라인 하나를 설치하는 데 2조~3조 원이라는 막대한 액수의 투자가 필요하다. 이런 조건에서는 소수의 공장에서 세계시장 수요에 대응하여 생산하는 것이 바람직하다.

그러나 자본소요량이 상대적으로 낮은 경우에는 생산활동을 여러 장소에서 수행하는 것이 바람직할 수 있다. 공장을 분산시킬 경우에 발생하는 이점은 두 가지 측면에서 생각할 수 있다. 첫째는 현지시장의 수요에 보다 잘 적응하는 제품을 생산할 수 있다는 점이다. 둘째는 현지국가가 가지고 있는 지역적 비교우위를 활용할 수 있다는 점이다. 분산되는 공장 형태가 일괄생산공장이 아니고 분업화되고 전문화된 공장이라면 이를 통해 품질과 가격경쟁력을 향상시킬 수 있다.

(2) 규모의 경제 효과

규모의 경제란 공장의 생산규모가 클수록 생산능률이 높아지고 평균생산비용이 낮아지는 현상을 말한다. 그러므로 규모의 경제 효과가 큰 산업인 경우에는 소수의 입지에 생산시설을 집중시키는 것이 바람직하다. 반대로 규모의 경제 효과가 작다면 여러 국가에 공장을 분산시키는 것이 효과적이다.

그러나 규모의 경제 효과는 생산공정의 특성과도 관계가 있다. 조립공정에서는 분업을 통한 전문화가 가능하기 때문에 공장을 분산시켜 공장마다 특정 부품생산으로 세계수요를 충당하게 하고 이러한 부품을 한곳에 모아 조립생산한다면, 공장이 여러 곳에 분산되어도 규모의 경제 효과를 충분히 달성할 수 있다. 그러나 연속생산공정인 경우에는 한 공장에서 부품과 완제품이 일괄적으로 생산되어야 하므로 공장을 분산시켜 분업화와 전문화를 달성하기가 어렵다. 예컨대 정유산업, 화학산업, 철강산업 등이 여기에 해당되는데, 이러한 산업에서는 공장이 소수 지역에 집중되어야 규모의 경제 효과를 달성할 수 있다.

(3) 지역별 비교우위 활용

상대적으로 풍부한 부존자원을 보유한 국가에 진출하여 필요한 자원을 효율적으로 활용하기 위해서는 생산시설을 분산 배치하는 것이 바람직하다. 예컨대, 노동력이 풍부한 동남아에 노동집약적 산업이 진출하는 경우이다.

(4) 각국 수요의 이질성

지역적·문화적 차이가 클 경우에는 서로 다른 지역적·문화적 특성에 맞추어 차별화된 제품을 생산해야 할 필요성이 커진다. 또한 생산시설을 한 지역에 집중하게 되면 보호무역에 취약해질 가능성도 있다. 따라서 이러한 수요의 이질성과 보호무역 장벽에 적절히 대응하기 위해서는 공장을 분산하여 배치하고자 하는 압력이 생기게 된다.

(5) 위험의 분산

환율의 변동이나 정치적 불안정으로 인한 위험을 분산하기 위해 공장을 각 지역으로 분산 배치할 수 있다. 특히 WTO 출범 이후 세계적으로 무역장벽이 낮아져 상품이나 생산요소의 이동이 자유로워지고 현지국에 진출한 외국기업에 대한 현지정부의 규제가 완화되어 기업이 해외시장에서 생산활동을 하는 데 따르는 리스크가 크게 줄어들게 되자, 위험분산을 위한 생산시설의 분산 배치가 증가하고 있다.

12-1-3 글로벌 생산관리

(1) 중앙집권적인 생산네트워크의 활용

생산시설을 국제적으로 분산 배치할 경우, 글로벌기업은 각국에 있는 공장을 독립적으로 운영하기보다는 상호의존적으로 운영, 조정함으로써 시너지효과를 창출할 수 있다.

수많은 해외시장을 상대로 다양한 제품을 생산·판매하는 다국적기업인 경우에는 각 현지국마다 완제품을 위한 소규모의 생산설비를 설치하는 대신 현지국의 특성에 따라 특정의 부품이나 생산공정으로 특화시켜 대량생산한 후, 분업생산된 부품을 한 지역으로 통합시켜 완제품을 조립생산하는 중앙집권적인 글로벌생산체제를 채택하는 경향이 있다. 이러한 생산체제를 통해 기업은 각국이 보유한 비교우위와 생산의 규모의 경제 효과를 활용하여 가격경쟁력을 강화시킬 수 있다. 각 지역이 가진 비교우위를 활용하기 위해서는 대체로 부품생산은 생산비가 저렴한 국가에서, 최종 조립은 수요가 높은 국가에서 이루어지도록 조정한다. 예를 들면 삼성전자는 아시안 시장은 겨냥해 컬러TV 부품을 지역별로 생산특화했는데, 말레이시아와 태국에서 각각 브라운관과 TV용 전기부품을 분업생산하고 그것을 태국의 컬러TV 공장에서 완제품으로 조립하며 아세안시장으로 판매한다.

(2) 글로벌 생산네트워크의 유형

국제생산활동을 조정하기 위한 통합적 네트워크에는 크게 두 가지 형태가 있다. 첫째는 기업 내 분업의 형태이다. 이것은 한 기업의 생산시설이 복수의 국가에 분산되어 있는 경우에 각 생산시설 간에 상호보완적인 생산활동을 연계시키는 것으로, 크게는 공정을 분담하는 공정간분업과 제품의 종류에 따라 분업하는 제품간분업을 들 수 있다. 공정간분업이란 제품개발, 부품제조, 조립, 판매 등 공정별로 최적지에 위치시켜 보완적인 분업체제를 형성하는 것을 말한다. 제품간분업이란 A지역에선 A제품 생산에, B지역에선 B제품 생산에 특화하여 대량생산을 도모하는 것을 말한다. 둘째는 비소유관계의 타국기업을 자사의 생산네트워크에 참여시키는 국제 간 분업의 형태이다. 예컨대 한국기업이 동남아기업을 그들의 다각적 국제분업 틀 속에 참여시켜 자사의 국제경쟁력을 제고시키는 경우이다. 즉 제품별 또는 공정별로 동남아의 가장 유리한 지역에 제휴거점을 확보하여 분업체계를 형성하는 전략이다.

(3) 중앙집권적인 재고관리시스템

기업 전체적인 차원에서 볼 때, 생산공장을 여러 국가에 분산시키는 것은 재고관리업무를 복잡하게 만들고 높은 수준의 재고를 유지하게 한다. 때로는 각국 소비자의 상이한 욕구로 인해 제품이나 부품의 적응화가 요구되기도 한다. 이러한 문제를 해결하기 위해 글로벌기업은 중앙집권적인 재고관리 시스템을 유지하여 전사적 차원에서 품목별 재고수준을 감축하고, 외부공급업자로부터의 조달비용을 줄이고, 품질관리의 일관성을 도모하고자 한다. 예를 들면, 제록스 사는 집권적인 지역재고관리센터를 창설하여 그동안 미국, 캐나다, 남미 시장에서 각기 독자적으로 관리되었던 안전재고를 지역적으로 통합하여 관리함으로써 많은 비용을 절감할 수 있었다.

(4) 중앙집권적 생산관리의 장점

집권적 생산관리방안은 가격경쟁력이 중요시되는 산업에서 매우 유용한 전략이다. 이 방법을 통해 ① 생산활동의 중복을 축소함에 따른 비용절감 효과를 낼 수 있고 ② 전문화 및 분업화를 통한 규모의 경제 효과를 높일 수 있고 ③ 생산량의 증가로 인한 반복생산으로 학습효과를 이용할 수 있으며 ④ 생산시설을 비교우위를 활용할 수 있는 국가에 입지시켜 양호한 조건에서 생산활동을 할 수 있다. 결과적으로 원가절감을 가져올 수 있다. 이러한 원가절감을 성공적으로 수행하기 위해서는 글로벌한 생산네트워크를 구비하여 개개의 공장 단위가 아닌 범세계적 차원에서의 생산활동의 효율화 방안을 도모하여야 한다. 즉 본사가 각 지역에 분산되어 있는 공장의 핵심역량과 생산능력을 분석하여 각 공장의 범세계적 생산임무를 규명하고, 나아가 범세계적 생산전략의 범주 내에서 본사와 현지자회사 간 그리고 현지자회사 상호간에 자재조달과 생산스케줄 그리고 부품이나 제품 이전 계획이 수립되어야 한다.

(5) 중앙집권적 생산관리의 단점

그러나 이러한 글로벌생산방식에는 ① 공장분산에 따라 품질관리에 어려움이 따르며 ② 여러 국가에 위치한 자회사에서 생산된 부품을 이동하는 데 따르는 물류비, 관세, 그리고 환위험 등으로 인하여 원가절감의 효과가 상쇄되는 경우도 있다. 따라서 이러한 생산의 분업은 주로 지역 내 국가 간에 자유무역이 이루어져 역내무역에 관세가 부과되지 않는 지역경제통합체제에서 잘 이루어지는 경향이 있다.

사례 12-1

빅데이터 다루는 다국적 IT 기업, 소재지 불분명… 세금은 어떻게?

디지털 세상의 세금 문제
전통 제조 기업에 기반한 조세법
디지털 산업에 발빠른 대처 못해 세금 年 2,400억 달러 새나가
각국, 조세 정보 교환 의무화 등 기업 조세 회피 방지에 국제 공조

조원경

최근 영국 국세청이 세계 최대 인터넷 기업 구글로부터 지난 10년간 내지 않았던 세금 1억 3,000만파운드(약 2,300억원)를 받기로 합의했습니다. 그런데 영국에선 구글이 영국에서 한 해에 버는 돈이 60억달러가 넘는 데 비하면 너무 적은 세금이라며 시끄럽습니다. 무슨 일이 있었던 것일까요. 구글 본사는 미국 실리콘밸리에 있어 미국의 온라인 광고 수익에 대해선 35% 법인세율을 적용받습니다만, 영국 등 해외에서 벌어들인 온라인 광고에 대해선 평균 2.4%의 세금만 냈다고 합니다. 뒤늦게 그걸 들춰낸다고 영국이 달려들었지만 도대체 어디서 돈을 벌었는지 알기 어려운 디지털 기업의 특성상 쉽게 세금을 매기기 어려운 것입니다.

인터넷과 모바일 통신이 발달하면서 우리 생활은 편리졌습니다. 스마트폰 터치 몇 번이면 구글 검색 엔진을 사용해 실시간으로 미국에 있는 자료를 찾아볼 수 있는 세상이 왔지요. 그런데 새로운 변화는 과거 틀에서 볼 때 여러 가지 문제점이 드러납니다. 그중 하나가 디지털 세상의 세금 문제입니다.

디지털 세상에서 우리는 주로 동영상, 음악, 게임 등 손에 잡히지 않으면서 적은 금액이 나가는 서비스를 이용합니다. 인터넷 기업들도 온라인 광고와 같이 무형 서비스로 돈을 법니다. 게다가 디지털 세상에는 국경(國境)이 없습니다. 하지만 각국의 세법은 이런 서비스가 없을 때 만들어졌고, 국경을 경계선으로 해서 적용 범위가 달라집니다. 그러다 보니 다국적 IT(정보기술) 기업들이 각국의 세금을 피할 구멍이 많이 생겼습니다.

온라인 거래에서는 재화와 용역의 연구·개발, 생산, 판매, 배송, 소비가 여러 나라에 걸쳐 일어나면서 세금 이슈가 전통 제조업 기업과 달라집니다. 전자상거래 관련법은 마련된 지 오래됐지만, 그동안 조세 행정은 디지털 경제의 발전을 제대로 따라잡지 못했습니다. 이 때문에 디지털 세상에서 발생하는 세금 문제는 어떤 게 있는지 알아보겠습니다.

다국적 IT 기업, 소재지 불분명해

우선 디지털 기업에 대한 법인세에 대해 살펴보겠습니다. 첫째, '거주지 과세' 원칙입니다. 법인세는 기본적으로 사업을 영위하는 국가에서 발생하는 소득에 대하여 그 국가가 세금을 징수할 권한이 있습니다. 그런데 온라인 거래에서는 물리적 사업장이 없이 거래가 가능하고, 인터넷상 거래이다 보니 어디서 거래가 일어났다고 특정하기 어렵습니다. 그래서 세금을 물릴 나라가 불분명하게 됩니다.

그러다 보니 다국적 IT 기업은 전 세계에서 발생한 이익을 법인세율이 12.5%로 낮은 아일랜드 같은 나라에 설립한 자회사에 몰아주는 '꼼수'를 부릴 수 있는 것입니다.

둘째, 손에 잡히지 않는 무형자산에 세금을 매겨야 한다는 문제입니다. 무형자산이다 보니 인터넷을 통해 쉽게 국경을 넘나들 수 있습니다. 그래서 기업들이 통상적으로 비용은 세율 높은 국가에서 처리하고 이윤은 세율 낮은 국가로 이전해서 세금을 줄일 수가 있습니다.

셋째, 빅데이터(거대 정보) 같은 무형자산을 이용해 새로운 부가가치를 창출하는 데 대한 과세 문제입니다. 구글, 유튜브, 애플 같은 다국적기업은 온라인 서비스를 제공하는 과정을 통해 소비 성향, 나이, 성별 같은 고객 정보를 얻습니다. 이들은 고객 정보 같은 빅데이터를 축적해 마케팅 회사에 판매해서 부가가치를 창출하고 있습니다. 이렇게 만들어진 부가가치에 대해선 누구에게 어떻게 과세할지 문제가 생기게 됩니다.

한국, 해외 앱 서비스에 작년 7월부터 부가가치세 매겨

온라인 서비스에 대한 소비세·부가가치세 등도 과거와 달라집니다. 온라인 용역에 대한 소비도 오프라인 용역에 대한 소비와 마찬가지로 부가가치세와 같은 소비세를 내야 한다는 것은 조세 형평이란 원칙에서 따져 보면 당연한 것이라 하겠습니다. 그렇지만 그동안 온라인 서비스는 판매하는 기업이 어디에 있는지 파악하기 어렵다는 이유로 세금을 제대로 매기지 못했습니다. 최근 각국

미국 IT 기업의 역외 유보액

OECD 주요국의 부가가치세 (기본세율 기준)

고세율 (20% 초과)	네덜란드(21%), 스페인(21%), 이탈리아(22%), 아일랜드(23%), 덴마크(25%), 스웨덴(25%), 헝가리(27%)
중세율 (10~20%)	한국(10%), 뉴질랜드(15%), 이스라엘(18%), 독일(19%), 오스트리아(20%), 프랑스(20%), 영국(20%)
저세율 (10% 미만)	캐나다(5%), 일본(8%), 스위스(8%)

자료: 경제협력개발기구(OECD)

OECD 주요국의 법인세율 (최고세율 기준, 지방세 포함)

은 온라인 서비스에 대해서 국외 사업자가 자발적으로 간단한 절차를 거쳐 등록하게 한 후에 세금을 매기는 방법을 고안해내고 있습니다. 인터넷 서비스에 대해 인터넷 등록으로 대응하는 것이지요. 우리나라도 작년 7월부터 해외 개발자가 만든 앱이나 해외 사업자가 공급하는 음악 서비스 등에 대해 10% 세금을 내게 했습니다.

값싼 물건을 인터넷으로 거래하는 것에 대해 세금을 물리는 것도 쉽지 않습니다. 디지털 경제의 발달로 소비자들은 소량의 물건을 해외에서 직접 구매할 수 있게 됐습니다. 이제까진 저가 물품을 소량 수입하는 것에 대해서는 행정처리 비용이 세금 수입보다 크다는 이유로 면세 대상으로 취급했습니다. 그러나 경제협력개발기구(OECD)는 각국 국세청이 해외 판매자를 단순한 절차를 거쳐 사업자로 등록하도록 하면 행정비용을 줄일 수 있다고 봅니다. 아울러, OECD는 면세 혜택을 제공하는 기준을 낮추거나 면세 혜택을 폐지할 것을 권고하고 있습니다.

세계 각국, 국제 공조로 디지털 과세 난점 해결 중

다국적기업들이 세금 적은 나라로 수익을 모으는 방식을 통해 내지 않는 법인세가 매년 전 세계적으로 1,000억~2,400억달러에 이른다고 합니다. 워낙 큰돈이 새다 보니 2008년 글로벌 금융 위기 이후 세수 부족에 시달리는 세계 각국은 공동으로 대응 방안을 마련하고 있습니다.

2013년 G20(주요 20개국)은 OECD와 협력해서 고세율 국가에서 저세율 국가로 소득을 이전하여 세금을 줄이는 다국적기업의 행태에 대해 적극적으로 대응하는 방안을 마련하기로 합의했습니다. 2015년 G20 정상회의에선 조세 회피를 방지하기 위한 각국 정부의 의무와 권고사항을 포함하는 OECD BEPS(Base Erosion &Profit Shifting) 최종 보고서를 채택하였습니다. 이 보고서는 디지털 경제에서 다국적기업의 조세 회피에 대한 대응 방안도 주요 내용으로 담고 있습니다. 조세 조약상에 특별한 혜택을 주는 것을 막고 국가끼리 조세 정보 등을 교환하는 것을 의무화해서 디지털 경제에서도 세금을 회피할 구멍을 없애자는 것입니다.

자료: 조원경 OECD 정책센터 조세정책본부장·『법정에 선 경제학자들』, 2016. 02. 22. 발췌

12-2 글로벌 소싱전략

기업은 글로벌 소싱네트워크의 지원이 있어야 비로소 글로벌 생산관리시스템을 성공적으로 수행할 수 있다. 글로벌소싱이란 생산활동에 필요한 원자재나 부품 등을 전세계에 걸쳐 최적지로부터 구입하는 방안이다. 최근 들어 물류시스템과 정보통신의 발전이 기업의

글로벌소싱 도입을 촉진시키고 있다. 글로벌 소싱전략은 글로벌 소싱네트워크를 구성하는 방법에 따라 다음과 같이 구분할 수 있다.

12-2-1 글로벌 소싱의 분류

(1) 조달방법에 의한 분류

첫째, 사내 기반에 의거하여 모기업이나 국내자회사로부터 부품이나 제품을 조달하는 사내소싱(intrafirm sourcing)

둘째, 계약적 기반에 의거하여 독립적인 외부 공급업체로부터 부품이나 제품을 조달하는 사외소싱, 즉 아웃소싱(outsourcing)

셋째, 사내소싱과 아웃소싱의 적절한 혼합

(2) 조달장소에 의한 분류

첫째, 부품이나 제품을 국내에서 조달하는 국내소싱(domestic sourcing)

둘째, 부품이나 제품을 해외에서 조달하는 해외소싱(foreign sourcing)

12-2-2 글로벌 소싱전략의 고려 요인

기업이 글로벌소싱을 추진하는 데 있어 가장 어려운 과제 중의 하나는 세계경제 여건이 항상 변화하고 있다는 점이다. 따라서 변화하는 세계경제환경에서 글로벌 소싱전략을 어떻게 수행해 나갈 것인가 하는 과제가 중요해진다. 예컨대 달러화가 강세일 때 미국기업은 주로 해외소싱을 추구하였으나, 달러화가 약세로 반전되자 미국기업의 소싱 지역은 역내로 이동했다. 글로벌소싱은 환율, 물류, 관세 등으로 인해 나타나는 위험을 축소하기 위해 국내소싱보다 훨씬 많은 사항을 고려해야 한다.

글로벌소싱을 추진할 때 다음과 같은 리스크가 동반된다. ① 환율변동의 영향으로 환위험에 노출되며 ② 공급라인이 길어짐에 따라 수송비 부담과 관세 부담이 커지며 ③ 해외소싱에 따른 불확실성 리스크(예: 환율변동, 적기조달 여부 등)를 해소하기 위한 재고수준이 높아진다. 기업은 소싱의 유형을 파악하여 다양한 소싱전략을 사용함으로써 글로벌소싱이 주는 위험을 완화시킬 수 있다.

기업의 소싱전략은 [그림 12-1]에서 보는 바와 같이 네 가지 유형으로 나눌 수 있다. 기업은 이러한 유형의 소싱전략 중에서 하나 또는 그 이상을 선택하게 된다. 기업은 글로벌 소싱전략을 추진할 때 다음과 같은 요인을 고려하는 것이 바람직하다.

첫째, 아웃소싱 코스트와 사내소싱 코스트의 차이

둘째, 국내 사내소싱, 국내 아웃소싱, 해외 사내소싱, 해외 아웃소싱 등 소싱유형별 부품·제품의 생산에 필요한 노동, 자금, 기술 등 투입요소 코스트의 차이

셋째, 소싱유형별 환율 변동, 수송 및 관세 비용 등 위험과 비용의 종합적 검토

넷째, 소싱유형별 원료와 제품의 생산업체와 같은 지원산업과 사회간접시설의 가용성

다섯째, 소싱유형별 특유한 산업-문화적 환경

여섯째, 소싱유형별 현지정부와의 협력 가능성

일곱째, 해외소싱에 제약을 초래할 수 있는 글로벌물류 문제와 민족주의 문제

그림 12-1 글로벌 소싱전략의 유형

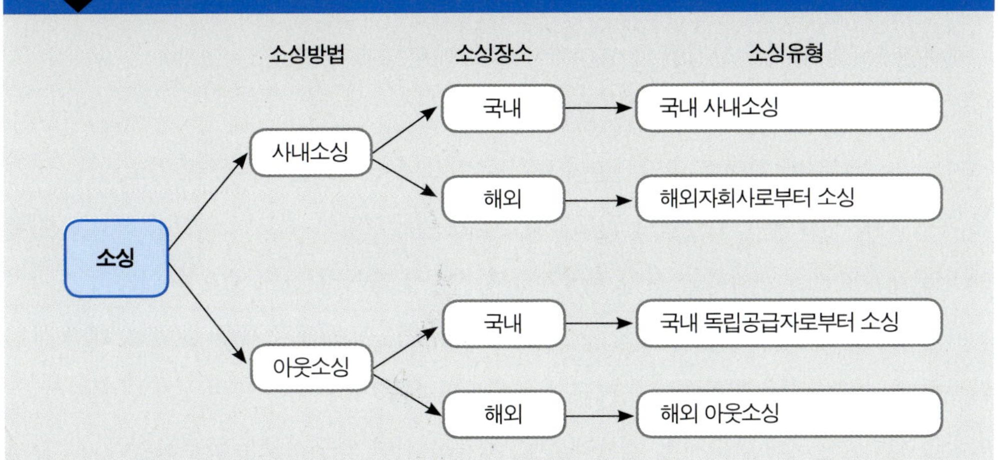

12-3 글로벌 연구개발

글로벌 연구개발조직을 구축하기 위해서는 먼저 해외연구개발센터가 갖고 있는 특성부터 살펴보아야 한다. 해외연구개발조직은 크게 두 가지 유형이 있다. 첫 번째 유형은 본부보완형이다. 이러한 유형의 해외연구소는 중앙연구조직에 필요한 추가적인 지식을 해외현지에서의 연구개발을 통해 습득하여 본국의 연구소가 수행할 수 없는 연구활동을 보완하는 것을 주 기능으로 한다. 즉 해외연구소는 자체적 계획하에 기술의 전문화 및 다양화를 도모하여 기업의 기술경쟁력 증대에 공헌하는 것을 주 기능으로 한다.

두 번째 유형은 현지적응형이다. 이러한 유형의 연구조직은 본국의 중앙연구소가 중요한 연구개발 기능을 수행하고, 해외연구소는 단지 본사의 계획과 통제하에 본사가 개발한 기술을 전수받아 현지의 수요패턴을 감안하여 제품을 현지에 적응시키는 역할과 현지에서의 기술지원을 주 기능으로 한다.

12-3-1 본부보완형 해외 연구개발조직

(1) 해외연구개발 입지의 선정

해외연구개발 입지를 선정할 때 고려해야 할 요인은 다음과 같다

① 해당 산업에 있어 기술혁신이 많이 발생하는 국가

이는 해당 산업에 있어 기술혁신을 주도하고 있으며 산업표준을 이끌어 가고 있는 국가를 의미한다. 이를테면, 컴퓨터나 정보통신산업은 미국기업이 주도적 역할을 하므로 미국에 연구개발활동을 배치하는 것이 경쟁기업의 기술을 습득하는 데 중요한 입지적 요인이 된다. 이 지역에 연구소를 설치함으로써 경쟁기업의 기술동향을 주시할 수 있고, 해당 산업의 유능한 기술인력을 확보하기가 비교적 용이하기 때문이다. 예를 들면, 1980년대에 LG는 미국의 실리콘밸리에 반도체 및 컴퓨터 관련 제품을 위한 연구시설을 확보하였다. 그 동기

는, 첫째는 미국이 이 분야에서 최고의 기술을 가지고 있어 기술적으로 배울 것이 있고, 둘째는 국내보다 미국에서 신속하게 필요한 엔지니어와 기술자를 확보하기가 쉽고, 셋째는 주요 중간재나 관련장비를 구하기가 용이하였기 때문이다.

② 양질의 저렴한 연구개발인력이 풍부한 국가

연구개발 입지를 고려할 때 저렴한 양질의 연구개발인력이 풍부한 국가에 입지하는 것이 바람직하다. 예를 들면, 많은 기업이 소프트웨어 제작에 좋은 입지조건을 구비한 지역으로 인도를 꼽고 있다. 인도는 저렴한 양질의 연구개발인력이 풍부한 국가이다. 컴퓨터프로그램을 개발하는 데 있어 인도에 입지하는 것이 다른 국가에 위치하는 것보다 비용을 크게 절약할 수 있기 때문이다.

③ 고객의 취향이 까다로운 국가

해당 산업에서 앞서가는 수요패턴을 가지고 있거나 고객의 취향이 까다로운 국가에 입지하는 것이 바람직하다. 이러한 시장에서 고객에게 인정받은 기술은 세계시장에서도 인정받을 수 있기 때문이다. 예를 들면, P&G는 일본의 소비재시장에서 일본 소비자의 높은 품질 욕구로 경쟁기업 간에 신제품 개발 경쟁이 치열한 것을 보고, 이것을 이용해 자사의 신속한 신제품 개발을 위해 일본에서 연구개발 투자를 계속하여 왔다.

(2) 해외연구개발센터의 운영

① 현지 연구개발인력의 확보

이 단계는 해외연구개발센터의 확장단계로, 연구개발활동을 수행할 수 있는 우수한 현지 연구개발인력을 확보해야 한다. 이를 위해 연구책임자를 현지의 유명한 과학자로 임명하여 연구개발 업무를 담당할 수 있는 현지의 연구인력을 확보하도록 하는 것이 바람직하다.

② 연구성과의 할성화

현지의 과학기술을 본국으로 도입하기 위해서는 본부보완형 해외연구소가 현지의 연구네트워크와 활발한 상호작용을 할 수 있도록 지원할 필요가 있다. 이를 위해 현지의 연구관련 단체에 적극적으로 참여하는 분위기를 조성하고 본국에 있는 연구소 및 현지에 있는 연구소와 연구인력을 교환하거나 공동연구를 수행할 필요가 있다.

12-3-2 현지적응형 해외 연구개발조직

(1) 해외연구개발 입지의 선정

현지적응형 연구개발조직은 본국 연구개발조직의 연구결과를 해외에서 활용하기 위한 목적으로 설립되기 때문에, 해외연구소의 입지는 생산 및 마케팅활동이 이루어지고 있는 해외자회사의 인근에 입지하는 것이 바람직하다. 예를 들면, HP는 본사가 개발한 잉크젯 프린터를 아시아 버전으로 개량하여 아시아시장에 판매하기 위하여 HP가 생산시설과 판매망을 이미 보유하고 있던 싱가포르에 연구소를 설립하였다. 이와 같은 유형의 연구개발에는 마케팅분야 또는 생산분야의 중간관리자를 제품개량을 위한 연구개발단계에 포함시키는 것이 바람직하다.

(2) 해외연구개발센터의 운영

현지적응형 해외연구소의 주요 임무가 본사 기술을 현지에 적합한 기술로 개량하는 데 있기 때문에 마케팅, 생산, 연구개발 간의 상호 의사소통이 매우 중요하다. 따라서 이러한 유형의 해외연구소의 책임자로는 생산과 마케팅에 관한 지식을 겸비한 관리자를 선정하는 것이 바람직하다. 아울러 본국의 중앙연구소와 해외의 현지적응형 연구소 간에 기술이전과 공동개발 프로젝트 등을 효율적으로 수행하는 분위기를 조성는 것이 중요하다. 또한 해외연구소는 현지에 있는 생산 및 마케팅조직과 긴밀하게 상호교류를 갖도록 하여야 한다.

마케팅부서와 연구개발부서가 담당하는 활동을 서로 조정하고 동시적으로 수행함으로써, 고객의 욕구를 보다 잘 충족시키는 신제품을 개발하여 경쟁우위를 확보할 수 있다. 예컨대, 컴퓨터를 최초로 개발하여 해외시장에 출시한 것은 Siemens인데도 컴퓨터시장을 지배한 것은 IBM이었고, VCR을 최초로 개발하여 해외시장에 출시한 것은 Philips인데도 글로벌 VCR시장을 지배한 것은 일본기업이었다. 이것이 가능했던 것은 이들 기업이 제품을 최초로 개발한 기업에 비하여 마케팅부서와 연구개발부서의 상호조정 작용이 원활하였기 때문이다.

사례 12-2

기업들, 생존 위해 친환경 에너지 투자 늘릴 것

폴크스바겐 사태·파리 기후협약 '친환경 에너지' 주요 산업 트렌드로
풍력·태양광 등 주력 업종 전망은 엇갈려… 전기차 산업 확대 예상

"지난해 세계 산업계에서 발생한 최악의 사건은 폴크스바겐의 배기가스 조작, 최고의 사건은 파리 기후변화협약이다. 이 두 사건이 유가 하락으로 잠잠했던 친(親)환경 에너지를 주요 산업 트렌드의 하나로 재(再)부상시켰다."

시드니 핑켈스타인 다트머스대 경영대학원 교수는 올해 주요 경제·경영 키워드로 '친환경 에너지'를 꼽았다. 전 세계 195개국이 의무적인 온실가스 배출 감축을 약속한 파리 기후변화협약, 아직도 소송이 진행되고 있는 폴크스바겐의 배기가스 조작 사건, 중국의 신(新)환경 보호법 시행 등 지난해 발생한 주요 이슈들로 이 분야에 대한 관심과 투자가 크게 늘었다는 것이다.

세계 유가가 배럴당 30달러 초반까지 내려앉았고, 당분간 저(低)유가 기조는 계속될 것으로 보이지만, 친환경이라는 큰 물줄기를 되돌리기에는 역부족이라고 핑켈스타인 교수는 주장했다.

윌리엄 바넷 스탠퍼드대 경영대학원 교수도 "이미 친환경·신재생 에너지 산업의 부상은 거스를 수 없는 대세가 됐다"며 "많은 기업이 이제는 정부와 환경 단체의 눈치가 아닌 생존을 위해 이 분야에 대한 투자를 늘려야 할 것"이라고 말했다.

이런 세계적 추세는 그동안 환경에는 무관심했던 중국 정부와 기업이 적극적으로 발 벗고 나선 것도 영향을 줬다. 날이 갈수록 심해지고 있는 중국의 스모그 문제 역시 친환경 에너지에 대한 관심을 증대시키고 있다.

황하이저우(黃海洲) 중국 국제금융공사(CICC) 최고투자책임자(CIO)는 "올해 중국이 관심을 보이며 투자를 늘릴 분야는 환경"이라며 "친환경 에너지 사업 확대는 환경 보호뿐 아니라 차세대 중국의 먹거리라는 점에서 정부와 기업이 많은 투자를 하고 있다"고 말했다.

실제로 중국은 2020년까지 친환경 에너지 비중을 15%, 2030년까진 20%로 끌어올리기 위해 각종 지원책을 펼치고 있다. 2011년 미국을 제치고 세계 최대 전력 생산국이 된 중국의 변화는 전 세계 에너지 산업의 큰 흐름을 바꾸는 계기가 될 것이라는 분석이 나온다. 전기차 산업 부문 역시 중국 정부 차원의 보조금 지급과 세금 감면 혜택으로 연내에 중국이 미국을 제치고 세계 최대 전기차 시장이 될 것이라고 전문가들은 예측한다.

그러나 친환경 에너지의 주력 업종이 무엇이 될지에 대한 의견은 여러 가지로 나뉜다.

헤르만 지몬 지몬-쿠퍼&파트너스 회장은 "올해 가장 빠르게 성장할 친환경 에너지는 풍력"이라고 주장했다. 지몬 회장은 "풍력은 발전기를 설치하고 나면 추가 비용이 들지 않는 한계비용이 제로인

에너지이기 때문에 단가가 낮고 전력 소모도 적어 전 세계적으로 확산할 가능성이 가장 높다"며 "특히 해상 풍력 발전은 발전소를 설치하는 데 드는 지형적 문제도 없어 차세대 에너지로 각광받을 것"이라고 말했다.

반면 팀 하포드 FT 칼럼니스트는 '태양광 발전'을 들었다. 하포드는 "태양광 에너지가 기술 발달에 따라 비용이 점점 낮아지고 있어 화석 에너지를 대체할 수 있는 유일한 에너지원으로 주목받는다"며 "유가 하락에도 태양광 발전 산업의 성장은 계속될 것"이라고 말했다.

현재 전 세계적으로 설치된 친환경 에너지 설비 능력은 풍력이 3억 9,293만kW(2015년 6월 기준·세계풍력에너지협회)로 태양력과 수력은 물론 원자력보다도 높다. 한때 친환경 에너지로 각광받던 원자력은 2011년 일본 대지진 때의 원전 사고 여파로 성장이 주춤했다. 세계원자력협회에 따르면, 지난해 말 기준으로 3억 9,225만kW다.

이런 에너지 산업의 흐름 전환은 전기차 산업을 확대시키는 원동력이 될 것이라고 전문가들은 분석했다. 볼프강 매닝 함부르크대 경제학과 교수는 "디젤 자동차를 친환경으로 인식하고 투자했던 독일 정부와 자동차 기업들이 폴크스바겐 사태로 전기차에 대한 투자를 늘릴 수밖에 없는 상황"이라며 "앞으로 자동차 산업의 대세는 전기차가 될 가능성이 높다"고 말했다.

토니 세바 스탠퍼드대 경영학과 교수도 "석기시대가 끝난 이유는 돌이 사라진 것이 아니라 더 나은 기술인 청동기가 석기를 몰아냈기 때문이고 마차 시대가 끝난 것은 말이 사라졌기 때문이 아니라 내연기관이라는 상위의 기술을 가진 자동차가 등장했기 때문"이라며 "같은 논리로 석유·가스·원자력 에너지와 내연기관 자동차는 태양력과 풍력, 전기차, 자율 주행 자동차 등의 새롭고 강력한 기술에 의해 역사의 뒤안길로 사라지게 될 것"이라고 말했다.

자료: Chosun.com, 2016. 01. 08. 요약 발췌

이상에서 본 바와 같이 설립목적이 다른 두 가지 유형의 해외연구개발조직의 입지와 운영은 서로 다른 접근방법을 요구한다. 글로벌기업은 이들을 연결하여 글로벌 연구개발네트워크를 구성하여야 한다. [그림 12-2]는 본국의 중앙연구소와 해외연구소 간의 상호관계를 포괄적으로 나타내고 있다.

본국의 중앙연구소는 새로운 기술개발이란 중요한 역할을 맡고 있는데, 중앙연구소가 하기 어려운 연구개발은 해외에 설립한 본부보완형 연구소가 해외의 주요 연구개발조직으로부터 기술을 습득하여 보완하는 것이 필요하다. 또한 중앙연구소가 개발한 기술을 현지수요에 적응시키는 것을 주요 임무로 하는 현지적응형 연구소는 해외자회사의 생산조직 및 마케팅조직과 상호작용하면서 본사의 기술을 현지소비자의 욕구에 효율적으로 적응시키도록 노력하여야 한다. 이러한 활동은 연구개발네트워크를 통해 유기적으로 이루어져야 한다.

그림 12-2 중앙연구소와 해외연구소 간의 정보 흐름

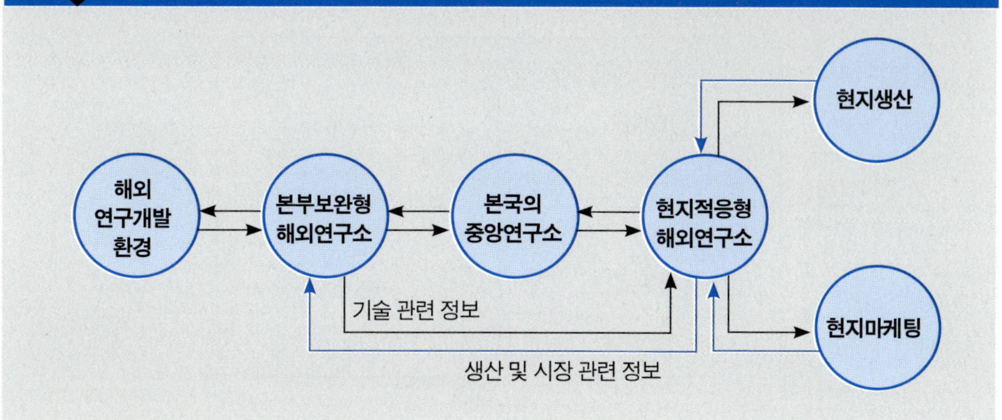

출처 : Walter Kuemmerle(1997), "Building Effective R&D Capabilities Abroad," *Harvard Business Review*, March~April, p.64.

12-3-3 글로벌 연구개발-제조네트워킹

산업기술은 크게 보아 제품기술과 공정기술로 구성되는데, 기업이 글로벌시장에서 경쟁우위를 확보하려면 연구개발 부문에서 개발하는 제품기술(product technology)과 제조부문에서 개발하는 공정기술(process technology)을 철저히 네트워킹하고 싱크로나이즈(synchronize)함으로써 두 부문 모두에서 동시적인 혁신을 실현해야 한다. 특정 기업이 특정 제품기술을 최초로 발명하였는데도, 공정기술과 제조능력을 충분히 확보할 수 없어 상업적인 대량생산을 하지 못한다면 제품기술과 공정기술을 모두 혁신한 경쟁기업이 글로벌시장을 먼저 석권할 수도 있기 때문이다.

바렛(Bartlett)과 고샬(Ghoshal)의 자회사역할모형은 이 문제에 관하여 좋은 통찰력을 제공한다. 이들에 의하면 글로벌기업은 획일적인 통제시스템을 가진 조직이 아니라, 각 시장의 특성과 개별 자회사의 능력에 따라 다음과 같이 차별화된 자회사로 구성된 네트워크조직임을 강조하고 있다.

첫째, 전략적 리더(strategic leader)에 해당하는 자회사로서 핵심역량이 높으며 현지시장의 전략적 중요성도 높은 경우이다. 이러한 자회사는 글로벌시장에서 일어나는 상황변화를 조기에 탐지하며, 예상되는 기회와 문제점을 분석하고, 적절한 대응책을 개발하는 능력

그림 12-3 글로벌네트워크 내의 자회사 유형

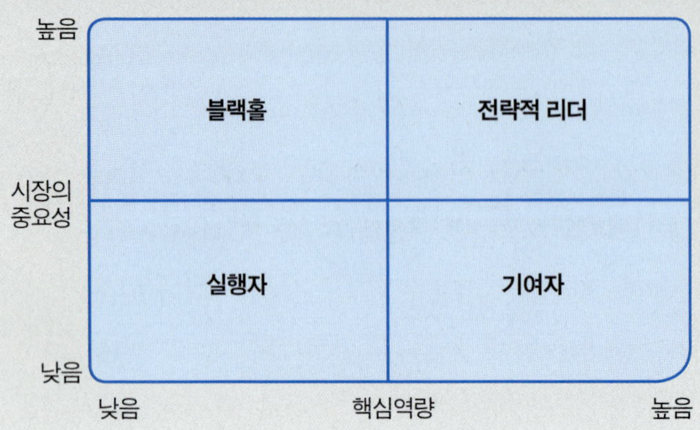

자료 : Bartlett, C. A. and S. Ghoshal(1998), *Managing Across Borders*, Harvard Business School Press.

이 크다. 전략적 리더는 경우에 따라서는 독자적으로 신제품 개발을 추진하고, 이 신제품의 제조와 마케팅에 있어서도 기업전체를 선도하는 역할을 한다. 이들은 본사를 보완하고 지원한다.

둘째, 기여자(contributor)에 해당하는 자회사로서 핵심역량은 뛰어나지만 현지시장 규모가 작거나 전략적 시장영역이 아닌 경우이다. 그러나 자회사가 실질적으로 특정 분야에서 상당한 핵심역량을 보유하고 있기 때문에 모기업이나 다른 자회사에게 상당한 기여를 한다. 본사는 이 자회사가 보유하고 있는 특별한 역량을 강화할 수 있도록 지원을 해 줌으로써 글로벌기업의 네트워크에서 기여자로서의 역할을 계속 유지할 수 있게 해야 한다.

셋째, 실행자(implementer)에 해당하는 자회사로서 진출한 시장의 전략적 중요도가 낮고, 보유한 핵심역량도 일반적 수준인 경우이다. 이런 자회사는 보통 글로벌기업 본사나 다른 자회사에서 개발한 핵심역량을 도입하여, 현지에서 제품을 조립하거나 제품을 만들어 판매함으로써 글로벌기업의 수익을 증가시키는 데 기여를 한다. 특히 표준화되고 성숙기에 이른 제품이나 산업의 경우에는 현금흐름의 중요한 역할을 수행하기 때문에 그 중요성을 무시해서는 안 되고, 오히려 이 자회사가 글로벌기업이 지니고 있는 기술이나 규모의 경제성을 최대한 활용할 수 있도록 도와야 한다.

넷째, 블랙홀(black hall)에 해당하는 자회사로서 현지시장의 중요성이 매우 크기 때문에 끊임없이 경영자원을 투입하지만, 핵심역량이 부족하여 그 능력이 개발되지 않는 경우이다. 이 자회사가 보유한 강점을 중심으로 대규모 기업자원을 투입하여 핵심역량을 개발하고, 동시에 현지환경에 신속하게 대응할 수 있는 능력을 키워 주어야 한다.

결론적으로 네트워크의 중심역할을 하는 글로벌기업의 본사는 네트워크의 node에 해당하는 자회사들을 각각의 역할에 따라 적절한 방법으로 조정하고 통제하여야 한다. 즉 본사는, ① 전략적 리더에 해당하는 자회사와 기여자의 역할을 하는 자회사에게는 본부보완형 연구소와 제조기술의 혁신 역할을 담당할 수 있도록 동기를 부여하는 것이 중요하다. ② 그리고 실천자의 역할을 수행하는 자회사에게는 전략적 리더나 기여자가 개발한 기술이나 전략을 활용하여 현지적응형 연구소가 공정기술을 담당하도록 하여 경쟁우위를 창출할 수 있도록 해야 한다. ③ 블랙홀 상황의 자회사에게는 다른 자회사의 네트워크를 통해 핵심역량을 개발하여 현지 환경에 보다 민첩하게 대응할 수 있는 능력을 키워 줄 필요가 있다.

해외 연구개발시설은 해당 제품의 대규모 소비시장에만 국한시키지 말고, 해당 기술의 혁신이 가장 활발히 일어나는 장소에도 입지시키는 것이 바람직하다. 예컨대 소비재 전자공학 관련 해외연구시설은 일본의 그 분야의 중심지에, 정보통신·생명공학·유전공학 관련 해외연구시설은 미국의 그 분야의 중심지에, 자동차 관련 연구시설은 미국·독일·일본 등의 그 분야의 중심지에 입지시킬 필요가 있다.

토의문제

1. 해외생산입지 선정에 영향을 주는 요인을 설명하시오.
2. 글로벌 생산시설 배치의 영향요인을 설명하시오.
3. 통합적 생산네트워크의 두 가지 형태를 설명하시오.
4. 글로벌 연구개발조직의 형태를 설명하시오.
5. 글로벌소싱의 유형을 설명하시오.

참고문헌

반병길 외(2015), 『다국적기업전략과 관리』, 박영사.

이철(2015), 『글로벌경영』, 학현사.

장세진(2015), 『글로벌경영』, 박영사.

조선비즈 http://biz.chosun.com/site/data/html_dir/2016/02/22/2016022200073.html

조선비즈 http://biz.chosun.com/site/data/html_dir/2016/01/08/2016010801857.html

Bartlett, C. A., and S. Ghoshal(1998), *Managing Across Border : The Transnational Solution*, 2nd ed., Harvard Business School Press.

Davidson, W. H.(1982), *Global Strategic Management*, John Wiley and Sons, Inc.,

Kuemmerle, W.(1997), "Building Effective R&D Capabilities Abroad," *Harvard Business Review*, March-April.

Mascarenhas, B.(1985), "The Coordination of Manufacturing Interdependence in Multinational Companies," *Journal of International Business Studies*, Fall.

McGrath, M. E., and R. W. Hoole(1992), "Manufacturing's New Economics of Scale." *Harvard Business Review*, May-June.

Chapter

13

글로벌 마케팅관리

13-1 글로벌마케팅의 개념과 특유성

13-2 해외시장 선정

13-3 글로벌 제품관리

13-4 글로벌 가격관리

13-5 글로벌 촉진전략

13-6 글로벌 유통관리

GLOBAL
MANAGEMENT

13-1 글로벌마케팅의 개념과 특유성

글로벌마케팅은 국내마케팅과 "유사하지만 다르다"고 표현할 수 있다. 이는 국내마케팅의 근본적인 개념과 원칙은 글로벌마케팅에서도 적용될 수 있으나, 글로벌마케팅의 독특한 측면을 이해하여야만 글로벌마케팅의 효율성이 높아진다는 의미이다. 본 절에서는 이러한 시각에서 글로벌마케팅의 개념을 설명한다.

13-1-1 글로벌마케팅의 개념

미국의 마케팅학자 스탠튼(Stanton)은 "마케팅이란 교환과정을 통하여 소비자의 욕구를 만족시키고자 하는 인간의 여러 가지 활동이다"고 정의한다. 이러한 개념에 기초하여 글로벌마케팅을 정의한다면 "글로벌마케팅이란 교환과정을 통하여 지구촌 소비자의 욕구를 만족시키고자 글로벌 수준에서 일어나는 인간의 여러 가지 활동"이다. 글로벌마케팅 개념이 함축하고 있는 의미는 다음과 같다.

첫째, 글로벌마케팅은 교환과정을 통하여 이루어진다. 즉 지구촌 소비자의 욕구를 충족시킬 수 있는 메커니즘은 배급, 강탈(전쟁), 구걸(원조) 등과 같은 수단이 아니라 교환과정이라는 시장메커니즘인 것이다. 이는 글로벌마케팅이 가장 활발하게 발전할 수 있는 지역은 시장경제가 발달한 곳이라는 것을 시사한다.

둘째, 지구촌 소비자의 욕구 충족이 가장 중요한 과제이다. 이는 고객중심의 사고방식을 나타내는 것으로 글로벌마케팅의 최우선 과제가 해외 소비자의 욕구를 파악하는 일이라는 것을 시사한다.

셋째, 해외소비자의 욕구를 충족시킬 수 있는 대상물을 창출하는 일이다. 해외소비자의 욕구를 파악했으면 기업은 욕구충족의 대상물을 만들어야 하는데, 욕구충족의 대상물로는 제품과 서비스가 있다. 이는 글로벌마케팅의 대상이 제품에만 국한되는 것이 아니라는 것을 시사한다.

넷째, 글로벌마케팅은 글로벌수준에서 일어나는 인간의 여러 가지 활동에 의해 이루어진다. 인간의 여러 가지 활동이란 해외시장환경 분석이나 해외시장기회 분석과 같은 시장조사 활동과 해외시장을 대상으로 4P's 믹스전략을 수립하고 조정하는 것과 같은 경쟁전략 활동 등으로 구성된다.

다섯째, 글로벌이란 용어는 넓은 개념으로 사용한다. 좁은 의미의 글로벌시장은 세계를 하나의 시장으로 보는 개념을 말하나 넓은 의미의 글로벌시장은 글로벌 세분시장, 지역시장, 국가 시장 등을 모두 포함하되 이들이 네트워크에 의해 연결되어 마케팅전략에 상호 영향을 주는 시장으로 이해한다.

13-1-2 글로벌마케팅의 특유성

국내마케팅과 구별되는 글로벌마케팅의 특유성은 다음과 같다.

(1) 다국가 시장을 서브함

국내마케팅은 단지 1개의 국가 시장에서만 마케팅 활동을 전개하는 데 비해 글로벌마케팅은 2개국 이상에서 마케팅 활동을 전개한다. 여기서 2개국 이상이란 복수의 국가시장, EU와 같은 지역시장, 세계를 하나의 시장으로 보는 관점 등과 같은 세 개 차원의 지리적 시장을 모두 포함하는 개념으로 본다.

(2) 해외시장의 환경 파악이 중요함

글로벌마케팅의 독특한 측면은 해외의 친숙하지 못한 다양한 문제를 만나는 데 있다. 대부분의 문제는 국내 경영자에게 익숙하지 않은 해외의 경제적·정치적·문화적 요소에 의해 발생한다. 따라서 국내마케팅에서 논의된 마케팅의 개념과 원칙이 글로벌마케팅에 그대로 적용된다 하더라도 그것을 이질적인 환경에 접목시킬 수 있는 특별한 방법을 글로벌마케팅에서 찾아내어야 하는 것이다.

(3) 시장별로 상이한 마케팅전략

해외시장의 마케팅환경이 이질적이라면 기업은 표적으로 삼은 해외시장별로 상이한 마케팅전략을 수립하여야 한다. 글로벌마케팅의 수많은 오류는 수요가 없어서가 아니라 시장환경과 수요에 맞지 않는 전략에 기인하는 경우가 많다. 따라서 글로벌마케팅 관리자의 가장 큰 과제는 마케팅믹스전략을 서로 다른 환경을 지닌 해외시장의 다양한 요구에 어떻게 적합시켜서 효과적인 마케팅 활동을 수행하는가에 있다.

(4) 네트워크 마케팅

글로벌마케팅은 기업으로 하여금 투자와 교역, 그리고 생산시설의 입지를 한 나라의 경계선을 넘어서 여러 국가에 걸치게 한다. 기업의 조직과 시장이 세계를 향해 분산화될수록 분산된 조직과 시장 사이의 관계를 형성하고 결속을 유지시키는 네트워킹전략이 더욱 중요해진다. 네트워킹이 분산화된 조직과 시장을 통합시키는 메커니즘으로 작용하기 때문이다.

13-2 해외시장 선정

글로벌기업이라고 해서 글로벌시장의 모든 소비자를 대상으로 마케팅 활동을 전개할 수 있는 것은 아니다. 왜냐하면 기업이 보유한 자원은 제한되어 있는데 글로벌시장의 소비자의 수는 많고, 널리 분산되어 있으며, 또 고객의 성향도 상이하기 때문이다. 그러므로 글로벌기업은 글로벌시장에서 효율적으로 서브할 수 있는 세분시장을 선정하여 마케팅 노력을 집중해야 한다.

이러한 과정은 시장세분화(market segmentation), 표적시장선정(market targeting), 시장포

그림 13-1 해외시장 선정과정

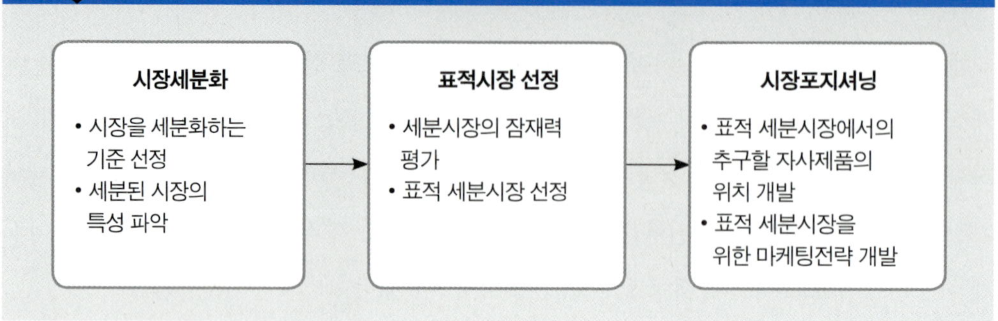

지셔닝(market positioning) 단계로 구분된다.

13-2-1 글로벌 시장세분화

(1) 글로벌 시장세분화의 개념

글로벌 시장세분화는 이질적인 글로벌시장을 기업의 마케팅 자극에 유사한 반응을 보일 것으로 생각되는 동질적인 세분시장으로 구분하는 것을 말한다. 글로벌 시장세분화는 크게 두 가지로 나누어 생각할 수 있다.

첫째는 국가나 지역을 세분화의 단위로 생각하는 지역별세분화이다. 즉 지역별세분화는 개별 국가 또는 EU와 같은 지역집단을 동질적 시장으로 보는 종적 시장세분화 방법이다.

둘째는 국경을 초월하여 동질적인 욕구와 구매행동을 보이는 소비자를 묶어 세분화의 단위로 생각하는 글로벌세분화이다. 즉 글로벌세분화는 여러 국가에 걸치더라도 특정 소비계층의 욕구가 같으면 동질적 시장으로 보는 횡적 시장세분화 방법이다. 예를 들면 글로벌 유아시장, 글로벌 청소년시장, 글로벌 고소득층시장 등으로 시장을 분류할 수 있다.

(2) 글로벌 시장세분화의 이점

첫째는 시장기회를 효율적으로 발견할 수 있다. 시장세분화를 통해 고객의 욕구를 파악하고 세분된 시장의 욕구를 적절히 충족시키는 기존제품이 있는지를 살펴보면 시장기회를 보다 쉽게 발견할 수 있다.

둘째는 마케팅믹스를 효율적으로 실행할 수 있다. 즉 세분시장의 욕구에 맞게 마케팅믹스를 개발함으로써 세분시장의 욕구를 더 정확히 충족시킬 수 있다.

셋째는 마케팅자원을 효율적으로 활용할 수 있다. 글로벌기업이 한정된 자원을 가지고 모든 시장을 서브할 수는 없다. 글로벌기업은 기업이 갖고 있는 강점을 최대로 활용할 수 있는 세분시장에만 기업의 마케팅자원을 투입함으로써 자원을 합리적으로 활용할 수 있다.

(3) 글로벌 시장세분화의 기준

시장을 효과적으로 세분하려면 이질적인 전체시장을 동질적인 시장으로 나누는 기준을 올바르게 선택하는 것이 중요하다. 세분화 기준을 선정하는 데에는 정해진 규칙이 있는 것은 아니나 기업의 마케팅 활동에 의미 있는 기준을 사용하여야 한다.

표 13-1 시장세분화의 기준

전통적 기준	지리적 요인: 지역, 국가, 인구밀도, 기후 등 인구통계적 요인: 성별, 나이, 혼인 여부 등 사회경제적 요인: 소득, 직업, 사회 계층, 종교 등
심리적 기준	라이프스타일 개성 등
행동적 기준	추구 편익, 사용자 특성 구매 빈도, 사용량 구매 계기, 구매준비 단계 등

13-2-2 글로벌 표적시장 선정

기업은 적절한 절차에 따라 글로벌시장을 세분화한 후, 상이한 세분시장들을 평가하고, 어떤 세분시장을 그리고 얼마나 많은 세분시장을 표적으로 할 것인가를 결정해야 한다.

(1) 세분시장의 평가

① 세분시장의 규모와 성장률

특정 기업체가 세분시장에 대한 평가를 할 때 우선적으로 고려할 것은 자사제품에 대한 세분시장의 현재규모와 미래잠재성이다. 세분시장의 규모와 잠재성을 가리키는 지표는 GNP/GDP규모와 1인당 소득 및 그들의 성장률, 중산층의 규모, 산업화 수준 등이다.

② 투자수익률 전망

세분시장이 규모도 크고 성장가능성이 높더라도 기대되는 투자수익률 전망이 좋지 않으면 매력적인 시장이라 할 수 없다. 시장규모도 크고 성장률도 좋은 세분시장이 기대수익률이 낮은 것은 경쟁요인을 고려하지 않았기 때문이다. 그러므로 표적시장을 선정할 때에는 경쟁요인을 고려하여야 한다.

(2) 표적시장의 선정

기업은 자사와의 적합성을 고려하여 효율적으로 서브할 수 있는 세분시장의 유형과 진

그림 13-2 세 가지 대안적인 표적시장 선정전략

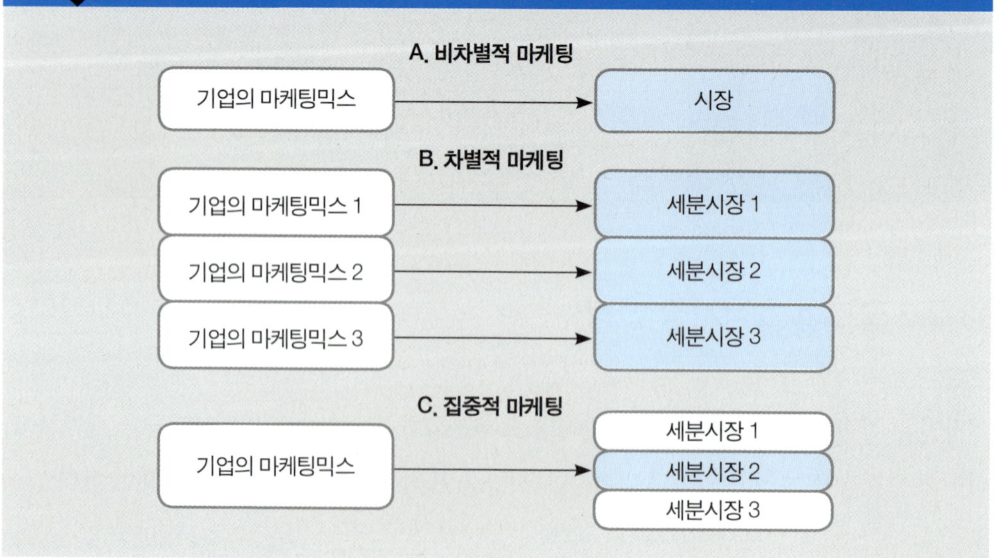

출할 시장의 수를 결정한다. 즉 특정 기준에 의해 세분화된 여러 시장 중에서 기업의 자원, 목표 등을 감안하여 단일세분화시장전략, 복수세분화시장전략, 전체표준화전략 등을 선택한다.

13-2-3 글로벌 포지셔닝전략

기업이 어떤 특정 세분시장을 표적시장으로 할 것인가를 결정한 후에는, 그 시장에서 제품의 포지셔닝을 어떻게 위치시킬 것인가를 결정해야 한다. 포지셔닝(positioning)이란 기업이 경쟁사와는 다른 차별적인 특징이나 이미지를 표적시장의 고객에게 인식시키는 한편, 기업의 전략적 위치를 정하는 것을 말한다.

글로벌마케터는 표적시장 소비자에게 자사제품을 포지셔닝할 때 다음과 같은 두 가지 전략을 사용할 수 있다.

첫째, 시장 간의 욕구 차이를 반영하여 각 시장에 적합한 포지셔닝을 개발하는 시장별 포지셔닝전략이다. 예를 들면, Honda의 Accord는 일본에서는 가족 차(family car)의 이미지를, 미국에서는 주로 통근용 세컨드 카(second car)의 이미지를, 아시아의 일부시장에서는 신분을 나타내는 차(status car), 유럽시장에서는 스포티 카(sporty car)의 이미지를 강조하는 등 시장마다 각각 다른 제품포지셔닝을 구사하였다. 이러한 접근방식은 국별(지역별) 세분화 방식에서 많이 사용된다.

둘째, 모든 시장에 동일한 포지셔닝을 적용하는 공동 포지셔닝전략이다. 예를 들면, Benz의 중대형 자동차는 각국의 고소득층을 공동의 표적으로 해서 신분을 나타내는 고급차로서의 제품포지셔닝을 구사하였다. 소비자들이 글로벌화되어 감에 따라 이러한 접근방식의 중요성이 점차 커지고 있다.

13-3 글로벌 제품관리

13-3-1 글로벌 제품믹스전략

글로벌시장 환경과 국내시장 환경이 다르기 때문에 기업은 국내시장에서 보유한 제품믹스를 해외시장에서는 변경하는 것이 바람직하다.

(1) 글로벌 제품믹스의 확대와 축소

수익성이 중요시되는 상황에서는 글로벌 제품믹스를 축소하는 것이 바람직하다. 매출기여도가 낮은 품목을 제거함으로써 제품구색을 단순화해 원가 절감과 판매생산성의 향상을 모색하는 경우는 제품믹스의 축소 전략이라 할 수 있다.

성장성이 중요시되는 상황에서는 글로벌 제품믹스를 확대하는 것이 바람직하다. 이익 공헌도가 낮을지라도 제품라인과 품목을 확대하여 판매량의 증대를 모색하는 경우는 제품믹스의 확대 전략이라고 할 수 있다.

(2) 집약적인 글로벌 제품라인전략

여러 종류의 제품시장에서 여러 기업과 경쟁하는 것보다 기업의 약점을 보완하고 강점을 더욱 강화할 수 있는 제한된 수의 글로벌 제품라인을 충분히 개발하여 생산하고 판매함으로써 세계시장에서 경쟁력을 확보하는 전략을 말한다.

(3) 글로벌 제품라인 전문화전략

특정 제품라인의 전문업체로 성장하여 세계시장에서 경쟁우위를 확보하는 전략이다. 예를 들면, 은성낚시는 '실버스타'라는 상표로 낚시기구만을 전문적으로 생산하여 세계시장에 공급함으로써 동분야에서 제일가는 기업으로 성장하였다.

(4) 글로벌 제품품목 전문화전략

제품라인 중에서도 일부 품목에 전문화하여 세계시장에 공급하는 전략을 말한다. 예를 들면, Bosch 사는 자동차의 특정 부품만을 전문적으로 생산하여 글로벌자동차기업에게 공급하는 전략을 사용하여 세계적인 회사로 성장하였다.

13-3-2 글로벌 제품표준화와 제품적응화

글로벌마케팅에 관여하는 기업은 자사의 제품을 그대로 해외의 현지시장에 진출시킬 것인지, 아니면 이질적인 해외 현지시장의 요구에 적응시켜 제품을 변경 혹은 개량하여 현지시장에 도입할 것인지 하는 제품의 표준화와 제품의 적응화 문제에 당면한다.

(1) 글로벌 표준화를 촉진하는 요인

① 규모의 경제

규모의 경제란 산출량이 증가할수록 단위당 투입 비용이 감소하는 것을 말한다. 규모의 경제 효과는 대량생산을 통해 비용을 낮출 수 있기 때문에 글로벌기업에게 현지 또는 지역 기업보다 매우 큰 경쟁우위를 제공한다.

② 소비자 수요의 동질화 경향

오늘날 소비자의 수요나 구매행태가 세계적으로 동질화되고 있다. 코카콜라와 청바지가 세계적으로 사랑받는 제품이 되고, 맥도날드 햄버거가 러시아에서도 성공하고 있는 것은 그만큼 젊은 세대에서 수요가 동질화되고 있다는 것을 의미한다.

③ 소비자의 국제이동성 증가

소비자의 국제이동성(cross-border mobility)이 증가함에 따라 그들이 ① 해외여행 중일 때

② 해외에서 생활할 때 흔히 구입하는 제품의 경우에는 글로벌 표준화하는 것이 바람직하다. 소비자는 고국에서 익숙했던 제품을 해외시장에서 선호하는 경향이 있기 때문이다.

④ 생산국의 이미지

생산국의 이미지가 좋은 제품인 경우에는 그 이미지 때문에 해외시장에서 많은 혜택을 본다. 따라서 특정국 기업이 생산국의 좋은 이미지를 활용할 수 있는 위치에 있다면 포장·브랜드네임·레이블 등 속성을 포함하여 제품을 글로벌 표준화하는 것이 바람직하다.

⑤ 기술의 영향

디자인이나 스타일보다 기술의 중요성이 큰 제품일수록 해외시장에서 표준화되는 경향이 있다. 따라서 제품의 기술규격(technical specification)이 중요한 제품일수록 글로벌 표준화하는 것이 바람직하다.

⑥ WTO의 출범과 지역시장 협정

WTO의 출범으로 세계통일규격을 채택하는 경향이 증가하고 있어 제품의 글로벌 표준화를 촉진하고 있다. EU시장과 같은 지역시장의 출현은 EU 내 무역장벽을 제거하고 다수의 기술표준을 제정함으로써, 글로벌기업으로 하여금 범유럽형 제품을 개발하거나 기존 제품을 범유럽형 제품으로 통일하도록 자극을 준다.

그림 13-3 제품의 표준화와 적응화의 요인

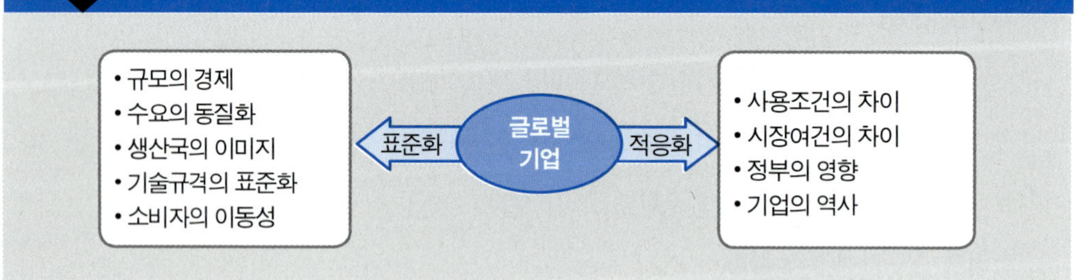

(2) 현지시장 적응화를 촉진하는 요인

① 사용조건상의 차이

ⓐ 국가 시장에 따라 제품의 사용조건이 다른 경우에는 제품을 현지시장의 독특한 사용

조건에 적응시키는 것이 바람직하다. 예를 들면, 세탁기를 주로 사용하는 국가에서 세제는 가루비누 형태가 적합한 반면에 주로 시냇가에서 손빨래를 하는 국가에서는 덩어리 형태의 빨래비누가 적합하다.

ⓑ 제품적응을 촉진하는 또 다른 요소는 사용자의 기술수준이다. 선진국의 사용자는 일반적으로 개도국의 사용자보다 기술수준이 높기 때문에 사용자의 기술수준에 맞게 제품의 기술수준을 적응시키는 것이 바람직하다.

② 소비자의 구매력과 제품선호 차이

해외시장별로 소비자의 구매력과 제품에 대한 니즈가 크게 상이한 경우에 현지시장에 대한 마케팅 효율성을 높이려면 제품을 현지시장에 적응시키는 것이 바람직하다.

③ 정부의 영향

어느 국가에서나 정부는 기업의 제품생산 활동과 마케팅 활동을 규제하기 때문에 글로벌기업이 해외시장에 진입할 때 제품의 적응화가 필요한 경우가 많다. 예컨대, 현지국 정부가 현지부품사용비율(local contents regulation) 준수를 의무화하는 경우, 산업용 제품에 대한 정부규격이나 공업표준이 국가별로 서로 다른 경우 등이다.

13-3-3 브랜드전략

브랜드는 상품에 붙여진 이름으로, 특정 기업의 제품을 다른 회사의 제품과 차별화하는 수단이 된다. 또한 장기간의 마케팅노력에 의해 형성된 기업의 무형자산으로서 그 가치가 높을 경우에는 해외의 다른 기업에 의해 도용당할 수도 있다.

1) 글로벌브랜드와 현지브랜드

(1) 글로벌브랜드

글로벌브랜드는 현지시장마다 욕구와 선호가 다르기는 하지만, 가능한 한 욕구의 유사한 측면을 찾아 동일한 브랜드를 전 세계적으로 사용하고자 하는 것이다. 글로벌브랜드는 다음과 같은 동기에서 사용한다.

① 규모의 경제 효과가 필요한 제품

글로벌브랜드는 동일한 제품을 전 세계에 마케팅하는 것이므로 규모의 경제 효과를 갖는다. 글로벌브랜드로 전 세계에 판매되는 제품의 개발비는 많은 판매수량에 분산된다.

② 유리한 브랜드 인지도 구축을 위해

글로벌브랜드는 현지브랜드에 비해 가시성이 훨씬 높다. 글로벌브랜드는 각국의 관심을 받기가 쉬운데다 세계적인 매체에 광고하는 경향이 있어 세계 각국의 소비자에게 노출될 확률이 크기 때문이다.

③ 브랜드 위상을 높여 마케팅을 유리하게 하기 위하여

글로벌브랜드의 대부분은 일류 브랜드로서의 이미지를 갖고 있다. 따라서 잠재고객은 글로벌브랜드를 사용함으로써 앞서가는 소비문화에 참여하고 그 일원이 되고자 하는 욕구를 충족할 수 있다. 예컨대 일부 고객은 렉서스 승용차로 출근하여 인텔 칩과 마이크로소프트의 프로그램이 장착된 IBM 컴퓨터로 업무에 임한다면 세계인으로서 보다 세련되고 현대적인 자아 이미지를 구축할 수 있다고 생각한다.

④ 소비자 수요의 동질화

앞의 요인들은 글로벌브랜드를 촉진시키는 필요조건은 될지 모르지만 충분조건은 되지 못한다. 글로벌브랜드화의 가장 큰 요인 중 하나는 과거 이질적이었던 각국의 소비자 기호가 점차 동질화된다는 점이다.

(2) 현지브랜드

현지브랜드는 진출 국가별로 상이한 환경적 요인을 반영하고자 하는데 초점을 두는 브랜드이다. 현지브랜드는 다음과 같은 동기에서 사용하게 된다.

① 동일한 브랜드가 이미 현지에 존재할 경우

이미 현지에 자사의 브랜드와 같은 브랜드가 등록된 경우에는 글로벌브랜드를 사용하기 어렵다. 성문법체계를 유지하는 국가에서는 브랜드를 최초로 등록한 사람에게 브랜드 소유권을 허락하는 경우가 많으므로 세계유명상표를 미리 등록하여 금전적인 대가를 바라는 사람들이 존재한다.

② 문화적 장애가 존재하는 경우

기업이 채택한 글로벌브랜드가 현지에서 발음하기 어렵다든가 또는 부정적 의미로 해석되면 그 브랜드는 현지시장에서 사용가치가 줄어들게 되므로 브랜드의 현지화가 필요하다.

③ 현지기업을 M&A하는 경우

이 경우에는 대체로 인수대상기업의 브랜드를 현지에서 그대로 사용한다. 이는 그 브랜드가 현지에서 인지도가 높은 경우와, 현지국의 민족주의 의식이 강해 이를 완화하는 수단이 필요한 경우에 흔히 일어난다.

④ 현지에서 규제를 하는 경우

시장특성에 따라 특유의 욕구가 존재하는 경우에는 제품을 변형하고 이에 따라 브랜드도 현지화한 다음에 집중적인 투자를 통해 경쟁력을 강화하려고 한다. 예를 들면, Nestle는 커피를 아시아에 시판할 때 "네스카페"라는 지역브랜드를 도입하였다.

2) 브랜드의 보호

브랜드는 매우 중요한 자산이므로 그에 대한 보호가 매우 중요한 문제로 대두된다. 그러나 기업이 보유한 브랜드들을 세계 각국에서 모두 보호한다는 것은 상당한 노력과 비용을 수반한다. 따라서 기업은 어느 브랜드를 어느 시장에서 보호할 것인가에 대한 전략적 의사결정을 내려야 한다. 보호할 브랜드의 선정 과정은 보편적으로 세 단계로 이루어진다.

① 먼저 보호해야 할 가치가 가장 높은 첫 번째 순위의 브랜드를 선정해야 한다. 이러한 브랜드에는 주로 글로벌브랜드가 해당된다. 글로벌시장에서 등록우선주의를 취하는 국가에서는 브랜드 등록을 하여 자사브랜드의 무단사용을 미리 예방하는 것이 바람직하다.

② 다음으로 두 번째 순위로 중요한 브랜드를 선정해야 한다. 여기에는 지역브랜드나 선호도가 높은 현지브랜드가 해당된다. 글로벌브랜드보다는 보호해야 할 해외시장의 범위가 축소된다. 글로벌한 범위는 아니지만 중요하다고 생각되는 해외국가 시장 중에

서 등록우선주의를 택하고 있는 국가에 브랜드 등록을 하는 것이 바람직하다.

③ 그 다음은 보호할 가치가 크지 않다고 생각되는 브랜드이다. 이러한 브랜드는 일부러 해외시장에 브랜드 등록을 하지 않아도 된다. 브랜드를 등록하고 관리하는 비용이나 브랜드 등록으로 인해 얻는 이익이나 비슷하기 때문이다.

13-3-4 글로벌 제품포장전략

(1) 글로벌 포장: 표준화와 적응화

글로벌마케팅에 종사하는 기업은 이익 목표를 최대화하기 위해 글로벌 제품포장의 표준화를 우선시하되, 아래와 같은 마케팅환경에서는 포장의 적응화를 고려해야 한다.

① 기후의 차이가 큰 경우에는 제품포장을 적응화하는 것이 바람직하다. 기후 조건은 제품의 보호에 많은 영향을 주기 때문이다.

② 물적 취급의 정도가 상이한 경우에도 포장을 적응화하는 것이 바람직하다. 예컨대, 생산지로부터 목표시장까지 수송거리가 멀고 환적 횟수가 많다면 포장을 달리하는 것이 바람직하다.

③ 국내시장과 해외시장에서 제품의 판매회전율의 차이가 크다면 제품보호 측면에서 포장을 달리하는 것이 바람직하다. 판매회전율이 느린 경우에는 제품보호 측면을 강조해서 포장에 각별한 조치를 취해야 한다.

④ 물류관련 인프라의 차이가 큰 경우, 즉 해외시장의 유통업체가 보유하고 있는 창고시설, 선적 및 하역 등의 물류시설이 미비할수록 기업은 해외에 판매하는 제품의 포장에 더욱 많은 비용과 노력을 투입해야 한다.

⑤ 소득수준이나 라이프스타일이 다르다면 포장을 적응화하는 것이 바람직하다. 예를 들면, 선진국 시장은 포장의 촉진기능을 상대적으로 더욱 강조해야 하는 반면에 개도국 시장에서는 포장의 보호기능이나 가격조절기능을 상대적으로 강조하는 것이 바람직하다.

13-3-5 원산지효과

원산지효과(country of origin effect)란 제품이 실제로 생산된 생산지가 제품의 이미지를 평가할 때 미치는 영향을 말한다. 외국제품에 대한 이러한 소비자의 선입관은 해외시장국에서의 마케팅 노력을 헛되이 할 수도 있고 반대로 도와줄 수도 있다. 따라서 부정적인 원산지효과를 가지고 있는 국가는 이를 극복하는 문제가 매우 절실한 과제가 되어 왔다.

쉬운 일은 아니지만 부정적인 원산지효과를 극복하기 위해 기존의 이미지 형성에 결정적으로 기여한 특징을 수정하도록 노력하여야 한다.

① 긍정적인 원산지효과를 조성하기 위해 마케팅 노력을 투입한다

촉진활동을 통하여 소비자에게 자사 제품의 욕구충족 능력에 대해 알리고, 이것을 근거로 해서 소비자가 긍정적인 태도를 형성하도록 노력한다. 제품에 대한 지식수준이 높을수록 소비자는 제품을 평가할 때에 제조국명 외의 다양한 평가기준을 사용한다.

② 브랜드이미지를 활용한다

브랜드이미지가 좋은 기업이라면 기업명이나 브랜드를 앞세워 부정적인 국가이미지를 희석시키고자 노력한다. Nike나 Sony 등 많은 글로벌기업이 제조공장을 인건비가 저렴한 개도국으로 이전하고 있지만 유명브랜드나 기업이미지를 앞세워 원산지효과를 극복하고 있다.

③ 원산지효과가 좋은 국가의 이미지를 활용한다

원산지효과가 좋은 국가의 이미지를 활용하는 방법에는 첫째, 그 나라의 기업과 기술제휴를 하거나 상표제휴를 체결하는 경우와 둘째, 원산지효과가 좋은 국가에서 제품을 조립하거나 부품을 생산하는 경우 셋째, 원산지효과가 좋은 나라의 지명을 상표로 활용하는 경우 등이 있다. 한국의 시계제조기업 로만손이 상표를 로만손으로 정한 것은 세 번째 경우에 해당한다.

④ 원산지효과가 좋은 품목부터 수출한다

글로벌마케터는 자사가 수출하는 제품 중에서 원산지효과가 가장 좋은 제품부터 수출함으로써 소비자가 지각하는 위험인식을 감소시키는 효과를 발휘할 수 있다. 대표제품의 신뢰성이 높아진다면 그 제품의 후광효과를 이용하여 후속 수출제품의 부정적인 원산지효과를 완화시킬 수 있다.

⑤ 경쟁력이 높은 제품을 개발한다

소비자로 하여금 자사상표를 구매하도록 하려면 경쟁상표에 우선하여 좋아하도록 하는 선호적 태도(preference attitude)를 조성하여야 한다. 이를 위해서는 무엇보다도 품질향상, 디자인 개선, 효과적인 애프터서비스 등을 제공함으로써 제품의 경쟁력을 높여야 한다. 제품의 경쟁력이 뒷받침되는 경우에는 소비자의 사용경험과 친밀도가 높아질수록 제품에 대한 호의적인 태도가 형성되어 부정적인 원산지효과를 극복하게 된다.

사례 13-1

삼성 공격한 화웨이…특허 전면전인가, 노이즈 마케팅인가

'특허 기습' 화웨이의 속셈은
연 10조 R&D에…국제특허 신청 세계 1위
기술력 부각시켜 선진국 시장 이름 알리기
크로스 라이선스 협상서 고지선점 포석도

"화웨이는 오랫동안 머리를 땅속 깊이 파묻은 타조처럼 행동했다. 나는 타조가 될 수 있지만 회사는 그래서는 안 된다고 생각한다."

런정페이 화웨이 창업자 겸 회장의 말이다. 런 회장은 지난 9일 중국 신화통신과의 인터뷰에서 '특허(지식재산권) 핵우산론'을 주창했다. 그는 "화웨이가 지재권 핵우산을 만들었다"며 "최근 수년간 많은 지재권 사용료를 받았으며 상호특허 계약을 맺은 기업도 많다"고 말했다. 런 회장의 이 같은 표현은 자사의 특허를 무기삼아 글로벌 기업과 정면 승부하겠다는 뜻으로 받아들여지고 있다.

화웨이가 25일 삼성전자를 상대로 특허 소송을 제기한 것도 자신들의 '특허 핵우산 전략'에 삼성을 끌어들이기 위한 것 아니냐는 해석이 나오고 있다. 화웨이는 애플 퀄컴 에릭슨 등과 이미 '크로스 라이선스(교차 특허 사용)' 계약을 맺었다.

화웨이, 국제특허 신청 1위

화웨이는 '카피캣(다른 회사를 모방하는 기업)'으로 불리는 기존 중국 회사들보다 한 차원 높은 기술력을 보유하고 있다는 게 전문가들의 평가다. 국제특허 신청 건수와 연구개발(R&D) 투자 등에서 미국 실리콘밸리 기업들과 어깨를 나란히 하고 있다.

세계지식재산권기구(WIPO)에 따르면 화웨이는 2014년 3,442건의 특허를 신청한 데 이어 지난해에도 3,898건을 신청해 2년 연속 국제특허 신청 1위를 차지했다. 지난해 특허 신청 2~5위는 미국의 퀄컴(2,442건), 중국의 ZTE(2,155건), 삼성전자(1,683건), 일본의 미쓰비시전기(1,593건) 등의 순이었다.

화웨이 기업 개요

설립연도	1987년
창업자 겸 회장	런정페이
직원 수	15만여명
진출 국가 수	170여개국
보유 특허 건수	중국 4만2000여건, 해외 3만여건
세계 스마트폰 시장점유율	8.2%(지난 1분기 기준)
지난해 연구개발(R&D) 투자	569억위안(약 10조7800억원)

자료: 화웨이, IDC

세계 스마트폰 '빅5' 판매량

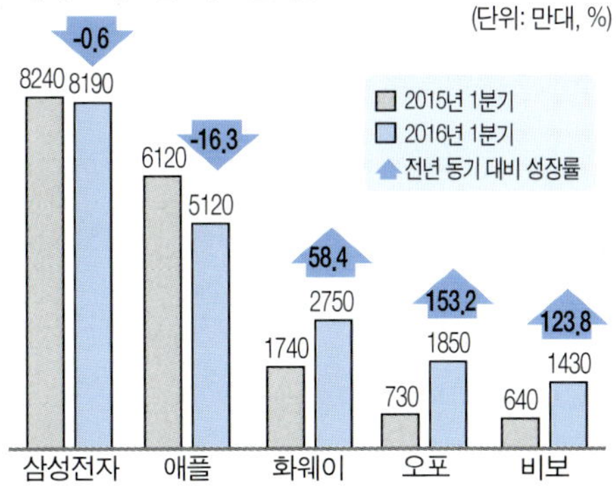

자료: IDC

화웨이는 4세대(4G) 이동통신, 운영체제(OS), 사용자환경(UI) 등 스마트폰 핵심 기술과 관련한 특허권을 대거 보유하고 있다. 중국 특허는 4만 2,000건 이상, 해외 특허도 3만건 이상 확보하고 있다. 애플도 화웨이와 라이선스 계약을 맺고 연간 수억달러 규모의 로열티를 지급하고 있는 것으로 알려졌다.

화웨이는 R&D에도 막대한 투자를 하고 있다. 지난해 연매출의 15%에 해당하는 569억위안(약 10조 7,800억원)을 R&D에 투자했다. 이는 애플 구글 등과 비슷한 수준이다.

화웨이는 통신장비 분야에서는 이미 세계 최대 기업이 됐을 뿐만 아니라 최근엔 스마트폰 시장에서도 무서운 기세로 삼성전자 애플 등 선두권 업체들을 추격하고 있다. 중국 시장에서는 이미 적수가 없을 정도로 선두 자리를 견고히 지키고 있다. 화웨이는 지난해 중국 제조회사 가운데 처음으로 연간 스마트폰 판매량 1억대를 넘어서기도 했다.

소송전으로 마케팅 효과도

정보기술(IT)업계는 화웨이의 이번 소송전이 글로벌 통신장비와 스마트폰 시장을 장악하기 위한 포석이 깔려 있는 것으로 분석하고 있다. 소송으로 기술 사용을 막거나 거액의 배상금을 챙기려는 목적보다 삼성전자와의 라이선스 협상을 유리하게 이끌기 위한 것 아니냐는 해석이다.

화웨이의 대외업무를 담당하는 윌리엄 플러머 부사장이 "우리는 협상을 통한 라이선스 관련 분쟁 해결을 선호한다"고 말한 것도 이 같은 분석을 뒷받침한다. 지난해 화웨이는 애플에 특허 769건을, 애플은 화웨이에 특허 98건을 서로 사용하도록 크로스 라이선스 계약을 맺었다.

화웨이가 자사 기술력을 부각시켜 글로벌 시장에서 마케팅 효과를 노리고 있다는 분석도 있다. 세계 3위 스마트폰 회사로 떠오른 화웨이는 최근 미국과 유럽 등 선진 시장에서 판매 확대를 노리고 있다.

윤선희 한양대 법학전문대학원 교수는 "화웨이의 '노이즈 마케팅'으로 볼 수도 있다"며 "화웨이가 중국에서 삼성전자를 견제하면서 글로벌 시장에서 브랜드 가치를 높이려는 전략으로 보인다"고 설명했다.

자료: hankyung.com, 2016. 05. 25. 요약 발췌

13-4 글로벌 가격관리

13-4-1 수출가격 결정

(1) 원가중심의 가격결정

원가중심의 가격결정은 제품의 생산원가에 일정한 이윤을 가산하여 가격을 산정하는 방식이다. 이는 기업이 손실을 받지 않는 범위 내에서 수용될 수 있는 가격이 결정되는 것을 가능하게 한다. 다음의 두 가지 방법이 주로 사용된다.

① 원가가산법

원가가산법(cost plus pricing)은 생산원가에 연구개발비, 관리비, 간접비, 수송비, 관세 등과 일정한 이윤을 붙여서 수출가격을 결정하는 방법이다. 제품원가에 더하는 이윤은 기업별로 기대하는 수준에 따라 달라질 수 있다. 이윤율이 높아지면 가격이 상승하는 결과를 초래하므로, 이윤율은 시장에 형성되어 있는 가격을 고려하여 결정할 수밖에 없다. 그러나 이 방법은 수출가격이 원가를 기준으로 결정됨으로써 해외시장에서 경쟁기업의 가격이나 수요구조를 무시하는 경우가 발생할 수 있다는 점과, 원가의 산정과 배분이 어려운 경우에는 사용하기가 어렵다는 점 등의 단점을 가지고 있다.

② 목표이익법

목표이익법(target profit pricing)은 기업이 미리 순이익의 크기나 이익률을 정해놓고 이에 맞추어서 제품의 가격을 결정하는 방법이다. 즉 ⓐ손익분기점을 파악하고 ⓑ가격수준별 예상매출액을 산출한 다음 ⓒ목표로 하는 이익을 달성할 수 있는 가격수준을 확정하는 단계를 거친다. 주로 시장에서 선도적 위치를 차지하고 있거나 매우 안정적인 산업에 속한 기업이 택할 수 있는 방법이다. 목표이익을 정해 놓으면 그것을 달성할 수 있는 능력이 있어야 하기 때문이다.

(2) 인지가치중심의 가격결정

인지가치중심의 가격결정(perceived-value pricing)은 수요중심의 가격결정이라고도 하며, 소비자의 제품에 대한 가치지각에 바탕을 두고 가격을 결정하는 방법이다. 그러므로 기업이 그 제품을 생산하는 데 소요된 비용은 덜 중요하게 고려된다. 이러한 수출가격결정 방식은 생활의 질을 향상시킬 수 있는 기술혁신 능력이 뛰어난 기업이나 높은 브랜드자산을 가지고 있는 기업이 주로 사용한다.

(3) 경쟁중심의 가격결정

경쟁중심의 가격결정은 제품의 가치보다 경쟁자의 가격을 중요한 가격결정 기준으로 사용한다.

① 모방가격법

모방가격법(imitative pricing)이란 제품의 원가나 가치는 별로 고려하지 않고 경쟁제품의 가격과 비슷한 수준으로 수출가격을 정하는 방법을 말한다. 이러한 가격결정 방식은 ⓐ 과점상태의 시장에서 선도기업이 존재하는 경우 ⓑ 소비자들의 가격탄력성이 낮거나 알 수 없는 경우 ⓒ 동질의 제품들이 치열한 경쟁 상태에 직면하는 경우 등에서 주로 사용된다.

② 입찰방식의 가격결정

사업이나 업종에 따라서는 수출가격이 입찰방식에 의해 결정되는 경우도 있다. 보편적으로 입찰은 낮은 가격을 제시하는 기업이 공급계약을 하게 되므로, 입찰에 참가하는 경쟁기업의 가격이 중요한 변수가 된다.

(4) 목표중심의 가격결정

이는 기업이 해외시장에서 추구하고자 하는 마케팅목표에 따라 가격을 결정하는 방법으로, 다음의 두 가지 방법이 많이 사용된다

① 침투가격전략

침투가격전략(penetration pricing)을 추구하는 기업은 가격을 무기로 해외시장에 진출하

는 기업이므로, 시장에 진출할 초기부터 시장을 선점하고 있는 경쟁기업에 비해 낮은 가격을 책정한다. 경쟁자와 비슷한 품질에 낮은 가격을 책정하는 것은 소비자를 비교적 쉽게 확보할 수 있는 강력한 경쟁수단이 된다. 그러나 침투가격전략이 성공하기 위해서는 ⓐ경쟁기업에 비해 낮은 원가구조를 확보해야 하며 ⓑ 수요의 가격탄력성이 커야 하며 ⓒ진출하고자 하는 시장이 대규모 시장이어야 한다.

② 초기고가전략

초기고가전략(skimming pricing)은 높은 가격을 지불하고서도 제품을 구매할 의사가 있는 해외시장의 고소득층을 표적으로 삼고서, 판매하는 고품질 제품에 계획적으로 높은 가격을 책정함으로써 판매 단위당 높은 이익마진을 실현하고자 하는 가격전략이다. 그러나 시장에 경쟁제품이 출현하면 고가전략을 저가의 시장 침투적 가격으로 전환한다. 초기고가전략을 사용할 수 있는 경우는 ⓐ 차별화된 신제품인 경우 ⓑ 수요의 가격탄력성이 낮은 경우 ⓒ 고가격-고품질 연상효과가 큰 경우 ⓓ 규모의 경제 효과가 크지 않는 경우 등이다.

13-4-2 수출가격 누증 문제

(1) 수출가격 누증원인

수출품의 해외시장가격은 공장도가격에 운송비, 보험료, 관세, 각종 중간상의 마진, 수출부대비용 등이 추가되어 수출가격 누증이 발생하게 된다. 수출가격 누증은 대부분 기업이 통제하기 힘든 외부적 요인에 의해 발생하기 때문에 글로벌기업의 마케팅 활동에 상당한 장애요인으로 작용한다.

(2) 수출가격 누증에 대한 대응책

수출가격 누증으로 인하여 가격경쟁력을 상실하는 경우에는 다음과 같은 대응책을 활용하여 수출가격경쟁력을 강화하는 것을 고려해 보아야 한다.

① 수출가격 조정

미래의 어느 기간까지 생산시설의 과잉상태가 예상되면, 특히 장치산업에 속하는 기업은 변동비 중심으로 수출가격을 결정하는 것을 고려해 보아야 한다. 그러나 이 방법은 수입국의 덤핑규제를 초래할 가능성이 있으므로 반덤핑관세를 부과할 가능성이 적은 국가 시장에 한하여 사용할 수 있다.

② 제품원가 인하

수출기업은 수출제품을 수정 또는 단순화하거나 제품의 사이즈나 포장 사이즈를 축소해 제품원가를 낮추는 노력을 강화할 필요가 있다.

③ 제품가치 향상

품질과 디자인의 향상, 상표의 인지도 제고 등 차별화 노력을 통하여 제품의 해외시장가치를 높여 수출품의 고가격을 정당화할 수 있도록 노력해야 한다.

④ 관세와 부가세의 축소

제품에 따라서는 부품이나 반제품 상태로 수출하여 현지에서 조립한 후에 완제품으로 판매한다면 관세와 부가가치세가 상대적으로 낮게 부과되므로 가격경쟁력을 회복하는 데 도움이 될 수 있다.

⑤ 생산입지 조정

수출에 수반되는 각종 비용과 본사국의 높은 생산비용 때문에 수출품의 가격경쟁력이 떨어지는 경우에는 해당 제품을 해외시장 현지에서 하청생산하거나 현지생산자회사를 설립하여 자체적으로 생산하여 판매하는 전략을 택할 수도 있다.

13-4-3 글로벌 가격변경

글로벌기업은 기업 자체의 가격전략에 의해 일단 해외시장가격을 결정하더라도 기업환경의 변화나 경쟁양상의 변화에 따라 가격의 변경을 고려할 필요가 있다. 글로벌 가격의 변경을 초래하는 요인은 다음과 같다.

(1) 환율의 변화

환율의 변화는 글로벌 가격변경의 중요한 원인인데, 특히 수출가격 변경의 직접적인 원인이 된다. 환율의 변화는 자국통화의 환율하락과 환율상승이라는 두 가지 유형으로 나타난다.

① 자국통화의 환율이 하락하는 경우에는 수출품의 가격경쟁력이 떨어진다. 자국통화의 환율하락은 대외적인 가격경쟁력의 하락을 의미하므로 기존의 시장점유율을 유지하기 위해서는 수출가격을 인하할 것이 요구된다. 이는 수출기업의 채산성을 악화시키는 결과를 초래한다. 이러한 결과를 피하기 위해 ⓐ생산성 향상 ⓑ아웃소싱의 확대 ⓒ생산공장의 해외이전 등을 고려해야 한다.

② 자국통화의 환율이 상승하는 경우에는 수출품의 가격경쟁력이 올라간다. 자국통화의 환율상승은 대외적인 가격경쟁력의 상승을 의미하므로 수출가격책정에 많은 여유를 가져온다. 기업은 ⓐ수출가격을 예전 그대로 유지함으로써 수익률을 높이든지 ⓑ수출가격을 낮추어 시장점유율을 높일 수 있다.

(2) 원가의 변화

제품의 제조원가를 구성하는 항목에 가격변화가 발생하면 판매가격도 변화할 가능성이 높다.

① 원가가 하락하는 경우에는 기업이 여유를 가지고 가격변경을 할 수 있다. 제품 판매가격을 인하하여 시장점유율을 확대하든지 가격을 그대로 유지하여 수익률을 높이든지 하면 된다.

② 원가가 상승하는 경우에는 기업은 가격변경에 신중을 기하여야 한다. 경쟁자와 소비자의 반응을 고려하여야 하기 때문에 원가상승폭을 그대로 판매가격에 반영하기 어렵다.

(3) 경쟁자의 가격인하

해외시장에서 경쟁기업이 가격을 인하하는 경우에 대응하는 방법은 다음과 같다.

① 제품의 수명주기가 성숙기에 있다면 제품의 동질성이 높아진다. 이러한 경우에는 경쟁사의 가격인하에 대하여 민감하게 반응하여야 하기 때문에 자사제품의 가격도 인하

하는 것이 바람직하다.

② 제품포트폴리오에서 당해제품의 중요도가 높다면 시장점유율의 유지가 중요하므로 경쟁사의 가격인하에 대응하여 자사제품의 가격도 인하하는 것이 바람직하다. 그러나 제품포트폴리에서 당해제품의 중요도가 낮다면 경쟁사의 가격인하에 민감하게 대응할 필요성은 적어진다.

③ 시장의 가격민감도가 높다면 경쟁사의 가격인하로 자사의 시장점유율이 크게 잠식당할 것이므로, 이를 방지하기 위해서는 자사제품의 가격도 인하하는 것이 바람직하다. 그러나 가격민감도가 높지 않다면, 가격인하효과는 크지 않기 때문에 가격인하로 대응하기보다는 제품차별화로 대응하는 것이 바람직하다.

④ 규모의 경제 효과가 크다면, 가격인하에 의해 경쟁사는 대량생산→원가하락 효과가 나타나는 반면에, 자사의 시장점유율은 침식당하여 생산량 축소에 따른 원가인상효과가 나타날 가능성이 크다. 이러한 현상을 방지하기 위해서는 경쟁사가 가격을 인하하면 자사의 가격도 인하시켜 시장점유율을 유지하는 것이 바람직하다.

(4) 수요의 변화

시장이 효율적으로 작용하고 있다면 가격은 수요와 공급에 의하여 결정된다. 따라서 수요가 변화한다면 가격은 자연히 변화하기 마련이다. 수요가 증가한다면 수요곡선이 상향 이동함으로써 가격은 상승하게 된다. 반대로 수요가 감소하면 수요곡선이 하향 이동함으로써 가격은 하락하게 된다.

13-4-4 국제덤핑규제

글로벌 가격전략에 있어 중요한 이슈 중의 하나가 덤핑의 문제이다. 수출국은 수출가격의 누증 문제를 완화하기 위하여 직접비 중심의 수출가격을 책정하고자하는 유인이 강하며, 이는 수입국에서 덤핑의 문제를 야기할 수 있다.

(1) 반덤핑관세의 부과 기준

덤핑은 수입국의 산업을 해칠 가능성이 있다는 이유로 많은 규제가 가해지고 있다. 수입국이 덤핑판정을 하기 위해서는 두 가지 조건이 충족되어야 한다. ① 동일 제품을 국내(수출국)에서 거래되는 가격보다 낮은 가격으로 수출하고 ② 이러한 가격으로 수출되는 수출품이 수입국의 해당산업에 현저한 피해를 입히거나 입힐 우려가 있는 경우 등이다.

WTO 반덤핑협정은 덤핑물품의 수입국에게 덤핑률에 해당하는 반덤핑관세를 부과할 수 있는 권리를 부여하고 있다.

(2) 덤핑규제에 대한 대응 방안

덤핑규제를 예방할 수 있는 몇 가지 대안은 다음과 같다.

① 제품을 고급화한다. 즉 수출제품을 저가의 제품에서 품질 향상, 디자인 향상, 상표 차별화 등을 통하여 높은 가치의 제품으로 차별화함으로써 가격경쟁에서 벗어나도록 노력한다.

② 수입국의 중간상에게 비가격유인을 제공하여 가격할인과 같은 효과를 올린다. 예컨대 외상거래의 허용, 서비스 강화 등이 있다.

③ 내수모델과 수출모델을 차별화해 가격 차이를 정당화하도록 노력한다. 예를 들어 자동차의 경우, 내수모델과 수출모델의 배기량을 달리하든가 선택 사양을 달리함으로써 두 모델이 동일제품이 아니란 것을 강조할 수 있다.

13-5 글로벌 촉진전략

13-5-1 글로벌 촉진의 장애요인

글로벌커뮤니케이션 과정에 개입되는 국가 간의 문화적 차이나 제도적 차이 등과 같은 장애요인은 기업의 마케팅커뮤니케이션을 제한하는 동시에 실패율을 높이는 작용을 한다. 그렇기 때문에 기업이 글로벌촉진전략을 수립하고 집행할 때에는 글로벌커뮤니케이션의 장애요인을 이해하고 있어야 한다.

(1) 언어상의 제약

① 각 나라마다 언어에 의한 표현상의 미묘한 뉘앙스와 방언으로 생기는 문제점은 효율적인 커뮤니케이션을 방해하는 심각한 장애요인 중의 하나이다.
② 개발도상국의 높은 문맹률 역시 의사전달에 많은 제약을 가한다.

(2) 문화적 편견

국가 간의 문화적 차이는 글로벌 촉진을 어렵게 한다. 제품의 사용 상황, 색상이 주는 의미, 비언어적 몸짓이 주는 의미 등은 문화에 따라 상이할 수 있기 때문에 광고커뮤니케이션에서 이들의 사용과 해석에 주의를 기울여야 한다.

① 제품의 사용 상황이 문화에 따라 다르다. 코냑을 예로 들면, 서구인들은 주로 저녁식사 후 조용히 한잔 마시는 술인 반면, 동양인들은 주로 연회나 회식 등 사교모임에서 즐겨 마시는 술이다. 이에 따라 코냑 메이커인 Henessy 사는 같은 주류에 대하여 서양과 동양에서 광고에 차이를 두고 있다.
② 색상이 의미하는 상징성도 국가에 따라 다른 경우가 많다. 같은 색이라도 국가에 따라 혐오하기도 하고 좋아하기도 한데, 예컨대 중국에서는 흰색을 상가집 색으로 간주해

비교적 싫어하는 반면에 유럽에서는 순결을 상징하는 색으로 보아 비교적 호감을 가지고 있다.

③ 동물에 대한 생각도 국가에 따라 상이한 경우가 많다. 인도는 소를 신성시한다. 이 나라에서는 소고기를 스프 원료로 사용하는 라면은 판매할 수 없을 것이다.

(3) 커뮤니케이션매체의 활용 여건

① 글로벌 촉진전략을 수립할 때에는 국가별로 상이한 커뮤니케이션매체 여건을 고려하여야 한다.

② 현지시장에서 매체의 활용 가능성이 어느 정도인가 하는 점이다. 커뮤니케이션매체 중에서도 TV, 라디오, 신문, 잡지 등과 같은 매스미디어의 활용 가능성이 국가에 따라 크게 차이가 난다.

③ 국가별로 매체의 커뮤니케이션 효과에 차이가 있다. 각 나라마다 매체의 도달 범위와 도달 빈도가 상이하기 때문이다.

(4) 광고규제

광고에 대한 규제는 나라마다 차이를 보이고 있으나 흔히 사용되고 있는 규제에는 다음과 같은 것이 있다.

① 매체규제

많은 나라에서 어떤 제품은 특정 유형의 매체에는 광고를 하지 못하도록 규제를 하고 있다. 예를 들면, 한국에서는 TV에 담배 광고를 하지 못하도록 규제하고 있다. 주로 담배, 주류, 마약, 피임기구 등이 여기에 속한다.

② 내용규제

메시지에 대한 표현 정도도 규제의 대상이 될 수 있다. 많은 국가에서 TV를 통해 지나치게 선정적이거나 폭력적인 광고 장면이 방영되는 것을 엄격히 통제하고 있다.

③ 비교광고 규제

많은 국가에서 특정 기업이 경쟁기업을 공격하는 비교광고를 규제의 대상으로 삼고 있

그림 13-4 글로벌 촉진의 장애요인

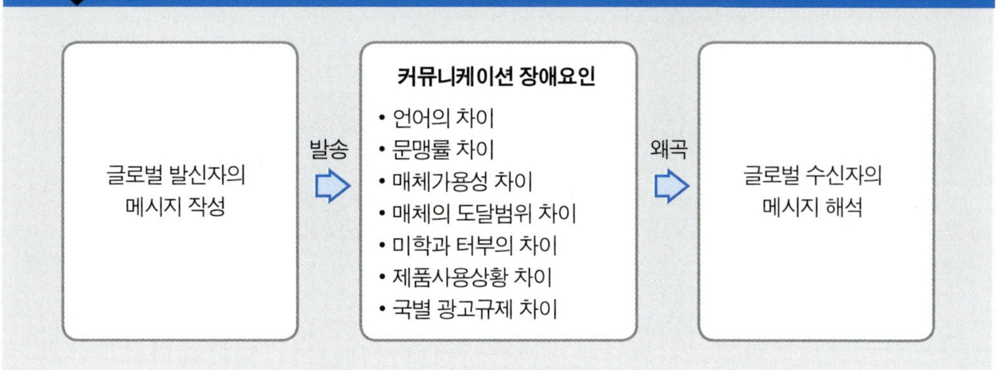

다. 중국이나 독일의 경우에는 자사 제품을 경쟁사의 제품과 비교하는 것을 금하고 있다. 그러나 미국에서는 비교광고가 허용되고 있다.

④ 어린이 광고 규제

많은 나라에서 어린이를 대상으로 하는 광고를 규제하고 있다. 각국마다 규제내용은 다르나 광고규제에 대한 원칙을 가지고 있으므로 진출시장국의 규제원칙을 파악하는 일이 중요하다.

13-5-2 글로벌 광고

(1) 글로벌 광고메시지 개발 시 고려 요인

글로벌 광고의 주요 의사결정 분야 중 하나는 해외시장별로 적절한 광고의 소구(appeal) 내용을 결정하는 것이다. 글로벌 광고메시지를 개발할 때의 고려요인은 다음과 같다.

① 구매동기의 유사성

소비자가 제품을 구매하는 동기가 시장국마다 유사하다면 시장국은 달라도 광고메시지의 소구내용은 비슷할 것이나, 시장국마다 소비자의 구매동기가 상이하다면 시장별로 광고의 소구점은 달라져야 한다. 예를 들면, 캠벨수프의 광고메시지는 시간을 아끼고 레저를 즐기는 미국에서는 인스턴트제품의 간편성과 시간 절약성을 강조하지만, 주부의 역할을 중요

표 13-2 광고규제 사항과 해당국

규제 사항	해당국
• 어린이 대상광고	캐나다, 스칸디나비아제국, 미국, 이탈리아
• 비교광고	프랑스(완화), 독일, 필리핀(금지), 미국(장려)
• 식품, 의약품 방송광고(사전심의가 있어야 함)	캐나다, 멕시코
• 광고의 섹스	캐나다, 네덜란드, 스칸디나비아제국, 영국, 미국
• 광고에 외국어 사용	프랑스, 멕시코, 캐나다(퀘백 주)
• 식품 및 의약품 광고에 사용하는 어구	벨기에, 미국, 일본, 이탈리아
• 사생활보호와 국가정보	프랑스, 노르웨이, 스웨덴, 미국
• 성차별 광고	캐나다, 스칸디나비아제국, 네덜란드, 영국, 미국
• 담배광고(방송광고)	한국, 프랑스, 아일랜드, 네덜란드, 영국
• 광고내용을 입증할 책임이 광고주에게 돌아감	스칸디나비아제국, EU, 미국

자료 : Jain, S. C.(1990), *International Marketing Management*, 3rd ed., Kent Publshing Co.에서 수정.

시하는 남미와 프랑스에서는 제품의 영양가를 강조한다.

② 언어의 다양성

시장별로 사용하는 언어가 다르다면 현지시장의 미묘한 감정을 표현하기 위해 현지어를 사용한 광고메시지를 활용하는 것이 바람직하다. 특히 광고의 주제나 소구점은 현지 언어 체계에 적합하게 시장별로 개발하거나 적응시키는 것이, 공동의 주제나 소구점을 개발하여 이를 현지어로 번역하여 사용하는 것보다 바람직하다. 예를 들면, 코카콜라의 광고주제는 일본에서는 "I feel Coke"이었으나, 이것이 칠레에서는 "The feeling of life"로 바뀌어 표현되었다.

③ 시장별 제품의 포지셔닝

자사 제품의 시장별 포지셔닝이 상이하다면 제품에 대한 광고메시지도 상이하게 작성하는 것이 바람직하다. 예를 들면, 현대자동차의 그랜저는 한국에서는 고급 자동차로 포지셔닝되어 있고 광고메시지도 품격 있는 고급차임을 강조한다. 그러나 미국시장에서는 중형 자동차로 포지셔닝되어 있고 광고메시지도 안전하고 품질이 좋은 중형차에 초점을 두고 있다.

④ 기타 요인

해외시장별로 메시지에 영향을 주는 기타 요인으로는 시장별 경제발전단계, 문화, 라이프스타일 등이 있다. 예를 들면, 유럽산 향수를 사우디아라비아로 수출하는 마케터는 유럽에서 사용하는 광고캠페인보다는 현지의 도덕적 기준에 부합하도록 노출 부위를 줄이고 신체적 접촉을 완화한 광고 표현을 사용하였다.

(2) 글로벌 광고메시지의 표준화와 현지화

글로벌 광고메시지 전략은 메시지의 두 가지 차원을 국가 간에 비교함으로써 분류할 수 있다. 첫째는 광고하고자 하는 제품의 소구점을 어디에 둘 것인가 하는 것이며, 둘째는 광고를 집행하는 구체적인 표현방식을 어떻게 연출할 것인가 하는 문제이다. 소구점이란 광고를 통해 소구할 고객의 욕구나 동기를 말한다. 표현방식이란 광고를 표현하는 데 사용되는 배역, 배경, 그림, 도안, 백뮤직, 문안 등을 총체적으로 의미한다.

[그림 13-5]는 소구점과 표현방식이란 두 가지 변수를 사용하여 글로벌 광고메시지 전략의 4가지 유형을 나타내고 있다.

① 표준화(소구점 표준화, 표현방식 표준화)

이는 여러 해외시장에서 동일한 소구점과 동일한 표현방식으로 해외소비자들에게 의사전달을 하고자 하는 것이다. 이러한 전략은 시장은 달라도 소비자가 제품에서 기대하는 것이 동일하고 또한 소비자의 문화적 배경도 유사한 경우에 가능한 전략이다. 이와 같은 표준화 전략에서는 기존에 제작된 글로벌광고에서 다만 언어만을 현지어로 바꾸어 그대로 사용할 수 있다. 청량음료나 담배 등의 광고에서 표준화된 광고를 발견할 수 있다.

② 현지화(소구점 적응화, 표현방식 적응화)

서로 다른 문화권에 속한 소비자는 라이프스타일, 가치관, 생활수준 등이 다르기 때문에 요구하거나 인지하는 제품의 특징도 다른 것이 일반적이다. 이러한 경우에는 동일한 제품이라도 국가 시장별로 문화적 차이와 특성에 맞추어, 각기 다른 소구점과 메시지를 담은 광고를 실시하는 것이 바람직하다. 예를 들면, 미국의 버드와이저 맥주는 동남아에서는 수입된 프리미엄맥주의 이미지를 추구하고 이에 맞는 광고를 하고 있지만, 원산지인 미국에서는 일반맥주로 자리매김하고 이에 알맞은 광고를 하고 있다.

③ 소구점 표준화, 표현방식 적응화

이는 상황에 따라 글로벌 표준화전략과 시장국별 적응화전략을 절충한 광고전략을 사용하는 것이다. 즉 동일한 소구점을 상이하게 표현하는 광고전략이다. 이는 소비자가 제품에

그림 13-5 글로벌광고메시지의 4가지 유형

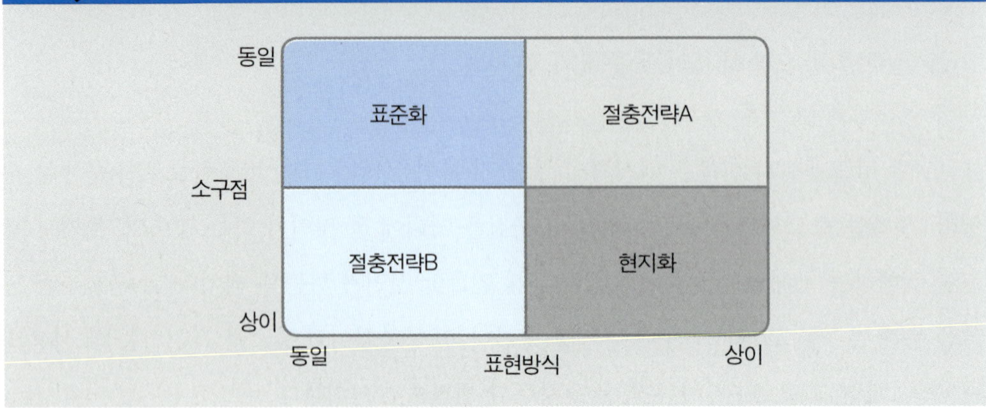

자료 : Czinkota. M., and I. A. Ronkainen(1994), *International Marketing*, 7th ed., South-Western College Pub.
문병준 외(2007), 국제마케팅, 비즈프레스, p.333에서 재인용.

대하여 기대하는 것은 유사하지만 문화적 배경이 다를 경우에 사용하는 전략이다. 이러한 광고 전략은 표준화전략의 장점(규모의 경제, 글로벌한 이미지 형성 등)과 현지화전략의 장점(현지시장의 특성에 맞는 표현방식 개발, 광고효과의 향상 등)을 모두 살릴 수 있는 장점을 내포하고 있다.

아주 단순한 것은 배역을 현지인으로 교체한다든지, 의상을 현지화한다든지 하는 모델 중심의 현지화이다. 현지에 친숙한 모델을 이용함으로써 현지고객의 호감도를 높이고자 하는 경우에 많이 사용된다. 그 밖에도 글로벌광고에서는 배경음악이나 배경색채, 표현방법 등만을 현지소비자가 선호하는 것으로 적응화하는 예들이 많이 발생하고 있다.

④ 소구점 적응화, 표현방식 표준화

이는 시장별로 상이한 소구점이나 슬로건을 동일한 표현방법을 가지고 광고를 하는 경우이나 흔히 사용되지는 않는다. 과거에 사용된 표현방식이나 배경음악이 소비자들로부터 상당한 호감을 받았던 경우에 그러한 표현방식이나 배경음악의 인지도를 이용하여 광고의 효과를 높이고자 적용할 수 있다.

13-5-3 글로벌 인적판매

글로벌 인적판매란 해외시장에서 판매원이 표적고객과 직접 대면 접촉하여 자사의 제품이나 서비스를 구입하도록 설득하는 커뮤니케이션 활동이다. 인적판매는 고객과 판매원 간에 쌍방적 커뮤니케이션이 가능하므로 고객의 특정한 욕구와 태도에 융통성 있게 대응할 수 있고, 개별고객에게 필요한 서비스와 정보를 충분하게 제공할 수 있어 설득력이 강하다는 특징이 있다. 인적판매가 효과적인 촉진수단으로 작용할 수 있는 경우는 다음과 같다.

① 소비자가 구매준비단계의 후기에 도달한 경우

고객의 문제해결을 위해 자사 제품이 최적이라는 확신을 갖게 하거나 구매를 촉발하기 위해서는, 설득력이 강한 인적판매가 효과적인 촉진수단이 된다.

② 전문적 서비스가 필요한 제품

제품의 설치나 운영에 전문적인 서비스가 요구되면 필수적으로 서비스요원의 투입이 필요하다. 이런 경우에는 서비스요원을 겸하는 판매원의 활용이 효과적일 수 있다.

③ 산업재 시장

산업재는 소비재와 달리 고객의 수가 많지 않고, 심층적인 제품정보와 서비스를 필요로 하므로 인적판매가 필수적이다.

④ 고가의 소비재

고가의 소비재를 구매하는 소비자는 판매원과 상담하고 질 높은 서비스와 조언을 받기를 원한다. 그러므로 고가제품의 마케팅커뮤니케이션은 인적판매에 의존하는 것이 바람직하다.

⑤ 대중매체의 이용가능성이 제한되는 경우

시장국에 따라서는 광고의 제약이 크거나 대중매체의 이용가능성이 결여되어 있을 수 있다. 기업이 현지시장에서 광고활동을 제대로 할 수 없다면 인적판매에 중점을 두어야 하므로 현지 판매원을 많이 채용해야 한다.

⑥ 현지의 대형 실수요자를 대상으로 하는 경우

대형 실수요자는 합리적인 구매결정을 하기 때문에, 비록 광고가 제품에 대한 정보를 제공함으로써 판매의 기반을 마련하더라도, 인적판매가 그 고유한 기능과 역할을 수행하여 실수요자가 필요로 하는 적절한 정보와 서비스를 제공하고 설득하여야만 비로소 판매가 완결될 수 있다.

13-6 글로벌 유통관리

13-6-1 글로벌 경로패턴과 국가별 경로패턴

중요한 글로벌 유통문제의 하나는 서브하는 모든 국가 시장에 대해 표준화된 글로벌 경로패턴을 채택할 것인가 아니면 국가별 경로패턴을 채택할 것인가의 여부이다. 이를 위해 다음과 같은 요소를 고려하는 것이 바람직하다.

(1) 경로표준화의 이점

① 보다 능률적으로 글로벌마케팅 운영을 할 수 있다.

② 국가 시장별로 수행해야 할 유통직무를 표준화할 수 있어서 유통능률이 향상될 수 있다.

③ 지역공동시장이 증가함에 따라, 한 국가시장에서 성공적으로 활용한 유통경로 전략을 다른 국가시장에게도 손쉽게 경제적으로 적용할 수 있다.

(2) 경로 적응화에 영향을 미치는 요소

① 기업외적 요소

ⓐ 국가 시장별로 이미 존재하는 유통구조는 제각기 독특하다.

ⓑ 국가 시장별로 물류시설이 상이하고 가용성도 다르다.

ⓒ 국가 시장별로 시장의 지리적 집중도가 상이하다.

ⓓ 국가 시장별로 시장특성이 상이하다.

ⓔ 국가 시장별로 주요 경쟁업체의 유통형태와 파워가 상이하다.

② **기업내적 요소**

ⓐ **해외시장에 진입·침투하고 있는 정도**

기업의 글로벌화 정도가 상이하다면 서브하는 시장별 유통경로도 상이해진다. 글로벌화의 정도는 기업의 해외유통경로를 결정할 때 행사할 수 있는 재량권에 영향을 미치기 때문이다.

ⓑ **국가 시장별로 상이한 마케팅목표**

마케팅하는 제품라인의 폭과 매출액 등 추구하는 마케팅목표가 국가 시장별로 다를 경우에는 여러 국가시장에서 동일한 유통경로를 활용할 수 없다.

제조기업은 위에서 본 유통경로 표준화/적응화의 장·단점을 고려하여 대안을 평가해야 한다. 그러나 유통경로는 국별로 분산되어 있어 표준화에 따른 규모의 경제 효과가 적기 때문에, 국가 시장별로 유통환경의 이질성이 크다면 기업은 무리하여 유통경로를 글로벌하게 표준화하려 해서는 안 될 것이다.

(3) 직접유통경로와 간접유통경로

일반적으로 어느 국가시장에서나 제품을 유통하는 데는 직접유통경로가 간접유통경로보다 경로 통제력이 크고 경로서비스도 우수하다. 그러나 소요되는 비용은 다르다. 기업이 두 가지 경로 대안 중에서 실제로 어느 것을 활용할 것인가를 결정할 때는 아래와 같은 요소를 고려하는 것이 바람직하다.

① **거래비용 기준**

거래를 수행하기 위해 시장과 기업조직을 활용하는 데에는 각각의 비용이 발생하는데, 시장을 활용하는 비용(거래비용)이 더 크면 거래는 기업조직으로 내부화하고, 기업을 활용하는 비용(관리비용)이 더 크면 시장거래를 활용하게 된다. 거래비용에 영향을 미치는 요인으로는 자산의 특유성과 거래빈도 등이 있다.

자산의 특유성이 높은 경우에는 기회주의를 억제하기 위하여 거래비용이 높아지기 때문에 시장거래보다는 기업 내부거래를 선호하게 된다. 일반적으로 표준품을 거래하는 경우에는 거래에 투입되는 자산의 특유성이 낮고, 반대의 경우에는 자산의 특유성이 높다. 따라서 표준품을 거래하는 경우에는 시장경로인 간접유통경로를 이용하는 것이 바람직하고, 특유성이 높은 제품의 거래에는 유통경로를 내부화하는 직접유통경로나 현지 유통상과 제휴하는 것이 바람직하다.

② 비용부담능력 기준

비용부담능력 기준은 크게 두 가지로 분류하여 생각할 수 있다. 첫째는 거래의 발생빈도와 관련된 것이고, 둘째는 매출 규모와 관련된 것이다. 그러나 이상의 두 가지는 모두 규모의 경제와 관련된다.

첫째, 거래를 내부화해서 직접 수행하려면 이를 담당하는 조직이나 설비를 갖추는 데 필요한 관리비용이 발생하는데 적정한 빈도의 거래가 이루어져야 비용분산이 가능해진다. 거래빈도가 적으면 간접유통경로를 이용하는 것이 바람직하며, 거래빈도가 많고 자산의 특유성이 크면 직접유통경로나 제휴경로를 이용하는 것이 바람직하다.

둘째, 경로관리비용이다. 특정 국가시장에서 달성 가능한 매출규모가 크고, 시장이 지리적으로 집중되어 있다면 제조기업은 직접경로를 활용하는 것이 바람직하다. 그러나 시장수요가 소규모이고, 시장의 지리적 집중도가 낮고, 대량구입기관이 수적으로 적은 경우에는 직접경로를 활용할 경우에 많은 비용이 소요되므로 간접경로를 적절히 활용하는 것이 바람직하다.

③ 통제기준

기업이 유통경로에 대해서 어느 정도의 영향력을 발휘하기를 원하느냐에 따라 유통경로가 달라질 수 있다. 직접경로는 최종고객과의 거리가 짧아지고 정보수집이 용이해지며 중간상을 통제하기가 쉬어진다. 그러나 간접경로는 독립된 중간상을 이용하기 때문에 이들이 다음 단계의 중간상이나 고객에게 채택하는 경로정책을 통제하기가 어렵다.

④ 신축성 기준

유통경로는 일단 확립되면 단기간에 변경하기가 쉽지 않다. 그러나 앞 절에서 보았듯이 시장환경의 변화는 유통경로의 변경을 필요로 하는 상황을 초래한다. 이러한 경우에 대비하여 유통경로를 변경시키기가 용이한 체제를 갖출 필요가 있다. 따라서 경로의 유형을 선택하는 데 있어 환경변화에 어느 정도 신축적으로 대응할 수 있느냐 하는 점도 고려해야 한다.

토의문제

1. 글로벌마케팅이 가지는 특유성을 설명하시오.
2. 글로벌 시장세분화의 유형을 설명하시오.
3. 부정적인 원산지효과에 대처하는 방안을 설명하시오.
4. 글로벌기업이 제품을 표준화하려는 이유를 설명하시오.
5. 글로벌브랜드와 현지브랜드의 선택 시 고려해야 할 요인을 설명하시오.
6. 수출가격의 누증 문제와 대응 방안을 설명하시오.
7. 글로벌 가격변경이 필요한 경우를 설명하시오.
8. 국제덤핑규제의 대응책을 설명하시오
9. 글로벌 광고메시지 개발 시의 고려요인을 설명하시오.
10. 글로벌광고의 표준화와 적응화에 관하여 설명하시오.
11. 글로벌 인적판매가 효과적인 경우를 설명하시오.
12. 부정적인 원산지효과를 개선하기 위한 방안을 설명하시오.

참고문헌

문병준 외(2015), 『국제마케팅』, 비즈프레스.

반병길·이인세(2015), 『글로벌마케팅』, 박영사

안광호·한상린(2015), 『유통원론』, 학현사.

정인식(2015), 『글로벌브랜드전략(역)』, 시그마프레스.

한국경제 http://www.hankyung.com/news/app/newsview.php?aid=2016052516261&intype=1

Aaker, D. A.(1996), *Managing Brand Equity*, Free Press.

Cateora, P. R., and J.L. Graham(2006), *International Marketing*, 13th ed., Irwin/Mcgraw-Hill.

Czinkota, M., and A. Ronkainen(1994), *International Marketing*, 7th ed., South-Western College Pub.

Keegan, W. J.(2002), *Global Marketing Management*, Prentice-Hall.

Shimp, T. A.(1997), *Advertising, Promotion and Supplemental Aspects of Integrated Marketing Communication*, 4th ed., The Dryden Press.

Stanton, W.(1988), *Fundamentals of Marketing*, 7th ed., The dryden Press.

Stern, L. W., and A. I. El-Ansary(1992), *Marketing Channel*, 4th (ed.) Prentice-Hall.

Chapter 14

글로벌기업의 조직 및 통제

14-1 글로벌기업의 조직

14-2 글로벌기업의 조정과 통제

GLOBAL MANAGEMENT

본 장에서는 글로벌기업이 전략을 효과적으로 달성하기 위해 취할 수 있는 조직의 유형을 살펴본다. 또한 본사와 자회사 간의 갈등을 최소화하면서 자회사를 통제하고 조정할 수 있는 방안도 알아보고자 한다.

14-1 글로벌기업의 조직

기업의 조직은 기업의 전략을 효과적으로 실현하기 위한 관리체계이다. 즉 기업내의 권한과 책임 등에 관한 역할구조를 나타내는 체계라 할 수 있다. 따라서 기업의 조직구조는 기업이 글로벌화되어 가고 지향점이 달라짐에 따라 변화해 간다.

14-1-1 기업의 글로벌화와 조직의 변천

기업이 글로벌기업으로 성장하여 감에 따라 조직의 구조도 이에 상응하여 변화한다. ① 해외진출 초기에는 대체적으로 수출을 통해 국제경영활동을 시작하게 되는데 본사의 영업부서에 수출을 담당하는 수출과 또는 수출부가 조직된다. ② 기업의 국제경영활동이 수출차원을 넘어 연구개발, 라이센싱이나 해외생산으로 확대되면 현지법인이 설립되고 본사의 최고경영자가 직접 관리하는 조직형태를 취하게 된다. ③ 현지법인의 수가 증가하고 국제경영활동의 범위도 확대되어 현지법인이 기업활동에서 차지하는 비중이 커지면 국제경영활동을 총괄적으로 관리하기 위한 국제사업부 조직이 본사에 설치된다. ④ 더 나아가 세계시장이 출현하게 되고 기업의 해외사업 규모가 더욱 커짐에 따라 기업은 국내사업과 해외사업을 통합하여 글로벌 조직구조를 취하고자 한다. 기업은 생산 및 마케팅활동이 범세계적으로 보다 광범위하게 이루어짐에 따라 범세계적 제품별조직 또는 범세계적 지역별조직을 채택한다. ⑤ 글로벌화가 더 진전되고 글로벌 조직관리를 제품의 측면에서 뿐만 아니라 지리적 측면에서도 동시에 관리할 필요가 생기는 단계에 들어서게 되면 이 두 가지 측면을

그림 14-1 글로벌기업 조직구조의 변화패턴

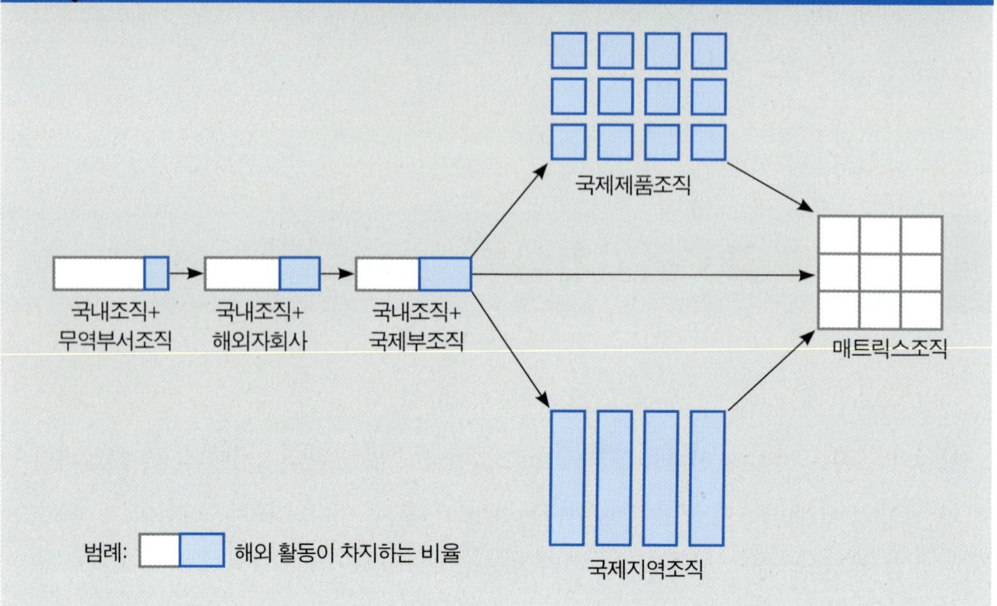

자료: Business International Corporation(1981), *New Directions in Multinational Corporate Organization*, Business International Corporation p. 22 수정.

동시에 시도하는 글로벌 매트릭스 조직형태를 취하게 된다.

이상은 기업조직의 변천과정을 간략하게 묘사한 것이다. 그러나 모든 기업이 이러한 변천과정을 거치는 것은 아니다. 기업이 처한 환경과 최고경영자의 철학, 기업의 지향점 등에 따라 조직구조도 영향을 받기 때문에 기업에 따라서는 어떤 단계를 생략할 수도 있고 특정의 조직구조가 상당 기간 지속될 수도 있다.

14-1-2 글로벌기업의 조직형태

전략과 조직의 적합이 기업의 효율성을 제고시키는 전제조건이 되기 때문에 글로벌기업이 추구하는 전략에 적합한 조직구조를 선택하는 것은 매우 중요한 과제이다. 기업이 선택할 수 있는 기본적인 조직구조를 구체적으로 살펴보면 다음과 같다.

(1) 기능별 조직(수출부조직)

기업의 가장 기본적인 조직구조는 생산, 마케팅, 재무, 인사 등과 같이 기능별로 분리된 조직구조로서 모기업의 각 기능부서가 국내시장은 물론 해외시장까지 맡아서 관리한다. 이러한 기능별 조직구조에는 구성원이 각 기능별로 특화하여 전문화되어 있다. 기능별 조직의 장점은, ① 유사한 업무를 결합시킴으로써 생기는 전문화의 이점, 즉 규모의 경제를 촉진시키고 자원과 노력의 낭비를 줄일 수 있다. ② 업무에 필요한 모든 지식과 기술을 소속된 부서에서 효과적으로 학습할 수 있어 짧은 시간 안에 필요한 기능인력을 양성할 수 있다. ③ 해외사업에서 마케팅이나 생산 등 특정 기능이 중시될 때 장점을 발휘할 수 있다.

그러나 단점으로는, ① 동일부서 내의 조정은 용이하나 다른 부서와는 상이한 목표를 갖고 있기 때문에 부서 간의 조정이 어렵다. 따라서 기능조직은 상호의존성이 요구되는 의사결정 상황, 즉 급변하는 환경이나 비일상적인 기술이 요구되는 환경에 대한 적응력이 떨어진다. ② 전문화된 직능부서는 자기부서의 목표달성에 주력하므로 조직전체의 목표달성을 위해서는 제한된 시각을 갖게 된다. ③ 그리고 어떤 결과에 대하여 단일 기능부서가 전적으로 책임을 질 수 없으므로 과업수행의 책임소재가 불분명해진다.

따라서 기능별 조직은 환경이 비교적 안정적이고, 각 부서 간 상호의존성이 낮으며, 일상적인 기술은 사용하는 기업에게 적합하다. 이를 국제경영 측면에서 해석하면 기능별 조직은 규모가 작은 기업, 소수의 표준화된 제품을 취급하는 기업, 판매대상 지역이 광범위하지 않은 기업, 국제기업의 초기화 단계에 있는 기업이 채택할 수 있다.

표 14-1 기업의 글로벌화 단계와 조직구조의 변화

글로벌화 단계	글로벌화 전략	조직구조
직접수출	국내외시장 지향	수출부(수출과)
해외생산 및 라이센싱	무역영역을 넘는 국제사업	해외자회사
현지법인 수 증가	국제사업의 비중이 커짐	국제사업부
다국적 생산 및 마케팅	다국적 전략	글로벌 제품(지역)조직
글로벌생산	글로벌 전략	글로벌 매트릭스(네트워크) 조직

자료 : Business International Corporation(1981), *New Directions in Multinational Corporation Organization*, BIC.

국제화 조직의 첫 단계는 수출부서를 통한 국제경영활동의 관리이다. 수출이 전체 매출액에서 차지하는 비중이 별로 크지 않은 국제화 초기에는 판매부서에서 수출업무를 관장한다. 그리고 수출량이 증가하여 전담부서의 필요성이 대두되면 수출업무만을 전담하는 독자적인 수출부서가 설립된다. 그러나 [그림 14-2]에서 보는 바와 같이 이 단계에서는 기업의 국제경영활동 비중이 크지 않기 때문에 수출관련 조직은 국내활동을 중심으로 하는 본사조직의 부수적인 역할만을 하게 된다.

(2) 해외자회사 조직

기업조직 국제화의 두 번째 단계는 해외자회사 조직의 단계이다. 기업은 적극적으로 수출시장을 개척하고 보호무역장벽을 극복하기 위하여, 지역적 비교우위를 활용하여 생산원

그림 14-2 기능별 조직구조

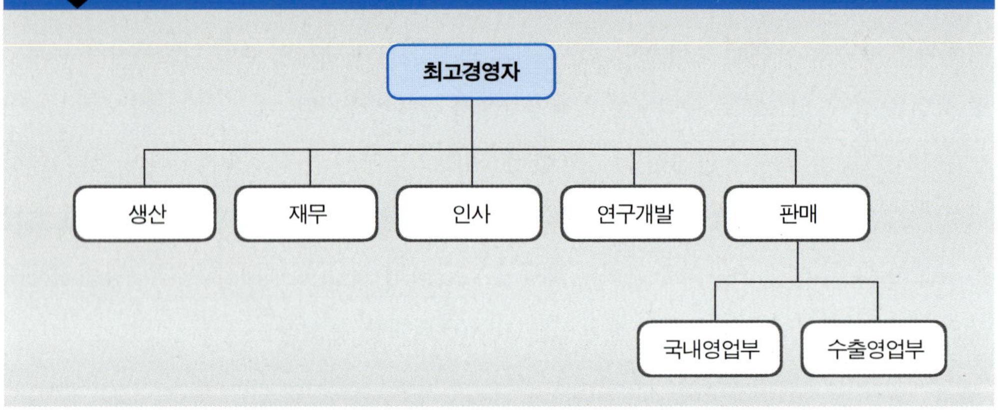

그림 14-3 해외자회사 조직

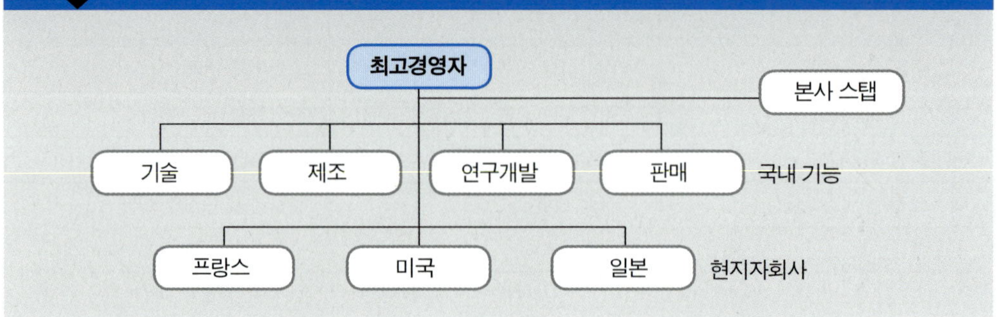

가를 절감하기 위하여, 선진기술을 도입하기 위하여, 그리고 원활한 원자재의 구매를 위하여 해외에 자회사를 설립하게 된다. 이와 같이 기업의 국제경영활동이 성장하여 해외현지법인이 등장하게 되면, 현지법인은 수출뿐만 아니라 구매, 생산, 연구개발 등을 담당하게 되므로 새로운 조직이 필요해진다. 그러나 이 시기에 설립되는 해외법인의 수는 비교적 소수에 불과하다.

해외자회사 조직은 [그림 14-3]에서 보는 바와 같이 본사에서 독립되어 있으며 최고경영자가 직접 관리한다. 또한 현지책임자에게 많은 자율권이 부여되어 현지 사정에 유연하게 대처할 수 있도록 현지중심적인 경영관리가 이루어진다. 이는 해외자회사가 이질적인 해외환경과 모기업에서 멀리 떨어진 위치에서 활동하기 때문에 모기업에서 모든 것을 적시에 그리고 적절하게 의사결정하기 어렵기 때문이다. 이러한 조직의 장점은 ① 현지의 환경과 요구에 신속하게 대응할 수 있으며 ② 현지화를 통해 현지의 내셔널리즘을 완화시킬 수 있으며 ③ 본사와 해외자회사 간에 개입하는 경영계층이 적어 의사전달의 왜곡 현상을 줄일 수 있다는 점이다.

그러나 이러한 조직구조의 단점은 ① 범세계적인 문제에 대해서는 적절히 반응하기 어렵고 ② 자회사 간의 이해관계가 달라 조정이 쉽지 않으며 ③ 규모의 경제 효과를 내기가 어렵다는 점이다.

(3) 국제사업부 조직

국제사업부란 기업의 국제사업 비중이 커지고 해외자회사의 수도 증가함에 따라 제품, 지역, 기능 등과 관련된 모든 국제경영활동을 총괄하기 위해 등장한 조직구조이다. 국제사업부 조직구조에서는 기업의 활동이 국내사업과 해외사업으로 구성되면, 국제사업부는 주로 기업의 해외사업전략을 수립하고 통제하는 역할을 담당한다. 해외자회사의 경영자는 해외자회사의 경영 책임을 지고 활동하며 국제사업부장에게 그 결과를 보고한다. 국제사업부장은 해외활동에 대한 전략적 계획을 수립하고 이에 필요한 자원, 특히 인력과 자본을 조달하여 자회사의 활동을 지원하고 통제한다. [그림 14-4]에서 보는 바와 같이 조직 내에 국내사업부와 별도로 국제경영활동을 전담하는 국제사업부가 설치되어 있다. 국제사업부는

사례 14-1

거액 들인 기술 개발만 혁신?
내부 문제 고치는 말단 직원들의 '작은 혁신'이 진정한 혁신

'식스시그마의 힘' 저자··· 수비르 초두리 ASI 회장
불만족한 손님 1명 안나오게··· 혁신은 말단 직원이 시작

수비르 초두리
ASI 회장

"식스시그마가 한물간 경영 이론이라고요?"

ASI(American Supplier Institute) 수비르 초두리 회장의 목소리가 높아졌다.

식스시그마는 1980년대부터 2000년대 초반까지 모토롤라, 제너럴일렉트릭(GE) 등 세계적 기업이 앞다퉈 도입했던 경영 기법이다. 데이터를 바탕으로 문제점을 찾아내고 개선해 제품의 품질을 향상시키는 것을 목적으로 한다. 하지만 요즘의 산업 흐름과는 맞지 않는다는 지적이 있다. 나비 라드주(Radjou·46) 영국 케임브리지대 저지경영대학원 교수는 최근 위클리비즈 인터뷰에서 "식스시그마는 단순히 제품을 대량생산할 때 적용할 수 있는 방법"이라며 "창의성과는 거리가 멀다"고 지적했다.

그러나 초두리 회장의 생각은 달랐다. 전 세계적으로 100만부 이상 팔리고, 20개 언어로 번역된 세계적 베스트셀러 '식스시그마의 힘(The Power of Six Sigma)'의 저자인 그는 "많은 이가 기업이 성장하려면 대단한 기술을 개발하거나 훌륭한 인재를 데려오거나 다른 회사를 인수·합병(M&A)해야 한다고 생각한다"며 "하지만 좋은 기업은 동시에 실수를 줄이고 결점을 개선하는 데 많은 노력을 기울인다"고 강조했다. 스스로를 '품질 전도사'라고 말하는 방글라데시 출신 초두리 회장은 경영학계의 오스카상이라는 '싱커스(Thinkers) 50'에 세 차례(2011·2013·2015년) 이름을 올린 인물이다. 그는 "식스시그마의 핵심 정신은 말단 직원도 할 수 있는 작은 혁신을 찾아내는 것"이라며 "최소한의 투자로 제품과 서비스의 전체적 품질을 높이는 식스시그마 정신은 저성장 시대에 여전히 유효하다"고 덧붙였다.

자료: Chosun.com, 2016. 05. 07. 요약발췌

아시아, 유럽, 아메리카 등에 설치된 해외자회사의 활동계획을 수립하고 필요한 자원을 지원한다. 국제사업부의 장점은 다음과 같다.

첫째, 해외와 관련된 제품, 시장, 기능 등에 대해 일관성 있는 관리를 할 수 있어 국제경영활동에 응집성과 통일성을 제공한다.

둘째, 해외사업과 관련된 경험과 지식을 국제사업부조직에 축적함으로써 조직차원의 영

그림 14-4 국제사업부 조직

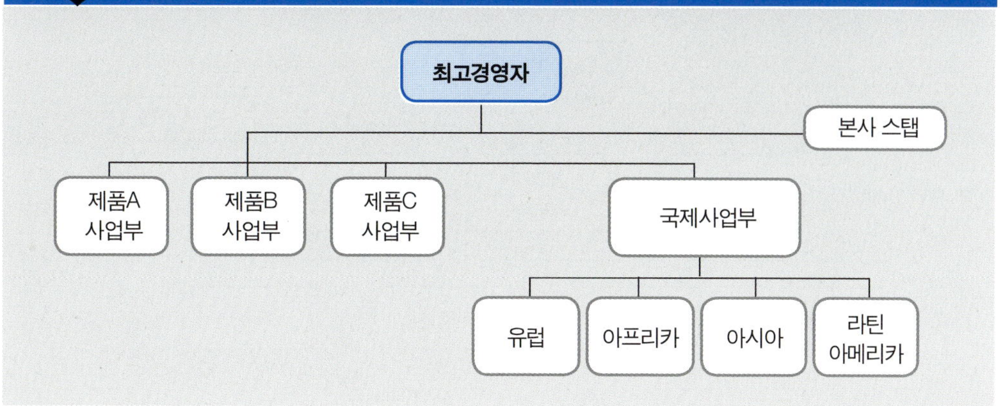

업효율성을 높일 수 있다.

셋째, 해외사업에 필요한 지식과 경험이 축적된 국제사업부에서 해외사업활동을 주도함으로써, 해외시장이 주는 기회에 신속히 반응할 수 있는 능력을 향상시키고 나아가 국제전략의 개발을 촉진한다.

한편 국제사업부의 단점은 다음과 같다.

첫째, 국내사업부와 국제사업부가 각각 독립성과 자율성을 지닌 조직단위이기 때문에 이들 사업부 간에 협력이 잘 이루어 지지 않을 경우에는 전사적 입장에서 볼 때 효율성에 문제가 발생할 수 있다. 예컨대 우선순위의 상충, 이익목표의 상충, 자원경쟁이 국내부문과 국제부문의 협조를 약화시킨다.

둘째, 최고경영진의 관심이 주로 국내업무에 있기 때문에, 해외사업의 중요성에 대한 인식이 상대적으로 낮아진다. 이러한 조직구조에서는 한정된 기업자원은 우선적으로 국내사업부에 할당될 가능성이 높다. 예컨대, 연구개발의 방향이 국내시장 중심적이 되어 해외시장을 위한 연구개발은 단지 현지시장 환경에 맞게 제품을 변경하는 정도에 머무르게 된다.

셋째, 국내부문과 국제부문이 이익을 위해 서로 경쟁하기 때문에 자원의 할당과 사용이 범세계적인 차원에서 효율적으로 이루어지기 어렵다. 예컨대, 국내부문과 국제부문이 각자의 이익을 주장하기 때문에 범세계적 관점에서 이전가격을 책정하는 데 갈등을 유발할 수 있다.

그림 14-5 글로벌제품별 조직구조

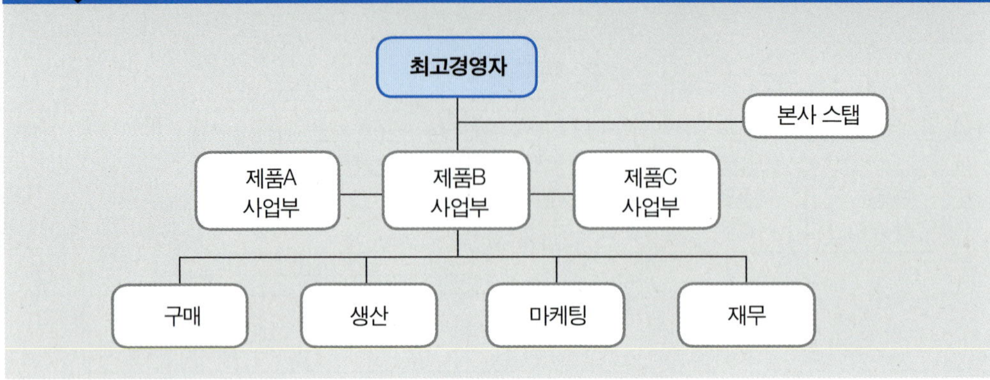

(4) 글로벌 제품별 조직

글로벌 제품별 조직이란 기업이 점차 다양한 품목을 생산하거나 기술집약적인 제품을 취급하는 등 제품다각화를 앞세워 기업의 관리구조를 보다 범세계적인 범위로 만들어 감에 따라 제품부문을 중심으로 모든 해외경영활동을 총괄하는 조직을 말한다. 특히 제품의 종류가 다양하고 이질적인 기업에 적합한 조직이다. [그림 14-5]와 같이 글로벌 제품별 조직은 최고경영자 밑에 제품계열별로 독립된 사업부를 구성하고, 각 제품사업부가 특정 제품계열의 생산, 판매 등의 활동을 독자적으로 수행한다. 즉 제품별 사업부가 해외시장을 대상으로 해당 제품의 생산 및 판매활동을 계획하고 관리하며 결과에 대하여 1차적인 책임을 진다. 이때 제품별 사업부는 본사 스텝으로부터 각 지역이나 국가에 대한 정보를 지원받지만 사업부 자체적으로 기능적 스탭을 보유하고 있다.

각 제품계열 간에는 공통점이 거의 없으므로 각각 독립적인 활동을 수행한다. 이러한 특성을 갖는 글로벌 제품별 조직은 제품의 다각화는 이루어졌으나 시장다변화가 이루어지지 않은 경우에 적합하다. 시장다변화가 이루어지면 중복되는 역할이 많아 관리의 효율성이 떨어진다.

제품별 조직의 장점은 다음과 같다.

첫째, 제품과 마케팅의 통합을 원활하게 하며, 제품계열을 늘리고 새로운 시장기회를 활용하는 데 유연성을 제공한다.

둘째, 제품의 수요 및 기술의 변화가 빠른 속도로 진행되는 경우에 신속하게 대응할 수 있다.

셋째, 각 사업부별로 제품에 관한 전문적인 지식을 축적할 수 있으며, 제품개발이나 마케팅활동 등이 각 제품계열의 특성에 맞게 이루어질 수 있다. 예컨대, 제품수명주기에 따라 적절한 마케팅전략을 세울 수 있다.

한편 제품별 조직의 단점은 다음과 같다.

첫째, 조직구조가 제품별로 조직되어 있기 때문에 해외지역에 대한 지식이나 정보가 부족할 수 있다.

둘째, 각 사업부가 자기 부서의 입장에서 생각하기 때문에 세계시장에서 전사적인 조정이 어렵다. 즉 보고관계, 자원할당, 이익상의 책임에 관한 문제를 야기할 수 있다.

셋째, 해외시장 다변화가 진척되면 글로벌 제품사업본부와 사업부 내 해외자회사 간에 갈등이 일어나기 쉽다. 이는 사업본부는 규모의 경제를 위해 제품의 표준화를 추구하는 데 반해 현지자회사는 현지소비자의 욕구 충족을 위해 제품의 적응화를 추구하고자 하기 때문이다.

넷째, 제품계열별로 경영관리가 독자적으로 수행되기 때문에 한 지역에 복수의 제품사업부가 동시에 진출하는 경우에는 한 지역에서 마케팅과 같은 기능활동이 중복하여 이루어질 수 있다.

(5) 글로벌 지역별 조직

글로벌 지역별 조직은 범세계적 시장을 지역단위로 분할하고 각각의 지역사업부가 그 지역에서의 모든 활동을 총괄하는 구조이다. 즉 기업이 점차 시장다변화를 진행함에 따라 [그림 14-6]과 같이 최고경영자 밑에 지역별로 독립된 사업부를 두고, 이 사업부가 연구개발, 생산, 마케팅 등을 책임지고 운영하는 체제이다. 이러한 조직은 제품이 표준화되고 낮은 수준의 기술을 요구하는 경우에 유용하다. 또한 취급하는 제품계열은 적으나 진출해 있는 지역이 다수이고, 시장별 특성이 상호간에 뚜렷한 차이가 있어 표준화된 관리체계를 적용하기 어려울 때 적합한 조직형태이다.

그림 14-6 글로벌 지역별 조직구조

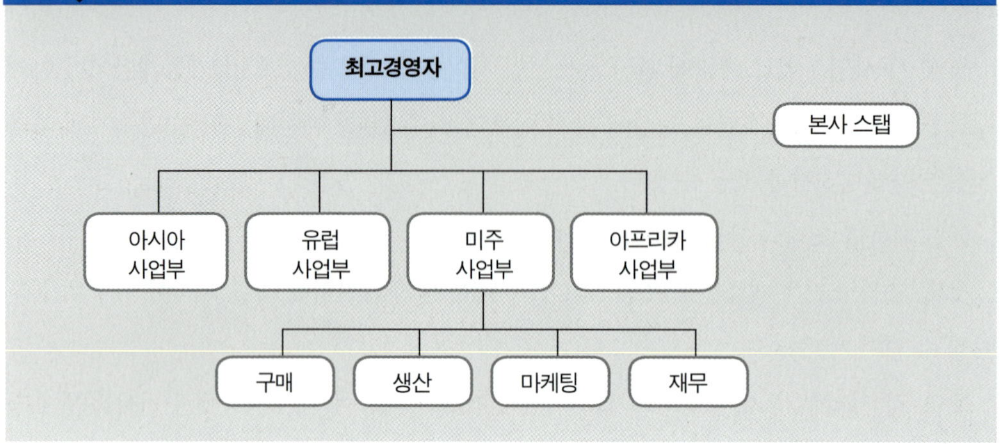

지역별 조직의 장점은 다음과 같다.

첫째, 지역별 조직은 각 지역의 특성에 맞추어 제품을 적응시킬 수 있으므로 현지고객의 만족도를 높일 수 있고, 또한 생산과 마케팅 부서 간에 조화가 원활하게 이루어질 수 있다.

둘째, 지역별 특수성과 시장변화에 신속하게 대응할 수 있고, 지역전략에 적합한 전문지식을 축적할 수 있다.

셋째, 지역별 조직은 해외자회사와 지역본사 간의 의사전달을 용이하게 함으로써 권한과 책임의 소재를 분명히 하는 데 도움을 줄 수 있다.

반면에 지역별 조직의 단점은 다음과 같다.

첫째, 기업시스템과 전략은 지역특성에 따라 다양하고 일관성이 없으며, 지역 간에 새로운 아이디어나 기술이 이전되기 어렵다.

둘째, 지역본사는 여러 제품에 대한 지식이나 정보가 부족하기 때문에 해당 지역 내에 상이한 특성을 가진 여러 제품계열이 진출하고 있는 경우에는 제품계열의 생산과 마케팅활동을 효과적으로 지원하기 어렵다.

셋째, 지역별 조직구조 역시 지역별로 분권화된 경영관리에 중점을 두므로, 지역단위로 이루어지는 기능활동은 전사적 입장에서 볼 때 중복되게 된다.

(6) 매트릭스 조직

매트릭스 조직은 앞에서 언급된 기능, 제품, 지역 중 복수의 변수를 기준으로 하여 조직화함으로써 효율성과 전문성을 동시에 달성하기 위해 고안된 유기적인 조직구조이다. 글로벌경영에서 채택하는 매트릭스 조직은 크게 두 개의 차원, 즉 제품 차원과 지역 차원으로 나눔으로써 한 부서가 제품에 관한 지식과 지역에 관한 지식을 공유하여 불확실성이 높은 해외시장환경에 신속하게 대응할 수 있게 한다. [그림 14-7]은 제품과 지역을 축으로 하는 글로벌 매트릭스 조직을 나타낸다. 이 그림에서 보는 바와 같이 매트릭스 조직구조의 특징은 업무 보고체계가 이원화되어 있다는 것이다. 즉 제품과 지역이라는 두 차원의 기본 단위에 동일한 권한과 책임이 부여되어 있어 해외자회사는 자신이 속해 있는 기본 단위 모두에게 보고를 해야 한다. 예컨대, 해외자회사 A의 책임자는 제품B사업부와 지역2사업부에 동시에 속하므로 두 사업부 관리자 모두에게 보고해야 한다.

이러한 조직이 형성된 이유는 기존의 제품별 또는 지역별 조직이 한 가지 측면에만 치우친 나머지 다른 측면은 포기해야 하는 구조적 특성을 지니고 있었기 때문이다. 그러나 글로벌경영활동이 직면하는 환경의 복잡성은 두 부문 간의 상호의존성을 증대시켰고, 이에 따라 글로벌기업은 제품조직과 지역조직이 동시에 한 부서 내에 속하도록 설계한 매트릭스

그림 14-7 글로벌 매트릭스 조직

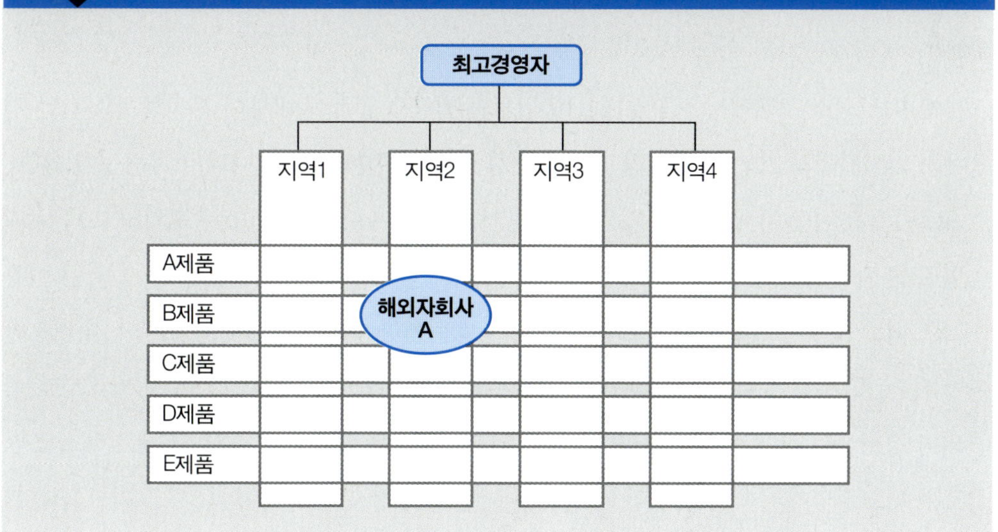

조직을 만들어 이러한 요구에 신축적이고 효율적으로 대처하고자 하였다.

그러나 매트릭스 조직은 두 명의 상사에게 보고하고 그들의 통제를 받는 구조이기 때문에 심각한 갈등이 야기될 수 있다. 매트릭스 조직이 제기능을 다하기 위해서 기업은 그 조직에 필요한 인력 조달에 특별히 주의를 기울여야 한다. 이 조직형태에서는 일반적으로 ① 사업에 대해 잘 알고 ② 좋은 대인관계 기술을 가지고 있으며 ③ 매트릭스 조직 내에 존재하는 책임과 권한의 모호성을 다룰 수 있는 경영자가 필요하다.

매트릭스 조직의 장점은 다음과 같다.

첫째, 기업이 지역전문성과 제품계열의 혁신을 동시에 필요로 하는 경우에 두 가지 측면을 모두 만족시킬 수 있다.

둘째, 기업의 내부자원 이용에 있어 범위의 경제가 필요한 경우, 인력과 설비를 공유하여 자원이용의 합리성을 추구할 수 있다.

셋째, 기업에 영향을 미치는 환경이 매우 복잡하고 불확실하여 부서 간의 상호작용이 요구되는 경우에 신속하게 대응할 수 있다.

매트릭스 조직은 여러 가지 장점에도 불구하고 다음과 같은 단점을 가지고 있다.

첫째, 명령일원화의 원칙이라는 전통적인 관리원칙에서 벗어나 있다. 두 명의 상사를 갖는 직위에서는 혼란과 역할갈등이 생기게 된다.

둘째, 관리자가 효율적인 업무수행을 하기 위해서는 효과적인 의사소통 기술과 인간관계 기술을 위한 교육프로그램이 제공되어야 하는데, 이를 위해서는 많은 시간과 노력이 필요하다.

셋째, 매트릭스 조직에서는 구성원들이 정보와 권한의 공유에 대하여 적응하지 못하는 경우에는 의사결정의 지연, 업무처리 순서에 대한 혼란, 파벌싸움 등이 나타날 가능성이 있다.

매트릭스 조직을 취했던 많은 기업이 얼마 가지 못하여 이 조직 구조를 포기하고 다시 지역별 또는 제품별 사업부조직으로 되돌아갔다. 매트릭스 조직이 실패하게 된 가장 큰 이유는 매트릭스 조직이 상당히 혼란스런 조직이기 때문이다. 특히 두 명의 상급자의 지시를 받아야 하는 중간관리자에게 만일 제품별 상급관리자와 지역별 상급관리자의 의견이 서로 상충되는 경우에는 어느 의견을 따라야 할 것인가는 혼란을 야기한다. 따라서 매트릭스 조직 구조는 최고경영자가 기본조직 간의 갈등을 어떻게 조정·관리할 수 있는지 그리고 구성원의 의사소통 기술과 인간관계 기술을 어떻게 향상시킬 수 있는지가 중요한 과제이다.

14-1-3 글로벌기업 조직의 변화패턴

기업의 활동이 글로벌화되는 단계에 따라 기업의 조직형태도 바뀐다는 사실을 앞에서 살펴보았다. 그렇다면 언제 특정 단계의 조직형태에서 다음 단계의 조직형태로 변화하는 것이 바람직한가? 또한 국제사업부 단계에서 그 다음 단계의 조직형태인 글로벌조직으로 변화할 때에는 제품, 지역, 매트릭스 세 가지 대안 중 어떤 형태를 택하는 것이 바람직한가?

글로벌기업의 조직형태의 변화패턴에 관한 연구로는 스태포드(Stopford)와 웰즈(Wells)의 연구가 있다. 이들은 글로벌기업의 조직형태는 ① 해외제품의 다양성 정도와 ② 해외매출액의 비중에 의하여 결정된다고 보았다. 그리고 두 요인이 비교적 낮은 영역에서는, 즉 소수의 제품계열에 특화하여 국제경영의 비중이 낮을 때에는 국제부 형태(무역부, 해외자회사, 국제사업부 포함)를 유지하다가, 두 요인이 증가하면 국제부 형태를 벗어난다. 해외제품의 다양성이 높은 경우에는 기존제품 영역에서 신제품 영역으로 이동하는 것을 의미하므로 글로벌 제품별 조직의 형태를 취하게 된다. 이와 반대로 해외제품 다양성은 낮으나 해외매출의 비중이 높은 경우에는 기존제품을 가지고 신시장 영역으로 이동하는 것을 의미하므로 글로벌 지역별 조직 형태를 취하게 된다. 또한 두 요인이 함께 증가하는 경우, 즉 취급제품도 다양화되고 진출지역도 다변화되면 신제품을 가지고 신시장으로 이동하는 것을 의미하므로 제품별 조직과 지역별 조직의 혼합형태를 취하게 되는데, 이러한 형태의 발달된 모습이 매트릭스 조직이다. [그림 14-8]은 위의 연구결과를 요약하여 보여 준다. 그러나 이들의 연구에서도 매트릭스 조직 형태를 가진 기업은 적은 것으로 나타나 매트릭스 조직이 복잡성과 관리상의 어려움으로 말미암아 실제 기업현장에서 사용하는 것이 쉽지 않음을 보여 주었다.

오늘날 기업의 글로벌조직으로 매트릭스 조직을 대체하는 조직형태로 네트워크 조직을 들 수 있다. 환경이나 기술의 복잡성이 커질수록 부서 간의 상호의존성이 높아지므로 상하 의사소통이나 통제보다는 횡적인 의사소통이나 조정을 통해 조직의 효율성을 높일 수 있기 때문이다. 네트워크 조직은 수직적·수평적으로 연계된 구조로서 조직의 유연성과 유기적

그림 14-8 글로벌기업의 조직구조의 변천과정

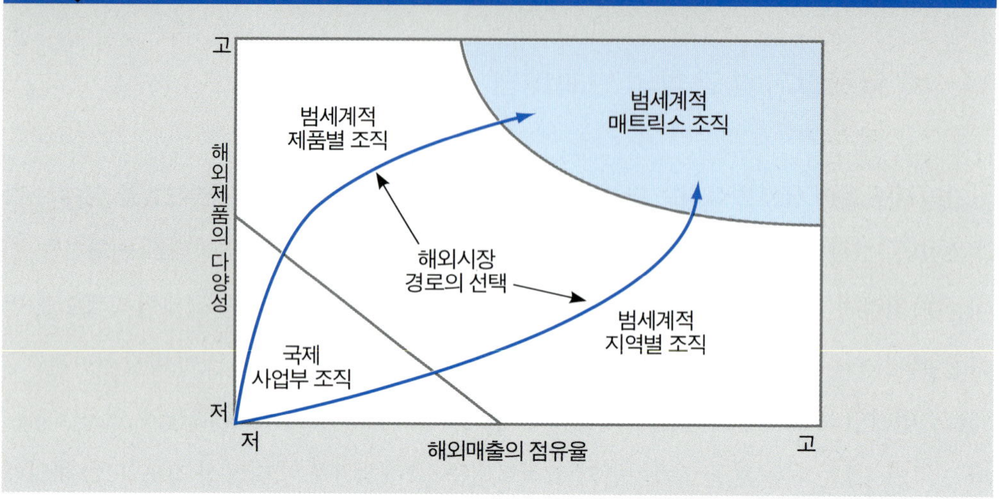

자료 : Stopford, J. M. & L. T. Wells, Jr.(1972), *Managing the Multinational Enterprise*, Basics Books, p. 65.

그림 14-9 글로벌 네트워크 조직 모형

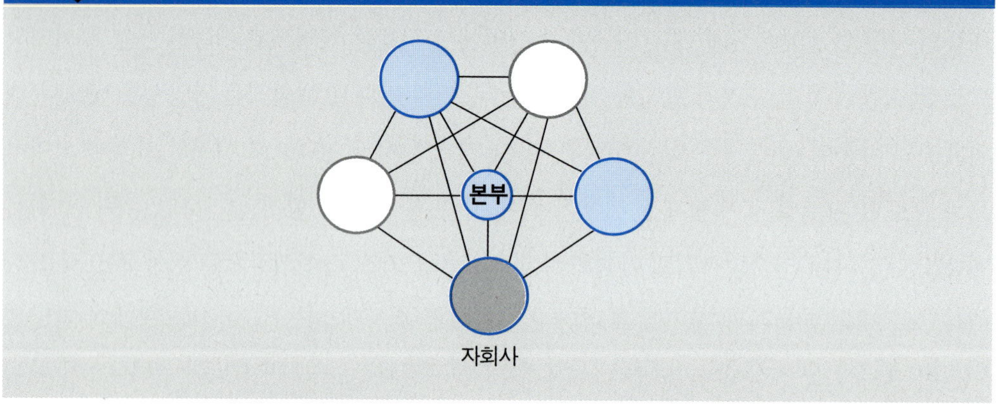

자료 : Gross, T. et al.(1987), " Buliding Teams for Global Operations," *Management Review*, June, p. 34.

연계성을 극대화하고 환경변화에 신속히 적응할 수 있게 한다.

네트워크형 기업조직에 참여하고 있는 해외자회사는 자신이 핵심역량을 가진 활동에만 주력하고 다른 나라에 위치한 자회사와 수평적인 형태로 연결되어 있다. 이와 같은 네트워크 형태의 조직에서는 쌍방적 의사전달이 중요하며 각 자회사의 핵심역량에 따라 적합한 권한을 부여하여야 한다. 그러나 단순히 이러한 분권화에만 의존하지 않고 전체적으로 하나의 기업으로서 활동하기 위해 본부는 기업전체를 총괄하는 조직문화와 비공식 커뮤니케이션 채널를 창출하고, 나아가 해외자회사들을 조정하고 통제하는 기능이 필요하다.

14-2 글로벌기업의 조정과 통제

글로벌기업은 흔히 여러 가지 다각화된 제품별 사업부를 가지고 있으며 또한 여러 나라에 분산된 많은 자회사를 가지고 있다. 이와 같이 여러 단위로 분화된 조직의 구성단위를 효과적으로 조정하고 통제해야 글로벌기업이 하나의 기업으로서 효과적인 기업활동을 수행할 수 있다. 조정(coordination)이란 기업 내에 존재하는 국제경영과 관련된 여러 부서의 업무활동이 조직 전체의 목표에 잘 조화될 수 있도록 여러 업무를 조정하는 것을 말한다. 예컨대, 자회사 간에 조화된 행동을 하도록 조정하는 것 등이다. 통제(control)란 기업 내 국제경영과 관련된 구성원이나 부서가 기업이 의도하는 대로 업무를 진행할 수 있게 영향력을 행사하거나, 실제로 업무수행이 의도한 방향에서 벗어날 때 원인을 규명하여 시정토록 하는 일련의 규제적 행위를 말한다.

14-2-1 조정의 유형

글로벌기업이 각 부서 또는 각 자회사의 활동을 조정하기 위하여 사용할 수 있는 수단은 다음과 같다.

(1) 규정과 절차

부서 간의 업무에 관련성이 없으며, 각 부서는 기업의 한 부분으로서 기업의 공통적 목표에 독립적으로 공헌하는 경우, 기업의 관리자는 전체 부서에 규칙이나 절차에 의한 업무의 표준화를 통해 각 부서의 업무수행이 효과적으로 수행되도록 조정한다. 즉 각 부서는 동일한 규정과 절차에 의해 업무를 수행함으로써 사실상의 조정 활동이 이루어진다.

(2) 계획과 예정표

한 부서의 활동이 다른 부서의 활동에 직접적으로 영향을 미치는 순차적인 상호의존관계(sequential interdependence)에 있는 경우에는 투입과 산출 측면에서 불확실성에 직면하게 된다. 이러한 조직에서는 순차적인 상호의존성 관계가 있는 부서들을 계획과 예정표(schedules)를 사용하여 조정함으로써 불확실성을 제거하거나 축소할 수 있다.

(3) 연락담당자

기업이 여러 부서로 세분화되어 부서 간의 의사소통 문제가 중요하게 대두될 때 부서 간의 직접적인 의사소통으로 효과적인 조정활동이 가능하도록 연락담당자를 둘 수 있다. 즉 연락담당자를 통해 기업 내의 부서 간에 효과적인 의사소통이 가능하게 하고 부서 간의 통합된 의사결정이 가능하도록 하는 것이다. 연락담당자는 공식적인 권한은 없으나 비공식적인 권한을 상당히 부여받아 업무를 수행하므로, 관련 부서에 적합한 전문적인 지식과 원활한 대인관계 능력이 요구된다.

(4) 팀 구성

조직 내에서 부서 간 조정의 수단으로 가장 많이 사용되는 것이 회의인데, 계획에 따라 정기적으로 소집되는 회의에서부터 필요시 임시로 소집되는 회의까지 매우 다양한 형태가 존재한다. 회의소집 방법으로 위원회와 테스크 포스가 있는데, 두 가지 모두 서로 다른 부서의 일원으로 구성된 팀의 유형이다.

위원회는 조직의 업무수행상 발생하는 일반적인 관심 사항을 처리하기 위하여 정기적으로 소집되며, 일반적으로 조직의 중간계층에서 형성된다. 위원회조직은 ① 기업의 중요한 전략적 의사결정에 광범위한 경험과 배경을 가진 사람들이 필요한 경우 ② 의사결정 결과

그림 14-10 조정 메커니즘의 유형

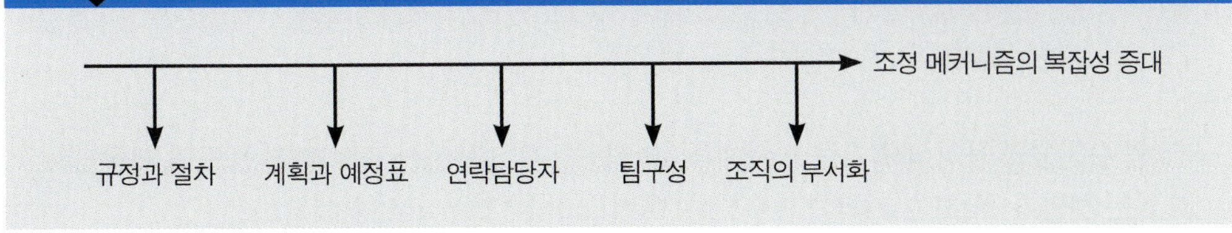

에 의해 영향을 받는 부서의 대표자를 참가시켜 부서의 요구사항을 반영시키고자 하는 경우 ③ 의사결정에 관련 부서를 참가시켜 문제점을 미리 검토하고 각 부서의 협조를 확보하여 결정사항을 효율적으로 추진하고자 하는 경우 등에 소집된다.

테스크 포스(task force)는 특정 과업을 수행하기 위해 소집되며 과업이 해결된 후에는 해체되는 임시위원회로서 공식적 또는 비공식적으로 소집된다. ① 어떤 과업의 성공 여부가 조직목표 달성에 중요한 영향을 미치는 상황이나 ② 시간적인 제약 때문에 여러 분야의 전문가들이 모여 상호의존성의 효과를 최대로 살려 과업을 수행해야만 하는 상황에서 바람직한 조정기구이다.

(5) 조직의 부서화

하나의 과업을 수행하기 위하여 여러 부서의 활동이 동시에 관련되어 있는 교차적 상호의존성(reciprocal interdependence)이 큰 상황에서는, 기업은 각 부서 간의 효과적인 조정을 위하여 부서 간 의사소통과 상호작용을 활성화하는데 이때 많은 비용이 발생할 수 있다. 따라서 기업은 상호의존성이 있는 개인이나 부서를 조직 내에서 서로 가까운 곳에 위치하도록 함으로써 조정을 위한 상호작용이 쉽게 이루어질 수 있도록 한다. 즉 개인이나 부서 간의 상호의존성 정도에 따라 조직의 부서화가 이루어진다. 이렇게 함으로써 기업은 조정비용을 최소화할 수 있다. 만약 교차적 상호의존성이 있는 부서를 가까이 위치시키지 않으면, 기업은 부서 간의 효과적 조정을 위해 정기적인 회의와 같은 조정기구를 추가적으로 설치해야 할 것이다.

글로벌기업에서 상호의존성의 정도에 따라 조직의 부서화가 이루어진 형태로는 매트릭스조직, 네트워크 조직, 자회사의 역할분담 등이 있다.

사례 14-2

기술의 일본' 있어도 '경영의 일본'은 없었다

"직원 수천명의 목이 날아가는 상황에서, 왜 임원들은 일본전산(日本電產) 등으로 재취업하고 있는 것인가. (샤프가 외국에 인수되는) 이런 꼴이 된 것은 너희들 때문이야."

"우수한 사람을 경영자로 일찍 데려왔다면 샤프가 이런 식으로 되지는 않았을 것입니다. 금융기관 등 외부에서 온 이사 5명은 임원 보수를 반환하세요."

지난달 23일 일본 오사카(大阪) 시내에서 열린 샤프 정기 주주총회. 다카하시 고조(高橋興三) 사장 등 현 경영진이 일괄 사퇴하고, 샤프가 대만 훙하이(鴻海·폭스콘) 그룹으로 인수되는 방안이 의결되는 현장에선 일본답지 않게 고성(高聲)이 오갔다. 다카하시 사장은 고개를 숙이며 말했다. "죄송합니다. 경영의 속도가 세상의 속도를 따라가지 못했습니다."

지난 5월 6일 일본 도쿄(東京)의 도시바(東芝) 본사. 기자들로 가득 찼어야 할 쓰나카와 사토시(綱川智) 신임 사장의 기자회견장은 텅텅 비었다. 일본 최대 연휴인 골든위크 기간 중 금요일 저녁 5시에 회견이 열렸기 때문이다. 부정 회계 발각 1년 뒤 열리는 사장 교체 기자회견이었기에 좋지 않은 기사가 나갈 것을 우려한 도시바 측이 일부러 오기 힘든 시간을 골랐다는 후문이 돌았다.

일러스트=박상훈 기자

전 세계 기업의 우상이었던 일본 기업들의 비보(悲報)가 최근 끊이지 않는다. 일본 자동차 업계에선 2010년 도요타의 대규모 가속페달 결함 사건을 시작으로 미쓰비시(三菱)·닛산(日產) 스즈키자동차까지 연이어 연비·배기가스 조작 스캔들이 터졌다. 일본의 얼굴이던 가전산업에선 샤프에 이어 도시바의 백색 가전 부문까지 중국 메이디(美的) 그룹에 인수됐다. 일본인의 자존심에도 금이 갔다.

일본 경제지 닛케이(日經) 비즈니스는 "일본 대기업들이 '부카(VUCA·변동과 불확실성, 복잡성과 모호함의 영어 앞글자를 딴 단어)' 시대에 적응하지 못해 도태됐다"며 "중국 기업이 2주면 걸릴 일을 일본 기업들은 4개월씩 걸린다"고 비판했다.

지난달 7일 일본 교토(京都)에서 만난 스에마쓰 지히로(末松千尋·60) 일본 교토대 경제학과 교수는 "일본 기업은 제조 혁신에만 신경 썼을 뿐, 경영 혁신에는 무관심했기에 실패했다"고 주장했다. 스에마쓰 교수는 도쿄대와 스탠퍼드대를 졸업한 후 닛키(日揮) 매킨지컴퍼니 재팬에서 전략 컨설턴트로 이름을 알렸다. 2002년 교토 기업들의 경쟁력을 연구한 베스트셀러 '교토식 경영'으로 스타덤에도 올랐다. 그를 만난 건 최근까지도 이어지는 교토 기업들의 승승장구 비결을 묻기 위해서였지만, 그는 일본 대기업에 대한 쓴소리부터 시작했다.

Q 최근 일본 대기업들이 왜 위기에 빠진 것인가요. 일본과 비슷한 발전 구조를 가진 한국에서도 참고할 것이 많다고 생각합니다.

스에마쓰 지히로
교토대 경제학과 교수

"일본 대기업들이 공장에서 제조 공정을 개선하는 작업만큼 마케팅이나 인사, 관리, 영업 등 백오피스 부문에서 생산성을 개선하지 못했기 때문입니다. 일본 기업들의 기술은 아직 세계 1위입니다. 하지만 이를 관리하고 결정하는 경영 부문은 굉장히 후진적입니다. 그리고 기업들은 이를 개선하고 혁신하려는 노력조차 하지 않습니다. 기업들이 제조만 잘하는 것은 위험합니다. 기업의 규모가 커질수록 경영이 중요합니다."

Q 기업들은 위기에 빠지면 당연히 경영을 개선하려고 하지 않나요.

"개선을 하려면 높은 사람들, 즉 경영진과 정치인들이 기득권을 내려놔야 합니다. 그들은 그걸 내려놓을 생각이 없습니다. 기본적으로 일본 특유의 '와(和)'를 중시하는 문화 때문이기도 합니다. 화합을 중시하기 때문에 문제를 드러내고 이를 고치려는 논쟁을 하지 않으려고 하기 때문이지요. 전 최근 22개 국가의 200개 기업, 400건의 회의를 연구했습니다. 그런데 전 일본 기업 회의만의 눈에 띄는 특징을 발견했습니다. 먼저 다른 나라 회의들과 달리 일본 기업 회의에서는 '혁신(이노베이션)'이라는 단어가 등장하지 않았습니다. 다른 나라 기업 회의에선 말끝마다 '혁신'이란 단어가 나왔거든요. 그리고 어느 누구도 작은 의견 하나 제시하지 않았습니다. 현재 경영 상황에 문제를 제기하는 사람도, 신규 사업이나 새로운 마케팅을 제안하는 사람도 없었습니다. 혁신에 대한 욕구 자체가 없는데, 어떻게 좋은 퍼포먼스를 낼 수 있겠습니까. 쇠락하는 건 당연하지 않겠습니까."

Q 한국이나 일본 기업에서는 수직적인 문화를 흔히 볼 수 있습니다. 이 때문에 상사 앞에서 함부로 말을 못 하는 게 아닙니까.

"원래 일본 기업의 조직 문화는 수직적인 문화가 아닙니다. '바텀업(bottom-up·밑에서 위로 올라오는)'입니다. 이것이 1970년대부터 일본 기업이 세계적인 기업으로 성장할 수 있었던 일본 경영의 비결입니다. 일본 공장 분위기는 일본 대기업의 경영자 회의와 분위기가 다릅니다. 개개인이 장인이라고 생각하고 어떻게 하면 쓸모없는 시간을 없앨지, 어떻게 하면 비용을 줄일지, 어떻게 하면 더 빨리 신기술을 개발할지 서로 의견들을 제시합니다. 그리고 공장 책임자는 현장에서 이를 듣고 빠르게 개선 지시를 내립니다. 물론 위에서 지시를 내리는 경우도 있지만, 공장 내 자잘한 일들의 조그마한 개선은 위에서 알 수도 없고 개입할 수도 없기 때문에 바텀업으로 올라와 공장 내에서 결정이 내려집니다. 이런 기업 문화가 '기술의 일본'을 만들었고, 일본의 고도 성장기를 이끌었습니다. 하지만 기업 규모가 커지면서 이런 분위기가 윗선(경영진)까지 올라가지 못했습니다. 공장에서 성장해 올라간 사람들은 공장 밖에서는 어떻게 행동해야 하는지 모르는 것 같습니다.

저는 수직적인 기업 문화, 수평적인 기업 문화 이 둘 중 어떤 것이 좋다고 결론 내리기 어렵다고 봅니다. 수직적인 기업 문화도 현명한 경영진이 옳은 길을 보여주고 빠르게 결정한다면 기업 입장에서 좋다고 생각합니다. 하지만 일본 기업들의 문제는 의사 결정을 내릴 사람도, 이를 책임질 사람도, 이 결정에 대해 모니터링할 부서나 사람도 존재하지 않는다는 것입니다. 다들 실재(實在) 하지 않는 무언가를 위해 일하는 느낌이었습니다."

일본의 장기 불황은 1990년대부터 시작됐다. 그동안 독일은 통일 국가를 이뤘고, 소련은 해체됐으며, 중국 경제는 G2로 급성장했다.

하지만 일본 경제는 잃어버린 20년을 겪은 후에도 아직 세계경제 대국 3위다. 한국은 아직도 일본을 따라잡지 못했다. 비교적 큰 내수시장(1억 2,700만명)만으로는 설명하기 어렵다.

스에마쓰 지히로 교토대 교수는 일본이 20년 불황을 견뎌낸 비결로 일본전산(日本電産), 호리바(堀場), 니치콘(ニチコン), 무라타(村田), 교세라(京セラ) 같은 교토 인근 지역의 강소(强小) 기업들을 지목했다. 이들은 최고의 기술을 바탕으로 세계시장 점유율 1위를 지키며 불황에도 흔들리지 않는 독일의 '히든 챔피언' 같은 존재 기업이다.

자료: Chosun.com, 2016. 07. 16. 요약 발췌

14-2-2 통제의 메커니즘

(1) 통제의 과정

통제란 기업이 바라는 대로 기업활동이 수행되도록 구성원이나 부서의 행위에 제약을 가하는 것을 말한다. 통제에는 목표설정, 성과측정과 점검, 피드백 등 세 가지 단계의 과정이 포함된다.

① 목표설정 단계는 기업전체의 입장에서 바람직한 성과수준이 무엇인가를 설정하고, 이를 구체적으로 실현할 수 있는 하부부문의 목표를 설정한 다음, 부서나 자회사로 하여금 이를 달성하도록 주지시키는 단계이다. 기업의 목표는 매출액, 이익 등과 같이 양적인 것뿐만 아니라 유통구조의 개발, 기업이미지 개선과 같은 질적인 것도 포함된다. 통제를 효과적으로 수행하기 위해서는 경영성과를 명확하게 측정·평가할 수 있는 기준의 설정이 필요하다. 이러한 성과기준은 실제성과와 비교를 위해 이용할 수 있는 지표가 되기도 하며, 또한 통제의 기준으로 활용되기도 한다.

② 성과측정과 점검 단계는 일정기간의 경영활동에 관한 실적을 수치화하여 측정하거나

점검한 다음 기준치와 비교하여 차이를 구하는 단계이다.

③ 피드백 단계에서는 허용가능한 오차한계를 넘어선 차이에 대하여 원인을 규명한다. 특히 글로벌 경영활동에 대한 최종적인 책임이 어디에 있는가를 규명해야 한다. 이 단계에서 각 부서 간의 기능과 권한의 한계를 명확하게 구분함으로써 부서 간의 책임회피를 막을 수 있다. 원인이 특정 부서의 책임인 것으로 밝혀지면 바람직한 차이에 대하여는 그 부서에 적절한 인센티브를 지급하고 바람직하지 못한 차이일 경우 이를 시정할 수 있도록 규제한다. 만약에 차이가 통제 불가능한 원인에 의하여 발생된 것이라면 차기의 목표수정 과정에 반영하도록 한다. 이에 대한 관계는 [그림 14-11]과 같다.

(2) 통제의 유형

오우치(Ouchi)는 조직이 사용할 수 있는 통제의 유형을 관료적 통제, 시장기능에 의한 통제, 문화에 의한 통제 등 세 가지로 구분하였다. 기업이 어떠한 통제전략을 사용하는 것이 바람직한지는 그 조직이 처한 환경·기술·규모 등에 따라 다르다.

① 관료적 통제

관료적 통제란 행위를 표준화시키고 성과를 측정하기 위하여 규칙, 권한, 문서 등 관료적

그림 14-11 통제의 과정

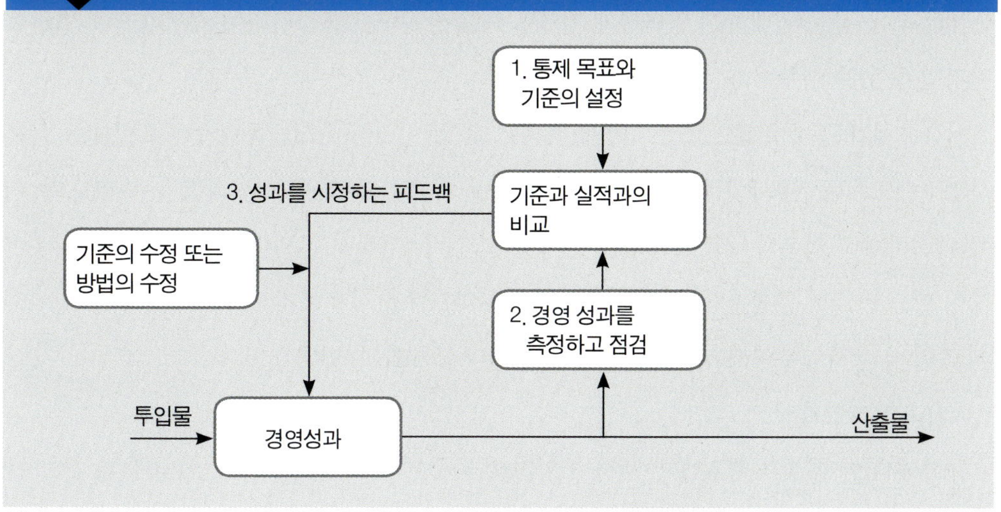

메커니즘을 사용하는 것을 말한다. 관료적 통제는 거의 모든 기업에서 널리 이용되고 있는 통제전략이다.

관료적 통제에서 사용되는 전형적인 관리통제시스템은 예산, 정기적 통계보고서, 업적평가시스템 등이다. 예산은 투입자원을 통제하기 위하여 사용된다. 대체로 1년 전에 재무상의 목표를 설정하고 사용된 비용을 기록하여 실제경비와 예측치를 비교한다. 정기적 통계보고서는 예산과는 대조적으로 산출물을 통제하기 위하여 사용되는데, 주로 비재무적 성과를 평가하거나 점검하기 위하여 사용된다. 업적평가시스템은 관리자와 부서를 평가하기 위한 도구이다.

관료적 통제가 효과적으로 그 기능을 수행하는 때는 환경이 안정되고 기술이 일상적인 경우이다. 환경이 안정적이어서 예측이 가능할 때만이 구체적인 목표와 이를 달성하기 위한 수단이 명확해지기 때문이다. 또한 관료적 통제는 기능조직과 밀접하게 관련되어 있다. 조직 전체적 수준에서 과업을 달성할 수 있도록 기능별로 세분화된 업무를 통합하는 과정에서 유용한 방식은 규칙과 규정을 설정하는 방법이기 때문이다.

② 시장기능에 의한 통제

시장기능에 의한 통제는 가격경쟁을 통하여 기업의 산출물과 생산성을 평가할 수 있을 때 사용된다. 산출물의 품질이 동일하면 가격이 저렴할 때 경쟁력을 가지며, 산출물의 품질이 차별화되어 있으면 가격 프리미엄을 받을 수 있기 때문에 관리자는 가격메커니즘을 통하여 기업의 성과를 통제할 수 있다. 시장통제가 적용될 수 있는 상황은 경영활동에 수반되는 비용과 산출물에 대하여 명확하게 가격을 책정할 수 있으며, 가격이 시장경쟁에 의하여 결정될 수 있는 경우이다.

시장통제가 통제 유형으로 용이하게 적용될 수 있는 조직구조는 독립채산제 형태를 갖는 사업부제도이다. 각 사업부는 자체적으로 산출물에 대한 분명한 값을 책정할 수 있으며, 이에 의거하여 사업부의 내부효율성을 평가할 수 있다. 따라서 본사나 최고경영층은 비용이 많이 드는 관료적 통제전략이나 문화에 의한 통제전략을 사용하지 않고도 시장기능에 의하여 손쉽게 각 사업부의 내부효율성을 평가하거나 통제할 수 있다.

③ 문화에 의한 통제

문화에 의한 통제는 행위를 통제하기 위하여 공유된 가치, 규범, 전통, 신념 등과 같은 문

그림 14-12 조직의 상황과 통제전략의 유형

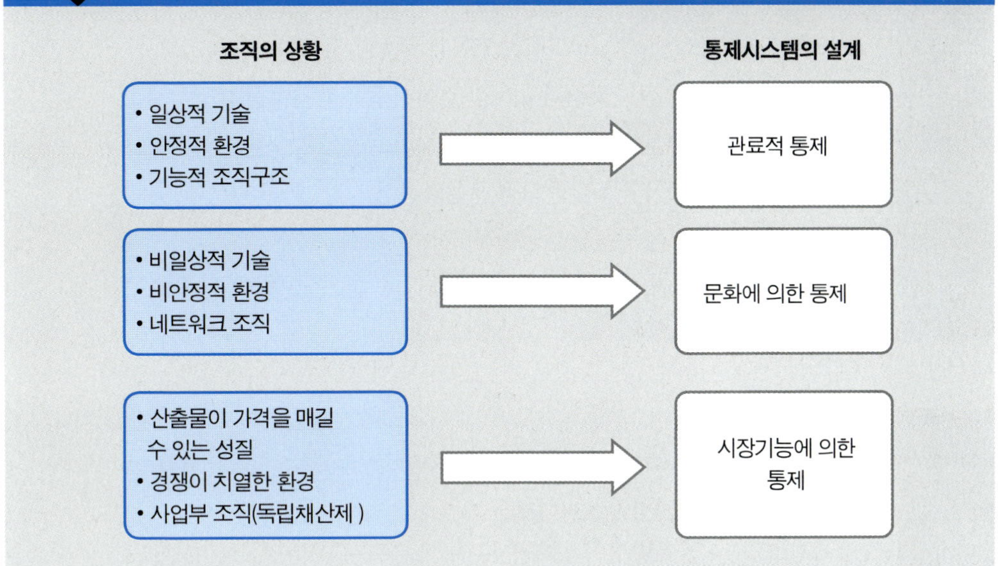

화적 특성을 사용하는 것을 말한다. 문화적 통제는 기술이 비일상적이어서 성과가 체계적으로 측정하기 어렵거나, 환경의 불확실성이 높아 업무를 예측하기 어려워 규칙과 규정을 가지고 바람직한 행위를 구체화할 수 없을 때 사용된다. 이러한 경우에는 믿음, 전통, 공유된 가치 등 보다 고차원적인 통제메커니즘을 사용하여야 한다. 문화에 의한 통제는 수평적 정보 흐름이 중요시되어 매트릭스 조직이나 네트워크 조직 같은 유기적 조직구조를 갖는 형태에 보다 적합하다.

기업이 어떠한 통제전략을 사용하는 것이 바람직한가는 그 조직이 처한 환경·기술·규모 등이 어느 정도 안정적이고 이해하기 쉬운가와 산출물에 대하여 정확히 값을 매길 수 있으며 경쟁적인가에 따라서 달라진다. 그러나 반드시 특정조직이 어느 하나의 통제전략만을 사용하는 것은 아니다. 이는 한 조직이라도 각 부문마다 환경과 기술 등 상황적 요인이 다르기 때문이다.

토의문제

1. 기능별 조직의 특징과 이러한 조직이 유용한 경우를 설명하시오.
2. 국제사업부조직의 특징과 이러한 조직이 유용한 경우를 설명하시오.
3. 글로벌 제품별 조직의 특징과 이러한 조직이 유용한 경우를 설명하시오.
4. 글로벌 지역별 조직의 특징과 이러한 조직이 유용한 경우를 설명하시오.
5. 글로벌기업의 조직구조 발전 과정을 설명하시오.
6. 글로벌기업의 조정 유형을 설명하시오.
7. 글로벌기업의 통제 유형을 설명하시오.

참고문헌

김인수(2015), 『거시조직이론』, 무역경영사.

이철(2015), 『글로벌경영』, 학현사.

장세진(2015), 『글로벌경영』, 박영사.

조선비즈 http://biz.chosun.com/site/data/html_dir/2016/05/06/2016050600997.html

조선비즈 http://biz.chosun.com/site/data/html_dir/2016/07/15/2016071501603.html

Bartlett, C., and S. Ghoshal(1990), "Matrix, not a Structure but a Frame of Mind," *Harvard Business Review*, July~August.

Czinkota, M. R. et al.,(2005), *International Business*, Thomson.

Merchant, K. A.(1985), *Control in Business Organization*, Pitman Publishing.

Robbins, S. P.(1987), *Organization Theory: The Structure and Design of Organizations*, Prentice- Hall.

Ronen, S.(1986), *Comparative and Multinational Management*, John Wiley & Sons.

Stopford J. M., and L. T. Wells, Jr(1972), *Managing the Multinational Enterprise*, Basics Books.

INDEX
찾아보기

국문 색인

ㄱ

INDEX
찾아보기

ㄴ

INDEX

INDEX
찾아보기

INDEX

ㅈ

INDEX
찾아보기

ㅊ

ㅋ

ㅌ

ㅍ

INDEX

영문 색인

INDEX
찾아보기

INDEX
찾아보기

저자소개

이인세 교수는 한양대학교 경영학과를 졸업하고 연세대학교에서 경영학 석사, 서강대학교에서 경영학 박사학위를 받았음.

주요경력으로는 한국무역협회 조사역, 청주대학교 경상대학 교수, 청주대학교 경상대학 학장, 청주대학교 산업경영연구소장, 미국 Auburn University Visiting Scholar를 역임하고 현재 청주대학교 경영학부 교수로서 글로벌경영, 글로벌마케팅, 경영전략 등을 강의하고 있음.

학회활동으로는 한국국제경영학회 이사, 한국무역학회 이사, 한국국제통상학회 이사, 대한 경영학회 편집위원, 국제지역학회 부회장 등을 역임함.

주요 저서로는 중간관리직의 위기(역서, 한국경제신문사), 세계화와 국제무역(공저, 동성사), 다국적기업전략과 관리(공저, 박영사), 국제마케팅(공저, 박영사), 현대마케팅(공저, 형설출판사), 글로벌마케팅(공저, 박영사) 등이 있음.

이응권 교수는 한양대학교 무역학과를 졸업하고 성균관대학교 무역대학원 국제경영학과에서 경영학 석사, Santo Tomas University(Phil)에서 경영학 박사학위를 받았음.

주요경력으로는 건양대학교 무역학과 교수, 경제무역학부장, 건양대학교 사회과학연구소장, 장학·취업실장, 미국 UCLA(University of California at Los Angeles) Visiting Scholar를 역임하고 현재 건양대학교 글로벌 경영학부 교수로서 무역통상개론, 금융학 개론, 국제경영학, 국제마케팅, 글로벌 경영전략 등을 강의하고 있음.

학회활동으로는 한국국제경영학회이사, 한국무역학회이사, 한국중재학회 부회장, 국제통상정보학회 부회장, 한국관세학회 부회장, 관세청 관세평가분류위원, 감사위원 등으로 재임 중임.

주요 저서로는 국제통상개론(공저, 두남), 보험학입문(공저, 두남), 무역보험입문(공저, 두남), 국제경영학(공저, 두남), 대외무역법(공저, 형설출판사) 등 다수 있음.

저자와의
협의하에
인지생략

글로벌경영 [3판]

2009년 2월 25일 초판 발행
2012년 2월 15일 2판 발행
2016년 8월 30일 3판 인쇄
2016년 9월 2일 3판 1쇄 발행

저 자 : 이인세 · 이웅권
발행인 : 정 광 식
발행처 : **비앤엠북스**
서울특별시 금천구 가산디지털1로 70 B1-103
등 록 2004. 12. 29. / 제313-2004-00298호
전 화 2627-5710~13, 팩스 2627-5720
홈페이지 www.대학교재.net
이 메 일 bnmbook@daum.net

가격 28,000원 ISBN 978-89-6821-011-2